Carl-Auer

Ulrike Borst
Andrea Lanfranchi (Hrsg.)

Liebe und Gewalt in nahen Beziehungen

Therapeutischer Umgang mit einem Dilemma

2011

Umschlaggestaltung: Uwe Göbel
Foto: Thorsten Höning
Satz u. Grafik: Drißner-Design u. DTP, Meßstetten
Printed in Germany
Druck und Bindung: Freiburger Graphische Betriebe, www.fgb.de

Erste Auflage, 2011
ISBN 978-3-89670-785-7

Bibliografische Information der Deutschen Nationalbibliothek:
Die Deutsche Nationalbibliothek verzeichnet diese Publikation
in der Deutschen Nationalbibliografie; detaillierte bibliografische
Daten sind im Internet über http://dnb.d-nb.de abrufbar.

Carl-Auer Verlag GmbH
Vangerowstraße 14
69115 Heidelberg
Tel. 0 62 21-64 38 0
Fax 0 62 21-64 38 22
info@carl-auer.de

Inhalt

Einführung

Ulrike Borst und Andrea Lanfranchi

»Liebe und Gewalt in nahen Beziehungen« – mit dem zweiten Teil des Begriffspaars, also »Gewalt«, treffen wir einen Nerv des Zeitgeistes. Die Beschäftigung mit dem Thema »Gewalt« hat allerorts rasant zugenommen. Zeitungen sind voll mit Themen wie »Jugendgewalt«, »Gewalt in Familien«, »Verurteilung von Gewalt in Kriegen und anderen Konflikten«.

Diesen Diskussionen wollen wir hier nicht einfach eine weitere hinzufügen. Wir sind nämlich nicht der Meinung, dass »alles immer schlimmer wird«. Wir glauben, dass wir ein uraltes Thema wieder aufgreifen, aber dass es auch wieder einmal an der Zeit ist, es aufzugreifen. Denn Rahmenbedingungen ändern sich, politische und soziale Verhältnisse, und uns als Familienforschern, Therapeutinnen und Beratern steht es gut an, über die aktuellen Zusammenhänge gemeinsam nachzudenken. Forschung und Praxis sollen dabei gleichermaßen zu Wort kommen.

Uns geht es um die Beziehung von Liebe zu Gewalt und von Gewalt zu Liebe und um Liebe und Gewalt in Beziehungen.

Damit ist ein Grunddilemma menschlichen Zusammenlebens angesprochen. Auf der einen Seite sind Liebe, Schutz und Hilfe. Auf der anderen Herrschaft und Kontrolle.

Liebe schließt häufig Grenzüberschreitung, Herrschaft, Kontrolle und Gewalt ein. Und Gewalt kann im Namen von Liebe, Schutz und Hilfe erfolgen. Je intensiver die motivationale Komponente der Liebe, je größer die Leidenschaft ist, desto näher ist sie der Gewalt im Sinne eines anmaßenden Besitzergreifens.

> Stellen wir uns vor: Ein Mann glaubt, seine Frau schaue sich nach anderen Männern um und gerate damit außerhalb seiner Kontrolle. Sie antwortet nicht auf seine bohrenden Fragen. Er gerät in ohnmächtige Wut (man beachte diesen häufig verwendeten Begriff: »ohnmächtige Wut«) und schlägt sie. Am nächsten Tag versöhnen sie sich unter Tränen. – Hier sind Liebe und Gewalt nah beieinander. Therapeuten beißen sich an solchen Konstellationen

die Zähne aus, weil sie die Gewalt verurteilen und gleichzeitig die Macht der Liebe unterschätzen.

Oder: Ein 16-Jähriger sitzt zu viel am PC. Nach mehreren Ermahnungen schaltet die Mutter den PC aus. Der Sohn gerät in Rage und schubst seine Mutter weg, sodass sie hinfällt. – Hier ist die Mutter in Sorge, will ihren Sohn vor schädlichen Einflüssen und Gewohnheiten bewahren. Ihr fürsorglicher Akt überschreitet eine Grenze beim Sohn, die Situation eskaliert.

Cloé Madanes (1997) schlägt vier Dimensionen der Familieninteraktion vor, die dieses Grunddilemma abbilden und die beraterisch oder therapeutisch bearbeitet werden können:

1. Streben nach Kontrolle und Herrschaft
2. Sehnsucht, geliebt zu werden
3. Verlangen, andere zu lieben und zu beschützen
4. Scham und die Schwierigkeit, zu bereuen und zu vergeben.

Welche Haltung aber sollen die Beraterin und der Therapeut einnehmen? Können wir angesichts dieses Themas eine neutrale Haltung einnehmen, oder kommen hier – besser: *müssten* hier unsere Grundwerte ins Spiel kommen? Was ist das Ziel?

Wahrscheinlich spielt bei kaum einem anderen Thema die persönliche Ethik eine so große Rolle. Sie kann aber erst bedeutsam werden, wenn die unscharfe Grenze doch, trotz Schwierigkeiten, gezogen wird. Hier der Versuch einer Grenzziehung: Verbale oder emotionale Aggression besteht aus Verhaltensweisen, die den Effekt haben und oft auch die Intention, beim anderen Verletzung und Angst hervorzurufen, ihn einzuschüchtern und sein Verhalten zu kontrollieren. Im Gegensatz dazu hat der Ausdruck von Ärger, der akzeptabel ist, nicht den Zweck, den anderen zu verletzen, in Angst zu versetzen oder zum Schweigen zu bringen.

Die Grenze zwischen Aggression, Missbrauch und Gewalt ist fließend. Wie aggressives Verhalten vom anderen bewertet wird, hängt auch von der Häufigkeit und Intensität ab und davon, ob die Aggression gestoppt wird, wenn der andere es verlangt.

Ziel von Beratung und Therapie ist es, jede Art von Aggression, nicht nur die extremen Formen von Missbrauch und Gewalt, aus nahen Beziehungen zu verbannen.

Nun – so weit, so gut. Aber wozu dieses Buch? Weil wir genau wissen, dass es nicht reicht, eine persönliche Haltung in diesem menschlichen Grunddilemma entwickelt zu haben, sondern: Wir brauchen Anregung durch Forschungsergebnisse, wir brauchen Erfahrungsaustausch, wir brauchen aktuelles Wissen über Rahmenbedingungen.

Wir brauchen weder eine moralisierende Sicherheitsideologie noch repressive Kontrollsysteme, weder Verleugnung oder Verharmlosung noch hysterische Skandalisierung, sondern: Wir brauchen nüchterne Analysen und vor allem Arbeitskonzepte jenseits einer »Betonierung« von Zuschreibungen bei Opfern *und* Tätern (Levold 1994). Obwohl wir nicht das Lied einer »Täter-Opfer-Zirkularität« singen und – nicht zuletzt wegen des unendlichen Leidens von Gewaltbetroffenen – der Meinung sind, dass bei Gewalttaten in der Regel Täter und Opfer genau zu identifizieren und zu unterscheiden sind, wäre es wiederum falsch, Individuen statisch auf eine Rolle zu fixieren und die Komplexität der Erklärungen sowie der beteiligten Systeme gar nicht oder nur am Rande zu berücksichtigen. Viel mehr als um die Suche nach der Schuld in der Vergangenheit geht es darum, auf mehreren Kontextebenen eigenverantwortliches Handeln für die Zukunft zu erarbeiten.

Nicht nur aus der medialen Darstellung sogenannter Beziehungsdelikte, sondern vermehrt auch aus den vielen Hintergrundberichten, Gesetzesverordnungen und Merkblättern von Behörden und Organisationen zum Schutz vor häuslicher Gewalt sind wir genau dort mit einem Konstrukt des »gefährdeten Lebens« ständig konfrontiert, wo es nach einer romantischen Vorstellung von Paar- und Familienleben um Liebe, gegenseitige Unterstützung und gegenseitigen Respekt gehen sollte.

Wir möchten mit diesem Buch einseitige Betrachtungen und Aufspaltungen in simple Dualismen wie Gut und Böse vermeiden. Vor allem möchten wir keine simplen Lösungen auftischen, weil es sie nicht gibt.

Es ist uns gelungen, namhafte Autorinnen und Autoren zu gewinnen, die uns auf folgende Fragen Antworten geben könnten:

Im *ersten Teil* des vorliegenden Buches sind einige grundlegende Gedanken zur Entstehung und Aufrechterhaltung von Gewalt in Familien enthalten. Aber auch die andere Seite, nämlich die der Resilienz und die Faktoren, die gegen Gewalt schützen, kommen zur Sprache. Ganz besonders im Fokus sind in diesem ersten Teil die Väter in ihren wichtigen, von den mütterlichen Funktionen differenten Rollen und Funktionen für Bindungsbeziehungen und Beziehungsmoral.

Anna Flury Sorgo beschreibt mit außergewöhnlich klaren Worten und großem Engagement ein systemisches Konzept innerfamiliärer Gewalt. Jeden Punkt des Konzepts erläutert sie an ein und derselben Fallgeschichte. Sie nimmt vorweg, was in den folgenden Beiträgen noch genauer erläutert wird: die Bedeutung von Bindungsbeziehungen, aber vor allem die mögliche und nötige »Reparatur« elterlicher Unsicherheit und Ressourcenarmut durch Therapie – damit sich die Gewaltdynamik nicht über Generationen fortsetzt.

Inge Seiffge-Krenke zeichnet nach, wie sich Vaterschaft in den letzten Jahrzehnten verändert hat. Sie fasst Forschungsdaten zu körperlicher Bestrafung zusammen und stellt einen Wandel von Körperstrafen hin zu einer eher psychologischen Kontrolle fest, der wahrscheinlich mit durch die gestiegene psychologische Bedeutung von Kindern bedingt ist. Die Autorin plädiert für eine Interaktion der Väter mit ihren Kindern, die sich durchaus von mütterlichen Interaktionen unterscheiden darf und den kontrollierten Umgang mit Aggressionen einschließt.

Karin Grossmann gibt einen kurzen Einblick in die anthropologischen Aspekte der Väterlichkeit (»Warum sich Investitionen des Vaters in seine Nachkommen lohnen«). Sodann greift sie das von Seiffge-Krenke angeschnittene Thema der spezifischen Rollen des Vaters auf; in ihren eigenen Forschungsarbeiten haben sich Väter als Beschützer, Mentoren und Lehrer bei Herausforderungen erwiesen. Dagegen rufen Vaterabwesenheit, väterliche Pathologie und Gewalt bei Kindern nachweislich – und wahrscheinlich vermittelt über das Bindungsverhaltenssystem – Probleme in der Organisation von Gefühlen, in der Zuversicht bei Neuerkundungen und im sozialem Verhalten hervor.

Klaus Grossmanns Beitrag legt dar, wie Kinder in sicheren Bindungsbeziehungen lernen, Eigeninteressen mit den Interessen anderer abzugleichen. Diese Grundlage für die Entwicklung von Moral besteht schon lange vor der sprachlich vermittelten Vernunft. Sie ist emotional verankert und verknüpft mit der Suche nach Nähe, Zuneigung und Kooperation.

Im *zweiten Teil* des Buches geht es um therapeutische Vorgehensweisen bei Gewalt in Paarbeziehungen und Familien.

Astrid Riehl-Emde, erfahrene Paartherapeutin und Wissenschaftlerin, stellt zunächst fest, dass Gewalt in Paarbeziehungen zwar häufig vorkommt, in den Standardwerken der systemischen Literatur aber unterrepräsentiert ist. In knappen, klaren Worten sagt sie, wann Paartherapie bei Partnergewalt indiziert ist und wann nicht. Die Ambivalenz in Paarbeziehungen steht im Fokus ihrer Überlegungen darüber, wie destruktive Muster in Paarbeziehungen entstehen und wie sie in der Therapie verändert werden können.

Ulrich Clement schreibt von den kleinen Bosheiten in konflikthaften Paarbeziehungen. Sie sind meist Ausdruck von Enttäuschungswut und zeigen an, dass 1) Bindungs- und Autonomiewünsche nicht ausbalanciert sind, 2) das Paar einen wichtigen Differenzierungsschritt (noch) nicht gemacht hat: Es hat noch nicht akzeptiert, dass jeder/jede so ist, wie er/sie ist.

Dagmar Pauli fokussiert ihren Beitrag zwar auf Mädchen als Opfer sexueller und physischer Gewalt, betont aber die Notwendigkeit, viel eher fall- als geschlechtsspezifisch mit den Opfern zu arbeiten. So gelingt es eher, die Ressourcen zu entdecken, die bei der Verarbeitung der Traumafolgen helfen. Wissen über geschlechtsspezifische Verhaltensweisen kann dabei jedoch als Hintergrundwissen durchaus nützlich sein und wird in diesem Beitrag ebenso vermittelt wie die Grundzüge der Behandlung von Traumafolgestörungen.

Rochelle Allebes beschreibt zunächst, wie sich der Erziehungsalltag von Familien in den letzten 50 Jahren verändert hat. Angesichts dieser Geschichte verwundert es nicht, dass Eltern mehr Unterstützung als früher brauchen. Mit Fallbeispielen aus dem Elternnotruf Zürich illustriert die Autorin, was bei Gewalt von Kindern gegen ihre Eltern nottut: Kooperation der Eltern und Kooperation im Netzwerk.

Bruno Hildenbrand führt statistische Belege dafür an, dass für Kinder ein Aufwachsen in einer Stieffamilie in vielerlei Hinsicht riskanter ist als das Aufwachsen mit zwei leiblichen Eltern oder auch nur einem leiblichen Elternteil. Als Gegenmaßnahmen schlägt der Autor die Fortsetzung gemeinsamer Elternschaft, eine geduldige Integration des Stiefelternteils und eine erhöhte Aufmerksamkeit für die Besonderheit dieser Familienform vor.

Eia Asen präsentiert eine Fülle ideenreicher Methoden, mit deren Hilfe Familien in Therapie voneinander lernen können. Gerade bei Problemen mit innerfamiliärer Gewalt ist die Multifamilientherapie ein erfolgversprechender Ansatz, weil durch sie Perspektivenwechsel angeregt und Fähigkeiten des Mentalisierens verbessert werden.

Im *dritten Teil* geht es um die erweiterten Kontexte, in denen Gewalt in nahen Beziehungen stattfindet, gesehen werden und angegangen werden muss.

Andrea Lanfranchi wendet sich gegen die vorschnelle Gewohnheit, Gewalt in Familien mit Migrationshintergrund mit den traditionalen Herkunftskulturen zu erklären. Vielmehr plädiert er für eine fallspezifische verstehende Arbeitsweise in Beratung und Therapie. Gewalt entsteht nämlich in vielen Fällen erst, wo Integration auf halbem Weg stecken geblieben ist.

Norbert Wetzel steuert mit seinem Beitrag Erfahrungen aus den USA bei. Er plädiert dafür, in Kontexten von Entbehrung, Gewalt und Rassismus in einem weiten Sinne systemisch zu arbeiten, indem Schule, Nachbarschaft, Kirche usw. in die Beratung einbezogen werden. Eine engagierte, nach Gerechtigkeit strebende Haltung wird gefordert.

Rahel Jünger stellt ein international erprobtes Programm zur Gewaltprävention an Schulen vor. Es geht dabei ganz grundlegend um die Wahrnehmung von Gefühlen sowie um die Kontrolle von Handlungsimpulsen und um die Handlungsplanung, die anhand von Prüfkriterien reflektiert wird.

Franziska Greber und *Cornelia Kranich Schneiter* beschreiben die Dynamik häuslicher Gewalt in Paarbeziehungen. Sie erklären, warum sich die Opfer, zumeist Frauen, häufig so ambivalent verhalten und wie Fachpersonen mit der Ambivalenz umgehen können. Je nach Gesetzeslage kann die Justiz hier auch präventiv wirken.

Ingrid Hülsmann schließlich nimmt sich eines leider viel zu häufigen, gerne verschwiegenen Phänomens an: dass nämlich auch die Abhängigkeit von Klientinnen und Klienten in therapeutischen Beziehungen oft ausgenutzt wird. Die Psychodynamik bei Täter und Opfer wird beschrieben, die Dynamik der Interaktion ebenso.

Ulrike Borst und *Andrea Lanfranchi* fassen am Ende zusammen, was die 15 Beiträge dieses Buchs für Familien und für die systemische Praxis bedeuten. Nun hoffen wir, dass all diese Perspektiven auf Gewalt im Kontext von Liebe insgesamt ein rundes Bild ergeben, das nicht unzulässig vereinfacht, aber doch zu angemessen entschlossenem systemischem Handeln ermutigt und befähigt.

Ulrike Borst & Andrea Lanfranchi
Zürich, im Sommer 2011

Teil I: Ressourcen, Defizite und die Entstehung innerfamiliärer Gewalt

Gewalt in Familien verstehen und verändern – Ein systemisches Konzept innerfamiliärer Gewalt

Anna Flury Sorgo

Kindesmisshandlung und Moral

Kindesmisshandlung schadet dem Kind und seiner Entwicklung (Hart 1999; Streeck-Fischer 2006). Diese Tatsache ist heute unbestritten und Eltern bekannt, auch wenn sich nicht alle gleichermaßen mit Erziehungstheorie auseinandersetzen können. Ich behaupte, dass alle Eltern das Beste für ihre Kinder möchten und den Anforderungen an eine gute Erziehung gerecht zu werden versuchen. Dennoch sind Körperstrafen in der Schweiz noch immer verbreitet (Schöbi u. Perrez 2004). Eltern erzählen, dass sie selten Ausdruck eines überlegten Vorgehens sind, sondern viel eher Produkt einer Überforderung. Manchmal sind auch pathologische und unbewusste Prozesse beim Erwachsenen vorhanden. Das macht Kindesmisshandlung fürs Kind nicht weniger schädlich. Die moralische Empörung, der misshandelnde Eltern begegnen, trägt aber nichts zur Beendigung von Gewalt bei, im Gegenteil.

Eine formale Anmerkung: Ich verwende die männliche und weibliche Form abwechslungsweise. Das jeweils andere Geschlecht ist mitgemeint.

Überlegungen zur Definition

Eine Definition sollte wertfrei sein und die Besonderheiten eines gewaltgeprägten Systems aufzeigen. Dadurch werden geeignete Interventionen möglich. Sie soll die psychische und psychologische Wirkung von Übergriffen erklären auf diejenigen, die sie ausüben, ebenso wie auf diejenigen, die sie erleiden, und dem Ernst gewalttätigen Handelns gerecht werden.

Zu diesem Zweck ist es nötig, Übergriffe und gewalttätiges Handeln zu unterscheiden. Übergriffe sind Grenzverletzungen, welche mehr oder weniger absichtslos erfolgen. Sie können vom Gegenüber angesprochen und gestoppt werden. Gewalt hingegen wirkt absolut.

Meist steht ein bewusstes oder unbewusstes Kalkül hinter Gewalthandlungen. Sie wirken auf die Dauer zerstörend aufs System, seine Mitglieder und ihre Beziehungen (Butollo, Krüsmann u. Hagl 2002). Wer Gewalt ausübt, steht mit dem Rücken zur Wand.

Die allgemein üblichen Definitionen von Kindesmisshandlung bleiben auf der Handlungsebene und sind daher unbefriedigend. Auch die fundierten und lesenswerten Broschüren von Kinderschutz Schweiz zählen lediglich unterschiedliche Handlungen auf, die als Misshandlung gelten (Kinderschutz Schweiz, o. J.).

Würde das Problem jedoch allein auf der Handlungsebene liegen, genügte ein Motivationstraining dafür, es zu lösen. Dem ist aber nicht so. Die Ausübung von Gewalt ist wohl eine Frage von Motivation, aber sie ist noch einiges mehr.

Meine Definition innerfamiliärer Gewalt beinhaltet die folgenden Annahmen:

- Innerfamiliäre Gewalt ist energetisch (gefühlsmäßig) hoch aufgeladenes Verhalten.
- Gewaltgeprägte Systeme schränken Handlungsmöglichkeiten ein.
- Gewalt ist beharrlich.
- Jede Form innerfamiliärer Gewalt hat psychische Ursachen und Folgen.
- Einer gewaltgeprägten Veränderung der Systemdynamik geht fast immer ein Verlust wichtiger Ressourcen voraus.
- Rollen in gewaltgeprägten Systemen unterliegen einer starren Bewertung.

Die folgenden Überlegungen beruhen auf meinen langjährigen Erfahrungen als Beraterin und Therapeutin von Eltern aus gewaltbetroffenen Familien. Sie gelten in jedem Fall für körperliche Gewalt. Wenn es sexuelle Misshandlungen gibt oder solche vermutet werden, muss dem Schutz der ausgebeuteten Person besondere Aufmerksamkeit geschenkt werden.

Da sexuelle Ausbeutung besonders hartnäckig geleugnet wird, ist sie oft nicht nachweisbar. Dennoch verändert sie das System dauerhaft, was sich am Auftreten der psychischen und psychologischen Auswirkungen von Gewalt erkennen lässt (siehe unten). Die Dynamik gewalttätiger Systeme ist meines Erachtens erkennbar, auch wenn wir über die einzelnen Vorfälle keine oder zu wenig Kenntnis haben. Dies zu wissen kann helfen, die Gewalt im System zu bekämpfen, ohne dass alle konkreten Vorkommnisse bekannt sind.

Ein Beispiel

Um meine Überlegungen zu verdeutlichen, nutze ich das Beispiel einer Klientin, die ich beim Elternnotruf Zürich lange Zeit therapeutisch begleitet habe. Ich nenne sie Frau Tobler. Als ich sie kennenlernte, war ihr Sohn Carlos knapp zwei Jahre alt. Sie rief kurz nach einer heftigen Eskalation erstmals an. Sie wollte ihr Kind nicht länger anschreien oder gar schlagen. Von Carlos Vater war sie getrennt. Er war psychisch instabil, zahlte kaum Unterhalt und sorgte nur unregelmäßig für seinen Sohn. Frau Tobler verstand sich normalerweise sehr gut mit Carlos, der ein kreatives und intelligentes Kind war. Ihr Auftreten ihm gegenüber war meist sicher und gleichzeitig sensibel. Die Belastungen der letzten Monate hatten bei ihr eine Depression ausgelöst, die ihren Umgang mit dem Kind beeinträchtigte.

Herr Tobler brach den Kontakt zu seinem Sohn wiederholt ab. Frau Tobler bemühte sich vergeblich, ihn einzubinden. Als Carlos elf Jahre alt war, lehnte er sich gegen den Vater auf, worauf dieser sich enttäuscht zurückzog. Später zogen Mutter und Sohn nach Deutschland, wo Carlos gegenwärtig seine Schule abschließt.

Die Rolle der Emotionen

Gewalttätiges Handeln ist von starken Affekten geprägt. Nicht immer sind diese bewusst. Es ist bekannt, dass tätliche Personen ihre Emotionen und begleitenden Handlungen voneinander abspalten können (Dudeck et al. 2007). Dennoch sind sie wirksam. Heftige Gefühle engen die Wahrnehmungsfähigkeit ein: Der Affekt und alles, was ihn rechtfertigt, werden verstärkt wahrgenommen. Andere Teile der Realität hingegen werden ausgeblendet (Ciompi 1997).

Das wiederholte Erleben heftiger Emotionen kann zu inkonstanten Zuordnungen von Affekten bezüglich Kognitionen führen. Streeck-Fischer (2006) bezieht diese Aussage auf die kindlichen Opfer. Ich meine aber, sie gelte auch für die tätlichen Personen. Menschen können aus Gefühlsausbrüchen keine zuverlässigen Schlüsse ziehen, und zwar sowohl in handelnder als auch in erleidender Position. Die kognitiven Strukturen sind der Bewältigung eines Wutausbruchs nicht gewachsen: Fähigkeiten wie Lernen, Sicherinnern, Nachdenken, Zuordnen, Wahrnehmen etc. fallen aus.

Eskalationen fördern unklar strukturierte und schlecht abgegrenzte Bilder der Umwelt im Gehirn. Die Neigung zu unkontrollierten emotionalen Äußerungen nimmt zu. Das erschwert gleichzeitig das Erlernen angemessener Verhaltensweisen und die Fähigkeit, mit unvorhergesehenen Ereignissen zurechtzukommen. Daher ist die Entscheidung, auf die Ausübung von Gewalt zu verzichten, zwar eine notwendige, aber keine hinreichende Bedingung für die Beendigung innerfamiliärer Gewalt.

> Zwischen Frau und Herrn Tobler gab es eine ausgesprochen ambivalente Beziehung, die manchmal eng, dann wieder gewalttätig war. Wenn Frau Tobler von den Eskalationen zwischen ihnen erzählte, war sie oft nicht in der Lage, sich zu erinnern, was eigentlich zum Streit geführt hatte. Einmal schlug Herr Tobler seine Frau, als sie das zwei Wochen alte Baby auf dem Arm hatte. Am nächsten Tag stritt er das ab. Offenbar erinnerte er sich nicht einmal mehr daran.

Gewalt engt ein

Gewalt prägt die Eigenschaften eines Systems sowie viele Verhaltensweisen seiner Mitglieder in einer einschränkenden Art. Gewalttätiges Handeln und die Reaktion darauf zeichnen sich durch ein weitgehendes Fehlen nachvollziehbarer Reflexion aus. Die Menschen blenden Teile der Realität aus oder leugnen sie. Dahinter stehen oft Angst oder Scham.

Gewalt hat die Wirkung, dass Wahrheit nach den eigenen Erwartungen umgedeutet wird. Das hängt mit dem Entstehen von Trancen zusammen, die Handeln oder Denken auf einen bestimmten Fokus verengen (Wais u. Gallé 1996). Das Denken verändert, sich und Widersprüche in der Argumentation werden übersehen.

> Herr Tobler erklärte seiner Exfrau, sie sei selbst schuld, dass er sie geschlagen habe. Sie übernahm seine Begründung kritiklos, obwohl sie das in einem anderen Fall – in einem gewaltfreien Kontext – niemals gemacht hätte.

Wer Gewalt anwendet, wirkt stark und mächtig. Tatsächlich aber ist es mindestens ebenso wahrscheinlich, dass er sich klein und ausgeliefert fühlt. Dies ist eines von vielen Beispielen für die Doppelgesichtigkeit von Gewalt. Es gibt immer ein Entweder-oder, Schwarz oder Weiß. Oder beides. Nur Grau gibt es selten.

Wenn Carlos nicht auf seine Mutter hörte, fühlte sie sich manchmal so gedemütigt, dass sie völlig außer sich geriet. Einmal bemerkte sie dabei die Angst in den Augen des Kindes und realisierte mit einem Mal, als wie riesig er sie erlebte.

Gewalt ist beharrlich

Die bisher geschilderten Zusammenhänge führen zu einem veränderten Erziehungsverhalten. Kinder bekommen in diesen Situationen zu wenig Halt, zu wenig Freiheit oder beides. Da ihre kognitiven, insbesondere die sprachlichen Fähigkeiten noch wenig entwickelt sind, können sie die gewalttätigen Mechanismen noch weniger durchschauen als Erwachsene und sind ihnen ausgeliefert. Gewisse Formen von Gewalt wirken sogar verführerisch (Wais u. Gallé 1996).

Auf das inkonsistente Erwachsenenverhalten reagieren Kinder unspezifisch, z. T. mit Überanpassung, z. T. mit störendem Verhalten (Streeck-Fischer 2006). Durch ihre Reaktionen versuchen sie, in einer unmöglichen Situation zu überleben. Verstärkt ihr Verhalten die destruktive Dynamik allerdings, so werden Kinder als Opfer oder Täter in die negative Entwicklung eingebunden (Cecchin u. Conen 2008). Ihre Bedürfnisse werden der Gewaltdynamik untergeordnet.

Die fortgesetzte Erfahrung von Gewalt prägt die Entwicklung (Hart 1999). Sie schwächt Selbstwert und Aufbau von Identität. Die emotionale Entwicklung wird gestört, und die Überzeugung, selbstwirksam handeln zu können, geht verloren. Die Frustrationstoleranz ist vermindert. Die Menschen verlieren die Zuversicht, sich anders als gewalttätig durchsetzen zu können. Oft wehren sie sich nicht mehr gegen Zumutungen und harren in gewaltgeprägten Beziehungen aus (Gara et al. 2000). Die Erfahrung von Gewalt führt somit zu einer verstärkten Affinität zu gewalttätigem Handeln und einer erhöhten Toleranz gegenüber Gewalterfahrungen. Das führt dazu, dass sich Gewalt oft über Generationen in einer Familie halten kann.

Frau Tobler ist in einer gewaltgeprägten Familie aufgewachsen, in der sie physisch, psychisch und sexuell missbraucht wurde. Sie war von beiden Eltern sehr abwertend behandelt worden. Dazu kam ein sadistisches Bestrafungsverhalten des Vaters und Übergriffe ihres Onkels, die ihr niemand glaubte. Ihre Eltern hielten ihrerseits wenig von sich und werteten sich gegenseitig und auch selbst immer wieder ab. Manchmal verzweifelte sie, wenn sie bemerkte, dass Carlos sich in ähnlicher Weise beschimpfte, wie sie das von sich selbst kannte.

Die Rolle von Gewalt in psychologischer Hinsicht

Ich unterscheide psychische Gewalt von der psychologischen Wirkung von Gewalt. Psychische Gewalt ist eine Form von Kindesmisshandlung durch unterschiedliche Handlungen, welche von Eltern mehr oder weniger absichtsvoll ausgeführt werden (Kinderschutzbund Schweiz o.J.)

Die psychologische Wirkung von Gewalt unterliegt einer Dynamik. Sie ist zentral für das Verständnis der Wirkung jeder Form von Gewalt. Im Allgemeinen ist die Wirkung nicht beabsichtigt (O'Hagan 1993).

Die psychologische Wirkung jeder Form von Gewalt bildet eine Klammer, die erklärt, wieso in einer Familie oft unterschiedliche Formen von Gewalt auftreten. Sie ist ein systemimmanentes Muster der Abwertung und darf nicht als Tat einer Person allein verstanden werden.

Eine allgemein anerkannte Definition besagt, dass psychische Misshandlung (also eigentlich die psychologische Wirkung von Gewalt) als

> »wiederholt angewendetes Muster definiert wird, das Kinder zur Überzeugung treibt, sie seien wertlos, fehlerhaft, nicht liebenswert, ungewollt, gefährdet oder dass sie das nur dann nicht sind, wenn sie die Bedürfnisse anderer befriedigen« (Hart 1999, S. 4).

Diese Wirkung liegt nicht in der Absicht der Eltern. Wenn Eltern Gewalt anwenden, so sind sie meiner Erfahrung zufolge selbst meist der Überzeugung, sie seien wertlos, fehlerhaft, nicht liebenswert, ungewollt, gefährdet oder dass sie das nur dann nicht seien, wenn sie die Bedürfnisse anderer befriedigen.

Psychische Gewalt gründet auf der zwingenden Unterordnung der persönlichen Bedürfnisse unter die Gewaltdynamik. Der Druck wird nach unten weitergegeben und betrifft daher die sozial schwächsten Mitglieder, vor allem die Kinder. Innerfamiliäre Beziehungen in von Gewalt geprägten Systemen zeichnen sich aus durch Angst, Ablehnung und Entwertung von Familienmitgliedern oder Dritten. Zudem fallen verfehlte Erwartungen an die Kinder auf, Drohen oder Bestechen wird als Erziehungsmittel eingesetzt, das emotionale Verständnis für andere fehlt. Interesse am anderen hat den Charakter von Kontrolle. Die Familie ist nach außen und/oder nach innen isoliert. Die Beziehungen sind unsicher, der Abbruch von Beziehungen oder die Ausstoßung von Familienmitgliedern kommt häufig vor (Wais u. Gallé 1996).

> Frau Tobler verzweifelte oft daran, dass sie ihren Sohn angeschrien oder geschlagen hatte. Das Gefühl von Wertlosigkeit, das sie seit jeher mit sich herumtrug, drohte in solchen Momenten über ihr zusammenzuschlagen. Gewiss, diese Verhaltensweisen schadeten dem Jungen. Doch solange sie über ihr Versagen klagte, veränderte sie es nicht. Sie musste ihre Fähigkeiten würdigen und von ihren Fehlhandlungen unterscheiden. Dabei half ihr die Beobachtung, dass die Eskalationen oft auftraten, nachdem ihr Exmann sie beschimpft hatte, wenn ihr Vater zotige Witze auf ihre Kosten gemacht hatte oder wenn ihre Mutter sie wegen ihres Aussehens bemitleidet hatte. Davor musste sie sich schützen lernen, um für ihren Sohn präsent sein zu können.

Die Bedeutung von Ressourcen

Für das Auftreten und Bewältigen einer innerfamiliären Gewaltdynamik sind die familiären Ressourcen von großer Bedeutung (vgl. Allebes in diesem Band).

Die Bedeutung der Ressourcen in der Psychotherapie ist gut erforscht (Grawe 1998) und bei gewaltbetroffenen Familien von besonders großer Wichtigkeit. Die Sicherheit, dass es schon gut kommen wird, egal was passiert, ist im Vergleich zu unverletzten Menschen reduziert, meinen Beobachtungen zufolge auch bei Personen, die belastende Erfahrungen gut bewältigen konnten. Dies ist vor allem der Fall, wenn jemand durch Gewalt in der Familie beschädigt wurde und damit die innerfamiliären Beziehungen gelitten haben (Walsh 2006).

Diese Verletzbarkeit bekommt vor allem im Umgang mit den eigenen Kindern Bedeutung. Sie führt zu hartnäckigen Zweifeln, ob diese gedeihen, ob man hinreichend gut für sie gesorgt habe und ob es ihnen besser gehe, als man das selbst früher erlebt hat (Butollo, Krüsmann u. Hagl 2002). Eltern, die selbst als Kinder misshandelt wurden, geht der Blick oft verloren für das, was sie in Bezug auf ihre Kinder gut machen.

Ist das System erst von Gewalt betroffen, so setzt sie sich auch aufgrund der fehlenden Ressourcen fort. Gewalt zerstört Ressourcen besonders radikal. Gewaltgeprägte Systeme sind meinen Beobachtungen zufolge eigentlich immer ressourcenarme Systeme. Ihre Mitglieder verfügen über verminderte Handlungsmöglichkeiten und ein geringes Selbstwertgefühl. Sie erleben die Welt als unsicheren Ort und verlieren das Bewusstsein für ihre Handlungsmöglichkeiten. Daher nehmen sie die vorhandenen Ressourcen auch nicht mehr in ausreichendem Maß wahr (Reddemann 2001).

Gewaltbetroffene Systeme haben fast immer einen massiven Verlust von Ressourcen auf einer oder mehreren Ebenen erlebt. Manche Systeme sind widerstandsfähiger, in anderen etabliert sich unter dem Druck eine gewalttätige Systemdynamik. Auch wenn gewaltbetroffene Systeme entscheidende Ressourcen verloren haben, ist nicht jede ressourcenarme Familie von Gewalt betroffen.

Frau Tobler hat ihre belastete Kindheit in bewundernswerter Weise verarbeitet. Sie war eine intelligente, gesunde, gut ausgebildete Frau, als sie Mutter wurde. Nach der Geburt von Carlos erlitt Herr Tobler einen dramatischen psychischen Zusammenbruch, der für Frau Tobler und ihr Kind lebensbedrohend war, und musste zwangshospitalisiert werden. Durch diese Ereignisse brach bei ihr die Erinnerung an ihren psychisch kranken Vater durch, der wochenlang mit dem geladenen Sturmgewehr in der Hand geschlafen hatte und so die Familie terrorisierte. Sie wurde erneut depressiv.

Nach der Trennung musste sie relativ viel arbeiten. Zudem sorgte sie praktisch alleine für den Jungen. In ihrem eigenen Beruf fand sie keine Anstellung und versah eine schlecht bezahlte Hilfsarbeit. Aufgrund dieser Entwicklung fühlte sie sich oft überfordert und verzweifelte häufig. Wenn es gelang, sie an ihre Fähigkeiten zu erinnern, fing sie sich jeweils auf. Das Wissen über alles, was sie erreicht hatte, ging ihr im Krisenfall regelmäßig verloren.

Rollen in gewaltgeprägten Systemen unterliegen einer starren Bewertung

Mir scheint, dass sich kaum jemand der emotionalen Wirkung von Gewalt entziehen kann. Trotz aller Erfahrung beobachte ich an mir selber, wie heftig die ausgelösten Emotionen sein können. Meist richtet sich die Wut auf die Täterin, und das Mitleid wendet sich der Person zu, die Unrecht erleidet. Dies geschieht in besonderem Maß, wenn das Opfer schwächer ist oder ein Kind und noch einmal, wenn es sich um sexuelle Gewalt handelt. Dann kommt fast zwingend Abscheu dazu.

Die Frage nach der Schuld wird meist sofort gestellt, wenn eine Gewalthandlung bekannt wird. Den Personen werden die Rollen von Täter und Opfer, zudem auch Mitwisserin, Mittäter und Retterin zugeschrieben. Beschreibungen werden häufig als Vorwurf zurückgewiesen. Erklärungen haben einen paranoiden Einschlag (»Der andere tut das, um mir zu schaden, oder weil er immer schon böse war«). Es entstehen Bewertungen. Zuhören ist nicht mehr möglich. Verteidigung wird zum Selbstzweck (Omer, Alon u. von Schlippe 2007).

Wer Gewalt ausübt, ist der Systemlogik zufolge böse. Täterin, Mittäterin, Mitwisser gelten als böse Menschen, Opfer und Retter hingegen als gute. Aufgrund der Gewaltlogik sind Täter immer die anderen. Nicht selten werden sie ausgestoßen.

Diese Beobachtung kann den Schluss nahelegen, dass es besser sei, auf die genaue Benennung von Tat und Täter zu verzichten. Dadurch aber entsteht die Gefahr der Vertuschung. Die gewalttätige Handlung und ihre Folgen müssen benannt werden, bei gleichzeitiger Unterscheidung von Tat und Täterin. Die Logik der Gewalt ist meines Erachtens auch in der Rede von Täterin und Opfer wirksam.

Die Bewertungen im gewalttätigen System beziehen sich meist auf Personen statt auf Handlungen und verhindern so eine Lösung des Problems. Die Identifizierung von Tat und Täter und die Anprangerung eines Täters erfolgen übrigens durch alle Beteiligten. Die Übernahme von Verantwortung durch die Täterin wird dadurch erschwert. Alle Rollen im Gewaltkontext haben die Funktion, Verantwortung abzuschieben, damit das System nicht angegriffen wird. Die destruktive Dynamik behält die Oberhand. Omer, Alon und von Schlippe (2007) beschreiben, dass Menschen in einem Gewaltkontext zwei Sichtweisen einnehmen können. Ungeeignet für Lösungen ist die dämonische Sicht, welche postuliert, dass Leiden von bösen Eigenschaften und Absichten des anderen komme. Dadurch entstehen

Feindbilder, welche Lösungen erschweren. Zur Überwindung der Gewaltdynamik empfehlen sie die Entwicklung der Bereitschaft, Leiden zu akzeptieren. Sie nennen dies die »tragische Sichtweise« mit der Bereitschaft, belastende Situationen anzunehmen.

> »Die Einsicht, dass die Handlungen eines Menschen nicht notwendigerweise Ausdruck seiner guten oder schlechten Eigenschaften sind, kann Empathie befördern. Wenn man daran glaubt, dass im Kern selbst des am irrationalsten erscheinenden Verhaltens ein menschliches, verstehbares Streben nach Wachstum und Entwicklung liegt, dann kann versucht werden, sich damit zu verbinden« (ebd., S. 71).

Wiederum soll damit nicht eine vorschnelle Versöhnung verlangt werden. Das Konzept bietet eine Möglichkeit zur Überwindung der Gewaltdynamik.

> Herr Tobler sah seine Frau als Täterin, weil sie ihn in die psychiatrische Klinik hat einweisen lassen. Frau Toblers Mutter sah ihn als Täter, weil er ihre Tochter bedroht hat. Frau Tobler sah sich abwechselnd selbst als Opfer und Täterin, und beide Sichtweisen verhalfen ihr nicht zu einer aktiven Rolle. Erst als es ihr gelang, ihre Situation als alleinerziehende Mutter zu akzeptieren, konnte sie selbstverantwortlich handeln und sich sowohl gegen den Exmann als auch gegen ihre Mutter abgrenzen. So fand sie eine eigene Meinung und erweiterte ihre Handlungsmöglichkeiten.

Sechs Zugänge zu gewaltgeprägten Systemen

Aufbauend auf dem beschriebenen Konzept von innerfamiliärer Gewalt, haben sich die folgenden Annahmen in Elterntherapien bei innerfamiliärer Gewalt bewährt:

- Eltern möchten, selbst wenn sie gewalttätig sind, das Beste für ihre Kinder (Armbruster 2006).
- Dem Schutz der Kinder vor akuter Gefährdung kommt oberste Priorität zu (Kinderrechtskonvention).
- Eine dominanzorientierte Gesellschaft erschwert es, Kinder gewaltfrei zu erziehen (Omer u. von Schlippe 2002, 2004).
- Objekt der Therapie ist das Familiensystem, auch im Einzelsetting (Boscolo u. Bertrando 1997).

- Die Beherrschung der eigenen Gewalttätigkeit ermöglicht die Übernahme von Verantwortung (Omer u. von Schlippe 2002).
- Ziel der Erziehung ist die Selbstverantwortlichkeit und Selbstständigkeit der Kinder (Rotthaus 1998).

Ressourcen

Da sich von Gewalt betroffene Familien durch verminderte Ressourcen auszeichnen, lege ich Wert darauf, dass jede Intervention möglichst schonungs- und respektvoll erfolgt (Reddemann 2001). Das betrifft nicht nur den Umgang mit den Opfern, sondern auch den mit den tätlichen Personen. Sie benötigen Unterstützung mit dem Ziel, auf jede weitere Gewalthandlung zu verzichten. Die Anwendung von Gewalt liegt nicht im Interesse der Opfer, aber auch niemals im wirklichen Interesse der Täter, und zwar unabhängig von der Art der angewendeten Gewalt.

Jede entscheidende Veränderung, selbst wenn sie erwünscht ist, führt zunächst zu einem Verlust von Ressourcen. Die Auseinandersetzung mit der Gewalt wird zu tief gehenden Veränderungen führen und macht Angst. Daher fühlen sich gewaltbetroffene Familien durch Hilfsangebote manchmal bedroht.

Im Normalfall wird der Verlust von Ressourcen später kompensiert. Ressourcenarmen Familien nützt das nichts, denn sie verfügen nicht über die nötigen Kräfte dazu. Sie vermeiden es daher, Hilfe zu suchen, und zwar umso eher, je nötiger sie wäre. Während aufseiten der Helfer ein Bedarf an Veränderung wahrgenommen wird, besteht vom System aus erheblicher Widerstand dagegen. Wird er übergangen, so wird die Gewalt im System erhalten, ja vielleicht sogar verstärkt (Reddemann 2008).

Die Angst vor Hilfe ist, vom System her gesehen, sinnvoll. Auch wenn die Not groß ist, bin ich mit Veränderungsvorschlägen zurückhaltend, gerate aber dadurch oft in einen inneren Zwiespalt, der durch das Leiden der Kinder entsteht. Auch wenn es manchmal unumgänglich ist, ein Kind vor seinen Eltern zu schützen, gilt es, ihren Widerstand zu achten. Die Familie kann ihn am ehesten reduzieren, wenn sie eine werterhaltende Unterstützung erlebt. Die wichtigste Ressource, die durch eine Therapie zugeführt wird, ist die verstehende und annehmende therapeutische Beziehung (Butollo, Krüsmann u.

Hagl 2002). Wer sich auf gewaltbetroffene Familien einlässt, muss mehr noch als sonst bereit sein, zuzuhören und den richtigen Zeitpunkt abzuwarten.

Obwohl die Auseinandersetzung mit den gewalttätigen Verhältnissen alle Beteiligten Kraft kostet und daher oft lieber vermieden würde, ist ohne sie eine Gesundung des Systems nicht möglich. Durch das wertfreie Ansprechen der Tatsachen kann Raum geschaffen werden für die Auseinandersetzung mit der Gewalt.

> Wenn Frau Tobler Hilfe suchte, hatte das für sie oftmals überwältigende Minderwertigkeitsgefühle zur Folge. Sie fühlte sich ihrer Würde beraubt. Das Mitleid ihrer Helferinnen und die wohlgemeinten Ratschläge wirkten auf sie wie Gift. Es entmutigte sie zu hören, was sie alles auch noch tun müsste. Bei der Arbeit mit ihr lernte ich, ungeachtet ihrer Klagen besonders sorgfältig zu betonen, was sie alles bereits geschafft hatte. Dadurch fand sie jedes Mal zu ihren eigenen Lösungen.

Beziehungen

Vertrauensvolle, berechenbare und angstfreie Beziehungen sind das wirkungsvollste Gegenmittel zu Gewalt (Omer u. von Schlippe 2004). Eine freie und kongruente Kommunikation bildet ein Gegengewicht zur Angst und zu den Lügen im gewaltgeprägten System.

Für Kinder sind Eltern (bzw. Ersatzeltern) als Bindungsfiguren unentbehrlich. Ein Kind tut sehr viel, um seine Eltern nicht zu verlieren und damit es ihnen gut geht, sogar auf eigene Kosten. Da Kinder die Bedürftigkeit Erwachsener hinter der angewendeten Gewalt spüren, engagieren sie sich eher mehr als weniger für gewalttätige oder vernachlässigende Eltern. Die mit Gewalt einhergehenden Bindungserfahrungen prägen die kindliche Entwicklung negativ (Fonagy 2003).

Beziehungen leben von gemeinsamen Interessen und Aufgaben. Ich gehe davon aus, dass Eltern und Kinder das Interesse an der kindlichen Entwicklung verbindet. Mir scheint es logisch zu sein, dass die Kinder selbst das größte Interesse daran haben, gesunde, glückliche Erwachsene werden. Dafür benötigen sie die Hilfe ihrer Eltern. Doch je besser das Kind selbst für sich sorgen kann, umso mehr rücken die Eltern in den Hintergrund. Diese Entwicklung ist ambivalent.

Einerseits will das Kind eigenständig sein, anderseits braucht es bis ins Erwachsenenalter Verständnis und Zuwendung der Eltern (Thomä 2002).

Beziehungen leben auch von Widerspruch (Omer u. von Schlippe 2004). Die Bedeutung der Eltern fürs Kind verhindert nicht, dass es auch unfolgsam oder frech sein kann. Beziehungen sind dann gut, wenn sie auf einer Basis von gegenseitigem Vertrauen und gegenseitiger Akzeptanz beruhen. Selbst wenn Wünsche sich unterscheiden und vielleicht nicht erfüllt werden können, können sie als Wünsche respektiert werden.

Beziehung bedeutet Verständigung auf verbaler und nonverbaler Ebene. In einer gut funktionierenden Beziehung verhält sich das Gegenüber vorhersehbar, transparent und kongruent (Butollo, Krüsmann u. Hagl 2002). Eltern, die ihrem Kind gegenüber beziehungsfähig sind, sind bereit, sich zu öffnen und auch ihre Gefühle mitzuteilen. Sie sind bereit und in der Lage, ihrem Kind zuzuhören und zu versuchen, sich in seine Situation und sein Erleben einzufühlen, auch wenn sie seine Werte nicht teilen und allfällige Wünsche nicht erfüllen können oder wollen. Beziehung bedeutet nicht, dass Eltern ununterbrochen verfügbar sind, doch es sollte für ein Kind klar sein, dass oder wann dies der Fall sein wird.

Als Therapeutin in einem gewaltbetroffenen System bin ich meinerseits den destruktiven Mechanismen ausgesetzt. Es ist daher auch für mich nötig, auf die eigenen Grenzen und Belastungen zu achten. Die Beziehung zu mir selbst, zu den Klientinnen, aber auch zu anderen involvierten Institutionen oder Personen benötigt Aufmerksamkeit und Pflege (Reddemann 2001).

> Ihre Beziehungsfähigkeit war eine von Frau Toblers größten Stärken. Sie ließ sich auf Menschen sehr direkt ein, war offen und kongruent. Wegen der Depression war es für sie oftmals schwierig, sich auf Carlos einzulassen. Das Kind reagierte sehr direkt darauf. War sie innerlich abwesend und traurig, so störte er hartnäckig und verhielt sich aggressiv. Da ich beim Elternnotruf häufig auch am Telefon erreichbar war, konnte sie mich in solchen Momenten anrufen. Diese sichere Beziehung beruhigte sie, wovon auch Carlos profitierte. Ich konnte hören, wie er sich im Hintergrund im gleichen Ausmaß wie seine Mutter beruhigte und bald wieder zufrieden spielen konnte.

Selbstbehauptung

Die Fähigkeit zur Selbstbehauptung hängt mit Handlungsfähigkeit und Übernahme von Verantwortung zusammen. Sie schafft Selbstsicherheit. Diese ermöglicht es zunehmend, sich auch mal zurückzunehmen und dem Wunsch nach Selbstbehauptung des anderen den Vortritt zu lassen.

Ein großer Teil gewalttätig eskalierender Konflikte zwischen Eltern und Kindern sind Dominanzkonflikte (Omer u. von Schlippe 2002). Manche Kinder eskalieren eine Situation häufiger als andere (Allebes in diesem Band). Viele lernen aber mit zunehmender Ausdrucksfähigkeit eine angemessene Selbstbeherrschung. Während der Unruhephasen der Entwicklung (z. B. der Trotzphase) nimmt die Eskalationsbereitschaft zu. Ein eskalierendes Kind wirkt stark, fühlt sich aber unsicher und schwach (von Uslar 2006). Eltern, die seinen Willen brechen wollen, lösen erst recht Eskalationen aus. Die gleiche Wirkung erreichen Eltern, die jede Frustration zu vermeiden versuchen.

Eskalierende Personen benötigen Selbstsicherheit. Diese erhalten sie über erweiterte Handlungskompetenzen und die Erfahrung von Selbstwirksamkeit. Die Gewähr, dass man seine Bedürfnisse einbringen kann und gehört wird, schafft die Möglichkeit, sich zu beherrschen. Die daraus resultierende Fähigkeit, in angemessenem Ausmaß und aufgrund eigener Entscheidungen zu verzichten, erhöht wiederum das Selbstwertgefühl. Eskalationen hingegen zerstören es. Selbstbeherrschung ist auch für Eltern eine entscheidende Fähigkeit.

Erziehung bedeutet, den Kindern fortwährend neue Verantwortlichkeiten zu übergeben oder zu überlassen, auch wenn sie dabei Fehler machen. Einen Weg zwischen Über- und Unterforderung zu finden ist manchmal gar nicht einfach. Erziehung besteht in einer fortwährenden Korrektur der Abweichungen. Grenzen setzen müssen Eltern dort, wo Kinder sich in Gefahr bringen oder anderen schaden (Hilleberg u. de Fries 1998). Kinder folgen umso besser, je mehr sie sich in einer respektvollen Beziehung gehalten fühlen.

Auch wenn Kinder unterschiedlich stark zu Eskalationen neigen und damit ihre Eltern mehr oder weniger stark strapazieren, so können doch auch die Eltern Machtkämpfe verhindern. Dabei helfen ihnen eigene Erfahrungen von Selbstwirksamkeit, das Akzeptieren persönlicher Grenzen und eine gesunde Resistenz gegen äußeren Druck durch Medien, Schule oder Angehörige oder Freunde.

Carlos war ein sensibler, fantasievoller Junge mit einer ausgeprägten Emotionalität. Er ließ sich nicht leicht lenken, denn er wusste genau, was er wollte. So forderte er seiner Mutter sehr viel Geduld ab, und manchmal eskalierten die Dominanzkonflikte. Die Therapie wurde zur Erziehungsberatung und zur gemeinsamen Suche nach funktionierenden Strategien. Ich unterstützte Frau Tobler, im Sinne elterlicher Präsenz Carlos ihre eigenen Ansprüchen entgegenzustellen und ihm dennoch die Verantwortung und die Freiheit für sein eigenes Handeln zu überlassen.

Wahrnehmung

Die Fähigkeit zur Selbstbehauptung wird durch die Schulung der Wahrnehmung gefördert. Dazu gehört das präzise, aber wertfreie Benennen des Wahrgenommenen, des Körpers, seiner Lage im Raum, der eigenen und fremden Gefühle und äußerer Eindrücke.

Eltern können Wahrnehmungsfähigkeit bei ihren Kindern schon früh fördern, indem sie die Handreichungen benennen, die sie an ihnen vornehmen, den Körperteilen Namen geben und die Emotionen des Kindes oder anderer Personen benennen (Aarts 2000). Liebevolle und der Entwicklung angemessene Erfahrungen aller Sinne fördern Kinder ebenfalls (Hilleberg u. de Fries 1998).

Eltern in gewaltbetroffenen Familien fehlt es häufig an angenehmen Körpererfahrungen. Reduziert ist oft die Fähigkeit, Sinneseindrücke in Worte zu fassen. Körperwahrnehmungsübungen, Entspannungsübungen oder geführte Fantasiereisen unterstützen die Verankerung im Körper (Butollo, Krüsmann u. Hagl 2002). Sport in vernünftigem Ausmaß ist fast immer nützlich. Ebenso die Möglichkeit kreativen Selbstausdrucks, wobei wiederum wichtig ist, die entsprechenden Erfahrungen auch in Worte zu fassen.

Wenn Gewalt im System ist, kommt es zu Vorwürfen und Lügen. Für ein wirksames therapeutisches Eingreifen ist das Wissen über den genauen Tathergang weniger wichtig als das Verständnis für die psychologischen Abläufe und das wertfreie Benennen und Verstehen des Erlebens eines jeden.

Unterschiedliche Erfahrungen werden von gewaltbetroffenen Familien oft nur schwer ertragen und lösen Angst aus. Werden die Erfahrungen thematisiert, können Gelegenheiten dafür geschaffen werden, Kommunikation zu üben. Die Unterschiede helfen der Herstellung von Offenheit, welche wiederum eine lustvolle Exploration der Wahrnehmungsvarianten ermöglicht. Lust und Humor vertreiben Gewalt.

Trotz aller negativen Erfahrungen brachte Frau Tobler Verständnis für ihre Eltern und ihre Situation auf. Sie anerkannte ihre positive Entwicklung. Carlos verbrachte viel Zeit bei ihnen. Das schuf seiner Mutter die dringend benötigte Entlastung im Alltag.

Gleichzeitig waren Besuche im Elternhaus für Frau Tobler selbst problematisch. In der Herkunftsfamilie liefen die alten Mechanismen der Herabsetzung weiter. Wir arbeiteten an einer Verbesserung ihres Körpergefühls, was dazu führte, dass sie Zugang bekam zu ihren Erfahrungen als Kind. Nun brachte sie allmählich den Mut auf, die Beleidigungen ihrer Eltern zu stoppen. Daraufhin entwickelte sich ihre Beziehung zu den Eltern zur Zufriedenheit beider Seiten.

Strukturen

Gewalt verändert die innerfamiliären Strukturen, sodass sie chaotisch oder starr werden. Daher kann zur Prävention oder Intervention in einer gewaltbetroffenen Familie auch an den Strukturen gearbeitet werden. Zunächst geht es um den Aufbau klarer und flexibler Grenzen innerhalb der Familie (siehe auch Hildenbrand in diesem Band), sowohl zwischen den einzelnen Personen als auch zwischen den Subsystemen.

Das Gleiche gilt für die außerfamiliären Grenzen gegenüber Angehörigen, Freunden und Behörden. Isolierte Familien benötigen Beziehungen zu außenstehenden Personen, was vor allem zu Anfang oft nur über Institutionen machbar ist. Manchmal ist eine vermittelnde Beratung gegenüber der weiteren Familie oder Nachbarn nötig. Manchmal brauchen Familien aber auch Schutz gegen Einmischungen von außen.

Ein offener Austausch in der Familie ist wichtig. Wohl ist es angemessen, wenn jeder seine Geheimnisse hat, sie sollten aber keinen belastenden Charakter haben. Es gibt Dinge, die zwischen den Eltern bleiben dürfen und sollen. Auch ist es normal, wenn Geschwister sich näherstehen als ihren Eltern. Belastende Geheimnisse, welche überfordern, werden besser offengelegt. Es ist wichtig, dass Konflikte mit den Beteiligten direkt ausgetragen werden. Zerstrittene Eltern benötigen dafür eventuell Mediation, damit sie sich als Eltern gegenüber ihren Kindern gegenseitig unterstützen können.

Zu einer gesunden Struktur gehört auch eine flexible, aber wahrnehmbare Ordnung in zeitlicher (Tagesrhythmus), räumlicher (Zimmereinteilung, Wohnungseinrichtung) und finanzieller Hinsicht (Budget). Daher können die Vermittlung einer Budgetberatung, finanzieller Unterstützung oder einer Wohnung zu einer Elternpsychotherapie gehören.

> Als Carlos in die Pubertät kam, gerieten die beiden in heftige Dominanzkonflikte. Der Junge machte seiner Mutter Vorwürfe, weil sie ihm keinen Laptop kaufte und kein Haustier wollte. Frau Tobler reagierte verunsichert, da Carlos sie an seinen Vater erinnerte. Sie war sich nicht mehr sicher, dass ihr Standpunkt richtig war, und reagierte mit Schuldgefühlen. Da sie mittlerweile im Ausland wohnte, beschränkte sich unser Kontakt auf gelegentliche E-Mails oder Anrufe. Aufgrund unserer langjährigen Zusammenarbeit gelang es mir meist schnell, sie wieder an ihre Fähigkeiten zu erinnern. Für ein Elterncoaching brauchte sie aber jemand anders, den sie schließlich in der Nähe ihres Wohnortes fand. Unter ihren mittlerweile zahlreichen Freunden fand sie aktive Unterstützung. Sie lachten Frau Tobler aus wegen ihrer Bedenken, mahnten Carlos zur Mäßigung und kümmerten sich gleichzeitig um ihn. Diese Stärkung ihrer Position war für Frau Tobler wichtig, um in diesen Auseinandersetzungen als Mutter in gewaltfreier Weise standhaft zu bleiben.

Trauer

Ich beobachtete beim Elternnotruf, dass Eltern nach dem Verlust naher Verwandter oder nach Trennungssituationen vermehrt über ihre eigene Unbeherrschtheit den Kindern gegenüber klagten. Mir schien, dass die Trauer eine Neigung zu gewalttätigen Eskalationen verstärkte. Das fiel mir besonders bei Müttern von Kleinkindern auf. Ich vermute den Grund darin, dass diese Mütter wegen der Notwendigkeit dauernder Verfügbarkeit keine Zeit für ihre Trauer fanden. Es wirkte, als ob ihre Psyche so sehr mit dem Verlust beschäftigt gewesen wäre, dass sie die Herausforderungen des Kleinkindes als inakzeptable Störung empfand.

So kam es, dass ich mit diesen Müttern viel mehr über den Verlust redete und darüber, wie sie ihrer Trauer Raum verschaffen könnten, als über die Erziehungsproblematik. Dennoch wirkte die Beratung auch entlastend für die Mutter-Kind-Beziehung. Omer, Alon und von Schlippe (2007) beschreiben eine annehmende Haltung als Voraussetzung für die Vermeidung von Gewalt. Es leuchtet ein, dass der Widerstand gegen ein wie auch immer geartetes Schicksal eher zu einer trotzigen, abwehrenden Haltung führt, die gerade dominanzorientierte Kinder zu trotzigem Widerstand herausfordert.

> Zum ersten Mal beobachtete ich diesen Zusammenhang bei Frau Tobler. Eine der ersten Eskalationsphasen mit Carlos konnten wir beenden, als ich erfuhr, dass sie mit ihren Eltern kürzlich das Gespräch gesucht hatte, aber nur auf Abwehr und Vorwürfe gestoßen war. Meine Anteilnahme überraschte sie. Erst dadurch realisierte sie ihre Trauer und ihr Gefühl, von den Eltern nicht verstanden worden zu sein. Das ermöglichte ihr die Auflösung des Konflikts.

Zum einen ist eine einfühlsame Reaktion des Umfelds für die trauernde Person entlastend. Doch haben Menschen, die viel Gewalt erfahren haben, oft wenig tragfähige Kontakte. Zum anderen spielt auch die Qualität des Verlustes eine Rolle. Echte Verluste, ein Todesfall oder eine Scheidung, sind einfacher zu benennen als unklare Verluste, wie ein Beziehungsabbruch oder eine Wesensveränderung aufgrund eines Schlaganfalls oder Unfalls (Boss 2005).

In gewaltbetroffenen Familien häufen sich die unklaren Verluste. Vieles kann nicht mehr gutgemacht werden. Beziehungen, Entwicklungsmöglichkeiten, Ressourcen oder Lebenszeit sind unwiederbringlich verloren. Verlustgefühle aus der eigenen Kindheit brechen oftmals mit der Elternschaft wieder auf. Statt sich zu freuen, dass man den Kindern ein besseres Umfeld bieten kann, als man es selbst erlebte, brechen Eifersucht auf oder Wut, wenn die Kinder die Vorteile nicht schätzen.

Therapie kann Menschen den Raum bieten, das Unvollkommene, Fehlerhafte, Schlimme zu benennen und zu ertragen. Die Eltern benötigen das Verständnis der Therapeutin für ihre Geschichte, um die bessere Situation der eigenen Kinder wertzuschätzen. So können sie Möglichkeiten entwickeln, die Trauer im Alltag in gesunder Weise zu erleben.

Die Fähigkeit zu trauern ist auch gefordert, wenn Familienmitglieder tätlichen Verwandten begegnen, die die Gewalt leugnen. Die Leugnung, die z. B. bei sexueller Gewalt sehr hartnäckig sein kann, kommt einem Beziehungsabbruch gleich, selbst wenn der Kontakt aufrechterhalten wird. Beide Personen erleben die wesentliche Erfahrung der Gewalt anders, was eine tiefer gehende Verständigung verunmöglicht. Doch diese Diskrepanz nimmt im Allgemeinen nur wahr, wer über die Gewalt reden will, meist das Opfer. So muss es entscheiden, ob es den belastenden Kontakt aufrechterhalten will und betrauert, dass in diesem Punkt eine echte Verständigung nicht möglich ist, oder ob es ihn abbricht und damit aber auch die Verantwortung für den Verlust einer Beziehung übernehmen muss. Wesentlich für diese Entscheidung scheint mir, wie der Gewalt nachhaltig, also auch gegenüber den eigenen Kindern, ein Ende gesetzt werden kann.

> Erfahrungen wie die zuvor geschilderte ließen mich oft am Nutzen der Kontakte von Frau Tobler mit ihrer Herkunftsfamilie zweifeln. Carlos bekam dadurch zu viele Probleme. Umgekehrt war Frau Tobler auf die Hilfe ihrer Eltern angewiesen. Sie schienen gleichsam etwas wiedergutmachen zu wollen. Der Vater schenkte ihr oft Geld, die Mutter betreute häufig den Enkel. Es war eine ständige Gratwanderung. Es gab Phasen, in denen Frau Tobler jeden Kontakt vermied. Ihre Genugtuung und ihr Glück war es, dass zu einem späteren Zeitpunkt offenere Gespräche mit ihnen möglich wurden, in denen sie auch Einsicht in einige Schwierigkeiten zeigten.

Väter heute: Mehr Liebe, weniger Gewalt?

Inge Seiffge-Krenke

Einleitung

In den letzten Jahren ist ein stärkeres Interesse an der Beziehung zwischen Vätern und Kindern bemerkbar (Seiffge-Krenke 2009). So haben wir in der entwicklungspsychologischen Vaterforschung in der letzten Dekade einen Anstieg auf 5 bis 7 %, während etwa bis 1997 nur 0,7 % aller Studien die Väter einbezogen (Seiffge-Krenke 2001a). Dennoch ist die Vater-Kind-Beziehung in »normalen« Familien immer noch ein vergleichsweise selten untersuchter Forschungsgegenstand, verglichen mit der großen Zahl von Studien an Müttern und ihren Kindern. Insbesondere Studien über Vater-Jugendlichen-Beziehungen sind selten (Day a. Acock 2004; Shulman a. Seiffge-Krenke 1997).

Die Forschung hatte zunächst sehr stark die negative Seite von Vätern betrachtet; so finden wir zahlreiche Berichte und Studien über – vor allem sexualisierte – gewaltausübende Väter (Finkelhor, Ormrod a. Turner 2007; Slep a. O'Leary 2005). In den letzten Jahren gibt es aber auch verstärkt Hinweise auf die »neuen Väter«, auf positive Emotionen und Zärtlichkeit, d. h. ein anderes Verständnis von Väterlichkeit, wie es besonders in der Bindungsforschung zum Ausdruck kommt.

In diesem Beitrag wollen wir untersuchen, ob eine Veränderung von Vaterschaft in Richtung auf mehr Liebe und weniger Gewalt stattgefunden hat. Diese Untersuchung ist nicht einfach, denn offenkundig gibt es neben der schmalen empirischen Basis ein »Bias« derart, dass väterliches Erziehungsverhalten durch Instrumente erfasst wird, die eher typisch für Mütter sind (Bean, Bush, McKenry a. Wilson 2003), sich also mit pflegerischen Aktivitäten (Windelwechseln, Füttern etc.) insbesondere bei Babys und Kleinkindern beschäftigen. Damit wurde unausgesprochen angenommen, dass sich Väter verhalten wie Mütter, und wenn nicht, wurden sie als emotional und in ihrem zeitlichen Involvement als defizitär stereotypisiert. Typische Vaterfunktionen, die u. a. mit dem Umgang mit Aggression zu tun haben, wurden eher vernachlässigt, ausgeklammert oder »übersehen«, weil sich die gesellschaftlichen Vorstellungen sehr stark in Richtung auf den liebevollen Vater verändert hatten und jede Form von Aggression negativ konnotiert wurde. Wie sich Väter heute verhalten, ist allerdings nur auf der Folie von gesamtgesellschaftlichen Veränderungen verständlich und muss im Kontext der Familienentwicklung und der veränderten Rolle von Frauen und Müttern gesehen werden.

Historische Perspektiven: Vaterschaft früher – wenig Liebe, viel Gewalt?

Über Jahrhunderte war das Vaterbild der jüdisch-christlichen Tradition durch Autorität geprägt. In diesem Machtmodell der väterlichen Erziehung war das Recht immer aufseiten des Vaters. Viele Herrscher (z. B. bei den Inkas) ließen ihre Söhne und Töchter opfern, und Kindstötung war bis ins 4. Jahrhundert nach Christus nichts Unrechtes. Auffallendes Charakteristikum war die große Bedeutung der Vater-Sohn-Beziehung, nicht zuletzt durch die ökonomische Situation bedingt (Erbrecht): Die Sicherung des Besitzes und somit der Existenz spielten eine große Rolle. Disziplinierung und strenge Unterweisung, Demütigungen und Strafen waren an der Tagesordnung, mit einem besonderen Fokus auf Söhnen. Nicht nur die Vater-Kind-Beziehungen, auch die ehelichen Beziehungen waren durch Gehorsam und Autorität strukturiert. Wie Badinter (1980) ausführt, war es in einer Zeit hoher Kindersterblichkeit fatal, sich zu sehr an die Kinder zu binden. So erhielten sie keine Namen bis zum Alter von zehn Jahren, also wenn das Überleben als gesichert galt; und Väter erschienen selten zur Beerdigung ihrer Kinder. Allerdings verdeutlicht eine Auswertung von Briefen von 1732 bis 1900 (Scheib 1994) doch auch väterliche Zuneigung. So schreibt Wilhelm I., der Soldatenkönig, an seinen Sohn Friedrich (den späteren Friedrich den Großen) 1728:

> »Wenn man seinen Vater liebet, so tut man, was er haben will [...]. Er weiß wohl, dass ich keinen effeminierten Kerl leiden kann [...], der sich nicht schämt, nicht reiten noch schießen zu können und seine Haare wie ein Narr frisiert [...].« Er schließt mit den Worten: »Ich bin übrigens mit väterlicher Liebe dein getreuer Vater bis in den Tod.«

Wie wir wissen, spielt Gewalt in dieser Vater-Sohn-Beziehung – wie auch in anderen – eine große Rolle. Wilhelm will seinen Sohn wegen »Aufruhr« in Festungshaft nehmen, lässt stattdessen aber dann dessen Freund Katte töten, während der Kronprinz zuschauen muss.

Carl Virchow schreibt an seinen Sohn Rudolf (den späteren Pathologen) 1828:

> »Mein liebes Söhnchen, sieh, nun haben wir uns schon seit 3 Tagen weder gesehen noch miteinander geplaudert. Verlangt Dich nicht schon nach Deinem Vater? Und denkst Du auch öfter an mich? Ich vermisse Dich oft, und wie ich heute nach dem Garten gehen wollte, da wollte ich Dich nach meiner Gewohnheit suchen, um Dich mitzunehmen [...].«

Otto von Bismark schreibt an seinen Sohn Wilhelm 1865:

> »Mein lieber Sohn, Du hast mir zwar nicht ein einziges Mal geschrieben, aber damit Du siehst, dass Väter im Ganzen bessere Menschen sind als Söhne, so will ich Dir heute schreiben.«

Eine wesentliche Ursache für Gewalt und Aggression bei Vätern – so schrieb Hermann Hesse an seinen Vater (1892) »Du bist ja mein Kerkermeister« – war der Versuch, größtmögliche Ähnlichkeit zwischen Vater und Sohn herzustellen. Kierkegard prägte das Bild vom Sohn als *Spiegel des Vaters*, und bis in die jüngste Vergangenheit bestimmte dies die Beziehung zwischen Vater und Sohn. So hat Hemingway seine drei Söhne jagdlich ausbilden lassen und mit zur Jagd genommen. Besonders eindrucksvoll ist die väterliche Aggression, wenn der Sohn kein »Spiegel« wird, wie schon in dem obigen Briefwechsel zwischen dem Soldatenkönig und seinem Sohn deutlich wird. Auch Kafkas (1919) berühmter Brief an den Vater enthält zahlreiche Beispiele für die väterliche Aggression angesichts des »mißgeratenen« Sohnes, ist aber auch geprägt von der Omnipräsenz des Vaters und einem Hunger nach Anerkennung durch den Vater:

> »Es ist auch wahr, dass Du mich kaum einmal wirklich geschlagen hast. Aber das Schreien, das Rotwerden Deines Gesichts, das eilige Losmachen der Hosenträger, ihr Bereitliegen auf der Stuhllehne war für mich fast ärger. Es ist, wie wenn einer gehenkt werden soll. Wird er wirklich gehenkt, dann ist er tot, und alles ist vorüber.«

Wie Marga Kreckel (1997) in ihrem Buch *Macht der Väter – Krankheit der Söhne* anhand zahlreicher Fallgeschichten und historischer Beispiele belegt, fördert Unterdrückung Hass, und liebende Unterdrückung fördert selbstzerstörerischen Hass.

Für die vergangenen Jahrhunderte könnte also gelten: »weniger Liebe, viel Gewalt«, obwohl, wie in Briefen und einzelnen Dokumenten – beispielsweise der Darstellung des mit seinen Töchtern liebevoll spielenden Echnatons (1200 v. Chr.) – deutlich wird, dass es immer auch schon väterliche Liebe gab und sie auch gezeigt wurde.

Charakteristisch für die Zeit der Aufklärung und ausgelöst durch Rousseaus *Émile* aus dem Jahre 1762 wurde die Gefühlserziehung wichtig. Die Französische Revolution 1789 »köpfte« auch den Vater (wie es Balsac einmal formuliert hat), d. h. autoritäre Erziehungsprinzipien, Gewalt und Unterordnung nahmen ab, und mit dem Code Napoléon 1803 fand die Entlassung von Frauen, Kindern und Dienstboten aus der Obhut des Paterfamilias und eine Ausweitung des Einflussbereichs der Frauen statt. Hinzu kommt, wie Norbert Elias (1937) belegt, dass das Äußern von Aggression immer weniger als sinnvoll und zunehmend auch als unkultiviert angesehen wurde. Daher wurden auch im öffentlichen Raum andere Machtmittel wie Intrigen eingesetzt.

Der liebevolle Vater: Eine neue Entwicklung?

Wie die Abbildung des liebevollen Vaters Echnaton und die obigen Briefbeispiele beweisen, ist der liebevolle Vater keine neue Entwicklung, aber es ist eine Entwicklung, die im 20. und 21. Jahrhundert immer charakteristischer wurde und – glaubt man den Massenmedien mit Verweis auf die Inanspruchnahme der Elternzeit nach der Geburt und der häufigen Anwesenheit der Väter bei der Geburt ihrer Kinder – eine im letzten Jahrzehnt eher typische Qualität von Vaterschaft. Ich hoffe, im Folgenden zeigen zu können, dass dies eine Entwicklung ist, die vor allem die gebildeten Schichten betrifft (Stolz, Barber a. Olsen 2005) und teilweise mit einem missverständlichen Bild des Vaters als zweite Mutter zusammenhängt. Zuvor aber werden wir, wiederum auf der Folie gesamtgesellschaftlicher Veränderungen, Veränderungen in der Vaterschaft in den letzten 60 Jahren genauer betrachten.

Die empirische Forschung hat gezeigt, dass sich im Zeitraum von 1950 bis 1980 ganz entscheidende Veränderungen in Richtung auf unser heutiges psychologisches Verständnis von Familien vollzogen haben (Fend 1988), wobei sich das Bild des Vaters und das Verhalten von Vätern sehr entscheidend gewandelt haben. Die Familiengröße hat sich verringert, und die Scheidungszahlen haben zugenommen.

Auffällig sind ferner die Beteiligung des Vaters am Erziehungsprozess und die zunehmende Berufstätigkeit der Mutter. Erziehungswerte wie Selbstständigkeit und Freiheit haben zugenommen, und Gehorsam und Unterordnung als Erziehungswerte haben abgenommen. Es ist sehr stark ein verständigungsorientierter Erziehungsstil, der in den 1980er-Jahren von den Eltern praktiziert wurde. Die meisten Entwicklungsschübe fanden in den frühen 1960er- und 1970er-Jahren statt und setzten sich dann abgeschwächt fort.

Schaut man sich einige Befunde im Detail an, so wird deutlich, dass ein entscheidender Indikator für den sozialen Wandel in der Familie und damit auch in der Rolle von Vätern die Veränderung der Bedeutung von Kindern ist. Kinder haben im Vergleich zu früheren Zeiten ihren ökonomischen Nutzen verloren und sind zu einem Kostenfaktor geworden. Dagegen hat der psychologische Nutzen der Kinder für die Eltern zugenommen. Diese veränderte Bedeutung von Kindern führte zu veränderten Erziehungsstilen. Die Nachkriegsgeneration wurde noch relativ streng erzogen. Körperliche Strafen gingen aber dann von 37 % im Jahr 1950 auf 2 % in den 1970er-Jahren zurück. Appelle an die Vernunft nahmen dagegen zu. Wir finden demnach einen starken Rückgang körperlicher Strafen, weniger Autorität und widersprüchliche Erziehungsziele derart, dass erwartet wird, dass Kinder aus freien Stücken ordnungsliebend und fleißig sind. Eltern- und Kindsein sind also im Austarieren von Forderung und Gewährenlassen, von Unterstützung und Eigenaktivität zunehmend eine schwierige Aufgabe geworden. Erwähnenswert ist allerdings, dass das Recht auf gewaltfreie Erziehung in der Familie (§ 1631 BGB: »Kinder haben ein Recht auf gewaltfreie Erziehung«) erst 2002, die Abschaffung des Züchtigungsrechts in der Schule aber bereits 1972 Gesetz wurde.

Die Fend-Studie zeigt ferner im Vergleich der Geburtskohorten 1950, 1960, 1970 und 1980 eine neue Rolle der Väter, die in einer stärkeren Beteiligung des Vaters am Erziehungsprozess zum Ausdruck kommt. Wiederum haben wir den hauptsächlichen Entwicklungsschub für diese Veränderung von den frühen 1950er-Jahren bis in die 1970er-Jahre. Der Aussage »Ich spiele nie nach Feierabend mit meinen Kindern« stimmten 1950 noch 64 %, 1980 nur noch 10 % der Väter zu.

Nicht nur die Intensität des Eltern-Kind-Verhältnisses, auch die Intensität der ehelichen Beziehung ist im Verlauf der Nachkriegszeit gewachsen. Gleichzeitig ist die Beziehung der Ehepartner zueinander weniger stabil geworden, was sich an stark gestiegenen Scheidungsraten festmachen lässt. Die Shell-Studien der letzten Jahre (z. B. 2006) zeigen im Übrigen eine Fortsetzung der liberalen Erziehungsprinzipien aus der Sicht der Kinder.

Gibt es die »neuen Väter«?

Die bisherigen Ausführungen zeigen, dass auf dem Boden von Geschichte, gesellschaftlichem Wandel und innerfamiliärem Wandel das gegenwärtige Vaterbild entstanden ist. Aber haben wir wirklich Indikatoren für einen Wandel in breiten Schichten der Bevölkerung? Österreichische Studien wie jene von Werneck (1998), die die Rolle von werdenden Vätern bzw. Vätern kleiner Kinder bis zum Ende des dritten Lebensjahres untersuchten, kommen zu dem Schluss, dass »neue Väter« (partnerschaftliche Aufteilung der Familienpflichten) keine sehr große Gruppe sind (zwischen 7 und 13 %), während familienorientierte Väter (versuchen, Beruf und Familie in Einklang zu bringen, rund 30 %) und eigenständige Väter (verfolgen ihre beruflichen Pläne unverändert und ohne Rücksichtnahme auf die Familien, rund 50–60 % zu verschiedenen Messzeitpunkten) die größten Gruppen darstellen. Die Gruppe der neuen Väter ist also gar nicht sehr groß und auch zeitlich nicht sehr stabil und hängt sicher mit der gewählten Stichprobe (zum großen Teil junge Wiener mit akademischer Ausbildung) zusammen und bestätigt damit die Befunde der Arbeitsgruppe um Brian Barber (Stolz et al. 2005).

Studien an Vätern von Schulkindern, wie die Frankfurter Umfrage der Soziologen Bambey und Gumbinger (Ceballos-Betancur 2008), erbrachten noch differenziertere Ergebnisse als die Studie von Werneck (1998): Ein erheblicher Teil der Väter von Schulkindern, nämlich 47 %, geht eher traditionell-distanziert mit der Vaterrolle um (6 % partnerschaftlich traditionelle Väter, 10 % randständige, d. h. selten anwesende Väter, 13 % unsicher gereizte Väter, 18 % traditionell-distanzierte Väter). Eine weitere Gruppe, 25 %, wurde als fassadenhafte Väter bezeichnet (legen Wert auf Gleichberechtigung und schätzen ein neues Rollenbild, Rückfragen zeigten aber starke Diskrepanzen zur Realität auf). Lediglich bei 29 % der Stichprobe handelte es sich um sogenannte egalitäre Väter, die sich geduldig und zugewandt ihrem Kind gegenüber und partnerschaftlich und akzeptierend ihren Partnerinnen gegenüber verhielten.

Die öffentlichen Debatten beschäftigen sich allerdings sehr stark und medienwirksam mit den (wenigen) »neuen Vätern«, die vor allem Väter kleiner Kinder sind. Weiterhin ist es eine Minderheit der Väter (16 %, 2010), die Elternzeit (in der Mehrzahl für 2 Monate) für die Betreuung des Kindes nach der Geburt nehmen, aber die Mehrheit dieser Väter schreibt ein Buch darüber: »Fand mich wieder auf dem Fußboden mit einer Stoffwindel um den Kopf« (*Süddeutsche Zeitung*, 4.4.2008, S. 15).

Wenn man von der ideologisch aufgeheizten Debatte um die zahlenmäßig nicht sehr häufigen »neuen Väter« einmal absieht – was hat sich aber nun wirklich geändert in Bezug auf die Vaterschaft? Sehr deutlich ist, dass für eine sehr breite Schicht von Väter »Familienzeit« und die Beschäftigung mit ihren Kindern eine Freude, ein Vergnügen und eine selbstverständliche Realität geworden ist. Der psychologische Wert von Kindern ist für Väter deutlich spürbar, und die in den letzten Jahrzehnten veränderten Erziehungsprinzipien machen sich an mehr Partnerschaftlichkeit und Unterstützung der Individualität des Kindes bemerkbar (Seiffge-Krenke 2009). Ab dem Jugendalter wird zunehmend eine Beziehung auf gleicher Augenhöhe angestrebt. Insgesamt sind die Ansprüche an die Beziehungsfähigkeit des Vaters stark gewachsen, es reicht nicht mehr länger aus, ein *breadwinner* zu sein und die Familie ökonomisch zu versorgen.

Es ist also heute für Väter selbstverständlich, für ihre Kinder Zeit zu investieren. Sie tun dies überwiegend mit großem Engagement, mit sehr viel Einfühlungsvermögen und Einsicht in die Bedürfnisse ihrer Kinder. Ihre Erziehungsaufgabe ist sehr viel komplexer und anspruchsvoller geworden, und Väter lassen heute im Vergleich zu früher sehr viel mehr versorgende, mütterliche Anteile bei sich zu, ohne jedoch ihre distinktiven Funktionen aufzugeben (ebd.). Das Machtmodell der Erziehung durch den Vater, das durch die jüdisch-christliche Tradition (Kreckel 1997) jahrhundertelang in unserer Gesellschaft stark verankert war, ist heute nur noch für wenige Familien und vor dem Hintergrund traditioneller Rollenaufteilungen mit stark hierarchischem Gefüge ein Familienmodell. Auch in bestimmten ethnischen Gruppierungen, z. B. in Familien türkischer Herkunft, finden wir noch relativ häufig patriarchalische und autoritäre Strukturen (Pfeiffer u. Wetzels 2000). Insgesamt ist aber auffällig, dass wir nur sehr wenig Kenntnis von Vätern aus anderen Kulturen haben, die bei uns leben (Tunç 2006).

Der Spielvater und die Bindungsforschung

Das Bild von Vaterschaft hat sich auch in der Forschung sehr verändert (Seiffge-Krenke 2001a). Am Anfang der Vaterforschung versuchte man nachzuweisen, dass Väter distante, periphere Figuren in der Kindererziehung sind, dass sie nicht involviert sind in Familienangelegenheiten. Dies machte sich an Untersuchungen des Zeitbudgets fest: Väter verbringen weniger Zeit mit ihren Kindern, in der Regel nur die Hälfte bis ein Drittel der Zeit, die die Mütter mit ihren Kindern zusammen sind. Wenig später stand die wahrgenommene Ähnlichkeit zwischen Vater und Mutter im Vordergrund, d. h., die Aktivitäten von Vater und Mutter in Bezug auf das Kind wurden verglichen, wobei die Messlatte die Mutter war. Hier stand eindeutig die »Liebe«, also der liebevolle Vater, im Vordergrund. Dazu zählen die Untersuchungen zum Bindungsverhalten.

Es ist allerdings erwähnenswert, dass der Vater als Bindungsobjekt erst sehr spät in der Forschung entdeckt wurde. Die Bindungsforschung ist 30 Jahre alt, und es gibt erst in jüngster Zeit Untersuchungen an Vätern. Wie Bakermans-Kranenburg und van IJzendoorn (2009) in ihrer Metaanalyse von 200 Studien (mit insgesamt 10 500 Adult-Attachment-Interviews, AAI) nachwiesen, sind nur 13 Studien an Vätern durchgeführt worden. Diese weisen jedoch eine ähnliche Verteilung der Bindungsrepräsentation (28 % *dismissing*, 58 % *secure* und 15 % *preoccupied*) auf wie Mütter mit einem leichten Überwiegen von *dismissing*, d. h. der unsicher-vermeidenden Bindung. Dieser Befund ist insofern bemerkenswert, als diese Verteilung unabhängig von Alter, Geschlecht und kultureller Herkunft ist.

Warum hatte die Bindungsforschung den Vater so lange vernachlässigt? Ausgelöst durch Bowlbys (1973) »monotropy principle«, glaubte man, dass das Kind eine exklusive Bindung an die Mutter entwickelt und der Vater unwichtig ist. Inzwischen weiß man, dass es weder das Geschlecht des jeweiligen Elternteils noch die absolut mit dem Kind verbrachte Zeit ist, die entscheidend dafür ist, welche Person das Kind als hauptsächliche Bindungsperson auswählt, sondern die Responsivität. Man geht von Bindungshierarchien aus, und an der Spitze der Bindungshierachie steht zwar häufig die Mutter, weil sie die sichere Basis für die sehr kleinen Kinder darstellt und Trost und Zuwendung spendet, es kann aber auch der Vater sein. Interessanterweise fand man bei diesen Untersuchungen, eher als Nebeneffekt, dass Väter sich auch in den typischen Caregiving-Aktivitäten – die man zum Vergleich mit der Mutter untersuchte – dennoch anders verhielten: Väter zeigten auch bei typischen Pflege- und Füttersituationen mehr akustische und visuelle Stimulation, mehr aufregenden Körperkontakt. Man entdeckte dann, insbesondere bei den älteren Kindern, den Vater als Spielkameraden, seine besondere Fähigkeit, feinfühlig das Kind herauszufordern, ungewohnte, beängstigende und aufregende Dinge in seinem Schutz zu wagen. Die Bedeutung dieses »Spielvaters« (Grossmann et al. 2002a; Karin Grossmann in diesem Band) ist inzwischen für die weitere emotionale, kognitive und soziale Entwicklung des Kindes anerkannt. Diese Befunde unterstreichen die distinktive, besondere Funktion von Vätern im Vergleich zu Müttern (Seiffge-Krenke 2001a), zu der des Weiteren die Unterstützung der Autonomie des Kindes und die besondere Akzentuierung des Geschlechts des Kindes gehören (Seiffge-Krenke 2001b).

Untersuchungen wie die von Bretherton, Lambert und Golby (2005) unterstreichen das hohe väterliche Involvement, die enge Bindung, die Väter an ihre Kinder haben, und ihre großen Qualitäten als Spielvater im Haus und draußen. Die Väter mochten die rauen Spiele *(kamikaze play)* gleichermaßen bei Söhnen und Töchtern, gingen aber mit Töchtern behutsamer und weniger disziplinierend um als mit Söhnen. Was die Bindungshierarchie angeht, fand man in dieser Studie bei akademisch ausgebildeten berufstätigen Eltern von Vorschulkindern in der Mehrzahl die Mutter an der Spitze der Bindungshierarchie; der Vater wurde nur von 6 % der befragten Paare an die Spitze der Bindungshierarchie gesetzt. Einige Väter zeigten sich frustriert, weil sie trotz ihres hohen zeitlichen und emotionalen Involvements in beängstigenden und stressreichen Situationen nicht von ihren Kindern aufgesucht wurden (»... its all mommy, mommy«), und fühlten sich ausgeschlossen. Beide Eltern berichteten über Trennungsschmerz, wenn sie ihr Kind aus beruflichen Gründen zurücklassen mussten, Schwierigkeiten in der Emotionskontrolle (d. h. ruhig, strikt und tolerant zu bleiben, wenn das Kind »nervt«) und sahen ihre Rollen eher ergänzend, komplementär. Die Partnerbeziehungen waren eng, und das Involvement des Vaters im Sinne eines *shared parenting* wirkte sich positiv auf die Partnerbeziehungen aus.

Disneyland-Daddys und zweite Mütter

Mütter verstehen ihre Kinder besser, sie sind vertraulichere Gesprächspartner, liebevoller, auch körperlich näher, aber das Verhältnis zu ihnen ist auch konfliktreicher, wenn die Kinder das Jugendalter erreichen. Mütter sind in alle Alltagsbelange des Kindes involviert. Väter sind dagegen in der Regel weniger involviert, weniger verständnisvoll und kennen die Kinder und Jugendlichen schlechter. Ihnen gegenüber zeigen Jugendliche weniger Intimität, haben aber auch weniger Konflikte mit ihnen. Väter betonen bei Söhnen wie bei Töchtern deren Unabhängigkeit und konzentrieren sich auf Freizeit- und Spielaktivitäten. Väter und Mütter haben damit eindeutig unterschiedliche Rollen inne und sind in unterschiedlichen Bereichen für das Kind wichtig (Stolz et al. 2005). Kinder und Jugendliche machen so wichtige Differenzerfahrungen, die auch für ihre eigene Identität von Bedeutung sind.

Wir haben gegenwärtig viele familienstrukturelle Veränderungen, und empirische Studien zeigen in der Tat, dass Eltern sehr flexibel auf solche Veränderungen reagieren. Alleinerziehende Väter können sich »mütterliche Funktionen« aneignen (Almeida a. Galambos 1991), und alleinerziehende Mütter »ersetzen« Vaterfunktionen, tun dies aber unter wirtschaftlich sehr viel schwierigeren Bedingungen als alleinerziehende Väter. Allerdings scheinen Kindern einfache Ordnungsgebungen wie Vaterrollen und Mutterrollen hilfreich zu sein und in ihrer Komplementarität auch sehr sinnvoll.

Die in den letzten Jahren durchgeführten Studien belegen eindeutig, dass Mütter väterliche Funktionen und Väter mütterliche Funktionen übernehmen können – wenn auch mit unterschiedlichen Kosten. Die Tatsache, dass durch das Vorhandensein beider Eltern in der Familie auch Rivalität entstehen kann, ist mehrfach beschrieben worden. Es ist nicht Aufgabe des Vaters, eine »zweite Mutter« für das Kind zu sein. Frick-Bruder u. Schütt (1992) warnen sogar vor dieser falsch verstandenen »neuen Väterlichkeit« als einer Identifizierung mit dem Weiblichen, die auf Gleichheit statt auf Unterschied abzielt und sich damit auch dem eigentlichen Vatersein entzieht. Auch Schon (2000) sieht es eher kritisch, wenn Väter in Konkurrenz zu Müttern treten, anstatt ihrer Andersartigkeit im Kontakt mit dem Kind Ausdruck zu verleihen: Väterlichkeit, die identisch ist mit Mütterlichkeit und nicht komplementär zu ihr gesehen wird, komme einer Verzerrung der authentischen Vaterrolle gleich.

Sicherlich gehen Väter zuweilen »mütterlich« mit ihren Kindern um, genauso wie Mütter »väterlich« mit ihren Kindern umgehen. Bestimmte Bedingungen, etwa Persönlichkeitseigenschaften der Eltern oder spezifische Familienkonstellationen, können diese Tendenz noch verstärken. Erst die ausgewogene Mischung beider Erfahrungen, »mütterlicher« und »väterlicher« Anteile, ermöglicht den für jedes Kind und jeden Jugendlichen so wichtigen Entwicklungsprozess von Verbundenheit und Individuation.

Es gibt Belege dafür, dass Väter in Trennungsfamilien gerade nicht ihre distinktiven Funktionen erfüllen, sondern für ihre Kinder zum »Disneyland-Daddy« (Seiffge-Krenke u. Tauber 1997) werden, der selten auftaucht und die Kinder in dieser kurzen Zeit der Besuche überstimuliert. Damit zeigt ein Disneyland-Daddy pointiert ein Verhalten, das auch »normale Väter« zeigen: geringere Involviertheit und starke Stimulation.

In Familien mit strukturellen Abweichungen wie den sogenannten Einelternfamilien oder anderen Varianten, die durch Tod, Scheidung, Wiederverheiratung u. Ä. zustande kommen, kann es schwer sein, die oben beschriebenen distinktiven Vaterfunktionen zu realisieren – auch in Abhängigkeit von den Bedürfnissen des Kindes. Zu Veränderungen in den Vaterfunktionen kommt es vermutlich auch bei besonderen familiären Belastungen, z. B. bei chronisch kranken Kindern, wo man fand, dass die Väter dieser Kinder eher eine »zweite Bemutterung« praktizieren und es sehr schwer ist, sie in die Belange des Kindes zu involvieren (Seiffge-Krenke 2002). Leider sind die Befunde zu diesen wichtigen Varianten der Vaterschaft gegenwärtig noch dürftig, weil relativ viele Studien an *Dual-earner*-Familien durchgeführt wurden, die zudem noch über eine Kinderbetreuung verfügten (Manlove a. Vernon-Feagans 2002). Wie sich Väter verhalten, die schlecht verdienen oder schlecht ausgebildet sind, der einzige *breadwinner* sind, Frauen haben, die aus finanzieller Not mitarbeiten müssen, oder aus anderen Schichten und Kulturen stammen als die weiße, gut ausgebildete Mittel- und Oberschicht – die bislang überwiegend untersucht wurde – ist ein vernachlässigtes Forschungsfeld. Gerade hier aber wären dringend Untersuchungen notwendig, handelt es sich doch um einen erheblichen Teil der Familien. Erste Befunde bei solchen Familien zeigen, dass Väter unter solchen finanziell und zeitlich eingeschränkteren Lebensbedingungen mehr (ihrer geringen) Zeit in ihre Söhne als in ihre Töchter investieren (Manlove a. Vernon-Feagans 2002). Sehr wenige Studien gibt es auch zu Vätern und ihren unehelichen Kindern (Mangold 2008); hier scheint sich eine besonders geringe emotionale Zuwendung abzuzeichnen (»Geld ja, Gefühl nein«, so die Überschrift von Mangolds Artikel), allerdings gibt es auch gegenteilige Initiativen wie *Vateraufbruch*, die das große emotionale Engagement von Trennungsvätern und Vätern unehelicher Kinder eindrucksvoll vor Augen führen.

Gewalt in Familien und die Rolle des Vaters

Die insgesamt sehr positive Entwicklung von Vätern in Richtung mehr Liebe, Zuneigung und Interesse an ihren Kindern darf jedoch nicht darüber hinwegtäuschen, dass es nach wie vor Gewalt in Familien gibt, die auch von Vätern ausgeübt wird. In Deutschland ist sie u. a. bei Familien mit sehr hierarchischem Gefüge noch relativ häufig anzutreffen. In der türkischen Kultur beispielsweise ist die Akzeptanz von Gewalt höher als in der deutschen (Nauck u. Alamdar-Niemann 1998; Waldhoff 1995). Familien türkischer Herkunft weisen die höchsten Gewaltraten in Deutschland auf (Pfeiffer u. Wetzels 2000), und über die transgenerationale Weitergabe von Gewalterfahrungen in Familien von türkischen im Vergleich zu deutschen Jugendlichen wurde mehrfach berichtet (z. B. Mayer, Fuhrer u. Uslucan 2005). Das Statistische Bundesamt 2009 nennt einen Ausländeranteil von rund 13 % bei Gewalt und sexualisierter Gewalt gegenüber Kindern.

Es ist davon auszugehen, dass Gewalt gegen Kinder im Umfeld von Gewalt gegenüber Ehepartnern geschieht (*Spill-over*-These, Krishnakumar, Buehler a. Barber 2003) – mit schwerwiegenden Konsequenzen für die Kinder. Eine große Anzahl sehr verschiedener, schwerwiegender Symptomatiken wurde bei Kindern gefunden, die innerfamiliärer Gewalt ausgesetzt waren wie Depression, Angststörungen, antisozialem Verhalten, posttraumatischen Belastungsstörungen und somatoformen Störungen. Die Effekte sind massiv; ob die Kinder nun selber Opfer geworden sind oder »nur« Beobachter von Gewalthandlungen an ihren Geschwistern oder ihrer Mutter waren, ist dabei unerheblich. Es sollte jedoch erwähnt werden, dass der Zyklus von Gewalt nicht zwangsläufig Kinder zu späteren Tätern macht; wie Widom (1989) nachgewiesen hat, werden rund ein Drittel der Opfer später keine Täter. Auch die Beobachtung häufiger aggressiver Auseinandersetzungen zwischen den Eltern führt nicht zwangsläufig zu mehr Aggression bei den Kindern (Krishnakumar et al. 2003), was auf Schutzfaktoren im familiären und außerfamiliären Kontext hinweist.

Die Langzeiteffekte von väterlicher Gewalt sind schon früh beschrieben worden, beispielsweise in Schatzmans (1973) Analyse des Falls Schreber. Die Forschung der letzten Jahre zeigt deutlich, dass väterliche Gewalt in einem Kontext von Armut und elterlicher Psychopathologie auftritt und dass Polyviktimisierung häufig ist. In zwischen 18 und 67 % der Problemfamilien traten z. B. physische Gewalt und Missbrauch gleichzeitig auf (Finkelhor et al. 2007), und in 45 % aller Familien traten Gewalt gegen Partner und Gewalt gegen Kinder gleichzeitig auf (Slep a. O'Leary 2005). In ähnlicher Weise, wie wir oben die positiven Einflüsse von guten partnerschaftlichen Beziehungen auf das elterliche Verhalten und die Beziehung zum Kind dargestellt haben, gilt dieses Modell der Interdependenz und wechselseitigen Einflussnahme auch für den Zyklus von Gewalt in Familien. Obwohl man in der Regel von eher chronischen Stressoren ausgeht, sind doch in immerhin 30–45 % aller Fälle von Kindern und Jugendlichen, die innerfamiliärer Gewalt ausgesetzt waren, intermittierende Formen von Gewalt beobachtet worden (Margolin et al. 2009), und es ist keineswegs gewiss, dass deren Effekte weniger gravierend sind.

In vielen Untersuchungen wurde nicht zwischen väterlicher und mütterlicher Gewalt getrennt, obgleich die Ursachen und die Effekte durchaus unterschiedlich sein können. Aus amerikanischen Untersuchungen wissen wir beispielsweise, dass beruflicher Ärger des Vaters sein Verhältnis zu seinen Kindern nachhaltig beeinflusst, indem er etwa weniger mit ihnen unternimmt, sich abschottet oder ungeduldig und gereizt ist (Bumpus, Crouter a. McHale 2006), während bei Müttern kein solcher *Spill-over*-Effekt beobachtet wurde. Dies wird dadurch erklärt, dass Mütter nach der Arbeit bei Routinetätigkeiten wie Aufräumen und Essenkochen besser abschalten können, während Väter in ihrer Rolle als Spielvater gefordert sind und dann nicht die nötigen Nerven aufbringen.

In Deutschland gibt es derzeit keine verlässlichen epidemiologischen Daten über die körperliche Misshandlung von Kindern. Auch die Zusammenstellung von Daten der polizeilichen Kriminalstatistik 2007, die vom Kinderschutzbund herausgegeben wurde, ist nicht sehr hilfreich (sie nennt eine Zunahme an Körperverletzung, aber eine Abnahme an sexuellem Missbrauch gegenüber 2006), weil nicht nach innerfamiliärer Gewalt bzw. Missbrauch und der Rolle des Vaters aufgeschlüsselt wurde. In jedem Fall ist von hohen Dunkelziffern auszugehen. Eindrucksvoll sind die Befunde, die Herrmann (2002,

2005) zu Gewalt gegenüber Kindern und Vernachlässigung von Kindern aus kinderärztlicher Sicht zusammengestellt, allerdings wurde auch hier selten zwischen Vätern, Müttern bzw. Stiefeltern unterschieden. In jedem Fall ist auf der Basis von Daten in Kinderkliniken die emotionale und körperliche Vernachlässigung mit 3–6 % häufiger als die Gewalt (1–2 %). Bei vernachlässigten Kindern (mit schweren Gedeihstörungen, ohne ausreichende Körperpflege, Bekleidung, Nahrung, mit extremem Unter- oder Übergewicht) fand man aggressive Väter mit dissozialer Persönlichkeit und angespannte, wenig zärtliche Mütter, die ihre Kinder unnötig disziplinierten und ansonsten kaum beachteten. Bei Gewalt gegenüber Kindern fiel vor allem die hohe Zahl von bagatellisierenden Erklärungsmustern wie »Unfall« oder »Geschwisterstreit« auf, das späte Aufsuchen des Arztes, viele untypische Verletzungen für das entsprechende Alter (wie Knochenbrüche an den Armen bei Babys, schwere Kopfverletzungen und Schütteltraumen, Verbrennungen an untypischen Stellen etc.). Das extrem ängstliche, gehemmte und besonders angepasste Verhalten des Kindes (»Bloß keinen Fehler machen!«) zeigt, dass das Kind seine Eltern nicht als sicheren Hafen, sondern selbst als Auslöser von Gefahr wahrnimmt.

Eine besorgniserregende Entwicklung: Von der autoritären Kontrolle zur psychologischen Kontrolle

Wie eingangs erwähnt, zählt die väterliche Disziplinierungsfunktion zu den historisch typischen Verhaltensweisen von Vätern. Körperliche Strafen waren an der Tagesordnung und das Züchtigungsrecht des Vaters weit verbreitet. Diese Situation hat sich in den letzten Jahren deutlich geändert. Dennoch gibt es nach wie vor Eltern, die ihre Kinder körperlich bestrafen. Allerdings sind Untersuchungen über körperliche Bestrafung von Kindern im Rahmen von Erziehungsprozessen selten. Dies ist teilweise darauf zurückzuführen, dass körperliche Strafen als Erziehungsmittel, wie erwähnt, seit einigen Jahrzehnten diskreditiert sind und seit 2000 einen Straftatbestand darstellen, der 2002 in § 1631 Aufnahme in das BGB fand. Eine der seltenen Untersuchungen hierzu stammt von Hahlweg, Heinrichs, Bertram, Kuschel und Widdecke (2008) an 477 Familien, in denen Mütter und Väter von Kindergartenkindern zu ihren Erziehungspraktiken befragt wurden. Körperliche Bestrafung wurde von 13 % der Mütter und von 9 % der

Väter *oft* bzw. *sehr oft* ausgeübt, dabei korrelierte der Migrationsstatus mit der Häufigkeit der körperlichen Bestrafung. Je niedriger der Schulabschluss der Eltern und je beengter die Wohnverhältnisse, desto häufiger wurde das Kind körperlich bestraft. Es ergaben sich hohe Korrelationen zwischen körperlicher Bestrafung durch die Eltern und kindlichen Verhaltensauffälligkeiten. Die Autoren konstatieren eine gewisse Hilflosigkeit der Eltern, denn über 80 % lehnen körperliche Bestrafung ab, immerhin 70 % praktizieren aber dennoch leichtere körperliche Bestrafungen (wie einen Klaps). Die Prävalenzzahlen in dieser Studie sind niedriger als die Ergebnisse des Kriminologischen Forschungsinstituts Niedersachsen, die im Jahre 1998 bei einer Befragung an 16 000 Schülern der Klassenstufen 9 und 10 gefunden wurden. Danach haben 30 % der Schüler in ihrer Kindheit eine leichte körperliche Züchtigung erlebt, 17 % wurden schwer gezüchtigt, und 10 % waren Opfer von Misshandlungen. Generell wurden Jungen und jüngere Kinder häufiger bestraft als Mädchen und ältere Kinder.

Die Veränderungen von äußerer Strukturierung und Disziplin zu innerer Disziplin und mehr Individualisierung, die für die vergangenen Jahrzehnte typisch war, betreffen sehr stark die Vaterfunktionen, ebenso wie der Rückgang körperlicher Strafen. Die Erosion von Macht und Autorität hat allerdings auch zu problematischen Auswüchsen geführt wie dem *Parents' battering* (Du Bois 2008), d. h. Gewalt von (zumeist jugendlichen) Kindern gegenüber ihren Eltern. Väter müssen bei weitgehendem Wegfall von autoritären Prinzipien und körperlicher Gewalt als Erziehungsmethoden relativ anspruchsvolle Erziehungsziele durchsetzen – und sie tun dies u. a. unter Zuhilfenahme von psychologischer Kontrolle. Wie die Studien von Barber (1996) zeigen, haben psychologische Kontrollmechanismen (wie Liebesentzug oder Abwertung des Kindes, wenn es nicht den väterlichen Erwartungen und Anforderungen entspricht) allerdings den entscheidenden Nachteil, dass die Identitätsbildung und das Selbstbewusstsein der Kinder beeinträchtigt werden, weil sie sich als fremdbestimmt erleben, etwas nicht aus Überzeugung tun, sondern nur, um den Vater zufriedenzustellen. Negative Auswüchse des psychologischen Nutzens von Kindern sind übrigens schon seit einigen Dekaden (Richter 1963) bekannt, wenn etwa die Kinder all das erreichen sollen, was dem Vater verwehrt blieb. Der enorme Leistungsdruck in Bezug auf Schulnoten und schulischen Erfolg ist ein starker Stressfaktor für Kinder und Jugendliche (Seiffge-Krenke 2006a), und die berufliche Aufwärtsmobilität (Schüler erreichen einen höheren Bildungsabschluss als ihre Väter) ist mit psychosomatischen Beschwerden bei den Kindern verbunden (Seiffge-Krenke 2010). Der psychologische Wert von Kindern und die veränderten Erziehungsprinzipien von Vätern haben also auch »Kosten«.

Die psychologische Kontrolle ist kein neues Phänomen (s. o.: »Wenn man seinen Vater liebet, so tut man, was er haben will ...«), hat aber in den letzten Jahren enorme Ausmaße erreicht. Es ist also sinnvoll, sich mit diesem Phänomen genauer zu beschäftigen. Unter psychologischer Kontrolle fasst Barber (1996) folgende Phänomene zusammen:

- einschränkende verbale Aussagen (unterbrechen, ablenken, Themen wechseln, demonstrieren von Desinteresse)
- abwertende Bemerkungen (sarkastische, abwertende Bemerkungen, Schwarz-Weiß-Denken und Spaltungsversuche)
- Attacken gegen das Kind (Beschuldigen des Kindes, fälschliche Zuschreibung von Verantwortung, wiederholte Erinnerung an vergangene »Fehler« bzw. an »Versagen« des Kindes)
- Induzierung von Schuld (dem Kind unberechtigte Schuldgefühle machen für etwas, für das es gar nicht verantwortlich ist, Aussagen machen, die das Kind ängstigen, bedrohen, zum Grübeln bringen, Vorhaltungen machen, was man alles für das Kind getan hat)
- Liebesentzug (wegwenden, Blickkontakt meiden, nicht antworten auf Ansprache des Kindes, Bemerkungen des Kindes überhören und aus dem Raum gehen)
- widersprüchliches Verhalten (zwischen liebevollem und Angriffsverhalten schwanken).

Bei der Untersuchung von elterlichen Erziehungsstilen unterscheidet man gemeinhin zwischen Unterstützung, Verhaltenskontrolle und psychologischer Kontrolle. Während Unterstützung und Verhaltenskontrolle als eindeutig positiv eingeschätzt werden hinsichtlich ihrer Effekte auf das Kind – sie führen z. B. zu höheren sozialen Fertigkeiten, besserer Schulleistung und weniger Problemverhaltensweisen –, sind die Effekte von psychologischer Kontrolle eindeutig negativ in ihren Auswirkungen auf das Kind. Sie führen zu Depressivität und Delinquenz (Bean, Barber a. Crane 2006), weil das intrusive, abwertende und manipulative Verhalten der Eltern den Selbstwert und die Kompetenz des Kindes untergräbt und die Exploration, Selbstständigkeit und Autonomie des Kindes beeinträchtigt (Barber 1996).

Es gibt allerdings keine »reinen« elterlichen Typen, zwischen 50 und 70 % aller Eltern verwenden alle drei Methoden, d. h. Unterstützung, Verhaltenskontrolle und psychologische Kontrolle. Im Vergleich zwischen beiden Eltern verwenden Mütter allerdings in stärkerem Umfang psychologische Kontrolle als Väter, und zwar bei Töchtern und Söhnen gleichermaßen, während Väter bei insgesamt niedrigeren Werten bei der psychologischen Kontrolle Töchter etwas mehr »schonen« als Söhne, d. h. größere psychologische Kontrolle bei Söhnen ausüben.

Abschließende Bemerkungen: Plädoyer für eine »produktive Aggressivität« von Vätern

Eine Analyse des gesellschaftlichen Wandels verdeutlichte, was sich an der Vaterschaft in den letzten Jahrzehnten verändert hat. Die Veränderungen gehen eindeutig in Richtung mehr liebevolle Unterstützung und die Vermeidung von Strafen, insbesondere körperlicher Art. Väter sind aber auch, durch den Vergleich mit Müttern und deren speziellen Funktionen in der Familie, in ein Dilemma insofern geraten, als es zunehmend schwierig wird, einen »normalen Umgang« mit Aggression zu entwickeln.

Der väterliche Fokus auf körperlicher Aktivität, Spielen und Regeln hat große Bedeutung für die körperliche, emotionale und Kompetenzentwicklung der Kinder. Laufen, Springen, Fußballspielen, Fahrradfahren, Schwimmen und andere Aktivitäten unternehmen Väter mit ihren Söhnen und Töchtern, wobei die motorischen Aktivitäten mit den Töchtern insgesamt sanfter und vorsichtiger verlaufen, während die sportlichen Aktivitäten und Spiele mit den Söhnen insgesamt wilder *(kamikaze play)*, aggressiver und fordernder ablaufen. In der Tat gehört der Umgang mit Aggression zu den Funktionen, die Kinder u. a. in ihrer Beziehung zu ihrem Vater lernen können, sowohl bei den Tobspielen und aufregenden Erkundungen als auch in der Rivalität und im Wettstreit, etwa bei Sport und Spiel. Dabei geht es auch darum, wie negative Emotionen so reguliert werden können, dass sie das Gegenüber nicht schädigen. Selbst bei erwachsenen Kindern ist – neben liebevoller Zuwendung – die Konkurrenz mit dem Vater ein sehr wichtiges Thema (Pfaff u. Seiffge-Krenke 2008) – und zwar für beide Seiten.

Wenn wir davon ausgehen, dass in Zweielternfamilien die Rollen von Vater und Mutter »different and complementary« (Stolz et al. 2005, S. 1076) sind, wird deutlich, dass die beiden Pole Bindung und Exploration immer wieder neu gewichtet werden müssen. Es scheint so zu sein, dass Mütter in den frühen Lebensjahren ihrer Kinder und noch bis in die Adoleszenz hinein den Bindungsaspekt (Sicherheit, Schutz, Beruhigung) stärker betonen, während Väter die Exploration (Neugier, Spiel; aggressive Herausforderung) stärker betonen, wobei die Untersuchungen zur Spielfeinfühligkeit (Grossmann et al. 2002 b) belegen, dass sie gleichzeitig dabei optimalerweise die »sichere Basis« anbieten (siehe auch Karin Grossmann in diesem Band). Mit zunehmender Autonomie der Kinder während der Adoleszenz und im jungen Erwachsenenalter scheinen diesen die Bindungsaspekte, z. B. gegenüber ihrem Vater, weniger wichtig, der Vater gewichtet diese Bindung aber nach wie vor sehr hoch (Shulman a. Seiffge-Krenke 1997). Es treten deutlicher Wettbewerb und Rivalität im positiven Sinne zutage. Wenn Väter dagegen ihre erwachsenen Kinder zu lange und unangemessen unterstützen, »produzieren« sie *Nesthocker*, die ihre Entwicklung wenig energisch vorantreiben und insbesondere in Bezug auf Partnerschaften hinter altersgleichen jungen Erwachsenen zurückbleiben, die schon ausgezogen sind (Seiffge-Krenke 2006b).

Die heutige Veränderung der Vaterschaft in Richtung mehr Liebe und weniger Gewalt ist – wie wir nachgewiesen haben – aber nicht nur vor dem Hintergrund der Familiendynamik und der Beziehung zur Partnerin zu betrachten, sie muss auch im Kontext gesamtgesellschaftlicher Veränderungen und generell veränderter familiärer Beziehungen seit der Nachkriegszeit gesehen werden. Der enorme gesellschaftliche Wandel hat neue Möglichkeiten für Väter eröffnet und ihr Verhalten vor dem Hintergrund von veränderten Lebensbedingungen und eines gewandelten Erziehungsverhaltens gestaltet. »Neue Väter« wurden auch ermöglicht durch »neue Mütter«, die Beziehungsfähigkeit, zuverlässige Versorgung und Engagement für die Kinder einfordern und zugleich distinktive, besondere Aufgaben für die Väter zulassen und fördern.

Problematisch sind dagegen Entwicklungen, die Väter zu zweiten Müttern machen. Wir brauchen keine »Konkurrenz am Wickeltisch« (Schon 2000, S. 37), keine zweite Bemutterung und keine Idealisierung von Vaterschaft. Eine »hinreichend gute Bevaterung«, um ein Zitat von Winnicott (1960) abzuwandeln, wäre völlig ausreichend. Winnicott unterstreicht auch die positive Funktion von Aggression für die Fortentwicklung des Kindes.

Besorgniserregend ist auch die Entwicklung hin zu mehr psychologischer Kontrolle. Diese Entwicklung hängt sehr stark mit den oben beschriebenen Veränderungen in der Nachkriegszeit, insbesondere dem gestiegenen psychologischen Wert von Kindern und der Diskreditierung von körperlichen Strafen als Erziehungsmittel zusammen und betrifft beide Eltern gleichermaßen.

Der lebenslange Einfluss des Vaters auf die Organisation von Gefühlen und sozialem Verhalten

Karin Grossmann

Anthropologische Aspekte der Väterlichkeit

Das Junge des Menschen ist ungewöhnlich im Vergleich zu den Jungen anderer Primaten, es ist sehr »kostspielig«. Es braucht Nahrung und Schutz von fürsorglichen anderen – noch lange, nachdem es von der Muttermilch entwöhnt ist (Hrdy 2000). Ebenso ungewöhnlich ist der menschliche Vater im Vergleich zu anderen in Gruppen lebenden Primaten hinsichtlich Ausmaß und der Qualität seines Engagements für seine Kinder (Geary a. Flinn 2001).

Die Wurzeln der Väterlichkeit beim Menschen sind schwer zu ergründen. Bei etwa 95 % aller Säugetierarten leisten Männchen wenig oder keinen Beitrag zur Aufzucht ihrer Nachkommen (Clutton-Brock 1991). Diese Tatsache wird evolutionsbiologisch meist mit dem bei Säugetieren deutlich unterschiedlichen Reproduktionspotenzial beider Geschlechter erklärt (Trivers 1972). Unbelastet von Trächtigkeit und Laktation, hat sich bei den Männchen nahezu aller Säugetierarten eine Reproduktionsstrategie herausgebildet, die ein Werben um ein Weibchen und den Zugang zu ihr enthält, aber keine Hilfe bei der Aufzucht der Jungen.

Neuere Ergebnisse der genetischen Nachweisbarkeit von Vaterschaft durch Untersuchungen der Faeces könnten an dieser These allerdings Zweifel aufkommen lassen. In einer Untersuchung der Paviane im Amboseli-Nationalpark fanden die Forscher, dass die biologischen Väter ihre Jungen schützten und dass die Jungen der gut schützenden Väter mehr Nachkommen hatten bzw. einen höheren Status in der Gruppe erreichten (Amboseli Baboon Research Projekt 2011).

Wie könnte sich die Neigung der Menschenväter, relativ viel in ihre Nachkommen zu investieren, ausgebildet haben? Die evolutionäre Psychologie bietet mögliche Erklärungen. Die Entwicklung männlicher Bereitschaft zum Investment in Nachkommen kann als ein Ergebnis eines Anpassungsprozesses im Verlauf der letzten 100 000 Jahre menschlicher Evolution angesehen werden (Geary a. Flinn 2001; Bjorklund a. Pellegrini 2002). Dieser Anpassungsprozess könnte parallel mit einer allmählichen Verlängerung der vorreproduktiven Lebensspanne entstanden sein (Bogin 1999), die durch längere Versorgung mit Proteinen ein größeres Hirnwachstum erlaubte und damit längere geschützte Lernzeiten. Die Entstehung von Mechanismen zur Festigung von Paarbeziehungen (Fisher 1993) mag darüber hinaus dazu beigetragen haben, dass zusätzliches väterliches Investment den Reproduktionserfolg der Nachkommen wahrscheinlicher gemacht hat. Die Dauer der Zeit der Unreife und damit das Ausmaß der Investition hat zugleich die Bedeutung jedes einzelnen Kindes für den Reproduktionserfolg eines Mannes erhöht.

Da die Evolution sozialer Verhaltensmuster aber keine direkten Spuren hinterlässt, bezieht man sich auf indirekte Hinweise, z. B. auf die Lebensweisen heutiger Jäger- und Sammlergruppen (Hrdy 2000). Anhand ethnologischer Daten lässt sich beispielsweise zeigen, dass die Präsenz des biologischen Vaters in der Familie im Vergleich zu einem Aufwachsen ohne Vater oder mit einem Stiefvater in verschiedenen vorindustriellen Gesellschaften, einschließlich der älteren Jäger- und Sammlergesellschaften, mit einer deutlich geringeren Sterblichkeit während der Kindheit einhergeht (Daly a. Wilson 1996). Sarah Hrdy schränkt diese Aussage dahin gehend ein, dass die Abwesenheit eines Vaters sich nur dann negativ auf das Überleben junger Kinder auswirkt, wenn die Mutter keine anderen fürsorglichen Erwachsenen als »Helfer am Nest« hat.

Ein Grund für ein mangelndes Investment in die Nachkommen könnte auch beim Menschen die Unsicherheit über die genetische Vaterschaft sein. Ein Mann könnte Angst haben, seine Ressourcen in ein Kind eines anderen Erzeugers, in ein »Kuckuckskind«, zu investieren. Viele Kulturen in allen Zeiten haben deswegen Regeln dafür geschaffen, die Sicherheit der genetischen Vaterschaft zu gewährleisten. Ein Beispiel ist der Wunsch bzw. die Forderung nach einer Jungfrau als Braut. Den Beweis soll das blutbefleckte Laken der Hochzeitsnacht liefen. Unter den vielen Maßnahmen zur Kontrolle des Umgangs der Frau mit anderen Männern gab und gibt es Keuschheitsgürtel, Genitalverstümmelung und eine wesentlich engere soziale Verhaltenskontrolle der Mädchen im Vergleich zu Jungen, die auch dadurch gewährleistet werden soll, dass die Braut oft schon vor der vollzogenen Ehe in das Haus der Schwiegermutter ziehen muss (Hrdy 2000).

Die traditionellen Aufgaben eines Vaters, die auch schon in den Primatenspezies, die Väterlichkeit zeigen, vorkommen, ist der Schutz vor aggressiven Gruppenmitgliedern und vor feindlichen Eroberern. Ein Vater soll dem Jungen mit Schutz und Wissen beistehen und bei seinen Erkundungen von Fremdartigem ein Mentor und Begleiter sein. In vielen Volksgruppen hat der Vater immer noch die Aufgabe, die Familie mit Proteinen zu versorgen, die so am geschützten Ort bleiben kann. Nicht zuletzt obliegt dem Vater traditionellerweise die Aufgabe, als vertrauter Lehrer und Gefährte seine kulturellen Fähigkeiten seinem Kind, besonders seinem Sohn, weiterzugeben.

Väter als Bindungsperson – mit eigener Domäne

Nach der Schwangerschaft ist die Mutter dem Kind bereits vertraut. Es kennt ihre Stimme, ihren Bewegungsrhythmus und ihre Körpersensorik. Den Vater müssen sie erst kennenlernen, und dazu brauchen sie Lerngelegenheiten. Einerseits muss die Mutter als »Torhüterin« es zulassen, dass auch der Vater das Kind hält, füttert, pflegt und tröstet. Andererseits muss der Vater bereit sein, einen Teil dieser Aufgaben zu übernehmen.

Das allgemeine Bild von den Aufgaben eines guten und verantwortungsbewussten Vaters veränderte sich im westlichen Kulturkreis erst allmählich im 20. Jahrhundert. Individuelle, liebevolle Vater-Kind-Beziehungen gab es sicher zu allen Zeiten und in allen Kulturkreisen, aber sie waren nicht vorherrschend. Während zuvor die materielle Versorgung und die moralische Autorität der Familie im Mittelpunkt standen, erweiterte sich die Vorstellung von Familie um die Aufmerksamkeit für die emotionale Qualität der Vater-Kind-Beziehung (siehe auch Seiffge-Krenke in diesem Band). Das neue Leitbild innerhalb der Familie wurde auch für die Vater-Kind-Beziehung herzlicher, auch wenn hauptsächlich Spiele und gemeinsame Unternehmungen diese Beziehung prägen (z. B. Parke a. Stearns 1993). Der direkte Vater-Kind-Kontakt wurde aufgewertet, und damit wuchs in der Entwicklungspsychologie das Interesse an Vater-Kind-Beobachtungsstudien.

Beobachtende Forschungen zeigen, dass viele Väter auch »mütterlich« sein können. Sehr viele Väter reagieren ebenso zugewandt auf Berührungen, Laute und Angeschautwerden wie Mütter (Parke,

Grossmann a. Tinsley 1981). Sie können die Versorgung übernehmen, wenn nötig, und bekommen von den Müttern oft andere Aufgaben gestellt, wie Nägel schneiden, sich mit dem Baby beschäftigen, in der »Schreistunde« mit dem Säugling Auto fahren, sodass er durch das monotone Geräusch und Geruckel einschläft. Das Forscherpaar Papousek spricht Vätern ebenso eine »intuitive« elterliche Kompetenz für Interaktionen zu wie Müttern (Papousek a. Papousek 2002).

Ob sich ein Vater in die Versorgung eines Säuglings einbinden lässt, hängt sowohl von der Kultur ab, in der die Familie lebt, als auch von persönlichen Einflussfaktoren, die in ihrem Leben wirksam waren. In unserer Langzeituntersuchung fanden wir folgende Zusammenhänge: Wenn ein Vater auf der Basis seiner eigenen Erfahrungen in seiner Herkunftsfamilie Bindungen wertschätzte, war er häufiger bei der Geburt seines Kindes anwesend, beschäftigte er sich mehr mit dem Säugling, wenn auch nicht unbedingt in der Pflege, sondern eher im Spiel, und es gelang ihm besser, mit seinem Säugling zu spielen (Grossmann et al. 2002). Bei den Beobachtungen der Vater-Säuglings-Interaktion war es allerdings wichtig, dass nicht das Maß »mütterliche Feinfühligkeit« angewandt wurde, sondern gelingende Kooperation und beiderseitige Freude (z. B. Parke a. Stearns 1993).

Durch gelingende Interaktionen, die häufige Präsenz des Vaters in der Familie und seine Wertschätzung durch die Mutter wird ein Vater in den meisten Familien auch eine Bindungsperson des Kindes. Kinder erwarten von ihren Vätern Schutz besonders in fremder Umgebung. Sie streben zu ihm, wenn sie Interessantes erleben wollen, auch wenn sie bei Anwesenheit der Mutter mit ihrem Leid oft eher zu ihr gehen. Ob eine Bindung zum Vater besteht, lässt sich eher dann erforschen, wenn die Mutter nicht im Raum ist.

Strenge Kriterien für eine bestehende Bindung sind: a) Vergewissert sich das Kleinkind stets, wo der Vater ist, um bei Angst zu ihm fliehen zu können? b) Lässt es sich gut von ihm trösten? c) Protestiert es, wenn der Vater es verlässt, ohne dass die Mutter im Raum ist? d) Weint das Kleinkind dem Vater nach und vermisst ihn (ist belastet), wenn er länger nicht nach Hause kommt?

Dafür, eine trennungsbedingte Belastung zu erkennen, braucht es jedoch eine geschulte Beobachtung, da die Anzeichen eher still sind. Dazu gehören etwa schlechter essen, schlechter schlafen, unkonzentrierter spielen, häufiger zur Tür schauen, geringere Frustrationstoleranz. Trotz dieser auch für die Mutter geltenden Kriterien beschreibt die Vaterforschung das Spiel als die Hauptdomäne für die Vater-Kind-Interaktionen.

Gottman, Katz und Hoover (1997) sowie Youngblade und Belsky (1992) fanden in ihren Studien Zusammenhänge zwischen dem väterlichen Ausdruck und Umgang mit negativen Gefühlen im Spiel mit ihrem kleinen Kind und der späteren sozialen Kompetenz der Kinder im Umgang mit Gleichaltrigen. Gleiche Auswirkungen zeigten sich, wenn das Kind in die Steuerung des Spiels einbezogen wurde (Lindsey, Mize a. Pettit). Ähnliche Zusammenhänge wurden auch für die Qualität körperbetonter Tobespiele von der Forschungsgruppe um Ross Parke berichtet (für eine Übersicht Parke et al. 2002).

Erste Mediationsanalysen solcher Ergebnisse legen nahe, dass das Spiel mit dem Vater aufgrund der erlebten emotionalen Intensität und Dynamik für viele Kinder eine gute Gelegenheit dafür darstellt, mithilfe des Vaters ihre emotionale Selbstregulation und Kommunikation zu verfeinern, die dann im Umgang mit Gleichaltrigen eine wichtige Rolle spielen. Ein weiterer Vermittlungsweg zeigte sich in unserer Langzeituntersuchung: Die deutlichen Zusammenhänge zwischen der feinfühligen väterlichen Herausforderung im Spiel und der sozialen Kompetenz in engen Freundschaften im Jugendalter über 14 Jahre hinweg wurden über die inneren Arbeitsmodelle von Bindung des Jugendlichen vermittelt *(internal working models)*.

Qualitätskriterien für väterliche Personen: Beschützer, vertrauter Helfer und Begleiter, Mentor und Lehrer bei Herausforderungen

In Forschungen und persönlichen Berichten über einen »guten Vater« werden häufig folgende Verhaltensweisen hervorgehoben. Er unterstützt kundig und schützend die Exploration des Kindes, indem er dabeibleibt und zur Not eingreifen kann. Er vermittelt dem Kind durch unaufdringliche, unauffällige Hilfen Vertrauen in seine eigenen Kompetenzen, sodass das Kind den Eindruck hat, es habe die Leistung selbstständig vollbracht. Das ist erkennbar am Stolz des Kindes auf sein Werk. Ein guter Vater vermittelt Vertrauen in die Hilfsbereitschaft anderer, auch Stärkerer. Er könnte seine Macht und Stärke ausspielen, der gute Vater tut es aber nicht. So wird er zu einem Modell für die Rolle eines Stärkeren, der ohne Bevormundung, ohne Aggression und mit Behutsamkeit dem Kind hilft, ein gutes Selbstwertgefühl zu entwickeln.

Indem der gute Vater sein Kind bei seinen Explorationen schützt und begleitet, lernt es das männliche kulturelle »Territorium« kennen. Dazu gehört auch, dass der Vater bereit ist, seine Ressourcen in sein Kind zu »investieren«. So war in einer US-amerikanischen Untersuchung das väterliche Einkommen korreliert mit Verhaltensproblemen in der Schule (negativ), der Dauer des Schulbesuchs und des Studiums (positiv), der Anzahl und Art der Freizeitbeschäftigungen (positiv) und dem Zugang zu bestimmten Berufsgruppen (Morris a. Levine Coley 2003).

Jugendforscher sagen:

> »Optimale Väter unterstützen die Selbstständigkeit ihrer Kinder und Jugendlichen, sie vermitteln ein Modell von engen Beziehungen, das interpersonellen Raum zulässt, und sie sind ein Vorbild für Beziehungen außerhalb der Familie« (Shulman a. Seiffge-Krenke 1997; Übers.: K. G.).

Der Zusammenhang gilt jedoch auch für die negativen Aspekte der Vater-Kind-Beziehung, wie eine Untersuchung von Scheidungsfamilien ergab. Relativ zur Anzahl der Jugendlichen-Vater-Konflikte zeigten Jugendliche, die bei häufigen Kontakten mit dem geschiedenen Vater viele Konflikte hatten, mehr externalisierende Probleme. Wenn sie dagegen während ihrer wenigen Kontakte trotzdem viele Konflikte hatten, zeigten sie mehr internalisierende Probleme (Little et al. 2003).

Die Quantifizierung guter Väterlichkeit beschäftigt die Familienforschung etwa seit Mitte der 70er-Jahre. In vielen Studien dieser Zeit wurde der eigenständige Stil der Interaktion von Vätern mit ihren Kindern beschrieben (z. B. Kotelchuck 1976; Lamb 1977) und seitdem für verschiedene Altersgruppen der Kinder und mehrere Kulturen bestätigt (für eine Forschungsübersicht siehe Power 2000). Väter regen im Vergleich zu Müttern viel häufiger ihr Kind in einer Weise an, die seine Fähigkeiten wie auch sein Selbstvertrauen stark herausfordern. Die Wurzeln dieser geschlechtsabhängigen Unterschiede im elterlichen Interaktionsstil wurden wahrscheinlich sowohl stammesgeschichtlich als auch kulturell geformt. Das väterliche Verhalten bereitet auch modellhaft die Söhne und Töchter geschlechtsabhängig auf ihre späteren Rollen in der Familie vor.

Die Väter, die an unserer Langzeituntersuchung teilgenommen haben, wurden bei der Geburt, im ersten Jahr, als die Kinder zwei

Jahre alt waren und später wiederholt beobachtet und befragt. In der Zusammenschau der Ergebnisse über 22 Jahre hinweg hob sich besonders die Qualität des interaktiven Umgangs des Vaters mit seinem 24 Monate alten Kind als langfristig wirksam hervor. Zu diesem Beobachtungszeitpunkt, der bei der Familie zu Hause stattfand, bekamen die Väter folgende Aufgabe. So sollten mit ihrem Zweijährigen zehn Minuten lang mit einem neuen Material, der mitgebrachten Knetmasse, spielen. Vier Jahre später, wieder bei einem Hausbesuch, wurden sie gebeten, mit ihrem Sechsjährigen ein Gebäude aus Bauklötzen nachzubauen, dessen Modell nur der Vater, aber nicht das Kind sehen konnte.

Bei diesen Aufgaben haben die Väter verschiedene Rollen angenommen. Sie haben sich entweder vorwiegend als ein angemessen unterstützender und kooperativer Spielpartner verhalten oder aber als »Oberlehrer«, der strenge Gütekriterien einforderte, oder als »Kasper«, der selber Quatsch machte, aber dem Kind keine Fertigkeiten vermittelte. Ein paar Väter zeigten dagegen ein starkes Desinteresse daran, mit dem Kind zu spielen, und ließen es mit der Aufgabe, etwas aus mit dem Material zu machen, fast allein (Grossmann u. Grossmann 2004, Kap. III.4).

Die intensiven Analysen der videografierten Interaktionen ließen uns eine Beurteilungsskala für die Qualität der feinfühligen Herausforderung im Spiel entwickeln. Diese Skala kann nicht nur für die Vater-Kind-Interaktionen, sondern auch für die Mutter-Kind-Interaktionen beim Spiel verwendet werden. Inzwischen ist sie auch von anderen Forschungsgruppen übernommen worden. Die Definition und die Kennzeichen für eine hohe Bewertung auf dieser Skala waren:

- Der Erwachsene muss generell feinfühlig sein, d. h. alle Äußerungen des Kindes als Mitteilung wahrnehmen, richtig interpretieren sowie prompt und angemessen beantworten.
- Der Erwachsene soll zusätzlich speziell die Signale von Neugier und Exploration angemessen unterstützen und zielgerichtet leiten, wobei die emotionale Sicherheit des Kindes vorrangig ist. Es darf nicht durch Leistungsdruck überfordert werden.

An die folgenden beispielhaften Verhaltensweisen eines Vaters oder eines erwachsenen Spielpartners konnte die Bewertung geknüpft werden, ob der »Große« feinfühlig und zugleich herausfordernd das Kind beim Spiel und der Exploration des Spielmaterials unterstützt:

- bei Ängstlichkeit Zuversicht vermitteln (»Du kannst es, und ich helfe dir, wenn es nicht gelingt«)
- Neugier in Interesse mit Handlung verwandeln
- während des Spiels neue, machbare Ideen einfügen
- Werke des Kindes durch Benennungen aufwerten
- loben, aber nur, was wirklich neu gekonnt war
- lehren und vormachen, was das Kind begreifen kann
- erreichbare Ziele setzen
- angemessene Verhaltensregeln erwarten und einfordern.

Die Spielfeinfühligkeits-Werte für die Verhaltensweisen der 47 teilnehmenden Väter lagen zwischen 1 (sehr unfeinfühlig) und 9 (sehr feinfühlig). Vergleiche mit anderen Datensätzen ergaben, dass die Spielfeinfühligkeit der Väter einherging mit angemessenen Anforderungen an das Kind, mit mehr oder weniger gelingender Kooperation während der Spielsitzung und mit dem Interesse des Kindes, etwas vom Vater über das Spielmaterial lernen zu wollen. Die Spielfeinfühligkeit hing jedoch nicht mit einem hohen Anspruch an die Intelligenz des Kindes zusammen, die Ansprüche des Vaters führten beim Kind nicht zu längeren Frustrationen.

Langfristige Einflüsse früher väterlicher Spielfeinfühligkeit in unserer Untersuchung und Einflüsse auf die Güte der Väterlichkeit

Die Befunde aus früheren und späteren Befragungen, Beobachtungen und Tests der Kinder zeigten ein Netzwerk an Zusammenhängen mit der väterlichen Spielfeinfühligkeit; es ergaben sich sogar mehr Zusammenhänge mit der väterlichen als mit der mütterlichen Spielfeinfühligkeit (Grossmann et al. 2002, 2005; siehe auch Lees 2007):

- Kinder von spielfeinfühligen Vätern zeigen im Verhalten und in Interviews eine größere Wertschätzung für Bindungen im Allgemeinen, aber auch speziell zum Vater.
- Sie zeigen eine höhere soziale Kompetenz im Verhalten gegenüber Gleichaltrigen im Kindergarten und in einem späteren

Interview eine höhere Kompetenz in Bezug auf Freundschaften. Das galt besonders auf dem Gebiet des Umgangs mit Aggression und ihrer unverzerrten Wahrnehmung.

- Sie sind gemäß dem Urteil ihrer Kindergärtnerinnen weniger verhaltensauffällig in ihrer Kindergartengruppe. Das Ergebnis war insofern überraschend, als jedes der befragten Kinder in einer anderen Kindergartengruppe war.
- Als Jugendliche wurde ihnen aus der Sicht eines Freundes, des Vaters und des Hausbesuchers eine gesunde »Sicherheit der Exploration« zugeschrieben. Sie wurden z. B. als flexibel auch bei Unsicherheiten, als angemessen selbstbewusst, als kreativ, unkonventionell und produktiv, als nicht leicht frustrierbar und wenig neurotisch beschrieben.
- Nicht nur in unserer Untersuchung zeigte gute Väterlichkeit einen sehr positiven Einfluss auf die Vorstellung von einer kooperativen Partnerschaft im jungen Erwachsenenalter (siehe auch Lees 2007).
- Väterliche Spielfeinfühligkeit und gute Väterlichkeit waren verbunden mit einem gesunden, angemessenen Selbstwertgefühl und *psychological well-being*, mit kognitiver Kompetenz, d. h. dem nutzbringenden, wohlwollenden Einsatz der vorhandenen Intelligenz, mit Schulerfolg, Lebenserfolg und Lebenszufriedenheit.

Andere Forscher, deren Forschung auch Risikofamilien einbezogen hatten, sahen Kompensationseffekte bei mangelnder guter Mütterlichkeit in vielen sozial-emotionalen Bereichen nur dann, wenn der Vater seelisch gesund und angemessen engagiert war (Hossain et al. 1994). Die Forscher stellten jedoch auch fest, dass allzu häufig seelisch wenig gesunde Mütter mit seelisch wenig gesunden Vätern verheiratet waren.

Noch weitere väterliche Rollen haben einen Einfluss auf die Entwicklung des Kindes, etwa die Rolle aus Autoritätsperson. Eine freundliche, das Kind einbeziehende Form der Regelvermittlung von Vätern, aber auch von Müttern, förderte gleichermaßen die frühe Internalisierung von Regeln (z. B. Feldman a. Klein 2003). Es wurde aber auch beobachtet, etwa in der Mannheimer Risikokinderuntersuchung (Trautmann-Villalba, Laucht u. Schmidt 2003), dass Väter im Vergleich zu Müttern etwas anders auf Regelverletzungen ihrer Kinder regieren, je nach dem Geschlecht des jeweiligen Kindes. Bei Töchtern zeigten die Väter dieser Untersuchung eher starke, bei Söhnen dagegen deutlich schwächere Kontroll- und Korrekturversuche.

Welche Einflüsse wirken auf einen Mann bei seiner Entwicklung zu einem mehr oder weniger engagierten, verständnisvollen, feinfühligen und angemessen anleitenden Vater? Zunächst braucht es eine Kultur, die Väterlichkeit zulässt, die einem Mann keinen Ansehensverlust durch Fürsorglichkeit für seine Kinder beschert (Levy-Shiff a. Israelashvili 1988). Es braucht auch eine Mutter, die als »Torhüterin« des Zugangs zum Kind den Vater nicht abwehrt, sondern ihn in die Fürsorge und die Aufgaben rund um das Kind einbezieht. Sie darf sich jedoch nicht allzu sehr in seinen eigenen Stil des Umgangs mit dem Kind einmischen, solange dieser Stil wohlwollend ist.

In unserer Untersuchung hatten engagierte Väter selbst eine sichere Bindungsrepräsentation, also eine hohe Wertschätzung für Bindungen, und sie hatten mehrheitlich ein gutes Rollenvorbild aus der eigenen Kindheit. Zwei Drittel der Väter mit einer sicheren Bindungsrepräsentation waren damals schon (1976/77) bei der Geburt ihres Kindes zugegen, verglichen mit einem Drittel derjenigen mit einer unsicheren Bindungsrepräsentation.

Nicht nur in unserer Untersuchung fand sich, dass sich spätere Eltern ihren Partner nicht nach dessen Bindungsrepräsentationen ausgesucht hatten. Unter den Eltern der Untersuchung gab es 23 unterschiedliche und nur 15 gleiche Bindungsrepräsentationen. Allerdings konnten wir von sechs Vätern, die nicht mehr an der Studie teilnahmen, nicht ihre Wertschätzung von Bindung ermitteln. Die Bindungsrepräsentation der Väter hing auch nicht mit dem Geschlecht des Kindes zusammen oder mit einer späteren Scheidung von der Mutter. Eine Scheidung ereignete sich bei 13 Elternpaaren.

Die Ergebnisse lassen deutlich vermuten, dass auch Väter ihre »Gespenster der Vergangenheit« mit in die Ehe und ins Kinderzimmer bringen (Barrows 2004; Cowan a. Cowan 2009).

Die Rolle von Vätern bei psychopathologischen Entwicklungen

Wilhelm Busch beschreibt in seiner Ballade von der »Frommen Helene« treffend die Auswirkungen mangelnder elterlicher Aufsicht, die auch den Vater betreffen:

»Zwar man zeuget viele Kinder,
doch man denket nichts dabei,
und die Kinder werden Sünder,
wenn's den Eltern einerlei.«

In ähnlicher Weise, wie man die positiven Einflüsse guter Väterlichkeit nachweisen kann, finden sich auch die negativen Einflüsse der verschiedenen Aspekte unguter Väterlichkeit. Weit verbreitet sind etwa eingeschränkte Kindesentwicklungen durch mangelndes Engagement und mangelnde Unterstützung der Mutter. Eine aktuelle neurowissenschaftliche Untersuchung an Strauchratten, einer Art, bei denen sich beide Eltern um die Jungen kümmern, zeigte den weitreichenden, schädigenden Einfluss von Vaterdeprivation. Die vaterlosen Jungen erhielten nicht nur weniger Körperpflege und Anregungen, sondern in ihrem präfrontalen Gehirn, das für das emotionale und kognitive Funktionieren essenziell ist, hatten sich weniger neuronale Fortsätze an den Dendriten gebildet. Vaterentbehrung verzögerte und unterdrückte teilweise die Entwicklung der orbitofrontalen Verschaltungskreise (Helmeke, Seidel et al. 2009).

Fehlt dem Kind der Vater oder ein vergleichbar engagierter männlicher Mentor, kann es leicht geschehen, dass dem Kind die »Welt der Männer« verschlossen bleibt. Das hat unterschiedliche Auswirkungen auf Mädchen im Vergleich zu Jungen (Shulman a. Seiffge-Krenke 1997).

Die Auswirkungen von Vaterabwesenheit auf ein Kind werden stark von der Wahlfreiheit der Eltern beeinflusst. Hat sich der Vater von seinen Kindern als Konsequenz von ungelösten Konflikten entfernt, oder haben ihn die Umstände ferngehalten? Eine Elternscheidung etwa zerreißt häufig die Vater-Kind-Bindung. Das ältere Kind weiß, dass ein Teil von ihm von der Mutter und ein Teil vom Vater abstammen. Wenn der eine Elternteil den anderen abfällig behandelt oder demütigend von ihm redet, trifft er auch den »anderen« Teil des Kindes. Das nagt an seinem Selbstwertgefühl. Ungelöste Konflikte in der Elternehe scheinen auch eine schlechte Voraussetzung für die eigene spätere Ehestabilität zu sein. Eine Untersuchung über eine Generation hinweg konnte diesen Zusammenhang zeigen. Es fanden sich Unterschiede zwischen Halbwaisen durch Tod oder Scheidung in Bezug auf die Scheidungshäufigkeit des Kindes. Die Scheidungsrate von Halbwaisen lag im Bevölkerungsdurchschnitt, die der Scheidungswaisen war dagegen doppelt so hoch (Diekmann u. Engelhardt 1995). Sicherlich trug auch damals dazu bei, dass ledige und geschiedene Mütter und ihre Kinder lange diskriminiert und sozial geschnitten wurden. Ein krasses Beispiel sind die Frauen und Kinder katholischer Priester (Bruhns u. Wensierski 2004) oder die von feindlichen Soldaten gezeugten Kinder nach einem Krieg.

Wenn ein Kind in ein Internat oder in ein Heim geschickt wird, macht es für sein Selbstwertgefühl einen großen Unterschied, ob diese Trennung von Mutter und Vater aufgrund elterlicher Sorge um eine gute Ausbildung und damit im Sinne einer günstigeren Zukunft geschieht oder ob sie ein Ausdruck von Zurückweisung ist, weil das Kind die Lebensgestaltung der Eltern stört. Wenn ein Geschwister zu Hause bleiben kann, wird dies oft als Vorzugsbehandlung interpretiert. Heimeinweisungen können auch vom Staat befohlen werden, wenn die Eltern ihrer Erziehungsaufgabe nicht gerecht werden können. Es haben sich jedoch auch Staaten schuldig gemacht, indem sie widerstrebenden Eltern ihre Kinder zwangsweise weg genommen haben, um sie in Heimen im Sinne des Staates zu erziehen.

Ein besonderes Risiko für die Entwicklung eines Kindes ist väterlicher Alkoholismus. Die Autoren Hiram Fitzgerald und Rina Das Eiden (2007) äußern die Vermutung, dass in den USA etwa ein Viertel der Kinder unter 18 Jahren in einem Haushalt leben, in dem ein Elternteil Alkoholiker ist. Sie berichten über die Ergebnisse zweier Langzeituntersuchungen über 20 Jahre hinweg, die in Michigan und Buffalo durchgeführt wurden.

Das kinderfeindliche Elternverhalten im Sinne von mangelnder Aufsicht, fehlender Anleitung, ausgebliebenen Konfliktlösungen, mangelnder partnerschaftlicher Kooperation sowie weniger herzlicher Zuwendung und Feinfühligkeit zeigte seine Wirkung im Verhalten der Kinder vom Säuglingsalter an in jedem Altersabschnitt. Der Alkoholismus des Vaters war in dieser Laufzeituntersuchung sehr oft verknüpft mit asozialem Verhalten beider Eltern, Depression beider Eltern und vielen Konflikten in der Ehe. In der *frühen Kindheit* zeigen Säuglinge und Kleinkinder alkoholabhängiger Väter – von außen gesehen – eher ein schwieriges Temperament, unsichere oder desorganisierte Bindung und Regulationsstörungen. Im *Kindergarten* hatten solche Kinder Schwierigkeiten in der Selbstbeherrschung, sie neigten zum Ausagieren, zogen sich sozial eher zurück und zeigten am Ende eine geringe Schuleignung. In der *mittleren Kindheit* fielen sie auf durch ihre Verhaltensprobleme, ihr oppositionelles, wenig kooperatives Verhalten, sie waren weiterhin impulsiv, sozial zurückgezogen und hatten ein schlechtes Schul- und Lernverhalten.

In der *späten Kindheit* zerfielen sehr viele Familien durch Scheidung, die Väter wurden arbeitslos, auch bei weiteren Familienmitgliedern zeigten sich diverse Probleme, und die mangelnde elterliche Aufsicht führte zu weiteren Problemen im Jugendalter. Diese *Jugendlichen* begannen früher und intensiver mit Alkohol- und Drogenkonsum. Sie gerieten dadurch zusätzlich mit dem Gesetz in Konflikt und/oder bekamen Depressionen. Im *Erwachsenenalter* wurden gehäuft antisoziale Persönlichkeitsstörungen, emotionale Störungen und Alkohol- und/oder Drogenmissbrauch diagnostiziert. Der Langzeitforscher George Vaillant hat in seiner Untersuchung an College-Studenten ebenfalls feststellen müssen, dass Alkoholismus sämtliche Lebensbereiche und vorherige Einflüsse auf negative Weise überdeckte (Vaillant 1995).

Auch eine Depression der Mutter hat einen Einfluss auf die Kind-Vater-Beziehung. Wenn der Vater psychisch gesund ist und sich angemessen um den Säugling bzw. das Kind kümmert, ist sein Engagement ein Schutz für das Kind. Diese Konstellation ist aber eher die Ausnahme. Eine dazu durchgeführte Untersuchung ergab ein ernüchterndes Bild. Einerseits haben Kinder depressiver Mütter seltener Kontakt mit ihrem Vater, und ihre Väter haben häufiger selbst seelische Probleme oder sind substanzabhängig. Die Entwicklungsprobleme der Kinder waren sogar größer, wenn sich die psychisch belasteten Väter viel um sie kümmerten, als wenn sie sich nicht kümmerten (Coiro a. Hurley 2003).

Fehlentwicklungen der Kinder durch physische, psychische oder sexuelle Misshandlung durch den Vater sind hinreichend bekannt. Erschwerend kommt hinzu, dass Gewalt durch den Vater nur dann häufig vorkommen kann, wenn die Mutter ihre Kinder nicht schützen kann. Dann entwickelt ein Kind Angst ohne Fluchtmöglichkeit, die tief greifende Konsequenzen für seine Psyche und seine körperliche Befindlichkeit hat.

Die Gefahr, erlittene Gewalt an den Kindern der nächsten Generation zu wiederholen, ist groß, wenn die Person die selbst als Kind erlittene Gewalt nicht als Unrecht anerkennt (Briggs a. Hawkins 1996). Hirnphysiologisch kann sexueller Missbrauch dauerhaft die neurale Funktion und Struktur des reifenden Gehirns schädigen (Teicher 2011). Prospektive klinische Fallbegleitungen zeigen, dass es möglich ist, sich an traumatische Ereignisse aus dem ersten Lebensjahr zu »erinnern«. Diese »Erinnerungen« zeigen sich in symptomatischen Aktionen, spezifischen Ängsten oder Empfindlichkeiten (Gaensbauer 2004).

In der Bindungstheorie, besonders bei ihren klinischen Anwendungen, wird seit Bowlbys grundlegendem Beitrag *Violence in the family* (1988, dt. 2008) dem Thema Aggression der Bindungsperson gegen das Kind viel Forschung gewidmet. Ein Kind fühlt sich im alltäglichen Umgang mit den Eltern häufig in einem Zwiespalt. Einerseits empfindet es oft Ärger über sie mit dem Impuls, sich aggressiv gegen ihre Einschränkungen zu wehren, aber gleichzeitig empfindet es Angst, seine geäußerte eigene Aggressionen oder Aggressionen der Eltern könnten dazu führen, dass man ihre Liebe und Fürsorge verliert und deswegen vielleicht sogar verlassen wird.

Die Angst vor dem Verlassenwerden führt automatisch zu einer erhöhten Bereitschaft, um die Bindungsperson zu kämpfen, wie dies bei Geschwistereifersucht leicht zu beobachten ist, aber auch zu »unerwünschten« Verhaltensweisen, die die Aufmerksamkeit der Eltern wieder auf sich lenken sollen. Die dahinterliegende Angst kann durch liebevolle Zuwendung der Eltern beschwichtigt werden. Wenn jedoch dieser Kampf um Zuwendung allzu häufig von der Mutter oder dem Vater mit Aggressionen beantwortet wird, kommt das Kind in einen »Teufelskreis«.

Aggressionen seitens einer Bindungsperson bringen das Bindungsverhaltenssystem des Kindes in eine unauflösliche »Zwickmühle«. Wenn das Bindungssystem aktiviert ist, z. B. durch Angst vor einem Angriff, will das Kind zum Schutz zur Bindungsperson flüchten, um dort Entspannung und Ruhe zu finden. Wenn aber die Aggression von der Bindungsperson ausgeht, indem sie das Kind physisch oder verbal zurückstößt, steigert dies den Angstpegel des Kindes noch weiter, oft bis an die Grenze des Erträglichen. Es kann aber nicht fliehen, denn sein aktiviertes Bindungssystem gebietet ihm, noch intensiver zur Bindungsperson zu wollen. So gerät das Kind in einen unlösbaren Konflikt. Es hat einerseits Angst vor der Aggression, will aber gleichzeitig intuitiv zur Bindungsperson. Als Konsequenz werden viele Kinder allzu brav, allzu vigilant und wollen stets in der Nähe der Bindungsperson bleiben, um gefährliche Stimmungswechsel oder um es sofort zu bemerken, wenn die Bindungsperson fortgeht. Dieses Verhaltensmuster kennzeichnet eine Angstbindung. Die Kinder zeigen trotz Misshandlungserfahrungen starkes Bindungsverhalten. Erleben Kinder häufig Gewalt, ohne Schutz zu finden, entwickeln sie eine gesteigerte physische Sensibilität gegenüber Gewalt und Zurückweisung, werden stressanfälliger mit gesteigerter Aggressionsbereitschaft, und ihre Bindungen können ihnen keinen Halt geben. Ihre Bindungsmuster neigen zur Desorganisation (Neufeld Bailey et al. 2007).

Vielfach wurde nicht verstanden, warum misshandelte Kinder immer wieder vehement zurückwollen zu ihren Eltern und warum sie sogar stärker als Kinder mit einer sicheren Bindung unter einer Trennung leiden. Ein sicheres Kind hat gute Erfahrungen mit kurzfristigen Trennungen, ein abgelehntes Kind hat berechtigte Angst, für immer getrennt zu werden. Sein Bindungsverhalten ist chronisch aktiviert und lässt ihm keine Wahl, als zu der Bindungsperson zu wollen. Als Ausweg gibt es für ein misshandeltes Kind nur eine andere Bindungsperson, zu der es flüchten kann. Kinder können sich aus eigener Kraft nicht aus diesem Teufelskreis befreien. Diese Art von Bindung nennt man auch pathologische Angstbindung.

Unaufgelöst, wird Angst vor einer Bindungsperson langfristig das eigene Elternverhalten beeinflussen. Angst vor der Bindungsperson bedeutet physiologischen Stress, der einher geht mit einer geringeren Akzeptanz von positiver sozialer Zuwendung auf sozialer und physiologischer Ebene. Wenn diese Angst schon früh chronisch wird, bewirkt sie zudem dauerhafte Veränderungen von Hirnstrukturen, die das soziale Miteinander stören (Teicher 2011; Pollak et al. 2005).

Zusammenfassung und Fazit

Die Qualität erfahrener guter oder unguter Väterlichkeit, besonders im Bereich des Erkundens und der Aggressionskontrolle, zeigten in vielen langzeitlichen Untersuchungen positive bzw. negative Auswirkungen bei Kindern in den Bereichen:

- Wertschätzung von Bindungen
- soziale Fähigkeiten
- kognitive Kompetenz
- Zuversicht und Selbstwertgefühl bei der Bewältigung neuartiger Herausforderungen
- Freundschaft und Partnerschaft.

Unser Fazit lautet daher: Schutz, Unterstützung und gute Anleitung gewährende Väter sind ebenso wichtig wie feinfühlige Mütter – beide sowohl je für sich als auch gemeinsam – für die langfristige Entwicklung eines Kindes zu psychischer Sicherheit im Bindungs- wie im Explorationsbereich. Beide üben ihren jeweiligen Einfluss sowohl gemeinsam als auch auf eigenständige Weise aus. Das gilt im Guten wie leider auch im Schlechten, wenn dem Vater gute Väterlichkeit fehlt.

Bindungsentwicklung und Beziehungsmoral

Klaus E. Grossmann

Die Bindungstheorie befasst sich mit der Notwendigkeit von engen Beziehungen für eine gesunde Entwicklung des Menschen von der Geburt an. Dabei stellt sie wichtige Fragen, denen sich besonders die Psychoanalyse seit mehr als 100 Jahren widmet. Die Bindungsforschung sucht ihre Antworten allerdings nicht in spekulativen literarischen Interpretationen. Sie untersucht im Kleinkindalter, wenn das Sprechen ausgebildet ist, z. B. durch verhaltensbiologisch fundierte Beobachtungen und durch das linguistisch begründete Bindungsinterview für Erwachsene (Hesse 2008) die Entwicklung verschiedener Qualitäten von Beziehungen und prüft auf empirische Weise mögliche Folgen. Mit zunehmender Sprachfähigkeit der Kinder werden auch enge emotionale Beziehungen zu weiteren Personen – also nicht nur zur Mutter – und die damit verbundenen Erinnerungen analysiert. Es wird erkundet, wie subtile Erfahrungen des Miteinanders allmählich individuelle innere Vorstellungen davon beeinflussen, ob man selbst es wert ist, aufmerksam beachtet zu werden, ob bei Bedarf Zuneigung durch starke, weise, reife und vertraute Erwachsene gegeben ist oder ob die Kinder sich an Bindungserfahrungen erinnern und welche Folgen das für die weitere Entwicklung der eigenen Persönlichkeit hat (Grossmann u. Grossmann 2011; Sroufe, Egeland, Carlson a. Collins 2005 a, b).

Diese besonderen Beziehungen werden Bindungen genannt. Bindungen zu besonderen Individuen können sicher sein oder unsicher. Sie betreffen die Organisation der Gefühle, die gemeinsame Aufmerksamkeit gegenüber wichtigen Ereignissen in der wirklichen Welt, ihre sprachliche Repräsentation, den Wert von Bindungsbeziehungen für die eigene Entwicklung der Persönlichkeit, die Anhänglichkeit, die gemeinsame Freude beim Erkunden und vieles mehr. Wesentlich sind drei Bereiche, die durch wiederholte Untersuchungen geprüft und bestätigt wurden: Einmal wird die Organisation der Gefühle des Kleinkindes, bevor es sprechen kann, durch den feinfühligen Umgang mit seinem Ausdrucksverhalten durch Bindungspersonen in sicheren und in unsicheren Bindungsbeziehungen unterschiedlich beeinflusst. Mary Ainsworth, die Begründerin der Bindungsforschung, hat dies

»Sozialisation« *als Ergebnis gegenseitigen Beantwortens von Signalen* genannt (Ainsworth, Bell u. Stayton 2003). Zum anderen entwickeln sich auf der Grundlage von Bindungserfahrungen und dadurch, wie mit Bindungspersonen darüber gesprochen wird, verschiedene emotionale und geistige Vorstellungen von Bindungen, die damit verbundenen Gefühle und die Fähigkeit, mit anderen darüber zu sprechen, als Ausdruck »innerer Arbeitsmodelle« von sich selbst und den Beziehungen zu anderen. Man nennt das Mentalisierung von Bindung (Fonagy, Gergely, Jurist u. Target 2004). Schließlich wurde und wird noch immer vielfach die Möglichkeit untersucht, durch Nachdenken oder Reflexion eigene Gefühle oder emotionale Erwartungen angesichts veränderter Wirklichkeiten ändern und besser an tatsächliche Gegebenheiten anpassen zu können (Slade 2008). John Bowlby (1988) hat davon gesprochen und darauf gehofft, dass Individuen auf diese Weise alte, aus einer bindungsunsicheren Kindheit stammende und wenig hilfreiche innere Arbeitsmodelle durch neue ersetzen können, die eher im Einklang mit der Wirklichkeit und mit den Absichten wichtiger anderer sind, die als Hafen der Sicherheit und als sichere Basis für eigenes Erkunden dienen. Das soll die Bindungstheorie für die Psychotherapie leisten.

Es geht also in der inzwischen über 50-jährigen Geschichte der Bindungsforschung (Grossmann u. Grossmann 2009) wesentlich um die Integration von Gefühlen, der Domäne des Mittelhirns, und das unverfälschte Erkennen der Verlässlichkeit von Bindungspersonen, auf die wir Menschen in unserer Entwicklung für das eigene Überleben biologisch und psychologisch angewiesen sind, und ihrer möglichen Absichten.

Moral: Im Gefühl verankert oder mit Vernunft begründet?

Unser Dasein ist in der Evolution, in der Naturgeschichte begründet. Charles Darwin hatte vor nahezu 140 Jahren in seinem Buch über die Abstammung des Menschen aufgezeigt, wohin die Wurzeln des Menschen zurückreichen, wo der Mensch herkommt und was er erfahren und lernen muss, um mit seinen biologischen Grundausstattungen zu einem geschätzten Mitglied seiner jeweiligen Kultur zu werden (Darwin 1871). Damit war er verstörend in die Domäne der Religion eingedrungen, die über Jahrtausende diverse literarische Deutungshoheiten, im Abendland christliche, über das Wesen des Menschen entwickelt hatte. Dessen gewahr, hatte Darwin lange gezögert, seine Theorien über die Entstehung der Arten (von 1859), über die Entstehung des Menschen (von 1871) und über die Gemütsbewegungen bei den Menschen und den Tieren (von 1872) zu veröffentlichen. Bereits am 5. Mai 1839 nämlich hatte Darwin in seinen *Old and useless notes*, pp. 43 f. (Gruber 1974, S. 15), Folgendes notiert:

> »Der Kern moralischen Verhaltens heißt für andere sorgen. Nur ein Wesen, das Fürsorge über die Ebene früherer Arten *[species]* hinaus entwickelt, konnte so intelligent wie Menschen werden. Nur außergewöhnlich intelligente Wesen konnten auf solch hohem Niveau für andere sorgen. Die Evolution von Moral und von Intelligenz war immer untrennbar, so wie auch ihr zukünftiges Überleben in den Körpern und Gehirnen der Menschheit«[1] (Übersetzung K. E. G.).

100 Jahre später, in ihren ersten Versuchen, Bowlbys Bindungstheorie in ihrer ungemein sorgfältigen und zeitaufwendigen beobachtenden Bindungsforschung zu verwenden, stellte Mary Ainsworth (Ainsworth et al. 2003) fest:

> »Unserer Ansicht nach müssen daher frühe Bindungsbeziehungen in Betracht gezogen werden, um die Entwicklung und das Aufrechterhalten reifen moralischen Verhaltens zu verstehen.«

Ist auch Moral, vor allem Moral im zwischenmenschlichen Umgang miteinander, in der Evolution des Menschen als *Specificum humanum* ausgelesen worden? Und gehört sie damit als Thema bereits in die Phase frühkindlicher Bindungsentwicklung, lange vor einem Alter, das intellektuelle Einsichten ermöglicht? Oder ist Moral nur eine Sache der Vernunft, was Immanuel Kant (1781) bezweifelt hat? Kants Buch wurde übrigens 1827 vom Vatikan auf das Verzeichnis verbotener Bücher gesetzt, ein weiterer Beleg für religiösen Wahrheitsanspruch gegenüber wissenschaftlichem Erkennen. Und wenn Moral in Gefühlen verankert ist, welchen Anteil daran hat ihre Sozialisierung? Wie gut funktioniert die Vernunft, wenn sich die Wahrnehmung von

1 »The heart of moral conduct is caring for others. Only a being that could elevate the process of caring to a level not known in previous species could become intelligent in the way we know as human. Only an extraordinarily intelligent being could care for others at this level. The evolution of morality and the evolution of intelligence have always been inseparable, as well as their future survival in the body and brain of humanity.«

Wirklichkeiten – vorrangig der Intentionen wichtiger anderer – bei Personen mit sicheren oder Personen mit unsicheren Bindungsrepräsentationen und inneren Arbeitsmodellen deutlich voneinander unterscheidet?

Aus bindungspsychologischer Perspektive ist es naheliegend, auch für die Entwicklung von Moral eine grundlegende Organisation von Gefühlen, Absichten und Kognitionen anzunehmen, die allmählich Eigeninteressen mit Interessen anderer abzugleichen in der Lage ist. Das wird, wie bei den inneren Arbeitsmodellen, auch »sprachlich vernünftig« begründet und kommunikativ weiterentwickelt. Junge Gehirne lernen von älteren, erfahrenen Gehirnen nicht nur Bindungsorganisation und Bindungswissen (Bowlby 1969), sondern auch Kultur, in den Gefühlen verankerte Werte und Sprache, sowohl die der Befindlichkeiten als auch die der Mitteilung objektiver Tatbestände. Moral zu vermitteln wurde vielfach in rein sprachlichen, auf moralischen Urteilen basierenden pädagogischen Diskursen mit Kindern und Jugendlichen versucht, ohne dass dabei die lebenslangen unmittelbaren moralischen und feinfühligen Erfahrungen der Lernenden in ihren Familien grundlegend berücksichtigt wurden. Das Ergebnis der moralvermittelnden Bemühungen war, ohne dass dabei z. B. auch die aktuelle Qualität der Beziehung zum Lehrer einbezogen wird, nicht so überzeugend, wie man auf rein lerntheoretischen Grundlagen hätte erwarten können (vgl. Hampden-Turner 1982, S. 136 ff.; Oser u. Althoff 2001).

Diskurse über Moral sind meist auf einen engen, kulturspezifischen Ausschnitt aus einer Vielzahl kultureller Traditionen zentriert. Andere kulturelle Traditionen wie etwa das Gesetz der Sippe, die Ethik des Konfuzius, die Zehn Gebote und andere ähnliche Vorschriften in außerchristlichen Religionen, die Sharia – das islamische Recht –, die Gebote des Buddhismus[2] werden sicher ähnlich vermittelt wie die abendländische Moral, z. B. als »Goldene Regel« (Behandle andere so, wie du von ihnen behandelt werden willst), die universell, kulturübergreifend gelten kann. In jedem Falle ist zu fragen: Handelt es sich vorrangig um intellektuelles Wissen, oder wäre es, bindungspsychologisch betrachtet, notwendig, dass sich solche Inhalte auch verbindlich fühlen lassen? Das Wissen ist intellektuell »vernünftig«, aber ist es

2 Töte kein Lebewesen, nimm nicht, was dir nicht gegeben, sprich nicht die Unwahrheit, trinke keine berauschenden Getränke, sei nicht unkeusch usw.

auch »emotional verankert«? Und ist eine emotionale Verankerung vor jeglicher sprachlich vermittelter Vernunft überhaupt nötig oder gar eine unverzichtbare Voraussetzung? Und welche evolutionären Wurzeln wären denn für menschliche Moral gegeben?

Frühe Wurzeln späterer Wertschätzung

Der Verhaltensforscher Konrad Lorenz (1967) sagte Folgendes über Moralentwicklung: Respekt vor Autorität unterdrückt egoistische Bedürfnisse, befolgt Regeln, Gesetze und Gebote höherer Autoritäten; Durst nach Gerechtigkeit zeitigt Kooperation und Gegenseitigkeit gegen Ausnutzung durch Betrüger; Evolution von Fürsorge bringt Aufopferung, Sympathie, Großzügigkeit gegenüber Verbündeten, Freunden und Verwandten mit sich. Die genetisch offenen Programme verlangen eine individuelle Ausgestaltung moralischer Vorstellungen in festen Beziehungen. Kants »Handle gegenüber jedem vernünftigen Wesen so, als sei es ein Zweck in sich selbst, und nie, als sei es bloß ein Mittel« hätte also ein genetisches Apriori, ein genetisches Potenzial, eine evolutionsbiologische Voraussetzung, eben das A-priori, das in jedem Falle einer jeweils aktuell lernenden Ausgestaltung in Bindungsbeziehungen durch Bindungspersonen bedarf, damit es wird.

Robert Hinde (1999), der John Bowlby Verhaltensbiologie lehrte, nennt folgende naturgeschichtlich gewordenen, in der Bindungsentwicklung zu kultivierenden Gefühle von Beziehungsmoral: *Widerwille* gegen Inzucht, *Ekel* als »Wächter des Mundes«, *Wut und Rache* gegenüber Betrügern, *Verlegenheit* gegenüber überlegenen Mitmenschen, *Scham* bei Verletzung moralischer Standards, *Schuld* bei Verletzung vertrauter Beziehungen, *Verachtung* bei Verletzung von Respekt, Pflicht und Rangordnung, *Sympathie, Dankbarkeit*. Die Literatur über solche Aspekte wächst rasant (vgl. zusammenfassend z. B. Buss 2004, 2008), und es wird sicher noch eine Weile dauern, bis die Spreu des Überschwangs vom Weizen des wissenschaftlich Halt- und Brauchbaren getrennt ist. Die Erkenntnisrichtung aber ist klar, und sie zeigt sich in der beobachtbaren Bindungsentwicklung von Kindern von der Geburt an überdeutlich. Ihr Gegenstand ist das Erlernen des flexiblen Umgangs mit absoluten moralischen Prinzipien angesichts verschiedener kulturspezifischer Maximen, Regeln und Vorschriften. Es gilt für alle Menschen zu allen Zeiten und ist nicht philosophisch zu lösen, sondern anthropologisch zu verstehen (Hinde 2007).

Das generelle Fazit für die Bindungstheorie lautet: Es gibt *natürliche* Voraussetzungen für die Bereitschaft zum Gehorsam gegenüber verschiedenen kulturellen Erwartungen und Normen (Hauser 2006), und Kinder lernen sie in Bindungsbeziehungen auf ebenso natürliche Weise wie die Muttersprache (Grossmann u. Grossmann 2007).

Die für die frühe Bindungsentwicklung geltenden Regeln werden zum individuellen »Ge-Wissen« des Kindes, also für die Gemeinschaft geltendes Wissen. Diese Regeln steuern aufgrund der Autorität von Eltern das Verhalten von Kindern, z. B. durch Schuld- und Gerechtigkeitsgefühle. Diana Baumrind hat den Unterschied zwischen *autoritär*, Erziehung mit Gewalt und Bevormundung, und *autoritativ*, Erziehung durch Respekt (Lorenz), Stärke und Weisheit (Bowlby), hervorragend dokumentiert. Elterliche Fürsorge kann also »autoritär«, befehlend, erzwingend sein, ohne Respekt vor dem Kind. Oder sie kann »autoritativ«, feinfühlig, einvernehmlich (Ainsworth) mit Respekt vor dem kindlichen »Zweck in sich selbst« sein. Sie kann aber auch un-verbindlich sein, vernachlässigend, ohne Zuneigung zum und Interesse am Kind, oder widersprüchlich, lediglich je nach dem eigenem Befinden, ohne Rücksicht auf die Bedürfnisse des Kindes sein. Im Gefüge schnell wechselnder, alle Interaktionen begleitender Gefühle wird in der frühen Bindungsentwicklung das menschliche Miteinander »organisiert«; es »funktioniert«, wie Mary Ainsworth sagt, unbewusst (vgl. Baumrind a. Thomson 2002). Der spätere mentale Umgang mit der wirklichen Welt und den eigenen Gefühlen wird, darauf aufbauend, sprachlich organisiert; es »funktioniert«, wie Mary Main sagt, bewusst und in der Reflexion. Es ist die Grundlage für die sogenannte Mentalisierung, das reflektierende Funktionieren der späteren Bindungsrepräsentation (Fonagy et al. 2004). Das sprachlich mitteilbare Reflektieren und sein Abgleich mit der wahrgenommenen Wirklichkeit ist die Domäne von Psychotherapeuten, die versuchen, eine solche »Passung« bei Patienten nachträglich herzustellen.

»Tender loving care«, Bindungserfahrungen und mentale Modelle von Partnerschaft

Im Verlaufe der Ontogenese werden Bedingungen, die selbstbezogene und unmoralische Dispositionen unterdrücken und die altruistische und kooperative Dispositionen fördern, im Rahmen der zugehörigen Gemeinschaft, in der man aufwächst, besonders aber durch Zuneigung gegenüber geliebten Personen gelernt. Natürlich sind sie, naturwissenschaftlich betrachtet, Ausdruck der genetischen Möglichkeiten, sich an verschiedene gesellschaftliche Lebensumstände anzupassen – und damit Wesensmerkmal auch unterschiedlichster moralischer Erziehungen in verschiedenen Kulturen, aber auch innerhalb einzelner Kulturen.

In *sicheren Bindungsbeziehungen*, die durch *tender loving care* und autoritativen Respekt gekennzeichnet sind, entwickeln sich angemessene Gefühle der Zuneigung bei Säuglingen während des ersten Lebensjahres gegenüber ihren stärkeren und weiseren Bindungspersonen, die sich verlässlich und optimalerweise liebevoll und feinfühlig um sie kümmern und damit den Kindern einvernehmliches Verhalten vermitteln.

In *unsicheren Bindungsbeziehungen* entwickeln kleine Kinder eher Tendenzen zu Vermeidung, Distanzierung, Ängstlichkeit, Ambivalenz, psychischer Unsicherheit und Desorganisation.

Psychische Sicherheit geht langfristig einher mit eindrucksvollen, bemerkenswerten Andersartigkeiten in der Gewissensentwicklung, z. B. verinnerlichter Bereitschaft einzuwilligen im Sinne einvernehmlichen Handelns (»Compliance« = Komplizenschaft!) beim Säugling (Ainsworth u. Bell 2003), auch ohne äußere Kontrolle und mit intuitiv gefühltem Wissen über Gut und Böse (Thompson 2006, S. 70–77). Dieselben Kinder entwickeln sich bereits im zweiten Lebensjahr keineswegs zu konditionierten Ja- und Neinsagern ohne eigene, auch widersprüchliche Intentionen, sondern zu weitgehend angstfrei erkundenden und eigene Absichten verfolgenden Individuen, die in der Lage sind, dies zu kommunizieren und meist einvernehmlich und ohne verletzende Neigungen zu verhandeln (Grossmann u. Grossmann 2011).

Simpson und Belsky (2008) haben ein evolutionstheoretisch orientiertes Modell aktueller Bindungsentwicklungen konzipiert, das sich an evolutionsbiologischen Erkenntnissen orientiert. Es betrifft die Qualität von Partnerschaft und Elternschaft unmittelbar. *Unsichere*, vor allem vermeidende Bindungserfahrungen führen demnach eher zu kurzfristigen, opportunistischen, instabilen reproduktiven Strategien im Erwachsenenalter gegenüber potenziellen Geschlechtspartnern. Sexualität beginnt früh im Lebenslauf. Elterliche Investitionen in

Nachkommen sind gering. Solche Strategien zielen auf die *Quantität* von Nachkommen. *Sichere* Bindungserfahrungen dagegen zielen eher auf die *Qualität* der Nachkommen. Bindungssichere Erwachsene investieren langfristig in die elterliche Partnerschaft und in enge partnerschaftliche Bindungen. Sexuelle Orientierung tritt erst später im Leben auf, und Investitionen in die Nachkommen sind ausdauernder und intensiver. Empirische Belege sprechen dafür, dass Belastungen zu mehr Feindseligkeit und emotionaler Distanzierung führen. Soziale Unterstützung, ökonomische Ressourcen dagegen erleichtern einen wärmeren und feinfühligeren Umgang mit den Kindern. Die Eltern kommunizieren offener und wertschätzender miteinander, und sie bleiben länger einander liebevoll zugetan (»They have longer lasting romantic relationships«, Simpson a. Belsky 2008, p. 145). Dies zeigt: Die Entwicklung emotionaler Bereitschaft zu zwischenmenschlicher Moral geht ganz klar aus fürsorglichen Bindungen hervor und aus den Bedingungen, die sie ermöglichen und erleichtern.

Dies hat Folgen auch für die sich über den gesamten Lebenslauf entwickelnde moralische Urteilsfähigkeit. Einige Ergebnisse aus eigenen Forschungen und denen anderer Kollegen mögen das untermauern. Z. B. erhalten Schulanfänger mit sicheren Bindungserfahrungen mehr Gelegenheit zum Austausch mit anderen und mehr Gelegenheit zur Perspektivenübernahme als solche mit unsicheren. Dies trägt zur Förderung »vernünftiger« moralischer Urteilsfähigkeit bei (Hopf 2001, S. 176). Grazyna Kochanska hat eine Fülle von eindrucksvollen Untersuchungen zur Entwicklung des Gewissens bei kleinen Kindern vorgelegt. Ihr »gefühltes Gewissen« ist (noch) ohne bewusste sprachlich begründete Überzeugung; sie wissen nicht, warum ihr Handeln als gut oder böse bewertet wird, sie haben noch kein moralisches Urteil auf der Grundlage von Prinzipien im Sinne von Lawrence Kohlberg oder von Fritz Oser und Wolfgang Althoff (siehe oben). Kochanska, Forman, Aksan und Dunbar (2005) belegen eindrücklich die Entwicklung verbindlichen Miteinanders bei elterlichen Anforderungen (»committed compliance«), und sie nennen Bedingungen für die Fortdauer des erwünschten Verhaltens auch in Abwesenheit der Eltern. Die zwischenmenschliche Moralität zeigt sich natürlich vor allem im Umgang miteinander in schwierigen Situationen, z. B. beim Familienkonflikt. Verinnerlichte, emotional verankerte Gebote, Verbote, erwünschtes und unerwünschtes Denken und Verhalten entwickeln sich nicht selten zu festen, tief in den Gefühlen verankerten

Überzeugungen (»belief systems«). Der Vernunft zugänglich sind sie oft nur dann, wenn sie gemeinsam mit zugeneigten Bindungspartnern im Gespräch mit dem immer sprachtüchtiger werdenden Kind bewusst gemacht werden. Erst so kann ein Kind seine Gefühle als etwas Mitteilbares wahrnehmen. Das Kind lernt Worte dafür und kann die Gefühle mithilfe seiner gelernten Worte in Zusammenhänge einordnen, mit äußeren Ereignissen und mit eigenen Erfahrungen in Verbindung bringen. In der klinischen Psychologie nennt man das »Zugang zu den eigenen Gefühlen haben«. Erst dann kann man darüber nachdenken, reflektieren und eigene, vielleicht bislang unerklärte Gefühle in einen neuen Zusammenhang, nämlich den neuer innerer Arbeitsmodelle stellen. Fonagy et al. (2004) vom Anna Freud Institute in London nennen das »Affektregulierung, Mentalisierung und die Entwicklung des Selbst«.

Wichtig in Familienkonflikten ist vor allem die Art, wie sie von den Beteiligten interpretiert werden. Das Kind strebt von Natur aus danach, die psychologischen Gegebenheiten, die seinen Bindungsbeziehungen unterliegen, zu verstehen. Das kann es nur mithilfe der Sprache und der rein menschlichen Begabung zu gemeinsamer Aufmerksamkeit und geteiltem Interesse (Tomasello 2009). Dabei ist es vollkommen darauf angewiesen, dass man »wahr« mit ihm spricht, also die Dinge und die emotionalen Reaktionen darauf nicht verfälscht oder gar verleugnet (Bowlby 1988/2008; Grossmann u. Grossmann 2001). Erst durch Zusammenhänge und sinnstiftende sprachliche Darstellungen fügt das Kind, was es »über Charakteristika der Bindungspersonen, die Regeln der Intimität und den Wert seiner selbst erfährt, in seine Arbeitsmodelle ein« (Grossmann u. Grossmann 2011; Thompson et al. 2003, p. 165).

Fehlende zwischenmenschliche Moral im Zusammenhang mit rechtsextremer Mentalität

Christel Hopf (2001) spricht von »rechtsextremer Mentalität«. Reminiszenzen und kaum vorhandene Reflexionen rechtsextrem orientierter Jugendlicher lassen in ihren langen und ausführlichen Interviews keine »wertrationalen« Argumente erkennen, die »zweckrational« in ein moralisches Gleichgewicht zu bringen sind. Ihnen fallen auf vorgegebene Satzanfänge wie »Jedes Leben ist wertvoll, deshalb ...« keine verbindlichen Antworten ein. Ein Ausgleich von Eigeninteressen und Fremdinteressen, Grundlage jeder zwischenmenschlichen

Moral, wird kaum thematisiert. Es findet sich keine positive Empathie. Erinnerungen an eigene unerfüllte Bindungsbedürfnisse treten offen zutage, z. B. Hass auf andere, rauschhafte Freude an Gewalt, die anderen Leid zufügt und die keiner Selbstkontrolle mehr unterliegt. Dazu kommt eine *hostile attributional bias* genannte falsche Unterstellung verletzender oder gewalttätiger Absichten anderer, die vorsorglich gewalttätig unterbunden werden. Kenneth Dodge und seine Mitarbeiter (Dodge, Bates a. Pettit 1990) haben diesen psychischen Mechanismus unreflektierter Abwehr von angstauslösender Nähe vielfach nachgewiesen. Bei solchen Jugendlichen haben während der Kindheit kaum Diskurse über gefühlte Werte und kultivierte Sitten stattgefunden, und sie erlebten keine Sicherheit in ihren Bindungen.

Im Hinblick darauf haben, in eigenen Untersuchungen in Regensburg, Peter Zimmermann und Fabienne Becker-Stoll (2001) psychische Sicherheit und Unsicherheit bei normalen, weniger extremen Jugendlichen untersucht. In einem Planungsspiel wurden Interaktionen mit Müttern beobachtet und nach »sozialer Kompetenz« und »Autonomie in Verbundenheit« beurteilt. Bei diesen Entwicklungsaufgaben spielt die »psychische Sicherheit« eine zentrale Rolle, wie sie in sicheren Bindungsbeziehungen gelernt wurde.

Autonomie in Verbundenheit heißt Vertrauen in die eigene Kompetenz und darein, dass man es wert ist, Hilfe zu erhalten, und bereit ist, selbst auch anderen zu helfen.

Im späten Jugendalter und im frühen Erwachsenenalter wurden die *Bindungsrepräsentation* und die Wertschätzung des Liebespartners gemessen und bewertet. Für die Erfassung der Bindungsrepräsentation wurde das von George, Kaplan und Main (2001) entwickelte Bindungsinterview für Erwachsene zur heutigen Bewertung der Erfahrungen mit den Eltern verwendet. Es erlaubt u. a. die Einschätzung der *psychischen Sicherheit* und die Wertschätzung von Bindungen (Hesse 2008). Die Wertschätzung des Liebespartners wurde durch das Partnerschaftsinterview erhoben, ein gezieltes Gespräch (vgl. Crowell a. Waters 2005), das über die bisher beste Liebesbeziehung geführt wurde mit dem Ziel, Aspekte auch von Beziehungsmoral zu erfassen (Crowell, Frayley a. Shaver 2008).

Die wichtigsten Merkmale von *Sicherheit* (im Gegensatz zu *vermeidender Unsicherheit* und *unsicherer Verstrickung)* sind klare Antworten, gut organisierte, anschauliche Schilderungen von Ereignissen und Episoden, auch und vor allem von negativen Erfahrungen und

Gefühlen. Die Aussagen sind glaubhaft, nachvollziehbar, enthalten keine Widersprüche in den Darstellungen über Eltern bzw. Partner, sie sind im literarischen Sinne »kohärent«. Die Interviews zeigen deutliche Wertschätzung von Bindung und klare Darstellung erfahrener oder vorgestellter vertrauter und verlässlicher Beziehungen. Und sie enthalten Hinweise auf ein Verständnis für die Eltern bei mangelnder Zuwendung. Partner können sich aufeinander verlassen, sie sind zuverlässig und füreinander da (»gegenseitig verfügbar und zuverlässig«). Ähnlich wie bei Simpson und Belsky (2008) beruhen die beiden zentralen Elemente sicherer Bindung, nämlich der Hafen, der Schutz, Trost und Vergewisserung bietet, und die sichere Basis für Ermutigung und Erkunden, auf Gegenseitigkeit. Dies ist mental präsent, stellt eine selbstverständliche Komponente des Miteinanders dar und wird offen sprachlich mitgeteilt. Im Gegensatz zu *vermeidender Unsicherheit,* für die all das nicht zutrifft, gibt es bei sicheren Paaren auch kaum unrealistische »Idealisierung« von Eltern, Partnern oder der Partnerschaft selbst.

Die wichtigsten Merkmale von *unsicherer Verstrickung* in Repräsentationen von Bindung und Partnerschaft sind: Jemand verliert den Faden, vergisst, Fragen zu beantworten, hat kaum »metakognitive« Selbstkontrolle der eigenen Antworten, d. h. keine selbstkritische Überwachung der eigenen Mitteilungen. Verstrickte Interviewpartner hängen in negativen Erinnerungen fest, können sie nicht objektiv betrachten. Sie antworten übermäßig detailliert über Bindungs- und partnerschaftliche Erfahrungen. Der Leser der Protokolle oder der Hörer der Gespräche hat Mühe, den Ausführungen zu folgen. Die Gesprächspartner stellen sich als passiv, hilflos, ausgeliefert und sehr unterstützungsbedürftig dar, halten aber Unterstützung und Hilfe für nutzlos und emotional für bedrohlich.

Die Fähigkeit zu offener, unverfälschter Einsicht in die eigenen Gefühle und ihre gegenüber den Bedürfnissen des anderen feinfühlige Mitteilung sind eine notwendige Voraussetzung für die Fähigkeit, Hilfe anzunehmen und, falls diese Fähigkeit fehlt, sie zu erwerben und zu verbessern. Ohne diese Fähigkeit kann es kaum zu keiner klaren »Einsicht« in die Bedeutung der eigenen Gefühle kommen. Es kommt auch selten zu empathisch genannten Einsichten in die Befindlichkeiten und »wahren« Absichten der unmittelbaren Gesprächspartner und anderer für das eigene Selbst bedeutsamer Menschen. In der Psychotherapie behindern mangelnde Kommunikations- und Reflexionsfähigkeit den Fortschritt der Behandlung. Es ist deshalb Sinn und Zweck der empirischen Bindungsforschung, solche Einsichten aus der Plausibilität klinischer Einsichten, die unentscheidbar neben anderen Plausibilitäten stehen können, herauszuholen und durch gezielte Forschungsergebnisse zu untermauern. Das wollte Bowlby mit der Bindungstheorie erreichen: spekulative Antworten auf die wichtigen Fragen über gesunde und das Leben beeinträchtigende mentale Entwicklungen individueller Menschen abzulösen durch wissenschaftlich geprüfte Antworten. Die folgenden Sätze beruhen auf empirischen Forschungsergebnissen.

Elterliche Einflüsse auf die Qualität psychischer Sicherheit über einen Zeitraum von 22 Jahren

In unseren eigenen Untersuchungen haben wir gezeigt: Sowohl Mütter als auch Väter, die ihr Kind feinfühlig unterstützten und es in seiner Individualität akzeptierten, jeder sowohl auf eigene Weise (mütterlich bzw. väterlich) wie auch gemeinsam als Eltern, beeinflussten die *Wertschätzung* oder *Geringschätzung* enger Beziehungen und die Klarheit des Diskurses über Beziehungen ihrer Kinder, als diese erwachsen geworden sind. Wir haben 50 Kinder von der Geburt an und weitere 50 Kinder ab dem ersten Lebensjahr vielfach über 20 und 22 Jahre hinweg im Zusammenspiel mit ihren Müttern und mit ihren Vätern beobachtet, ihren Gefühlsausdruck analysiert und sie über ihre Gefühle und ihren Umgang mit schwierigen und belastenden Situationen befragt (Grossmann u. Grossmann 2011; Grossmann, Grossmann a. Kindler 2005). Die wesentlichen Ergebnisse waren: Die mütterliche Feinfühligkeit während der ersten drei Lebensjahre und die väterliche, herausfordernde Spielfeinfühligkeit ab dem zweiten Lebensjahr ihrer Kinder wiesen in unseren statistischen Datenanalysen deutliche Einflüsse auf Unterschiede im Verhalten und in der Mentalität der Kinder auf. Die inneren Arbeitsmodelle der Eltern und ihrer Kinder als junge Erwachsene ließen dies deutlich erkennen. Die psychische Sicherheit der erwachsenen Kinder war gekennzeichnet durch unverfälschte Wahrnehmung sozialer Situationen, unter Berücksichtigung der eigenen Gefühle, Bedürfnisse, Wünsche und Absichten. Die unverfälschte Wahrnehmung hing eng mit dem offenen kommunikativen Zusammenspiel mit den Müttern und mit den Vätern über die gesamte von uns untersuchte Lebensspanne von 22 Jahren Entwicklung hinweg zusammen. Sie zeigte sich auch in den sprachlichen Darstellungen des Liebespartners mit 22 Jahren. Die inneren Arbeitsmodelle der Kinder spiegelten die Offenheit des Umgangs miteinander, die feinfühligen Reaktionen der Eltern gegenüber den Bedürfnissen ihrer Kinder nicht nur im Kleinkindalter, sondern über den gesamten untersuchten Lebenslauf hinweg. Diese Grundlagen werden auch in der Psychotherapie zunehmend genutzt (vgl. Brisch 2009).

Im Hinblick auf die inneren Arbeitsmodelle der Eltern unserer Forschungskinder, gemessen mit dem Bindungsinterview für Erwachsene, haben wir Folgendes gefunden: Die Wertschätzung oder Geringschätzung enger Beziehungen in der Art und Weise, wie die Eltern über ihre eigenen Bindungserinnerungen sprechen, hängt eng mit ihrer Feinfühligkeit und mit ihrer Unterstützungsbereitschaft zusammen, sowohl bei den Müttern als auch bei den Vätern. Auch dieser Zusammenhang ist jedoch nicht unveränderlich und fest determiniert. Wir wissen inzwischen aus neueren Forschungen über Ehepaare, dass Frauen mit einem unsicheren inneren Arbeitsmodell im Zusammenspiel mit einem bindungssicheren Ehemann allmählich so feinfühlig gegenüber den Bedürfnissen ihrer Kinder werden können wie Frauen mit einem sicheren inneren Arbeitsmodell, ohne dass sich dabei ihr unsicheres inneres Arbeitsmodell selbst zu ändern scheint, jedenfalls nicht in dem kurzen Zeitraum der Forschung. Unsichere Väter mit einer bindungssicheren Frau brauchen etwas länger, aber auch hier zeigen sich Veränderungen im feinfühligen Verhalten den eigenen Kindern gegenüber, die die Beschränkungen aufgrund unsicherer innerer Arbeitsmodelle auf der Verhaltensebene zu überwinden scheinen. Nach Überzeugung des Forscherehepaares Carolyn Pape Cowan und Philip A. Cowan (Cowan a. Cowan 2009), dem wir diese Erweiterung des traditionellen Eltern-Kind-Konzepts der klassischen Bindungstheorie um Konzepte hinsichtlich späterer Liebesbeziehungen als Eltern verdanken, vermitteln Eltern Bindungsqualitäten an ihre Kinder auf drei Wegen: einmal jeder Elternteil getrennt, dann beide gemeinsam, und schließlich durch den positiven Einfluss eines bindungssicheren Elternteils auf den anderen in seinem Verhalten den Kindern gegenüber, besonders eines Vaters, dessen Frau unsicher ist. Psychologische Intervention ist ihrer Meinung besonders bei unsicheren Vätern, den Männern von sicheren Müttern, geboten, weil ihr beständiges Mauern, ihre gewohnheitsmäßigen Abwertungen, ihr dauerndes Mit-sich-selbst-befasst-Sein ohne Lösungsabsichten und ihre verächtliche Grundhaltung gegenüber engen Beziehungen ohne Intervention kaum zu überwinden sind (vgl. Johnson 2008). Hier ist noch viel zu erforschen!

Um zu unserem Thema einer Beziehungsmoral zurückzukehren: Kants Imperativ gründet Moral auf die Wahrung des Rechts auf Selbstbestimmung eines jeden Individuums, auf seine Mündigkeit. Für eine gewollte Teilnahme an kulturellen Imperativen braucht es die in Bindungsbeziehungen gelernte innere Verpflichtung gegenüber der weiteren Gemeinschaft von autonomen, selbstständig denkenden und handelnden Individuen. Individuen dürfen nicht durch Bindungsunsicherheiten in ihrer Wahrnehmung, in ihren Gefühlen und in ihrem Handeln eingeschränkt sein. Sichere Bindungserfahrungen schränken das Leben weniger ein, machen es reicher, offener und bereiter für die Bedürfnisse anderer (Grossmann u. Grossmann 2001). Das reicht bis in die Erotik liebender Paare hinein. Der Philosoph Thomas Hobbes schrieb im 17. Jahrhundert z. B. über den sinnlichen Genuss, bei dem, »was die Menschen Wollust nennen«, sei eine geistige Freude dabei, weil man Gefallen erregen und erfreut werden wolle:

> »... und die Freude, die die Menschen empfinden, wenn sie erfreuen, ist nicht sinnliche, sondern ein Genuss oder eine Freude des Geistes, die in der Vorstellung der Macht besteht, dass sie so viel Freude erregen können« (Hobbes, zit. nach Blackburn 2008, S. 92).

Konrad Lorenz (1967), der für kurze Zeit der letzte Vertreter des Kant-Lehrstuhls in Königsberg war, sagte:

> »Stets sind es Wertempfindungen und in den meisten Fällen die Liebe zu irgendetwas, zu dem brüderlichen Mitmenschen, zur Familie, zu der Gruppe persönlicher Freunde, zur eigenen Kulturgruppe und schließlich zu größeren und abstrakteren humanitären Werten, die das unentbehrliche Vorzeichen von Plus oder Minus vor die Antwort auf die kategorische Frage setzen.«

Das ist eine weitreichende Erkenntnis, die getragen ist von menschlicher Zuneigung, die sich nur in sicheren Bindungsbeziehungen zwischen Eltern und ihren Kindern und wohl auch zwischen sich liebenden Eltern entwickeln kann.

Eine unbeantwortete Frage allerdings ist: Könnte diese Erkenntnis allgemein für alle kulturspezifischen Moralgesetze gelten? Die Evolution hat die Fürsorge für andere, biologisch verwandte Menschen zur

Grundlage artspezifisch menschlicher Moral hervorgebracht – und die Intelligenz obendreingegeben, sagte Charles Darwin. In der individuellen Entwicklung legen sichere Bindungen den Grundstein für eine dauerhafte Motivation, für autonome moralische Abwägungen bei allen Gelegenheiten, die moralische Entscheidungen und Urteile verlangen. Die Bindungsforscher Richard M. Ryan und Edward L. Deci (2000) legen dies ihrer humanistisch orientierten Selbstbestimmungstheorie der Motivation zugrunde: Kompetenz und Verbundenheit mit anderen Menschen, Sympathie mit den Wünschen anderer nach Selbstbestimmung sind Grundlage für die Moral der eigenen Kultur. Auch und gerade frühe Bildung, vor allem moralische Bildung, ist nicht ohne Bindung möglich. Ohne feinfühlige Anerkennung durch emotional hoch geschätzte Erzieher und Lehrer versiegt – wie bei unfeinfühligen Vätern (siehe Karin Grossmann in diesem Band) und Müttern – die Motivation, sich für etwas konzentriert anzustrengen (Grossmann u. Grossmann 2006).

Schluss und Zusammenfassung: Die Entwicklung zwischenmenschlicher Beziehungen als Grundlage jedweder Moral

Die Evolution hat die Voraussetzungen für menschliche Moral und für die Intelligenz entwickelt. Jedes Kind muss beides stets aufs Neue schaffen, auf der Grundlage beschützender, einfühlsamer Fürsorge intelligenter Menschen, die anfangs meist seine Eltern sind. Dies geschieht am wirkungsvollsten in sicheren Bindungsbeziehungen. Sie sorgen für die grundlegenden, emotional verankerten Neigungen zu Nähe, Hilfe, Bestand, Schutz, Zusammenspiel und Kooperation. Eltern erreichen psychische Sicherheit bei ihren Kindern am ehesten durch feinfühligen Schutz und Trost bei Leid und durch feinfühlig herausfordernde Ermutigung und Unterstützung bei Wohlbefinden. Liebespartner erreichen psychische Sicherheit am ehesten, wenn sie sich gegenseitig Schutz, Unterstützung, Anerkennung, Freude und Lust spenden. Das klingt banal, aber wenn die Realität so wäre, bräuchten wir keine Bindungstheorie und keine Forschung dazu. Weil schützendes, unterstützendes, anerkennendes, freudespendendes Verhalten unter Verwandten genetisch selektiert ist, verlangt Gegenseitigkeit, die darüber hinausgehen soll, nicht nur Vertrauen und Verantwortlichkeit,

(»Commitment«) für die persönlichen Beziehungen in vertrauten Partnerschaften, sondern auch Lust und Freude mit- und aneinander.

In *anonymen* Beziehungen regeln moralische Prinzipien das Verhalten. Sie können zum integralen Bestandteil individueller Selbstsysteme werden und beeinflussen auf einsichtsvolle Weise individuelles Verhalten – müssen es aber nicht (Hinde 2007).

Moralische Prinzipien sind Teil der menschlichen Intelligenz, die sich nach Darwins 140 Jahre alter Einsicht zu seiner hoch entwickelten Fürsorge (»caring«) dazugesellt hat. Die kulturelle Entwicklung und ihre Vermittlung einer solchen allgemeinen Moral über Generationen hinweg oblagen in unserer eigenen Kultur für lange Zeit den Religionen verschiedener Spielarten. Allmählich sorgten auch verbindliche und in der demokratischen Teilung der Gewalten unabhängige Rechtssysteme dafür, dass etwa »Betrüger«, die Gegenseitigkeit verweigern, schnell erkannt und bestraft werden und dass Individuen lernen, Unrecht zu erkennen und zu vermeiden. Die allgemeine Wahrung eigener Interessen und die anderer (Alexander 1988), Selbstbehauptung, Statussuche, Regulierung sexueller Beziehungen, Beziehungen zu Mitgliedern der eigenen Gruppe und zu Mitgliedern anderer Gruppen, das Erkennen von Prinzipien und von Maximen des »gemeinsamen Guten« bedürfen allgemeiner Regelungen, damit auch das Zusammenleben von Menschen gewährleistet ist, die sich nicht individuell kennen. Zwar gibt es auch moralische Fanatiker, die das Verfolgen hoher Prinzipien über das Leid anderer stellen (vgl. dazu Blasi 2007), aber das ist hier nicht gemeint, auch weil es über bindungstheoretisches Wissen hinausgeht. Gertrud Nunner-Winkler (Hopf u. Nummer-Winkler 2007) spricht in diesem Zusammenhang von »Selbstbindung an Moral«. Dies eröffnet vielleicht einen neuen Zugang zur allgemeinen Moralforschung. Griechische Sophisten wussten: Gerechtigkeit ist von Kultur zu Kultur verschieden, aber im Innern des konventionellen Menschen, der die Regeln seines Landes befolgt, befindet sich ein natürlicher Mensch, der überall zu Hause ist (Hinde 2007, S. 250). Ob psychisch sichere Menschen eher Einsichten in allgemeine moralische Grundlagen für die Rechte anderer – allgemeine Menschenrechte – als psychisch unsichere haben könnten, vor allem in kritischen Situationen, ist zu erwarten, muss aber, trotz guter Anfänge, noch auf tragfähigere empirische Belege warten (vgl. Thompson, Laible a. Ontal 2003).

Menschen mit sicherer Bindungsrepräsentation sind wohl auch deshalb kompetenter bei der Bewältigung belastender Erfahrungen, weil sie in emotional belastenden Situationen andere, vertraute Menschen leichter um Hilfe bitten können, wenn die eigenen Kräfte zur Bewältigung nicht ausreichen. Sie verfügen über eine geringere Verletzlichkeit bei unangenehmen Lebensereignissen oder Zurückweisungen, und ihr eigenes »verbundenes« Lebensgefühl ist meistens erfreulich und emotional reich anstatt lästig und eine emotionale Leere darstellend, die ertragen werden muss (Bowlby 1988). Sie verfügen über eine in ihren Gefühlen verankerte und in der Organisation ihrer inneren Arbeitsmodelle fest eingebundene zwischenmenschliche Moral, die den anderen achtet und wertschätzt. Für solche Menschen sind die Befindlichkeiten wichtiger Menschen ebenso bedeutsam sind wie die eigenen. Es gilt, sie zu schonen, auch bei Auseinandersetzungen, bei Interessenkonflikten und bei der Durchsetzung eigener Vorstellungen, und zu fördern im Interesse des Vergnügens, das Gemeinsamkeit in sicheren Beziehungen beschert. Sie verstehen eher die anspruchsvolle Balance zwischen Rücksicht auf andere und Eigennutz.

Teil II: Therapeutische Vorgehensweisen bei Gewalt in Paarbeziehungen und Familien

Liebe und Gewalt in Paarbeziehungen: Wann ist Paartherapie indiziert, und was ist dabei zu beachten?

Astrid Riehl-Emde

Blick in den Praxisalltag einer Paartherapeutin

Auch ohne in einem sozialen Brennpunkt zu arbeiten, bin ich in meinem Praxisalltag als Paartherapeutin mit dem Thema »Liebe und Gewalt« konfrontiert:

- Eine Ehefrau, Arztsekretärin, entwendet zu Hause Zyankali aus dem Schrank ihres Mannes, eines Chemikers, um es bei mir zu deponieren; sie ängstigt sich auch wegen des Gewehrs ihres Mannes im Schrank, habe dies heimlich entschärfen lassen.
- Bei einem Paar aus der Unterschicht stoßen Mann und Frau hin und wieder Morddrohungen aus, es kommt von beiden Seiten zu Ohrfeigen und Schlägen auf den Kopf.
- Gut situierte Paare bewerfen sich mit Gegenständen, z. B. mit Weingläsern, schütten sich auch mal Wein ins Gesicht.
- Es gibt Paare, die sich tagelang anschweigen und an dem Liebesentzug verzweifeln können. Hinzu kommen Suiziddrohungen und destruktive Dauerstreitigkeiten, die das Klima vergiften und in körperliche Gewalttätigkeit ausarten können.
- Eine Ehefrau beschuldigt ihren Mann, durch sein Fremdgehen ihre Krebserkrankung verursacht zu haben.
- Psychologisch geschulte Laien, aber auch Fachpersonen setzen psychologische Mittel wie Deuten und Interpretieren der (unbewussten) Motive des Partners oder der Partnerin im Machtkampf ein, in der Regel mit destruktiven Auswirkungen.

Es heißt oft, Psychotherapeutinnen und Psychotherapeuten seien in der Konfrontation mit Gewalt nicht sehr mutig, sie würden versuchen, dem Thema auszuweichen. Zum Beispiel sprächen systemische Therapeuten auch dann von »Beziehungsdilemmata«, wenn es um Schläger und Geschlagene geht. Zumindest beim Blick in die Literatur kann diese Kritik nicht entkräftet werden: Im 700-seitigen Lehrbuch der Paar- und Familientherapie (Wirsching u. Scheib 2002) finden sich im Sachverzeichnis zwar sechs Hinweise auf Gewalt, doch im Text wird das Thema tatsächlich nur marginal erwähnt. Und wenn, dann geht es um Gewalt zwischen Eltern und Kindern; Gewalt zwischen Intimpartnern kommt gar nicht vor. Sowohl »Destruktivität« als auch »Aggression« sind im Sachverzeichnis nur je einmal verzeichnet, z. B. als »destruktive Selbst- und Objektrepräsentanzen«. Positiv ist sicher anzumerken, dass die drei Begriffe »Gewalt«, »Destruktivität«, »Aggression« überhaupt im Sachregister erwähnt werden. Denn im Klassiker *Sprache der Familientherapie. Kritischer Überblick und Integration systemtherapeutischer Begriffe, Konzepte und Methoden* (Simon, Clement u. Stierlin 2004) erscheinen sie weder in der 1. noch in der inzwischen völlig überarbeiteten und erweiterten 6. Auflage; Hinweise auf einen therapeutischen Umgang fehlen vollständig.

Im *Lehrbuch der systemischen Therapie und Beratung II. Das störungsspezifische Wissen* aus dem Jahre 2006 (Schweitzer u. von Schlippe 2006) sind die Stichwörter »Gewaltrituale« und »Gewalttätigkeit« enthalten. Wenn man genauer hinschaut, finden sich sechs Hinweise auf das Kapitel »Dissozialität, Delinquenz, Gewalt bei Kindern und Jugendlichen«, ein Hinweis auf »körperliche Gewalt« im familiären Kontext von Borderline-Störungen und drei Hinweise in Verbindung mit posttraumatischen Belastungsstörungen. Zweimal geht es dabei um vergewaltigte Frauen aus Bosnien und dem Kosovo, letztlich nur in einem Fall um Gewalt zwischen Intimpartnern: Ein Kurde, traumatisiert, da schwer gefoltert im Gefängnis, misshandelte seine Frau in Situationen, »in denen er nicht mehr weiß, was er tut« (S. 131). Dies klingt fast so, als würde sich Gewalt zwischen Intimpartnern eher weit entfernt von unseren gutbürgerlichen Wohnstuben abspielen!

Im Folgenden geht es um einen Interpretationsrahmen zur Entstehung von Gewalt bei Paaren, um das Vorgehen in der Paartherapie und um die Frage, ob die Paartherapie überhaupt ein sinnvolles Behandlungssetting im Umgang mit Destruktivität und Gewalt sein kann. »Destruktivität« und »Gewalt« werden relativ gleichwertig gebraucht.

Paartherapeutische Vorgehensweisen

Zum therapeutischen Umgang mit Destruktivität, die nicht nur im häuslichen Kontext, sondern auch in der Paartherapie eskalativ aufbrechen kann, gehören einerseits Erklärungs- und Verstehensmöglichkeiten, andererseits handwerklich-technische Aspekte. Zunächst seien einige Unterscheidungen vorangestellt.

Wichtige Unterscheidungen

Bei Phänomenen der Gewalt zwischen Individuen werden physische, psychische, verbale und sexuelle Gewalt unterschieden (Bründel u. Hurrelmann 1994). Mit Gewalt, sei sie körperlich oder seelisch, zwingt man eine Person, sich anders zu verhalten, als sie es möchte. Die psychische Gewalt, die wahrscheinlich häufiger vorkommt, aber weniger dramatisch ist und auch nicht unter der Rubrik von Verbrechen oder Unglücksfällen erscheint, ist nicht weniger unheimlich und destruktiv als die körperliche Gewalt. Mit seelischen Mitteln kann genauso gequält werden wie mit körperlichen Mitteln.

Je nach Ausmaß lassen sich schwere und leichtere Formen von Gewalt unterscheiden:[3]

> Charakteristisch für die schweren Formen von körperlicher Gewalt ist die Polarisierung in schlagende Männer vs. geschlagene Frauen bzw. Frauen, die weniger schwere Formen von Gewalt praktizieren oder aus Selbstschutz schwer gewalttätig werden.
>
> Die leichteren Formen von körperlicher Gewalt sind charakterisiert durch wechselseitige Ausübung. Diese Form ist weniger gefährlich und angstauslösend für Frauen, sie dient weniger zur Kontrolle.

Bei Paaren in Paartherapie finden sich vor allem die leichteren Formen körperlicher Gewalt (Holtzworth-Munroe, Meehan, Rehman a. Marshall 2002).

Interpretationsrahmen, Erklärungs- und Verstehensmuster

In Bezug auf die Entstehung von Gewalt wird in der Familientherapie von einem multifaktoriellen Bedingungsgefüge ausgegangen (Cirillo u. Di Blasio 1992), trotz unterschiedlicher theoretischer Ansätze[4] zur

3 Die Lebenszeitprävalenz für schwere Partnergewalt (hohes Risiko für körperliche Verletzung) wird derzeit für die USA mit 9 % angegeben (Bock 2001). Für Europa gibt es meines Wissens noch keine umfassenden Untersuchungen dazu.

4 *Intrapersonale Theorien* gehen davon aus, dass das Risiko für körperliche Gewalt von individuellen Persönlichkeitsmerkmalen bestimmt wird, z. B. über soziales Lernen. *Interpersonale Theorien* legen den Fokus auf eskalative, dysfunktionale Beziehungsmuster zwischen den Interaktionspartnern. *Soziokulturelle Theorien* erklären Gewalt zwischen Paaren mit patriarchalen Strukturen, die den Einsatz von Gewalt legitimieren, um Frauen zu beherrschen.

Entstehung von Gewalt (Holtzworth-Munroe et al. 2002, p. 444 ff.). Allgemein gilt, dass die Vulnerabilität umso mehr steigt, je größer der Stress ist. Wenn zum Beispiel ein Paar sozial relativ isoliert lebt und damit äußere Kontrollsysteme fehlen und wenn einem oder beiden Partnern Gewalt und Aggression als Lösungsstrategien in konflikthaften Situationen aus ihren Herkunftsfamilien bekannt sind, dann kann bereits eine Kränkung als auslösendes Ereignis ausreichen, zumal unter Einfluss von Alkohol.

In der Paartherapie favorisiere ich die Hypothese, dass Gewalt ein Ausdruck für die unerträgliche Ambivalenz in der Liebesbeziehung sein kann. Da Menschen sich immer gegenseitig beeinflussen – andere beeinflussen und anderen Einfluss zugestehen –, sind Machtfragen in Beziehungen unvermeidbar. Auch Liebesbeziehungen sind nie losgelöst von Machtverhältnissen. Machtprobleme resultieren möglicherweise sogar aus dem Wesen der Liebe: Zu den Ambivalenzen und Paradoxien der Liebe gehört auch, dass der Impuls zur Hingabe und das Verlangen nach Inbesitznahme des anderen zwei Grundelemente der Liebe bilden. Aus dem Gefühl der Abhängigkeit vom Liebespartner entsteht der Drang, den anderen binden, kontrollieren und sich die Liebe »sichern« zu wollen. Liebende Personen tragen das Potenzial in sich, entweder zu Tyrannen oder zu Sklaven zu werden, in diesen Worten beschreibt Ethel Person (1990) sehr anschaulich die »dunklen Kehrseiten der Liebe«. Insofern bieten Liebesbeziehungen auch einen möglichen Kontext für Destruktivität und Gewalt. »Eros und Gewalt« bzw. *Sex, Liebe und Gewalt* (Madanes 1997) gelten als zentrales menschliches Dilemma.

Im Ideal der ambivalenzfreien Liebe werden Wünsche nach Nähe, Geborgenheit und Verschmelzung als zur Liebe dazugehörig erlebt, doch die gleichfalls mit der Liebe einhergehenden Befürchtungen bezüglich Abhängigkeit, Nähe, Kontrolle und Verlust der eigenen Autonomie machen Angst und werden als Ausdruck von Nichtliebe bewertet (Abb.). Das therapeutische Ziel besteht in diesen Fällen darin, die Idee der ambivalenzfreien Liebe zu relativieren und die gegensätzlichen Wünsche im Ideenkontext der Liebe zu verbinden, damit Destruktivität zumindest weniger notwendig, vielleicht sogar überflüssig wird.

Liebe	
Wunsch nach	**Furcht vor**
Nähe	Grenzverlust
Geborgenheit	Abhängigkeit
Verschmelzung	Autonomieverlust
Ungewöhnlichem	Wahnsinn

Nicht-Liebe	
Wunsch nach	**Furcht vor**
Distanz	Alleinsein
Autonomie	Einsamkeit
Autonomie	Isolation
Kontrolle	Langeweile

Liebe	
Wunsch nach	**Wunsch nach**
Nähe	Distanz
Geborgenheit	Autonomie
Verschmelzung	Autonomie
Unkontrolliertem	Kontrolle

Abb.: Von der Idee der ambivalenzfreien Liebe zur Liebe mit Ambivalenz (vgl. Madanes 1997; Retzer 1993)

Gewalt kann in solchen Konstellationen ein entscheidendes beziehungsgestaltendes Mittel werden. Denn Destruktivität bzw. Gewalt kann für Beziehungspartner die Funktion haben, in einer sehr intensiven Beziehung zur geliebten Person zu sein, ohne sich in unkontrollierbarer Nähe zu ihr zu verlieren und ohne die Furcht, sich allein, einsam oder isoliert zu fühlen (Retzer 1993; Madanes 1997). Die besondere Intensität destruktiver Beziehungen resultiert oftmals daraus, dass auf einen gewalttätigen Ausbruch eine Phase der Versöhnung folgt. Die Versöhnungsrituale sind sehr wesentlich für die Stabilität einer destruktiven Beziehungen, weil ein Paar darin eine (vorübergehende) intensive, weil ambivalenzfreie Form von Intimität bzw. Nähe erleben kann. Die Interaktionssequenzen von Gewalt und Versöhnung verlaufen also zyklisch: Innerhalb der Beziehung wird relativ ambivalenzfrei die Seite der Hingabe, der Wunsch nach Verschmelzung gelebt im Wechsel mit der potenziellen Gewalt, die eine Art »Sicherung« bzw. Schutz vor angstauslösender Nähe bedeutet. Es entsteht die Idee, die Beziehung kontrollieren zu können, dabei gleichzeitig die Beziehung aufrechterhalten und selbst (autonom) bestimmen zu können.

Technisches Rüstzeug im Umgang mit Destruktivität bzw. Gewalt
Um die mit Gewalt einhergehenden Eskalationen möglichst schnell und wirksam unterbrechen zu können, müssen wir paardynamische Erklärungs- und Verstehensmöglichkeiten um ein spezifisches handwerklich-technisches Rüstzeug ergänzen. Hierbei geht es im Wesentlichen um Elemente, die aus der systemischen Therapie bekannt und an anderer Stelle ausführlich dargestellt sind (Riehl-Emde 2003, 2004).

- Nachfragen/klären/Realität prüfen
- Belastungssignale wahrnehmen
- Eskalationen stoppen/Stopp-Signale vereinbaren
- Entwertungen übersetzen als verklausulierte Wünsche
- Ebenenwechsel
- Ressourcen betonen
- Selbstwert stärken
- Positives Konnotieren
- Strukturgebende Interventionen/«Antigewalt«-Vereinbarung
- Allparteilichkeit

Tafel 1: Technisches Handwerkszeug im Umgang mit Destruktivität bzw. Gewalt

Übrigens beinhalten die meisten Therapieprogramme aus den USA zwei manualisierte Module (Holtzworth-Munroe et al. 2002; Stith, McCollum, Rosen, Locke a. Goldberg 2005):

1) Wahrnehmen von Ärger und Belastungssignalen und Lernen, damit umzugehen.
2) Erwerb von kommunikativen Fertigkeiten und Problemlösetechniken.

Im Umgang mit Destruktivität bzw. Gewalt ist es wichtig, dass Therapeutinnen und Therapeuten genau nachfragen und den Mut aufbringen, in Abgründe zu schauen. Es ist nicht ungewöhnlich, dass sogar Fachpersonen die Thematik nicht wahrhaben wollen, sie verdrängen oder verleugnen. Hiermit in Zusammenhang kann auch der Impuls zur Ablehnung derartiger Paarkonstellationen entstehen bzw. der Wunsch, sie am liebsten »abschieben« zu wollen. Therapeutinnen und Therapeuten können sich angesichts der Entwertungen und angesichts destruktiver Eskalationen hilflos und ohnmächtig fühlen. In belastenden Situationen können Affekte schnell eskalieren, die Klienten sind schwer ansprechbar, und auch die Therapeuten werden leicht in heftige Affekte verwickelt. Was manchmal noch verwirrender ist als Ohnmacht und Hilflosigkeit, aber auch verwirrender als Wut, Hass oder Ekel, ist die Tatsache, dass Gewalt faszinieren und einen unheimlichen Reiz ausüben kann. Die Angst, einen Fehler zu machen (im Extremfall kann es bei häuslichen Auseinandersetzungen zu schwerer körperlicher Verletzung kommen), vermittelt uns Therapeuten das Gefühl, keinen Spielraum für Zweifel, Irrtümer oder Komplexität zu haben. Aus dem Druck, die Konstellation sofort in Ordnung bringen zu müssen, verfällt man leicht ins andere Extrem und polarisiert: Man ergreift einseitig oder niemals Partei; man über- oder untertreibt die Gefahr, besteht auf einem bestimmten Paradigma und lehnt alles Übrige ab; der Denk- und Handlungsspielraum kann sehr eng werden und jede weitere therapeutische Tätigkeit verunmöglichen.

Ist Paartherapie ein sinnvolles Setting im Umgang mit Gewalt?

Paartherapie ist indiziert, wenn Gewalt nicht total vorherrschend oder schwer ist: Denn dann verfügt die Frau in der Regel innerhalb und außerhalb der Beziehung über eine gewisse Handlungsfreiheit und Kraft, und der Mann zeigt eine gewisse Bereitschaft und Fähigkeit, Verantwortung für seine Gewalttätigkeit zu übernehmen. *(Der Satz gilt auch umgekehrt für beide Geschlechter!)*. Wenn Paare sich in einer solchen Situation um eine Paartherapie bemühen, bringen sie bereits zum Ausdruck, dass sie in einer schwierigen Beziehungssituation stecken und nicht weiterwissen. Dann Paartherapie abzulehnen, auch wenn die Gewaltanwendung andauert, könnte das Potenzial für weitere Gewalt verstärken.

Paartherapie ist bei destruktiv interagierenden Paaren aber auch nur dann eine sinnvolle Behandlungsmethode, wenn es im therapeutischen Gespräch gelingt, Entwertungen und Eskalationen möglichst schnell und wirksam zu unterbrechen, und wenn beide Partner bereit und fähig sind, Verantwortung für ihr Verhalten zu übernehmen. Unter diesen Voraussetzungen bietet das paartherapeutische Setting die besondere Chance, an der konkreten Alltagsbeziehung zu arbeiten und gemeinsam mit dem Paar neue Beziehungs- und Reaktionsmuster zu entwickeln (Tafel 2).

- Stabilisator der Beziehung
- Konkrete Hilfe bei der Bewältigung von Beziehungsproblemen
- Arbeit an Impulskontrolle, Affektregulierung und eskalativen Mustern
- Entwicklung neuer Beziehungsmuster
- Integration von Gut/Böse; lernen, Ambivalenz auszuhalten

Tafel 2: Funktionen der Paartherapie

Aufgrund der empirischen Befundlage gibt es bisher allerdings keine Möglichkeit vorherzusagen, welche Paarbeziehungen trotz geringer bzw. moderater Aggression zu schwerer und gefährlicher Gewalttätigkeit eskalieren können und welche Paare bei leichterer Aggression bleiben bzw. ihre tätlichen Auseinandersetzungen stoppen können.

Paartherapie ist in manchen Fällen aber auch kontraindiziert und kann sogar gefährlich sein: Wenn der Mann bereits häufig und schwer gewalttätig war, die Frau finanziell weitgehend von ihm abhängig ist und/oder der Mann nicht bereit oder fähig ist, die Gewalttätigkeit oder Drohungen einzugestehen und aufzugeben. Dann ist die Frau meist zu eingeschüchtert, um in der Anwesenheit des Mannes offen zu sprechen; er will sich nicht ändern und verstärkt wahrscheinlich seine Zwangsmanöver, wenn er an ihr Veränderungen bemerkt (Goldner 1993; Goldner, Penn, Sheinberg u. Walker 1992). Außerdem kann das Gespräch über Beziehungsprobleme Affekte und Emotionen auslösen, Ärger und Konflikte verstärken. Häufig sind Patienten mit narzisstischen oder Borderline-Störungen in solch destruktiven Konstellationen anzutreffen. Weil in der Paartherapie ein geringerer Kränkungsschutz für die Patienten besteht als in der Einzeltherapie, stellt die Paartherapie gewissermaßen ein »Minenfeld« dar, das diese Patienten überfordern kann (Miller 1985).

Romantisches Liebesideal: Eine Kontextbedingung für Paarkonflikte

In vielen aktuellen Paarkonflikten geht es um Demütigungen, um psychische Verletzungen, um den Wunsch nach mehr Anerkennung, um Stolz, Würde und Selbstwert, um »Ehrverletzungen« – das heißt: um narzisstische Themen, durchaus auch im Sinne eines gesunden Narzissmus gemeint.

Wir wissen wenig darüber, ob Paare in früheren Jahrhunderten weniger bzw. anders gekämpft haben. Wir wissen aber, dass das romantische Liebesideal, das seit dem Ausgang des 18. Jahrhunderts für alle Gesellschaftsschichten zum Prinzip der Wahl des Ehepartners wurde, entscheidend zur Emotionalisierung der Paarbeziehung beigetragen hat. Shorter (1977) spricht von der »Erwärmung des affektiven Klimas«. Mit dem romantischen Liebesideal verbindet sich eine besondere Wertschätzung der Individualität (Lenz 1998): Die Liebe verheißt die einmalige Chance, als Individuum in seiner Einzigartigkeit anerkannt und bestätigt zu werden. Deswegen – so meine These – haben auch die Konflikte rund um narzisstische Themen zugenommen.

Partnerschaftliche Bosheiten – Indirekte Aggression in Paarbeziehungen

Ulrich Clement

Die großen Tragödien und lauten Dramen von Paaren machen einen besonders reizvollen, aber nur geringen Teil des paartherapeutischen Geschehens aus. Viel häufiger und alltäglicher in konflikthaften Beziehungen sind die kleinen Bosheiten, Abwertungen, abschätzigen Bemerkungen oder Gesten, das ganze mimische Repertoire von: Augen verdrehen, seufzend zur Decke sehen, genervt den Blick abwenden, das gereizte Erstarren. Also die vielen aktiven Diener der vier apokalyptischen Reiter, die John Gottman (2000) als tödlich für die Prognose einer Paarbeziehung empirisch belegt hat: persönliche Kritik, Rechthaberei, Verachtung, Mauern.

Nicht die nackte Gewalt, nicht Mord und Totschlag, sondern die verdeckte, oft passive Aggression vergiftet den Alltag solcher Partnerschaften. Wie kommt es dazu? Was nährt diese partnerschaftlichen Aggressionen? Oder: pathetisch ausgedrückt: Wie kommt das Böse in die Partnerschaft?

Die böse Dynamik der guten Motive

Das Ehepaar Meier beschreibt das so: »Wir haben dauernd Streit, aber eigentlich nicht laut, sondern wir gehen uns aus dem Weg. Würden wir das nicht tun, gäbe es sofort Ärger. Aber das Aus-dem-Weg-Gehen kann ja wohl nicht die Lösung sein.«

Dieser Ärger ist unmittelbar sichtbar. Herr Meier sitzt in buddhafreundlicher Gelassenheit und spricht ruhig, geordnet und vernünftig. Genau das aber scheint seine Frau auf die Palme zu bringen. Sie ist angespannt, spürbar unter Druck und unzufrieden, kommentiert jede seiner Bemerkungen mit abwehrender Mimik, verzieht das Gesicht, presst die Lippen zusammen und unterbricht ihn, wenn er spricht. Sie antizipiert die negative Bewertung und wehrt bereits ab, ehe er etwas gesagt hat. Das führt wiederum bei ihm dazu, dass er nach einem kaum merklichen Aufseufzer betont ruhig und vernünftig weiterspricht.

Beide sind Ende 40 und gut etabliert. Herr Meier verdient als Wirtschaftsanwalt sehr gut. Frau Meier hat von ihren Eltern ein Vermögen geerbt. Sie hat nach einer kurzen Berufstätigkeit als Architektin ihren Beruf aufgegeben, um sich ganz den vier Kindern widmen zu können. Allerdings hat sie sich das anders vorgestellt: dass sie mit ihrem Mann auch noch ein gemeinsames Familienleben haben würde, nicht so, dass er nur noch arbeitet, auch am Wochenende, manchmal sogar noch sonntags, und sie nur noch mit den Kindern beschäftigt ist.

Anfangs war ihr die klassische Rollenteilung sehr recht. Mittlerweile sind die ältesten Kinder selbstständiger und brauchen sie weniger. Sie ist dadurch entlastet. Das entspricht einerseits ihrem wachsenden Bedürfnis, mehr Zeit für sich zu haben. Aber das ist auch ihr Problem: Sie weiß gar nicht genau, was sie mit der Zeit eigentlich anfangen will. Mit ihm wollte sie gern mehr unternehmen, aber da sie merkt, dass er primär mit seinem Beruf verheiratet ist, möchte sie auch nicht aus Erbarmen Zeit geschenkt bekommen. Und je quälender diese Frage für sie ist, umso mehr bedrängt sie ihren Mann, umso mehr erwartet sie von ihm, dass er die Leere füllt, die sie spürt. Aus dem Bedürfnis ist mittlerweile ein habituelles Einklagen geworden. Aus jeder Pore strömen Vorwurf und Klage.

Ihm dagegen geht es unverschämt gut. Er ist in einem Beruf, den er gern ausübt, erfolgreich. Er sei »eigentlich« glücklich mit seiner Familie – wenn sie ihm nur nicht so viele Vorwürfe machen würde. »Wir könnten eine sehr gute Ehe haben, wenn meine Frau das gelten ließe, was da ist. Die Kinder mögen mich und können gut damit leben, dass ihr Vater viel arbeitet. Das Problem ist nicht die Ehe, sondern die Unzufriedenheit meiner Frau.«

Sie erlebt genau diese Zufriedenheit als Ignoranz: »Ich habe eine unglückliche Ehe, weil mein Mann sich nur um den Beruf kümmert, mich als Frau vernachlässigt und den Kindern fremd ist, weil er nie da ist.«

Die Stimmung ist davon geprägt, dass sie versucht, seine Gelassenheit zu durchbrechen, und er versucht, ihr den Druck zu nehmen. Und beide mit guten Motiven: Er möchte Vernunft durchsetzen, sie familiäre Aufmerksamkeit.

Damit ist im Bewusstsein der Partner jeder für sich von guten Motiven geleitet, die der andere aber sabotiert. Auf diese Weise entsteht aus »guten« Motiven eine »böse« Dynamik: Obwohl man es selbst so gut gemeint hat, verhindert der andere das richtige Leben. Das nimmt man ihm übel und lässt es ihn spüren.

Stagnation und Enttäuschungswut

Hier zeigt sich ein Grundmuster, das viele konflikthafte Paardynamiken charakterisiert: Ein Partner übernimmt die Veränderungsposition: »So kann es nicht weitergehen!« Der andere Partner besetzt die Nichtveränderungsposition: »Es geht doch gut!« Jeder bleibt in seiner Position, aus der heraus er den anderen ändern möchte.

Beide Positionen sind konstruktiv ohnmächtig, weil das Verhalten des Partners nicht zu ändern ist. Sie sind aber destruktiv mächtig, weil sie immerhin dem anderen seine Intention verderben können. *Er* kann ihre Erwartung enttäuschen, indem er sie ignoriert und unbewegt das Positive beschwört. *Sie* kann seine Erwartung enttäuschen, indem sie ihm Vorhaltungen macht und so die Stimmung verdirbt. So zeigt sich die partnerschaftliche Aggression in erster Linie als Reaktion auf die Enttäuschung, die die Haltung des andern für einen selbst darstellt. Aus der Sicht des Enttäuschten ist die Wut auch noch eine »heilige Wut«, also gerechtfertigt, denn jeder hat für sich eigentlich gute Motive (Weiterentwicklung, schöne Familienstimmung), kann sie aber nicht erreichen, weil er dafür den Partner braucht. Der Partner wird erlebt als der Spielverderber, also wird es ihm heimgezahlt. Enttäuschungswut ist also ein leitendes Motiv der ehelichen Gemeinheiten. Diese Wut zeigt sich nicht unbedingt tobend laut, dafür aber nachhaltig und mit repetitiver Verlässlichkeit.

Warum steigen die Partner aus diesen Sequenzen von Bosheiten nicht aus? Sie können nicht, solange die Enttäuschung von Hoffnung genährt ist. Die Dynamik der Enttäuschung resultiert aus einem Misserfolgsgefühl, das aber die Hoffnung auf Erfolg noch nicht aufgegeben hat. Deshalb muss jemand, der enttäuscht ist, nachkarten, muss es noch einmal versuchen. Im Gegensatz zur Resignation, die nach dem Misserfolg Ruhe geben kann oder ihn betrauern kann, muss die Enttäuschung weitermachen.

Resignation ist ein schließendes Gefühl, Enttäuschung ein öffnendes. Der Enttäuschte kann nicht loslassen, kann das Spiel nicht verloren geben. Weil der Enttäuschte aber den nächsten Misserfolg meist vorwegnimmt, drückt er die Hoffnung nicht freundlich und konstruktiv aus, sondern vorwurfsvoll aggressiv, was dazu führt, dass er genau das erntet, was er befürchtet. Diese Enttäuschungsdynamik ist also ein wesentlicher Prozesstreiber für die partnerschaftlichen Bosheiten.

Aber die Beschreibung der kommunikativen Dynamik erklärt noch nicht die Ursache. Dafür lohnt es sich, den Differenzierungsprozess einer partnerschaftlichen Entwicklung zu analysieren.

Differenzierung und Hassliebe

Das Differenzierungskonzept in der Paartherapie steht im Zentrum des paar- und sexualtherapeutischen Ansatzes von David Schnarch. Darunter versteht er den Prozess, durch welchen wir ein klar abgegrenztes Selbst entwickeln und dabei in nahen Beziehungen zu den geliebten anderen bleiben. Differenzierung besteht darin, zwei zentrale Motive auszubalancieren, das Bedürfnis nach Individualität und das nach Nähe. Individualität aufzugeben, um eine Beziehung zu retten oder Spannungen in einer Beziehung zu lösen, ist demnach ebenso undifferenziert wie der umgekehrte Fall, nämlich seine Individualität nur dadurch zu retten, dass eine nahe und emotional bedeutsame Beziehung aufgegeben wird.

> »Differenzierung ist die Fähigkeit, sein Selbstbewusstsein aufrechtzuerhalten, während man anderen emotional und/oder körperlich nahe ist – insbesondere dann, wenn die anderen zunehmend wichtiger für einen werden« (Schnarch 2006, S. 55).

Wer differenziert ist, kann sowohl seinem Partner zustimmen, ohne das Gefühl zu haben, sich selbst zu verlieren, als auch ihm widersprechen, ohne das Gefühl von Verbitterung oder Entfremdung zu haben. Wer differenziert ist, muss nicht auf Distanz gehen, um bei sich bleiben zu können.

Differenzierung ist also nicht das Gegenteil von Bezogenheit, sondern eine abgegrenzte Art von Bezogenheit. Sie ist weniger ein Persönlichkeitsmerkmal als eine Prozesskompetenz in der Gestaltung der Beziehung mit nahen Personen. Die Kompetenz zeigt sich am Umgang mit der Angst, die sowohl Nähe als auch Distanz auslösen kann. So ist etwa die forcierte Deklaration von Unabhängigkeitsbestrebungen (»Ich lasse mich nicht einsperren!«, »Ich brauche meinen Raum!« usw.) nicht etwa ein Hinweis für starke, sondern für schwache

Differenzierung, weil durch die heftige Betonung eher der gegenteilige Impuls, nämlich die Angst, niedergehalten werden soll.

Die Qualität und Entwicklungsfähigkeit einer Partnerschaft hängt eng mit dem Differenzierungsniveau der beiden Partner zusammen. Gering differenzierte Partner ertragen Unterschiede schlecht. Sie erleben Angst, wenn der Partner eigene Interessen hat und eigene Wege geht, und erwarten von ihm, dass er im Zweifelsfall eigene Wünsche und Interessen der Beziehung zuliebe zurückstellt. Man könnte sagen, dass für gering differenzierte Partner die Individualität des anderen eine Bedrohung ist, für hoch differenzierte Partner dagegen ein Gewinn.

Im Falle des Paares Meier haben wir es mit einer begrenzten Differenzierung zu tun: Jeder nimmt dem anderen übel, dass er anders ist. Das wird aber nicht direkt aggressiv ausgedrückt, sondern auf einem kommunikativen Umweg. Nicht: »Ich bin dir böse!«, sondern: »Ich bin so enttäuscht von dir!« Und im Wissen darüber, dass der andere sich nicht wie gewünscht verhält, wird genau das verlangt. Damit werden zwei Fliegen mit einer Klappe geschlagen, die sadistische und die masochistische: Ich quäle den anderen mit meiner enttäuschungsbereiten Erwartung, und ich quäle mich selbst, indem ich den absehbaren Misserfolg meiner Botschaft erzeuge.

Der Terminus sadistisch/masochistisch spielt mit der begrifflichen Unschärfe, ob damit etwas Pathologisches oder etwas Normales gemeint sei. In der Tat gehören quälende Interaktionen zum Alltag vieler Ehen: Die Partner tun einander weh und lassen sich wehtun, fügen sich Kränkungen zu und ertragen es, sind schadenfroh, lassen sich zu Handlungen nötigen, die sie eigentlich ablehnen. Schnarch spricht in einer lakonischen Selbstverständlichkeit vom »normalen ehelichen Sadismus«.

Dieser kommt beim Paar Meier durch die gegenseitige Abhängigkeit zur Geltung: Angesichts ihrer sehr komplementären Rollenverteilung ist jeder auf den anderen angewiesen: *Er* braucht ihre familiäre Kompetenz, die ihm den sprichwörtlichen Rücken für den Beruf freihält. *Sie* braucht angesichts ihrer eigenen beruflichen Orientierungslosigkeit seinen beruflichen Erfolg. Und das ist ein starkes Motiv bei beiden: Jeder nimmt dem anderen übel, dass er ihn braucht.

> Dieses »Ich brauche dich« kann ein wunderschönes intimes Bekenntnis sein, das auch den beglückt, der es ausspricht. Aber hier hat das die gegenteilige Note: »Ich hasse dich dafür, dass ich dich brauche.«

Die Hassliebe ist alltäglich, sie gehört gewissermaßen zur Grundausstattung jeder Partnerschaft. Sie kann auch dann aktualisiert werden, wenn die Grundbalance zwischen Bindungswünschen und Autonomiewünschen gefährdet ist. Das ist eine Balance, die nicht nur individuell, sondern auch zwischen den Partnern hergestellt werden muss. Wie das Kollusionsmodell von Jürg Willi (1975) beschreibt, werden die beiden Bestrebungen oft zwischen den Partner arbeitsteilig delegiert, sodass der eine mehr die Bindungswünsche, der andere mehr die Autonomiewünsche vertritt und jeder dem Partner vorwirft, dass er die Wünsche ausspricht, die man an ihn delegiert hat.

Die Hassliebe kann dann relativ schnell aktiv werden, wenn dem eigenen Autonomiewunsch der Bindungswunsch des Partners gegenübersteht (wenn also in dem Moment, in dem ich etwas für mich tun will, der Partner mich mit seinen Bindungswünschen dabei stört).

Oder, umgekehrt: wenn ich gerade Nähe suche und der Partner mich mit seinem Bedürfnis nach Abstand damit ins Leere laufen lässt.

Diese Ambivalenz und die verschiedenen Varianten von Hassliebe kommen meist in sehr verdeckten Formen zum Vorschein. Beispiele:

- das genervte Bekenntnis: »Ja, natürlich liebe ich dich«
- den anderen auflaufen lassen und dabei unschuldig tun (»Ich habe ganz vergessen, dass wir heute Abend verabredet waren«)
- dem anderen gereizt einen Gefallen tun, indem man inhaltlich zustimmt, im Tonfall aber ablehnt (»Ich mach ja schon«)
- den anderen zu Liebesgeständnissen nötigen, indem man ihn im Streit fragt: »Warum liebst du mich eigentlich?«

Sex eignet sich sehr gut für solche indirekten Formen von Aggression und Varianten von Hassliebe:

- dem Partner zu verstehen geben, dass er einen leider nicht erregen kann
- dem Partner einen Orgasmus vorspielen und ihn dafür verachten, dass er es nicht merkt
- dem Partner den Orgasmus verweigern und ihn dafür verachten

- den Partner mit der eigenen Lustlosigkeit auflaufen lassen
- beim sexuellen Zusammensein an einen anderen Partner denken und den realen Partner damit abwerten oder dafür verachten, dass er es nicht merkt
- Gnadensex: sich zum Sex herablassen und dem Partner die Gnade eines Geschlechtsverkehrs erweisen
- die sexuellen Angebote des Partners dummloben (»Er ist total lieb und gibt sich unheimlich Mühe«).

Solche Bosheiten sind Alltag. Sie sind indirekt, sind nicht böse mit offenem Visier, sondern scheinheilig, weil sie verleugnet werden, weil sie naiv und unschuldig tun. Die Verleugnung des Bösen macht sie schwer greifbar. Aber die Ambivalenz der Hassliebe kann in kritischen Partnersituationen schnell aktiviert werden. Wir hassen manchmal den Partner nicht obwohl, sondern weil wir ihn lieben, weil er uns durch die Liebe verletzlich und abhängig macht, weil er unser großartiges Autonomie-Ideal infrage stellt.

Partnerschaftliche Entwicklungen

Wie ist bei diesem Risiko partnerschaftliche Entwicklung möglich? Der klassische Dreiklang »Verliebt – verlobt –verheiratet« hört dort auf, wo es eigentlich interessant wird, beim Beginn der Ehe. Der Verlauf einer langjährigen Paarbeziehung ist besser und nüchterner durch einen anderen Dreiklang beschreibbar, nämlich »Verliebt – gebunden – desillusioniert«. Die desillusionierte Phase, in der die Partner ein realistischeres Bild voneinander und von ihrer Beziehung bekommen, ist ein entscheidendes Durchgangsstadium.

Die normale Desillusionierung liegt in der Einsicht, dass der Partner nicht der ist, den man gern hätte, sondern nur der, der er wirklich ist. Das Gefühl, ideal zusammenzupassen, begeistert füreinander zu sein, weicht der Ernüchterung, dass man es im günstigen Fall miteinander hinbekommt oder einander zumindest erträgt, und im schlechten Fall, dass man sich mangels Alternativen oder aus Angst vor dem Alleinsein trotzdem nicht trennt, das aber dem anderen übel nimmt. Die Enttäuschungswut lässt sich dann als Symptom einer Übergangskrise sehen, das als Reaktion auf die normale Desillusionierung in partnerschaftlichen Entwicklungen auftaucht. Stagnation enttäuscht. Mit Enttäuschung lässt sich leben. Veränderung hingegen macht Angst. Mit Angst lässt sich nicht leben. So bietet sich der Ärger über die Stagnation als regressive Möglichkeit an, der Angst vor Veränderung zu entkommen.

> Beim Paar Meier haben wir es nicht mit der frühen Desillusionierung zu tun, die sich nach ein paar Monaten Verliebtheit einstellt, wenn sich die Frage erhebt, ob aus dem Rausch eine Bindung werden kann. Offenbar ist hier nach 20 Jahren Ehe etwas anderes passiert, ein Auseinanderdriften von Lebenskonzepten, die sich anfänglich gut zu ergänzen schienen. Heute haben beide Partner den Eindruck, vom anderen getäuscht worden zu sein.
>
> Sie war davon ausgegangen: Wenn mehr Zeit ist, kümmert er sich um die Familie. Er hatte angenommen, dass sie respektiert, dass er über das Finanzielle und Freundliche seinen Beitrag zum Gesamtgeschehen leistet.
>
> Jetzt lösen sich langsam die Kinder, und für die Frau, mittlerweile 48 Jahre alt, stellt sich die Frage, was sie aus ihrem Leben machen will, wenn sie nicht mehr in erster Linie Mutter ist.
> Das macht Unbehagen und Unsicherheit.
>
> In einer emotional unsicheren Situation bietet sich der Partner mit einer diabolisch wichtigen Funktion an, nämlich als schuldige Projektionsfigur. Schuld daran, dass man eigene Lebensthemen nicht erledigt hat, dass man unerlöst ist. Er ist sauer auf sie, weil er sie braucht, um ihm den Rücken freizuhalten. Sie ist sauer, weil sie beruflich und persönlich (»für mich was tun«) nicht weiterkommt.

Liebe und Macht

Von Adorno stammt das Zitat: »Geliebt wirst du einzig dort, wo schwach du dich zeigen kannst, ohne Stärke zu provozieren.« Das gilt, solange die Liebe lebt, solange die Schwäche noch liebenswert ist, solange Innigkeit die Grenzen zwischen den Partnern weich und die Interessen gleichmacht. Sobald aber der Unterschied der Intentionen und Lebensziele deutlich wird, sobald die Gefühle nicht mehr dieselben sind, erlangen zwischen den Partnern Mechanismen Bedeutung, die wenig lustig sind, nämlich Mechanismen der Macht: Wer ist stärker? Wer hat welche Karten? Wer gerät in die Verliererposition? Das ist traurig und tut weh nach Zeiten der geteilten Intimität. Es sind kalte Gesetze, die hinter einer bislang warmherzigen Beziehung plötzlich ihre erbarmungslose Härte zeigen. Aber umso mehr ist es ratsam, sie sich vor Augen zu führen, um ihnen nicht ganz ausgeliefert zu sein.

Wer weniger will, ist mächtiger.
Eine besonders ungerechte, aber wirksame Regel. Sie wird dem, der weniger will, häufig zum Vorwurf gemacht. Das ist nutzlos. Er kann gar nichts dafür, mächtiger zu sein. Mit dem emotionalen Rückzug wird er es von selbst, auch ohne es zu wollen.

Wer Angst vor dem Alleinsein hat, ist schwächer.
Wer liebt und sich geliebt weiß, empfindet keine Angst vor dem Alleinsein. Aber wer diese Angst spürt, kann nur schwer souverän handeln. Hat er Angst vor dem Verlassenwerden, braucht er den Partner, der sich zurückzuziehen droht, umso mehr.

Wer Bedürftigkeit zeigt, ist unattraktiv – außer für Sadisten.
»Ich brauche dich« gehört zum Grundvokabular der Liebenden. Nichts schöner, als das zu sagen oder es zu hören. Im liebenden Zustand ist das ein wunderbares Gefühl für beide Seiten. Sobald aber die Beziehung in Bewegung gerät, wird die Bedürftigkeit zur unattraktiven Schwäche.

Klammern führt zu Distanzierung.
Wer den Partner zu sehr in die Nähe zwingen möchte, wen die Sehnsucht dazu bringt, ein Überangebot an Gemeinsamkeit zu machen, kann es leicht erleben, dass es dem Partner zu viel des Guten ist und dass er sich zurückzieht. Die Beziehungswünsche des Partners, der sich zurückzieht, werden dadurch schnell unsichtbar.

Wenn man partnerschaftliche Bosheiten als Symptome einer Übergangskrise sieht, in der das Machtgleichgewicht aus der Balance ist: Wie kann dann eine gute Entwicklung aussehen?

Solange Übergänge fällig sind, aber nicht vollzogen werden – aus Angst, allein zu sein, aus Angst, in eine ungewisse Zukunft zu gelangen –, wird der Hass auf den Partner stärker. Dieser verkörpert die abgewehrte und delegierte Seite der eigenen Veränderungsambivalenz. Aus der Sicht des veränderungswilligen Partners wird der andere als Verhinderer eines guten Lebens gesehen. Ihm wird die Verantwortung für etwas zugeschrieben, das aus eigener Kraft nicht vollzogen wird.

Solange diese projektive Zuschreibung aufrechterhalten wird, haben wir es mit einer Stagnation auf geringem Differenzierungsniveau zu tun, die sich quälend über Jahre hinziehen kann. Der Ausstieg aus dem Konfliktmuster besteht darin, den Partner aus der Verantwortung zu entlassen.

Frau Meier macht einen solchen Schritt.

In die letzte Sitzung kamen beide mit der Idee, eine partnerschaftliche Auszeit zu verabreden. »Ich habe es aufgegeben«, sagt sie. »Ich muss das für mich selber herausfinden, was ich will.« Auszeit hatten sie definiert als mehrmonatige Trennung innerhalb des Hauses und als separaten Urlaub. Die gereizte Stimmung, die sich aus ihrem vorwurfsvollen Einklagen und seinem Herunterspielen aufgeschaukelt hatte, war ganz verändert. Eher traurig, nachdenklich, mit langen Passagen des Schweigens.

Resignation als Chance

Wenn vom enttäuschungsbereiten Vorwurf der Schritt zur Resignation gemacht wird, sind Differenzierungsversuche auf dem Weg. Sie sind auch deshalb von einer traurigen Affektlage begleitet, weil sie mit einem Abschied von einer Phase zu tun haben, die zwar quälend war, aber immerhin vertraut. Die ritualisierten gereizten Auseinandersetzungen bewegten sich mit bekannten Argumenten auf den immergleichen Spuren. Der Abschied vom Vorwurf ist – verrückterweise – auch ein Verlust.

Zu den Differenzierungsschritten gehört auch ein Akzeptieren der Ambivalenz, der Hassliebe, der Bindungsambivalenz, des Nebeneinanders von guten und schlechten Motiven. Das bedeutet zu akzeptieren, dass wir als Partner auch böse sind. Ambivalente Liebe ist vielleicht weniger romantisch, aber nicht schlechter als eindeutige Liebe.

In dieser letzten Sitzung hat das Paar Meier einen Schritt gemacht, der paradox anmutet, der aber zu den großen Errungenschaften reifer Paarbeziehungen gehört: Es hat die Hoffnung aufgegeben, den Partner zu ändern. Das ist hier besonders das Verdienst der Frau. In jedem Vorwurf schwingt auch eine Hoffnung mit. Indem sie nicht mehr darauf hofft, ihren Mann ändern zu können, kann sie auch den Vorwurf – wie von selbst – bleiben lassen.

Das Prinzip Hoffnung wird in Therapien überschätzt. Meist ist sie Teil des Problems – weil sie nicht loslassen kann, und umgekehrt wird das Prinzip Resignation unterschätzt. Aufgeben, nicht mehr hoffen, resignieren kann den Abschied von sinnlosen, quälenden Anstrengungen erleichtern und den Blick für neue Optionen frei machen.

Mädchen als Opfer sexueller und physischer Gewalt – Ressourcen und therapeutische Verarbeitungshilfen

Dagmar Pauli

Warum gerade über Mädchen schreiben, die Opfer von sexueller und physischer Gewalt werden? Sind die Mädchen nicht schon häufig genug in der Opferrolle, lernen zu wenig, sich zu wehren, und werden in ihrer Sozialisation in die schwächere Position geradezu hineingedrängt? Zementiert ein solcher Titel nicht einseitig das Klischee weiblichen Opferseins? Die Wirkung eines solchen Buchkapitels muss durchaus infrage gestellt werden. Die Behandlung des Themas »weibliches Opfersein« kann meiner Ansicht nach nicht auskommen ohne die Themen »weibliche Stärke« und »kindliche Ressourcen«. Ich werde zeigen, dass diese Herangehensweise unabdingliche Grundlage der Untersuchung und Bearbeitung von Gewalt an Kindern sein muss – wobei wir dies durchaus auch auf Knaben zu beziehen haben. Aus diesem Grunde konnte ich nicht umhin, meinem ursprünglichen Titel einen Untertitel anzufügen, der auf die Grundausrichtung ressourcenorientierter Verarbeitung verweist.

Sexuelle und physische Gewalt – Ein häufiges Thema im therapeutischen Kontext

Sexuelle und physische Gewalt an Kindern ist ein emotional hoch besetztes Thema, an dem sich die Gemüter immer wieder erhitzen. Es wurde bis weit über die Mitte des letzten Jahrhunderts hinaus in der gesellschaftlichen Wahrnehmung sowie auch der Forschung vernachlässigt. Während bis in die 70er-Jahre hinein die gesellschaftliche Tabuisierung sexueller Gewalt dazu führte, dass es wenig öffentliche Auseinandersetzung zu diesem Gebiet gab, finden wir in den 80er-Jahren dann einen eigentlichen Boom von Veröffentlichungen, in denen auf die starke Verbreitung sexueller Gewalt gegen Kinder hingewiesen wurde. Insbesondere die Häufigkeit von Übergriffen gegen Mädchen wurde zum öffentlichen Thema gemacht, wobei Publikationen unterschiedlicher Qualität zum Teil mit exorbitanten Zahlen von Opfern sexueller Gewalt hantierten. Die Vernachlässigung der

Thematik wich einer Dramatisierung, einem »Missbrauch mit dem Missbrauch«, wobei unter anderem die Theorie der *repressed memories* zu einer Überschätzung der Häufigkeit und zu falschen Anschuldigungen führte. Die unterschiedlichen Angaben zur Häufigkeit entstanden zudem durch sehr verschiedene Definitionen des Phänomens sexueller Übergriffe sowie durch die unterschiedlichen Methoden der Erfassung (retrospektive Befragungen versus Anzeigehäufigkeiten).

Inzwischen hat sich eine sachlichere Betrachtung durchgesetzt. In einer Metaanalyse von 169 Studien kommen Andrews, Corry, Issakidis, Slade und Swanson (2001) zum Schluss, dass 15–25 % aller Mädchen und 5–8 % aller Jungen in ihrer Kindheit mindestens einmal sexuellen Übergriffen ausgesetzt sind, wobei hier die Definition sehr weit gefasst wird. 50 % der Übergriffe bei Mädchen finden mit genitalen Berührungen statt, ca. 20 % der Übergriffe mit Penetration, und ca. 10 % dauern länger als ein Jahr. Die Analyse zeigt, dass sich die Häufigkeit seit Jahrzehnten nicht verändert hat.

Wenn wir die Häufigkeit körperlicher Misshandlungen bei Kindern anschauen, ergibt sich gemäß einer Untersuchung von Wetzels (1997) ein vielschichtiges Bild. 50–70 % der Eltern wenden Körperstrafen an, obwohl 85 % das Leitbild einer gewaltfreien Erziehung für wichtig halten. Der scheinbare Widerspruch löst sich auf, wenn wir einen großen Teil der Körperstrafen als Ausdruck von verzweifelten und nicht hilfreichen Versuchen der Eltern sehen, ihre Kinder in die gewünschte Richtung zu beeinflussen. Ebenso häufig schlagen Eltern ohne bewusste Planung ihr Kind impulsiv in Erziehungssituationen, in welchen ihnen die Kontrolle entglitten ist. Hier spiegelt sich also wohl eher die allgemeine Überforderung der Erzieher, die an ihren eigenen Ansprüchen scheitern. Immerhin erschreckende 10 % der Kinder werden gemäß dieser doch etwas älteren Publikation im engeren Sinne körperlich misshandelt, d. h., sie erfahren schwere und häufige Körperstrafen.

Auch die sachliche Betrachtungswiese zeigt uns also, dass das Problem der sexuellen und körperlichen Misshandlung von Kindern kein seltenes ist.

Wir können davon ausgehen, dass in der therapeutischen Klientel das Vorkommen von körperlichen und sexuellen Gewalterfahrungen noch deutlich häufiger ist. Misshandlungs- und Missbrauchserlebnisse in der Kindheit gelten als unspezifischer Risikofaktor für psychische Störungen. Bei einem hohen Prozentsatz (je nach Studie zwischen 20 und 40 %) von Patientinnen mit psychischen und psychosomatischen Störungen lassen sich in der Vergangenheit Erlebnisse von sexueller oder körperlicher Gewalt eruieren (z. B. Surrey, Swett, Michaels a. Levin 1990). Therapeutinnen und Therapeuten sind demnach gefordert, Handlungsstrategien für den Umgang mit erlebten und thematisierten Traumata zu finden. Bei Kindern und Jugendlichen sehen wir nicht selten, dass Gewalterfahrungen in der Therapie nicht oder erst nach längerer Zeit thematisiert werden. Das Unausgesprochene wird dann zwar nicht fassbar, schwingt aber im therapeutischen Kontext mit und lässt die behandelnden Fachpersonen häufig im Dunkeln tappen.

Mädchen in der Opferrolle – Zusammenhänge mit geschlechtstypischer Sozialisation

Nach wie vor gilt, dass Mädchen dreimal so häufig von sexuellen Übergriffen betroffen sind wie Jungen und 80 % der Täter bei Knaben und sogar 98 % der Täter bei Mädchen männlichen Geschlechts sind (Fergusson a. Mullen 1999). Diese eindeutige Geschlechterverteilung hat in den 80er-Jahren zu einem feministischen Diskurs geführt, welcher die Problematik sexueller Übergriffe gegen Mädchen unter geschlechtsspezifischen Rollenaspekten als gesellschaftliche Thematik brandmarkte. Obwohl wir uns dieser Argumentation nicht völlig verschließen können, wird anhand dieser Betrachtungsweise die Thematik des einzelnen Kindes zu wenig ausgeleuchtet. Ist ein von einem Mann missbrauchter oder misshandelter Knabe in einer anderen Situation als ein missbrauchtes oder misshandeltes Mädchen? Kann sich der Knabe durch seine Position als Angehöriger des »starken Geschlechtes« besser behaupten, d. h. gegen die Übergriffe wehren? Erleidet er möglicherweise weniger Folgeschäden, weil er die Erlebnisse nicht in einen Kontext sozialer Inferiorität einordnet?

Schauen wir uns dazu ein paar Fakten an: Tatsächlich zeigt es sich, dass Übergriffe gegen Mädchen häufiger schwererer Natur sind als solche gegen Knaben (Andrews et al. 2001). Mädchen leiden entsprechend auch vermehrt unter schweren psychischen Folgeschäden (Rind a. Tromovitch 1997). Die Übergriffe gegen Mädchen finden häufiger innerfamiliär statt. Jungen werden dagegen öfter von pädophilen Fremdtätern und in Gruppen missbraucht. Bei Knaben gibt es häufiger Übergriffe ohne Berührungen als bei Mädchen (Wetzels 1997). Auch in der Art, wie Kinder auf Übergriffe reagieren, zeigen sich geschlechtsspezifische Unterschiede: Während Mädchen mehr mit internalisierenden, d. h. nach innen gerichteten Störungen wie Angst und Depression reagieren, zeigen Knaben eher sogenannte externalisierende, d. h. nach außen gerichtete Störungen sowie aggressives Verhalten (Finkelhor 1990). Bestimmte Symptome und Krankheitsbilder sowie Depressionen, Essstörungen, Selbstverletzungen oder die Borderline-Persönlichkeitsstörung, die gehäuft beim weiblichen Geschlecht auftreten, sind mit einer deutlich erhöhten Häufigkeit von sexuellen Übergriffen in der Kindheit verbunden. Viele Untersuchungen belegen, dass ca. 50–75 % der Frauen mit Borderline-Persönlichkeitsstörung in der Kindheit körperliche oder sexuelle Übergriffe erlebt haben (z. B. Herman, Perry a. van der Kolk 1989).

Folgen sexueller und körperlicher Gewalt

Zeigt sich ein einheitliches Bild der Auswirkungen von sexuellen und körperlichen Übergriffen gerade bei Mädchen? Inzwischen ist bekannt, dass es nicht, wie früher vermutet, ein einheitliches »Missbrauchssyndrom« gibt, dass aber kindliche Traumatisierung mit einer Häufung bestimmter, im Einzelnen nicht spezifischer Symptome einhergeht. Kendall-Tackett, Meyer Williams und Finkelhor (2002) werteten in einer Übersicht 45 Studien über die Folgeerscheinungen von sexuellen Übergriffen aus: Vorschulkinder können mit Ängsten, Albträumen, Regression oder sexualisiertem Verhalten reagieren. Kinder im Grundschulalter zeigen häufig Ängste, Albträume, Leistungsprobleme sowie unreifes, sexualisiertes oder aggressives Verhalten. Bei Jugendlichen manifestieren sich Belastungssymptome bei Übergriffen nicht selten in Form von Depressionen, Suizidalität und Selbstverletzungen oder Essstörungen und psychosomatischen Beschwerden. Ebenso besteht eine erhöhte Wahrscheinlichkeit für stark promiskuitives Verhalten oder Drogen- und Alkoholkonsum. Insbesondere bei Frauen finden sich nicht selten lang anhaltende Symptome von nach innen gerichteten selbstzerstörerischen Gedanken und Gefühlen, welche sich in entsprechenden Verhaltensweisen wie Ritzen, Schneiden, Hungern oder Erbrechen zeigen.

Wir dürfen nicht vergessen, dass alle diese Symptome, Häufigkeiten und Zahlen in Untersuchungen von Gruppen gefunden wurden und somit im Einzelfall nicht unbedingt aussagekräftig sind. Nichtsdestoweniger lohnt es sich, die geschlechtsspezifische Sozialisation von Mädchen in unserer Gesellschaft anzuschauen. Auch heute noch zeigt sich, dass Aggressionen von Mädchen anders bewertet werden als von Jungen. Erregung wird bei Mädchen mehr als Angst gedeutet, bei Jungen hingegen eher als Wut (Maccoby 2000). Mädchen lernen, mehr auf die Bedürfnisse der anderen einzugehen, als die eigenen Ansprüche anzumelden. Im Beziehungsverhalten neigen Mädchen zu einer stärkeren Anpassung an die Beziehungsangebote der Umgebungspersonen als Jungen (Musfeld 2004). Die Bereitschaft zur Anpassung bei gleichzeitiger Unterdrückung eigener abgrenzender und ablehnender Impulse erhöht die Anfälligkeit für soziale Situationen der Ausbeutung.

Auswirkungen auf Sexualität und Selbst

Die Ablehnung aggressiver Impulse als natürliche Reaktion auf erlebten Missbrauch wird internalisiert und führt bei Frauen häufig zur Wendung der Aggression gegen sich selbst. Mädchen und Frauen sind es gewohnt, in der Beziehung die Verantwortung zu übernehmen – so auch in einer Situation, in der sie als Kind von Erwachsenen missbraucht oder misshandelt werden. Schuld- und Schamgefühle sind die Folge; Symptome manifestieren sich auf der Ebene der Selbstbestrafung. Selbstabwertung und Selbsthass nehmen oft zerstörerische Ausmaße an und können sich auf das ganze Selbst oder vornehmlich auf den Körper beziehen. Die Zerstörung des eigenen Körpers z. B. durch Selbstverletzungen oder Hungern wirkt hier als Versuch der Tilgung von Schuld und Auslöschung von Scham. Nicht selten wird die Last des Erlebten zu groß, verbunden mit weiteren Belastungsmomenten, die mit sexuellen Übergriffen häufig im Verbund auftreten. Menschen mit erlebten schweren Übergriffen haben ein bis zu vierfach erhöhtes Risiko für suizidale Handlungen im Vergleich zur Normalbevölkerung (Andrews et al. 2001).

Auf der Beziehungsebene zeigen sich oft ein starkes Misstrauen und unstetes Beziehungsverhalten, nicht selten gekoppelt mit Gefühlen des Ausgeliefertseins. Ängste und passives Bewältigungsverhalten können zu einer gelernten Hilflosigkeit führen, die sich in depressiven Denk- und Verhaltensmustern äußert. Negative Zukunftserwartungen oder Gleichgültigkeit gegen sich selbst können die Folge sein. Gerade Kinder, aber auch noch ältere Jugendliche und junge Erwachsene leiden sehr häufig unter massiven Schuld- und Loyalitätskonflikten, insbesondere, wenn die Täter Bezugspersonen aus dem näheren Umfeld sind und die Aufdeckung des Missbrauches zu ihrer Bestrafung geführt hat.

Die Koppelung von Sexualität und Gewalt kann insbesondere bei Frauen häufiger zur Unfähigkeit führen, Sexualität mit positiven Emotionen zu verbinden. Sexuelle Funktions- und Erlebensstörungen sind eine der Auswirkungen. Jugendliche mit Missbrauchserlebnissen neigen teils zur »Reinszenierung«, indem sie sich im späteren Verlauf ihres Lebens immer wieder in Risikosituationen der sexuellen Ausbeutung begeben. Andere wiederum lassen das Thema ruhen und verzichten lange Zeit auf sexuelle Erfahrungen aus der Angst heraus, sich erneut mit den Erlebnissen der Vergangenheit konfrontiert zu sehen. Die therapeutische Herausforderung besteht hier darin, die Jugendlichen auf dem Weg des Wiederaufbaus von Vertrauen auf der zwischenmenschlichen Ebene zu begleiten und zu unterstützen, damit korrigierende Erfahrungen überhaupt möglich werden können.

Wechselwirkungen von Neurobiologie und Trauma

Frühe chronische Traumatisierungen und Stresserfahrungen hinterlassen im Hirn »biologische Spuren«. So reagieren erwachsenen Frauen mit sexuellen Missbrauchserfahrungen zum Beispiel mit erhöhter Stresshormonausschüttung auf Stresstests im Vergleich zu einer Kontrollgruppe. Menschen mit frühen Traumata entwickeln demnach Auffälligkeiten im limbischen System mit vermehrter Cortisolreaktion, ähnlich wie sie bei Depressionen gefunden werden (Zusammenfassung siehe Heim 2005). Die Manifestation auf neurobiologischer Ebene erfolgt nicht nach einem Reiz-Reaktions-Schema, sondern in Abhängigkeit von der komplexen Verarbeitung des Geschehens im Lebensverlauf. Bei Menschen mit posttraumatischer Belastungsstörung und mit in der Folge weiteren entwickelten psychischen Störungen konnten mittels Magnetresonanz-Untersuchungen strukturelle Veränderungen im Hippocampus nachgewiesen werden, nicht aber bei Menschen, welche eine isolierte posttraumatische Belastungsstörung ohne weitere psychische Erkrankung entwickelten. Hier zeigt sich das komplexe Zusammenspiel von traumatisierenden Erfahrungen, Resilienzfaktoren und der sich daraus entwickelnden unterschiedlichen Verarbeitung und Weiterentwicklung bzw. Blockade durch psychische Erkrankung.

Die Bedeutung von Ressourcen

Die Auswirkungen von sexuellen oder körperlichen Misshandlungen sind keineswegs eindimensional kausal zu verstehen. Nur ca. 20–30 % von Kindern zeigen nach Übergriffen zum Zeitpunkt einer Nachuntersuchung überhaupt Symptome. Psychische Symptome können teilweise mit dem zunehmenden Alter der Kinder stärker werden (»Sleeper-Effekt«). Vor allem mit dem Eintreten der sexuellen Reife können früher erlebte sexuelle Übergriffe reaktiviert werden und zu späten Belastungsreaktionen führen. Andererseits nehmen bei ca. 50–70 % der Kinder die Symptome mit zunehmender zeitlicher Distanz zum Ereignis ab. Insgesamt entwickeln 50–70 % der von Misshandlung und Missbrauch betroffenen Kinder im Verlaufe ihres Lebens Symptome (Kendall-Tackett et al. 2002). Das Ausmaß der erlebten psychischen Auswirkungen von Missbrauch und Misshandlung kann dabei sehr unterschiedlich sein.

Welche Faktoren spielen hier eine Rolle, warum gelingt es einigen Kindern und Jugendlichen, sich aktiver mit dem Erlebten auseinanderzusetzen und im Verlauf weniger oder keine Belastungsreaktionen zu entwickeln? In der Forschung haben eine Vielzahl von Studien ein gutes familiäres Klima, schulischen und sportlichen Erfolg sowie eine gute Partnerbeziehung im Erwachsenenalter als prognostisch positive Faktoren gezeigt, ebenso wie positive Bewältigungsstrategien und ein positives Selbstkonzept der Betroffenen (z. B. Cicchetti a. Rogosch 1997).

Wenn wir in unserer Praxis in der Kinder- und Jugendpsychiatrie die Fälle sexueller Übergriffe analysieren, sehen wir entscheidende Unterschiede in der individuellen intrapsychischen und interaktionellen Reaktion. Wenn 50–70 % der Kinder mit erlebter sexueller Gewalt Symptome entwickeln, so heißt das ja ebenso, dass 30–50 % dies eben nicht tun. Es gelingt diesen »starken« Mädchen (und Knaben) offenbar, sich weiterhin den Aufgaben der Entwicklung zu stellen und im Lebensverlauf voranzuschreiten. Selbstverständlich wird auch an ihnen ein Übergriff nicht spurlos vorübergehen, sie geraten aber nicht in einen Abwärtsstrudel von psychischen Symptomen und blockierter Entwicklung. Trotz der oben beschriebenen geschlechtsspezifischen Faktoren der Sozialisation gibt es auch Mädchen, welche aktive Bewältigungsstrategien gelernt haben und verfolgen – ebenso wie es Knaben gibt, bei denen das passive Copingmuster dominiert. Die Kenntnis des gesellschaftlichen Kontextes ist also die notwendige, aber keinesfalls hinreichende Bedingung dafür, im Einzelfall die Verflechtung individueller Handlungsmuster mit Umgebungsfaktoren zu verstehen. Die Belastungsfaktoren stehen in einem komplexen Wechselspiel mit den Resilienzfaktoren (Schutzfaktoren), welche als Gegengewicht gesunde Entwicklungsschritte auch in problematischem Umfeld ermöglichen (siehe Welter-Enderlin u. Hildenbrand 2006).

In der Behandlung von psychisch belasteten Kindern und Jugendlichen nach erlebten Traumata heißt dies, die als Resilienz wirkenden Themenbereiche anzusprechen und hier Verbesserungen zu erzielen. Durch die Verstärkung der protektiven Faktoren werden bei der Arbeit nach dem Resilienzmodell die Grundlage für eine Verarbeitung der Traumatisierung geschaffen und eine Weitentwicklung im Lebenskontext ermöglicht. Konkret wird am Aufbau von Bewältigungsstrategien gearbeitet, Unterstützung zur Integration im schulischen und Peergruppenumfeld gegeben und in der systemischen Arbeit die positive innerfamiliäre Interaktion gefördert. Wir versuchen, die Opfer zu stärken, ihre Ressourcen im schulischen, familiären und sozialen Umfeld zu fördern und somit die blockierte Entwicklung wieder in Gang zu bringen. Indem wir ihnen die Bewältigung des Alltages ermöglichen und zutrauen, werden sie zu »starken« Mädchen (und Knaben), und die Opferdimension kann relativiert werden.

Die Rolle der Familie

Familien, in denen innerfamiliärer sexueller Missbrauch auftritt, weisen im Durchschnitt eine Vielzahl von Auffälligkeiten auf: Die Familienorganisation ist eher chaotisch, es bestehen eine Unklarheit in der Familienhierarchie, eine Koordinationsschwäche sowie die Tendenz zur Parentifizierung der Kinder. In diesen Familien können Probleme mit der Grenzsetzung auf vielfältige Weise beobachtet werden, und die Familienmitglieder weisen nicht selten eine mangelhafte Differenzierung auf. Der Bindungsstil zeigt sich häufiger als unsicher verstrickt oder vermeidend oder desorganisiert. Gehäuft tritt auch Gewalt unter den Ehepartnern auf. Die Kinder zeigen in der Beziehung zu Gleichaltrigen vermehrt Auffälligkeiten. Im Familienklima dominieren oft Ärger und Furcht, und es werden weniger positive Affekte beobachtet als in anderen Familien (Joraschky u. Petrowski 2005).

Mütter sexuell missbrauchter Kinder sind häufiger alleinerziehend (Finkelhor, Moore, Hamby a. Straus 1997) und zu ca. 35 % selbst sexuell missbraucht worden (Oates, Tebbutt, Swanston, Lynch a. O'Toole 1998). Im Erziehungsstil weisen sie vermehrt Kritik, Schuldzuweisungen und Drohungen auf. Gegenüber dem Kind zeigen sie im Durchschnitt eine größere Distanz, geringeres Schutzverhalten und eine stärkere Indifferenz.

In der Mehrgenerationenperspektive zeigt sich eine hohe Wiederholungstendenz im Sinne einer Weiterreichung der Traumatisierung. Nicht selten lassen sich im Genogramm Viktimisierungen über Generationen hinweg nachverfolgen. 65 % der geschlagenen Eltern schlagen auch ihre Kinder – wobei auch hier nicht unerwähnt bleiben soll, dass eben 35 % dies *nicht* tun. Bei Misshandlungen im engeren Sinne, d. h. bei schwerwiegender körperlicher Gewalt, zeigen Untersuchungen, dass nur 15 % der schwer misshandelten Kinder diese Misshandlungen an die nächste Generation weitergeben (Wetzels 1997). Die Repetition des Traumas in der nächsten Generation erweist sich als ebenso wenig zwangsläufig wie die individuelle Reaktion auf die erlebten Traumata. Hier spielen Resilienzfaktoren eine große Rolle. Misshandelte Kinder können durch tragfähige Beziehungen zum nicht misshandelnden Elternteil oder anderen Bezugspersonen Ressourcen entwickeln. Durch Beziehungen im späteren Lebensverlauf z. B. zu Partnern oder Therapeuten können korrigierende Erfahrungen gemacht werden, welche es den Betroffenen ermöglichen, die Gewalterfahrung nicht an die nächste Generation weiterzugeben.

Alle diese Untersuchungen zeigen, dass die Misshandlungen häufig Teil eines komplexen Systems miteinander verwobener Belastungs- und Schutzfaktoren sind. Das Trauma der Übergriffe kann nicht getrennt werden von der andauernden Traumatisierung durch ungünstige familiäre Grundbedingungen. Ebenso können unterstützende familiäre Faktoren eine entscheidende Rolle dabei spielen, ob es dem Kind gelingt, die Erlebnisse zu verarbeiten und zu integrieren und die auftretenden negativen Gefühle nicht gegen sich selbst zu wenden. In der Behandlung von Familien mit innerfamiliärem Missbrauch steht deshalb eine Beurteilung der Gesamtsituation an. Hierbei sehen wir gemäß Bentovim, Elton, Hildebrand, Tranter und Vizard (1990) folgende Faktoren diagnostisch als entscheidend an für die Bewältigung der Übergriffssituation und den allfälligen Verbleib des Kindes in der Familie:

- Besteht ein Teufelskreis von Vernachlässigung, Gewalt, Verführung und sexuellem Missbrauch?
- Gibt es positive Ressourcen zur Krisenbewältigung bzw. zur Grenz- und Gewaltregulation?
- Wie sieht die Nähe-Distanz-Regulation in der Elterndyade aus?
- Wie gelingt die Kommunikation?
- Besteht eine Tendenz zur Tabuisierung, gibt es Verleugnungsprozesse?
- Welche Ressourcen gibt es auf der Beziehungsebene?
- Liegt eine Bindungsstörung vor?
- Wie gestalten sich die Abhängigkeitsprozesse in Bezug auf das Opfer?
- Besteht eine intrafamiliäre Grenzverwischung, und wie stark zeigt sich die Rigidität der Familien-Umwelt-Grenze?

Positive familiäre Ressourcen spielen vor allem auch in der familiären Reaktion auf den stattgefundenen Missbrauch eine Rolle. Bei sexuellem Missbrauch ohne Koitus konnte gezeigt werden, dass eine gute Unterstützung bei der Aufdeckung des Missbrauches die Prognose günstig beeinflusst. Auch ein grundsätzlich positiver Erziehungsstil in der Familie, ein günstiges Familienklima sowie das Fehlen von körperlichen Misshandlungen gehen bei erlebten sexuellen Übergriffen mit einer geringeren Wahrscheinlichkeit für das Auftreten von psychopathologischen Symptomen einher. Entscheidend ist hier eine unterstützende Familie, welche dem missbrauchten Kind hilft, die Tat abzulehnen und sich selbst als nicht verantwortlich dafür anzusehen. Ambivalente Gefühle der Betroffenen zum Missbrauch erschweren die Verarbeitung enorm. Hilfreich ist es auch, wenn Familien klare Grenzsetzungen vornehmen können und die Kinder aufgeklärt sind (Kendall-Tackett et al. 2002).

Therapeutische Konsequenzen

Die Arbeit mit der Familie erweist sich – wenn immer möglich – als essenzieller Bestandteil der Behandlung traumatisierter Kinder. Selbstredend steht an erster Stelle immer der Kinderschutz. Bei Kenntnis von Misshandlung, Missbrauch oder Vernachlässigung stehen die professionellen Helfer in erster Linie in der Pflicht, das Weiterbestehen dieser Umstände möglichst zu verhindern. Zur sachgerechten

Einschätzung und entsprechenden Handlung zum Wohle des Kindes empfiehlt sich immer ein besonnenes und in interdisziplinärem Austausch gut abgewogenes Konzept wie beispielsweise innerhalb einer Kinderschutzgruppe. Auf den Aspekt des Kinderschutzes kann im Rahmen dieses Aufsatzes nicht näher eingegangen werden, hilfreiche Leitlinien wurden z. B. publiziert von Bange und Körner (2004).

Im weiteren Verlauf ist die Arbeit mit dem nicht missbrauchenden Elternteil von immenser Bedeutung. Die Psychoedukation über die Folgen des Missbrauches und die Möglichkeiten der Unterstützung des betroffenen Kindes oder Jugendlichen kann entscheidend zur positiven Bewältigung der Ereignisse in der Familie beitragen. Eine klare Haltung eines Elternteils oder beider Eltern kann dem Kind helfen, sich aus der Verstrickung von Schuld- und Schamgefühlen zu befreien, die Übergriffe als nicht selbstverschuldet einzuordnen und eigene negative Emotionen zuzulassen. Positive Bewältigungsstrategien der gesamten Familie können in der Behandlung verstärkt werden. Ebenso wichtig ist die Förderung unspezifischer familiärer Ressourcen wie Kommunikation, gemeinsamer Interessen und positiver Beziehungsaspekte.

Fallbezogener Zugang

Wichtige Schlussfolgerungen ergeben sich aus obigen Ausführungen auch in Bezug auf die Behandlung der Kinder und Jugendlichen im Einzelsetting. Gesellschaftliche Tendenzen manifestieren sich in Umgebungsbedingungen, welche die Wahrscheinlichkeiten bestimmter Reaktionsweisen fördern oder vermindern. In der individuellen Biografie können zusätzliche Faktoren der näheren Umgebung sowie biologische und intrapsychische Eigenmomente des Individuums dazu führen, dass die Reaktionen nicht normtypisch verlaufen. Gruppenunterschiede zwischen den Geschlechtern in Untersuchungen zu geschlechtstypischen Merkmalen sind durchweg geringer als die interindividuellen Unterschiede innerhalb der männlichen oder weiblichen Kohorte.

In der Konsequenz heißt das für uns, dass wir im Einzelfall versuchen müssen, die besonderen Momente des individuellen Erlebens und Handelns des betroffenen Mädchens – oder genauso eben auch des Knaben – im Kontext des sozialen familiären und gesellschaftlichen Umfeldes zu verstehen. In der Therapie soll gemäß dem Ansatz des Fallverstehens in der Begegnung (siehe Welter-Enderlin u. Hildenbrand 2004) die individuelle Reaktion auf die Misshandlungssituation untersucht werden. Das Wissen über geschlechtstypische Handlungs- und Erlebensmuster hilft uns, die Reaktionen des Einzelnen in den Gesamtkontext gesellschaftlicher Rahmenbedingungen und sozialer Bedingungsfaktoren einzuordnen. Gerade hier sehen wir aber, wie wenig zwangsläufig und eindimensional kausal Opfergeschichten und Opferreaktionen ablaufen. Individuelle und familiäre Ressourcen spielen hier ebenso eine Rolle wie geschlechtstypische Sozialisation und unspezifische zusätzliche Belastungsfaktoren. Die Kenntnis geschlechtstypischer Rollenmuster und ihrer Auswirkungen auf die Anfälligkeit für bestimmte Erlebnis- und Verhaltensmuster steht uns also gleichsam als Bezugsrahmen unseres Wissens zur Verfügung und lässt uns wachsam sein in Bezug auf die individuellen Ausprägungen menschlicher Reaktionen auf der Gedanken-, Gefühls- und Handlungsebene.

Soll der Missbrauch in der Behandlung von Kindern und Jugendlichen mit erlebten Übergriffen explizit thematisiert werden? Immer wieder bekommen wir Zuweisungen zu Therapien mit dem Auftrag von Bezugspersonen, in der Therapie den erlebten Missbrauch zu »verarbeiten«. In mehreren Studien konnte gezeigt werden, dass Kinder, die sich mit einem erlebten sexuellen Missbrauch auseinandersetzen, während dieser Zeit belasteter, langfristig aber unauffälliger sind als solche, die das nicht tun (z. B. Spaccarelli a. Fuchs 1997). Nicht selten aber finden wir Kinder und Jugendliche, die das Thema ängstlich und schamerfüllt vermeiden. Extremes Vermeiden durch die Betroffenen sollte von uns als Selbstschutz akzeptiert werden. Die Tatsache, dass wir Erwachsene eine »Verarbeitung« als prognostisch günstig ansehen, kann keine Erlaubnis für uns darstellen, die Privatsphäre des Kindes erneut zu verletzen und ihm ein forciertes Erinnern zu »verordnen«. Gut gemeinte therapeutische Intrusion kann hier zur Retraumatisierung führen. Gerade Mädchen mit vermehrter Bereitschaft zur Anpassung an Beziehungsvorgaben – eine nicht seltene Konstellation im Zusammenhang mit Missbrauchserlebnissen – neigen hier zur Überanpassung an wohlgemeinte therapeutische Vorgaben. Wir dürfen nicht vergessen, dass wahrscheinlich nicht die Auseinandersetzung mit dem Trauma selbst, sondern die Fähigkeit dazu, d. h. die erforderliche emotionale Bereitschaft und Möglichkeit zur Auseinandersetzung, den entscheidenden Faktor für die bessere Prognose in oben erwähnter Untersuchung darstellt. Eine forcierte

Auseinandersetzung kann hier also durchaus das Gegenteil der beabsichtigten Verarbeitung bewirken. Das therapeutische Ziel können demnach nur die Förderung der Distanzierung von Schuld und Scham und ein Wiederaufbau der emotionalen Sicherheit darstellen, damit die Betroffenen in die Lage kommen, sich einer späteren Thematisierung des erlebten Missbrauches zu stellen – dies häufig erst nach Monaten bis Jahren oder im Erwachsenenalter.

Ziele und Phasen

Therapeutische Ziele bei Kindern und Jugendlichen sind nicht nur die Verbesserung der kognitiven und emotionalen Traumabewältigung, sondern eine Vielfalt von ressourcenorientierten Faktoren sowie die Förderung von Bewältigungsstrategien, Aufbau des Selbstwertgefühls und der allgemeinen emotionalen Ausdrucksfähigkeit. Indem die Betroffenen in ihren Stärken und aktuellen Beziehungen gefördert werden, entwickeln sie genügend Sicherheit, um ihre Entwicklungsaufgaben anzugehen, eine allfällige Blockierung aufzulösen und sich vor Retraumatisierungen zu schützen.

Die retrospektive Bearbeitung des schweren Missbrauches wird häufig in drei Phasen unterteilt, welche in verschiedenen Therapieausrichtungen unterschiedlich bezeichnet werden. In Anlehnung an z. B. Reddemann (2001) bezeichnen wir hier diese Phasen als »Stabilisierungsphase«, »Phase der Traumakonfrontation« und »Integrationsphase«.

In der ersten Phase stehen die Stabilisierung und der Aufbau der therapeutischen Beziehung im Vordergrund. Bei Kindern und Jugendlichen wird hier meistens an lebensrelevanten Themen des sozialen Alltags wie Schule, Familie und Peergruppe gearbeitet. Förderung von sozialen Fertigkeiten, Aufbau von Bewältigungsstrategien und ein Zurückgewinn der emotionalen Stabilität sind hier entscheidende Momente. Es zeigt sich nicht selten, dass diese Stabilisierung in der Therapie mit betroffenen Kindern und Jugendlichen nicht nur in der ersten Phase, sondern während der gesamten Behandlung stark im Vordergrund steht. Die Bewältigung der anstehenden Entwicklungsaufgaben zeigt sich im Kindes- und Jugendalter von so zentraler Bedeutung, dass sie häufig kaum Raum lassen für die vertiefte Auseinandersetzung mit Vergangenem. Auch wenn zu Beginn der Therapie die Bearbeitung des Traumas noch nicht im Vordergrund steht, empfiehlt es sich für den Therapeuten bzw. die Therapeutin in Fällen, in denen bereits aufgedeckter Missbrauch oder Misshandlung als Anmeldungsgrund angeführt wurden, beim Kennenlernen des Kindes die traumatisierenden Ereignisse zu erwähnen. Es soll für die betroffenen Kinder und Jugendlichen klar sein, dass die Therapeutin (männliche Form ist mitintendiert) Bescheid weiß, und dass in einer späteren Phase der Therapie eine Arbeit an dem Erlebten möglich ist. Im Sinne des *informed consent* (der informierten Einverständniserklärung) sollen auch kleinere Kinder bereits auf kindgerechte Weise erfahren, worum es in der Behandlung geht. Gleichzeitig wird ihnen vermittelt, dass sie selbst das Tempo bestimmen und die Auseinandersetzung nicht forciert wird. Wenn zu Beginn der Behandlung ein Schweigen über den Anmeldungsgrund gewahrt wird und Erlebtes später gar nicht oder allenfalls symbolisch zum Ausdruck kommt, kann der Tabuisierung in der Therapie unbeabsichtigt Vorschub geleistet werden.

In der zweiten Therapiephase wird bei einer entsprechenden Bereitschaft der Betroffenen die Traumaexposition empfohlen. Während bei Erwachsenen hier die Möglichkeiten der aktiven und direkten Auseinandersetzung anhand von verschiedenen therapeutischen Techniken im Vordergrund stehen, erfolgt bei Kindern meist eine spielerische Verarbeitung. Erfahrungen zeigen, dass Kinder das Erlebte auch verbal durchaus formulieren und benennen können, dies jedoch meist auf eher punktuelle und bruchstückhafte Art und Weise. Kurze, von Empathie getragene Gesprächssequenzen helfen hier, das Erlebte als benennbar einzustufen und so einer Tabuisierung und Abspaltung aus der eigenen Geschichte entgegenzuwirken. Bei Jugendlichen besteht häufig das Bedürfnis, das Erlebte zunächst einmal nur »abzuladen«. Die reine Mitteilung genügt ihnen, das Ausgesprochene dient als Basis für die Festigung der therapeutischen Beziehung. Eine reguläre Verarbeitung im eigentlichen Sinne kann in diesen Fällen erst im Erwachsenenalter erfolgen. Sowohl bei Kindern als auch bei Jugendlichen soll die Therapie ein Ort sein, an dem sowohl Schweigen als auch Aussprechen erlaubt sind. Die Therapeutin schafft einen Rahmen, in welchem sie immer wieder die Bereitschaft, Offenheit und Sicherheit signalisiert, sodass erneut Bruchstücke des Erlebten thematisiert werden können. Ebenso wie ein verfrühtes und forciertes Drängen zur Verarbeitung muss die Therapeutin vermeiden, durch ein totales Verschweigen und Aussparen des Themas mit dem Kind in der Tabuisierung zu »kollaborieren« – eine Gratwanderung, bei welcher das therapeutische Handeln immer wieder inter- und supervisorisch zu reflektieren ist. Da das Kind auch in der Therapie einen Reifungsprozess erfährt, empfiehlt es sich, das spielerische oder verbale Angebot zum Gespräch über die vermiedenen Inhalte altersgerecht in verschiedenen Therapiephasen wieder aufzugreifen.

Die Therapeutin sollte hier ein gesundes Gleichgewicht zwischen Betroffenheit und Distanzierung zeigen, da das Kind oder die Jugendliche die Therapeutin bei zu starker Betroffenheit »schont« und der Faden des Mitgeteilten sofort abreißt. Das Kind soll spüren, dass die Therapeutin den Schrecken des Erlebten mitfühlen kann, jedoch gleichzeitig die emotionale Stärke ausstrahlt, das Unbenennbare und Schambesetzte mit dem Kind zusammen ans Licht befördern und ihm auch standhalten zu können.

Die dritte Phase wird als die Phase der Integration bezeichnet, wobei die Betroffenen die erlebten Traumata in ihre gesamte Erlebens- und Gefühlswelt integrieren. Die Behandlung von Kindern und Jugendlichen zielt immer primär auf die Sicherstellung der Entwicklung und Förderung der Ressourcen zur Bewältigung des Alltags ab mit dem Ziel, die erforderliche Reifung und Integration in Familie, Schule und Gleichaltrigengruppe zu gewährleisten. Durch die Phase der Integration nach erlebten Traumata wird das Kind oder der Jugendliche wieder fähig, die weiteren Entwicklungsschritte autonom bzw. mit Unterstützung des gewohnten sozialen Umfelds vorzunehmen.

Eltern in Not – Wenn Jugendliche gewalttätig werden

Rochelle Allebes

Erziehung als Aufgabe, vor 50 Jahren und jetzt

Vor 50 Jahren wurde Erziehung als eine Aufgabe gesehen, die vor allem neue Einsichten über Hygiene und gesunde Ernährung zu berücksichtigen hatte. So trugen viele Mütter, passend zu ihrer Tätigkeit, zu Hause als Arbeitskleidung eine Schürze. Erziehung war eine Einbahnstraße, das Kind war Objekt. Alle Mittelschichteltern lasen die gleichen Handbücher. Auch wenn man sich nicht genau an deren Vorschriften hielt, waren sie der Orientierungspunkt für elterliches Verhalten. Die Kindheit wurde nach dem Zweiten Weltkrieg als Schonraum konzipiert. Kinder lebten in ihrer Spielwelt und wurden nur langsam in die Erwachsenenwelt eingeführt. Die Distanz zwischen Eltern und Kinder war klar, Gehorsam und gute Manieren waren wichtige Ziele der Erziehung.

Heute sind die Anforderungen an Eltern ganz andere: Die Einbahnstraße hat einer feinfühligen Abstimmung zwischen Eltern und Kindern Platz gemacht. Das Kind ist Subjekt, die Verantwortung für diese subtile Wechselwirkung liegt bei den Eltern. Bücher über Erziehungsthemen gibt es in einer umwerfenden Vielfalt, und sie bringen oft eher Verunsicherung als den ersehnten Rückhalt für den Alltag.

Die Beschleunigung in den verschiedenen Lebensbereichen macht sich auch in der Erziehung bemerkbar: Von der einen Generation zur nächsten ändern sich die Regeln, Eltern können kaum auf Erfahrungen mit der eigenen Erziehung zurückgreifen und sind dadurch sehr auf sich gestellt.

Die Kinder- und Jugendzeit dauert, je nach gesellschaftlicher Schicht, immer länger. Sie könnte als ein »durchlöcherter« Schonraum bezeichnet werden: Die Erwachsenenwelt ist omnipräsent, der öffentliche Raum ist verbaut und besetzt, die Medien gehören zum Alltag und breiten sich bis in das Kinderzimmer aus. Kinder werden schon früh als Konsumenten angesprochen.

Gleichzeitig werden die Grenzen zwischen Erwachsenen- und Kinderwelt immer unklarer, die Distanz zwischen Eltern und Kindern kleiner. Gehorsam hat einer Verhandlungskultur Platz gemacht, die beide Parteien immer wieder überfordert.

In einem Vortrag über Erziehung früher und jetzt bei der Tagung »Ist gute Erziehung lernbar?« an der Universität Zürich 2008 hat Jürgen Oelkers, der Allgemeine Pädagogik lehrt, dargestellt, dass für pädagogische Nostalgie kein Anlass besteht:

> »Kinder haben früher nicht besser gelebt, etwa weil die Welt einfacher war oder die Verhältnisse überschaubarer. [...] Es gab zu keinem Zeitpunkt der Erziehungsgeschichte heile Welten, die immer nur als schöne Bilder vorhanden waren [...]. Die moderne Pädagogik nimmt an, dass ›gute Erziehung‹ lernbar sei. Herausfinden muss man es allerdings selbst. Keine Erziehung wiederholt sich, und kein Blick in die Vergangenheit liefert eine Garantie für die Zukunft. Eher erfährt man, was man nicht tun sollte oder nicht mehr tun kann. In diesem Sinne steckt auch in der Geschichte der Erziehung etwas Tröstliches« (Oelkers 2008).

Eltern unter Druck

Ent-Täuschungen haben immer etwas mit Erwartungen zu tun: Eltern haben die Neigung, unrealistische Erwartungen sowohl an sich als auch an ihre Kinder zu stellen und werden dann enttäuscht und verunsichert. Eine Ursache dafür ist, dass Erwachsene wenig Erfahrung mit Säuglingen und kindlichen Bedürfnissen haben. Mit ihrem ersten Kind halten immer mehr Eltern zum ersten Mal ein Kind in den Armen und sind schon einige Wochen später aus der Bahn geworfen, wenn sie merken, dass ihre Vorstellungen vom »Projekt Kind« nicht mit der Realität übereinstimmen. Das Kind wird manchmal als »Alien«, als fremdes, unvertrautes Wesen empfunden.

Feinfühligkeit und intuitive elterliche Fähigkeiten sind zwar gefragt, aber nicht selbstverständlich von Anfang an vorhanden. Die Frage drängt sich auf, ob man als Mutter oder Vater »gut genug« ist, und »nicht gut genug zu sein« ist ein Tabu.

Eltern geraten so leicht in einen Teufelskreis (s. Abb.).

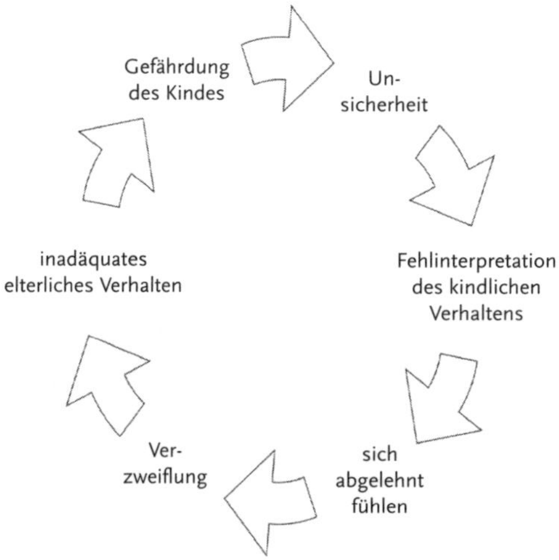

Abb.: Teufelskreis bei Verunsicherung der Eltern

Faktoren, die hilfreich oder auch gefährdend für das Gelingen von Familien sein können

Eine Familie ist immer eine interkulturelle Angelegenheit. Beide Eltern bringen ihre eigene Geschichte, Vorstellungen und Erfahrungen mit, die oft nicht ausführlich besprochen werden, sondern eher diffus vorhanden sind. Jeder möchte alles ebenso gut, besser oder gerade ganz anders als die eigenen Eltern machen, je nach eigener Erfahrung als Kind. Wichtig bei der Unterstützung von jungen Eltern ist, je nach konkreter Situation Vergangenheit und Jetzt zu entwirren: die Stimmen, die mitreden wollen, zu identifizieren und gemeinsam zu entscheiden, was man von ihnen lernen möchte und wo man eigene Wege gehen will.

Neue Eltern müssen lernen, auf die Signale des Babys zu achten und adäquat darauf zu reagieren. Die Interpretation der kindlichen Ausdrucksformen ist für viele nicht einfach in einer Gesellschaft, die sehr auf Sprache ausgerichtet ist. Sprachlosigkeit macht Angst und verunsichert. Beide Eltern müssen Selbstvertrauen im Umgang mit ihrem Kind entwickeln und positive Erfahrungen machen können.

Ein Kind ist kein unbeschriebenes Blatt, es bringt von Anfang an Eigenschaften und Kompetenzen mit, die das Leben mit ihm für seine Eltern erschweren oder auch erleichtern können. Wichtige Faktoren sind Gesundheit, Temperament, soziales Verhalten (Blickkontakt, Lächeln) und Intelligenz. Wie passt dieses Kind zu den Eltern oder zu der bestehenden Familie? Wird es als dazugehörend oder eher als »Kuckucksei« empfunden? Diese Einschätzungen haben auch wieder mit Erwartungen, Zuschreibungen und Bedürfnissen zu tun, die geklärt werden sollten.

Remo Largo beschreibt in seinem Buch *Kinderjahre* (1999) das Zürcher Fit-Konzept, das eine Übereinstimmung zwischen dem Kind und seiner Umwelt anstrebt. Es geht hier vor allem um die drei Bereiche Geborgenheit, soziale Anerkennung des Kindes als Person und die vorhandenen Entwicklungsmöglichkeiten für das Kind.

Die Eltern müssen lernen, einander zu unterstützen und zusammenzuarbeiten. Die erste Konfrontation mit der neuen Realität geht aber oft vor allem mit Erschöpfung einher. Sie ist nicht zu unterschätzen und hat einen Einfluss auf andere Fähigkeiten. Chronische Konflikte in der Partnerschaft, Gewalt zwischen den Eltern, dauernde Gefühle von Unsicherheit und Hilflosigkeit gefährden die kindliche Entwicklung (siehe auch Inge Seiffge-Krenke in diesem Band).

Die soziale Vernetzung der Eltern im Freundes- und Verwandtenkreis, im Quartier, in der Kirchengemeinde oder im Vereinsleben ist für die Entwicklung von Selbstvertrauen in der neuen Rolle mitentscheidend. Vernetztsein heißt, dass man Austausch- und Unterstützungsmöglichkeiten hat. Dazu ist es auch Vorbildverhalten: Kinder erfahren und lernen, wie man Kontakte knüpft und unterhält. Dieses Wissen können sie später in der Schule, in der Freizeitgestaltung und in der Peergruppe umsetzen.

Die materiellen Rahmenbedingungen spielen für Familien eine große Rolle. Armut, sowohl absolute als auch relative, ist ein klar erschwerender Faktor, wenn es um Beziehungen geht. Die Platzverhältnisse in der Wohnung, die Situation im Quartier (Infrastruktur, Verkehr, konkrete Entlastungsangebote) können hilfreich oder auch belastend für die Entwicklung von Kindern und Familien sein.

Schließlich gibt es gesellschaftliche Bedingungen, die sich auf das Familienleben auswirken: die soziale Position der Eltern, Arbeit oder Arbeitslosigkeit und die vorherrschende Ideologie bezüglich Elternschaft und Erziehung. Die Ideologie drückt sich in Gesetzgebung, (fehlender) Unterstützung für Eltern und in Bildern von »guten Eltern« aus. Solche Bilder setzen sowohl Eltern als auch Helfersysteme unter Druck und bilden den Hintergrund für familienpolitische und vormundschaftliche Entscheidungen. Die heute vorherrschende Ideologie vermittelt, dass gute Eltern selber, mit wenig Hilfe, ihre Kinder aufziehen sollten. Es wird in Extremsituationen viel Geld und Energie darauf verwendet, diesem Modell so nahe wie möglich zu kommen.

Eltern, die diese Rolle nicht ausüben können oder wollen, haben in diesem Modell keinen Platz. Sie werden von wohlgesinnten Helfern dazu aufgefordert, immer wieder um ihre Kinder zu kämpfen und zu zeigen, dass sie als Mutter oder Vater genügen. Das Kindeswohl, das offiziell immer zuerst kommen sollte, gerät dabei schnell in den Hintergrund. Dabei wäre es im Interesse aller Beteiligten, unrealistische Idealvorstellungen in konkreten Situationen aufzugeben, damit Lösungen, die das Kindeswohl wirklich ins Zentrum stellen, angestrebt werden können.

Die kindliche Entwicklung wird durch alle oben beschriebene Faktoren, die sich gegenseitig verstärken, stark beeinflusst. Wenn wichtige Ressourcen verloren gehen, nimmt auch das Risiko von Kindsmisshandlung zu (siehe Flury Sorgo in diesem Band).

Risikofaktoren für die kindliche Entwicklung wurden in den letzten 30 Jahren gut erforscht. Corinne Wustmann (2004) bezeichnet als schwerwiegende Risikofaktoren traumatische Erlebnisse wie Gewalttaten, sexuellen Missbrauch, Kriegs- und Terrorerlebnisse, Naturkatastrophen usw.

Der »Family Adversity Index« von Rutter und Quinton (1977), ein empirisch gut abgesichertes Instrument, nennt folgende Faktoren: eine psychische Erkrankung der Hauptbezugsperson, kriminelles oder dissoziales Verhalten eines Elternteils (inklusive Neigung zur Gewalt), Vater ohne qualifizierten Schulabschluss oder ohne Berufsausbildung, einen alleinerziehenden Elternteil, eine kritisch gespannte Partnerschaft, vier oder mehr Kinder in einer Familie, beengte Wohnverhältnisse, Fremdunterbringung des Kindes (gemeint ist eine längere Abwesenheit des Kindes, z. B. während eines Klinikaufenthalts).

Es gibt strukturelle, unveränderbare und variable Faktoren. Letzte können durch Interventionen oder auch über die Zeit ihre Auswirkung verlieren. Außerdem stehen die Risikofaktoren in einer Wechselwirkung mit Schutzfaktoren; Wustmann (2004) unterteilt sie in personale (beim Kind und bei den Eltern), soziale (in der Familie und den Bildungsinstitutionen) Ressourcen und in Faktoren im weiteren Umfeld (Ebene des Lebensumfeldes, der kommunalen und gesellschaftlichen Einflüsse).

Wichtige Komponenten im Erziehungsalltag

Eltern sind gezwungen, ihre Erwartungen an sich selbst, an ihr Kind und an die Situation laufend in Einklang mit den realen Möglichkeiten und Bedürfnissen zu bringen.

> Ein ganz banales Beispiel: Ich gehe zum ersten Mal mit meinem zweijährigen Sohn in den Zoo und freue mich sehr, ihm alle Tiere, die ich früher als Kind so imposant fand, zu zeigen. Er interessiert sich aber viel mehr für die Straßendeckel und die verschiedenen Steine auf dem Fußweg ...

Eltern sollten die kindlichen Bedürfnisse wahrnehmen, das Kind mit seinen Stärken und Schwächen anerkennen, aber auch Zeit und Raum für sich beanspruchen und Respekt für sich verlangen. Ohne Selbstrespekt ist es schwierig, seinem Kind mit Respekt zu begegnen. Eltern mit wenig Selbstvertrauen sind eher gefährdet, ihre Kinder zu misshandeln. Sie fühlen sich durch das kindliche Verhalten schnell als Person infrage gestellt oder abgelehnt und geraten dann in eine negative emotionale Spirale. Gefragt ist also ein positives, angemessenes Engagement für das Kind in Kombination mit Gelassenheit und Humor.

Neben der Befriedigung von kindlichen Grundbedürfnissen sind zuverlässige Bindungen an Erwachsene wichtig, damit Kinder sich entwickeln. Dazu Peter Fonagy (2003, S. 16): »Die emotionale Beziehung wird zur Bindungsbeziehung, wenn der Einzelne Sicherheit oder Trost daraus zu schöpfen sucht.« Eltern, die »gut genug« sind, bieten ihren Kindern Sicherheit und Anregung und sind für sie vertraut, verlässlich und verfügbar (Simoni 2007).

Dazu braucht es die Fürsorge und die Feinfühligkeit der Bezugsperson und ihre Fähigkeit, die eigene mentale Verfassung zu reflektieren (siehe Karin Grossmann in diesem Band). Selbst braucht diese Person auch soziale und emotionale Unterstützung.

Elterliche Präsenz

Gegen Ende des letzten Jahrhunderts hat sich die Erforschung von effektiven Erziehungsstilen – im Hinblick auf Erziehungsverhalten, das die Entwicklung von Leistungs- und Gemeinschaftsfähigkeit, aber auch das physische und psychische Wohlbefinden von Kindern am ehesten fördert – intensiviert.

Die Erziehungsstilforschung wurde Ende der 1930er-Jahre durch den Sozialpsychologen Kurt Lewin begründet. Er formulierte den Unterschied zwischen autoritärem, Laisser-faire- und demokratischem Erziehungsstil. Der demokratische Stil wurde später als autoritativ bezeichnet (Baumrind 1991; Schneewind u. Böhmert 2009). Diana Baumrind entwickelte ein Modell aufgrund der zwei Dimensionen »Lenkung« (Kontrolle) und »Responsivität«. Sie definierte so vier verschiedene Erziehungsstile, von »autoritär« bis »antiautoritär«, die durch andere Forscher weiter differenziert wurden. Einen Überblick über die Erziehungsstilforschung gibt Liebenwein (2008).

Laut Klaus Schneewind (2010) brauchen Eltern genügend Selbstrespekt, ein Wertebewusstsein, Lebenswissen und gekonntes, angemessenes Handeln in der Situation, um kompetente Erzieher zu sein. Gegen die beiden Modelle »Freiheit ohne Grenzen« (antiautoritär) und »Grenzen ohne Freiheit« (autoritär) stellt er sein Modell »Freiheit in Grenzen« (ähnliche Ideen hatte Rousseau bereits 1762 in seinem Buch *Émile, oder Über die Erziehung* geäußert) oder die autoritative Erziehungshaltung. Hier geht es um eine liebevolle, respektvolle und ermutigende Haltung, verbunden mit Erwartungen, Forderungen, dem Setzen von Grenzen und dem Einfordern von Konsequenzen. Die Kinder können innerhalb dieses sicheren Rahmens dann eigene Erfahrungen sammeln und Selbstverantwortung lernen.

Gemäß Forschungsergebnissen von Schneewind (2010) weisen Kinder und Jugendliche, die in einem autoritativen Elternhaus aufwachsen, Eigenschaften wie Selbstvertrauen, Leistungsbereitschaft, Eigenständigkeit, psychosoziale Reife und Selbstkontrolle auf. Dieser Stil hat nachweisbar eine positive Auswirkung sowohl auf die kindliche Entwicklung als auch auf die Schulleistungen, und er ist lernbar. Mit dem Manual *Freiheit in Grenzen – Begründung eines integrativen Mediationskonzepts zur Stärkung elterlicher Erziehungskompetenzen* (Schneewind u. Böhnert 2009) wird ein solcher Erziehungsstil in Elternkursen vermittelt.

In Beratungsstellen für Eltern, wie dem Elternnotruf in Zürich, reden wir von »elterlicher Präsenz« und bemühen uns, Eltern in ihrer Haltung zu stärken. Elterliche Präsenz wird von Omer und von Schlippe (2002, 2004) in vier Dimensionen beschrieben, die an ihren positiven Polen folgende Botschaften vermitteln: eine räumliche

Dimension mit der Botschaft: »Ich bin da!«, eine zeitliche Dimension: »Ich nehme mir Zeit für dich«, eine strukturelle Ebene: »Regeln gelten«, und die der Beziehung: »Ich bin und bleibe deine Mutter/dein Vater«.

Konkret heißt das, dass Eltern informiert sind, wo sich ihr Kind befindet, mit wem und bis wann. Sie sollten auch wissen, wie es in der Schule oder an der Lehrstelle zugeht. Interesse zeigen am Kind gehört auch dazu: Welche Musik hört es gerne und wieso? Was ist los in seinem Leben, wie geht es ihm? Nach der Primarschule müssen sich Eltern aktiver um diese Informationen und um Kontakte mit anderen Eltern bemühen [laut Duden »Primärschule« = »*schweiz. für* Volksschule, Grundschule«].

Sich Zeit nehmen ist nicht unbedingt gleichzusetzen mit anwesend sein. Es gibt andere Möglichkeiten, in Kontakt zu bleiben: eine SMS, einen Anruf, einen Zettel am Boden. Es geht um Beziehungspflege einerseits und um so viel Kontrolle wie nötig anderseits.

Elterncoaching ist eine Form der Unterstützung von Eltern mit dem wichtigen Ziel, die elterliche Präsenz wiederherzustellen und zu stärken (Omer 2001). Es geht darum, das Selbstvertrauen von Eltern zu festigen, sie dabei zu unterstützen, Regeln zu installieren und, wenn nötig, Konsequenzen umzusetzen. Elterliche Kooperation ist ein wichtiger Faktor, und es braucht oft eine Portion Hartnäckigkeit, damit eine minimale Zusammenarbeit im Interesse des Kindes zustande gebracht wird. In unserer Kultur sind es hauptsächlich die Eltern, die für ihre Kinder zuständig sind: »Außenstehende« haben große Hemmungen, etwas zur Situation in anderen Familien zu sagen. Niemand möchte beschuldigt werden, sich einzumischen ...

> Vor einigen Jahren habe ich in einem Freibad in Zürich folgende Szene beobachtet: Ein kleines Kind lief in das immer tiefer werdende Wasser. Rundum entstand eine Art von Hektik: Man suchte die Mutter ...

Eltern brauchen Ermutigung, sich zu vernetzen, die Situation in ihrer Familie zu thematisieren und, wenn nötig, um tatkräftige Unterstützung zu bitten. Bestehende Kontakte (zu Patentante oder -onkel, Freundinnen, Nachbarn) können manchmal aktiviert, neue geknüpft werden.

Immer früher kommt das Alter, in dem Kinder ihre Eltern davon abhalten wollen, sich zu informieren oder Kontakt mit anderen Eltern aufzunehmen, z. B. wenn es um eine Party mit Übernachtung geht. *Das* Argument ist: »Das ist peinlich!!« Moderne Eltern wollen sicher nicht peinlich sein oder ihre Kinder bloßstellen.

Beratungsstellen wie der Elternnotruf in Zürich bieten Eltern, die überfordert sind oder Erziehungsprobleme haben, 24 Stunden am Tag telefonische Beratung an. Oft genügt ein Beratungsgespräch am Telefon, und wenn nicht, laden wir die Eltern zur Beratung oder in die Therapie ein. E-Mail-Beratung und begleitete Gruppen gehören auch zum Angebot. Die angesprochenen Themen sind vielfältig: alltägliche Erziehungsprobleme, Überforderung in bestimmten Situationen, eine entgleisende Beziehung bis hin zu Gewalt zwischen Eltern und Kindern.

In dem folgenden Beispiel spielen einige der oben erwähnten Themen eine Rolle.

Fallbeispiel: Maria und Marc

Maria F. meldet sich zur Gruppe »Mächtige Jugendliche, ohnmächtige Eltern« an, die ich zusammen mit einem Psychologen von der Jugendberatung Zürich jedes Jahr durchführe. Sie brachte dort zwei Themen ein: Ihr 15-jähriger Sohn Marc wohnt seit anderthalb Jahren in einer begleiteten Wohngemeinschaft. Er ist an etwa drei Wochenenden pro Monat bei ihr, und dann kommt es regelmäßig zu eskalierenden Situationen. Sie möchte lernen, an den Wochenenden besser mit Marc umzugehen und sich als Mutter klarer durchzusetzen. Ein anderes Thema ist, ob sie sich dafür einsetzen soll/will, dass Marc in einem halben Jahr wieder zu ihr nach Hause kommt. Marc wurde durch seinen Beistand platziert, weil er sich zwischen den seit Jahren streitenden Eltern dauernd unter Druck fühlte, in der Schule zusehends schlechter wurde und seine Entwicklung gefährdet schien.

In der Gruppe gewinnt Maria mehr Selbstvertrauen. Sie fühlt sich durch die Gruppe unterstützt und lernt, Marc mit einer klareren Haltung zu begegnen. Nach Abschluss der Gruppe kommt sie zu mir in den Elternnotruf. Sie kann unser Angebot optimal nutzen: Unsere 24-Stunden-Erreichbarkeit ist für sie auch an den Wochenenden eine Stütze: Wenn sie nicht mehr weiterweiß oder die Situation eskaliert, kann sie anrufen.

Wir erarbeiten in 22 Sitzungen über einen Zeitraum von zweieinhalb Jahren folgende Themen:

- Die Gewaltdynamik zwischen ihr und Marc: Es geht um Macht und Ohnmacht, um Fehlinterpretation von Verhalten und um Verwöhnung.

Was teilt sie Marc mit, wenn sie nach einem großen Krach doch wieder fein für ihn kocht? Maria: »Ich habe dich trotzdem gern …«. Und wie könnte Marc es auffassen? Vielleicht so: » Sie reagiert gar nicht auf mich, ich komme gar nicht an, was soll ich noch machen?«

Eines Tages erzählt mir Maria in einem Nebensatz, dass sie Marc immer noch einen Apfel zum Zvieri [Nachmittagsimbiss] schält und in Stückchen schneidet. Dieses Verhalten wird nun gemeinsam reflektiert: Ist es nicht ein Ausdruck davon, dass sie ihn immer noch als ihren kleinen Jungen sieht? »Muss« er ihr dann zeigen, dass das Bild nicht mehr stimmt, dass er groß ist (15), ein junger Mann und stark? Damit sind wir thematisch nah an der immer wieder vorkommenden Gewalt. (Marc wohnt inzwischen wieder bei der Mutter.) Diese für Maria wichtige Sitzung nannten wir, immer wenn es um das Thema Verwöhnung ging, nachher die »Apfelschnitzsitzung«.

Verwöhnung wird von Jürg Frick (2005) als eine Form von Kindsmisshandlung definiert. Sie beinhaltet ein Übermaß an Entlastung, Besorgnis, Behütung und eventuell auch Geschenke, zusammen mit einem Mangel an Ermutigung, Forderung und Grenzsetzung. Verwöhnung unterschätzt das Kind, macht es klein und erschwert Entwicklung.

- Schöne und gute Momente in der Beziehung zwischen Maria und Marc gibt es auch, vor allem dann, wenn sie ihn nicht wegen der Hausaufgaben oder nächtlicher Ausflüge unter Druck setzen oder kontrollieren muss. Diese Momente erleben sie meistens in Ferien, die sie gemeinsam verbringen.

Die Analyse der guten Zeiten gibt manchmal viel Information und ermöglicht ein Lernen durch Erfolg. In diesem Fall ist das für den Alltag nur bedingt möglich, sie vermittelt aber das Gefühl, dass eine gute Beziehung möglich ist.

- Die Konflikte zwischen Maria und ihrem Exmann, dem Vater von Marc: Die Eltern sind schon lange nicht mehr imstande, direkt miteinander zu reden. Am Anfang überbringt Marc immer wieder Botschaften und wird zum *go-between.*

Ein wichtiges Ziel ist, Marc aus dieser Rolle zu befreien und eine minimale Zusammenarbeit zwischen den Eltern zu ermöglichen. Da ich nur Kontakt mit Maria habe, sind die Möglichkeiten begrenzt.

In der 14. Sitzung ist Maria ganz aufgeregt und wütend auf Marcs Vater: Es ist Dezember, im November hatte die Schule beiden Eltern mitgeteilt, dass Marc so viele Einträge habe, dass er von der Schule zu fliegen drohe. Am letzten Novemberwochenende war Marc beim Vater, und der hatte ihm 50 Franken versprochen, wenn er im Dezember keine Einträge hätte. Maria ist wütend, sie hat das Gefühl, dass der Vater jetzt daran ist, ihren Erziehungsstil zu untergraben und Marc zu »kaufen«. Für mich ist das ein heikler Moment in der Beratungsbeziehung, aber auch eine gute Gelegenheit, ihren Blick auf Marcs Vater zu mildern. Auf meine Nachfrage hin wird klar, dass Marc jetzt schon zwei Wochen lang keine Einträge mehr hat. Die Abmachung scheint also zu funktionieren, Maria schien das aber schwer akzeptieren zu können. Ein Reframing löst das Dilemma: Ich formulier meine Fantasie, dass es Marc möglich ist, so sein Gesicht den Schulkameraden gegenüber zu wahren. Er verbessert sein Verhalten, weil er dafür Geld bekommt, nicht weil er weniger cool geworden ist. So konnte er seine Zugehörigkeit zu seiner Peergruppe aufrechterhalten und in der Schule bleiben ... Vielleicht hat der Vater jetzt zum ersten Mal eine wirksame pädagogische Maßnahme eingesetzt, er macht sich offenbar Gedanken über Marc.

Für die nächsten Ferien organisiert der Vater einen Job für Marc und zeigt damit, dass die Geschichte mit dem Geld keine einmalige Aktion ist. Marias Haltung beginnt, sich zu ändern. Wir können jetzt die Frage, ob sie das Zusammenleben mit Marc aushalten kann und will, auch anders angehen. Ihre eigene Zukunftsplanung kommt mehr ins Blickfeld, sie ist ja nicht nur Mutter.

Nach der nächsten Entgleisung wird Marc durch den Beistand probeweise beim Vater platziert, der mehr Struktur gibt, strenger ist und Marc auch kontrolliert. Maria setzt sich mit der neuen Situation auseinander und stimmt nach einem Monat zu, diese Platzierung für die nächsten Jahre beizubehalten. Der Vater organisiert für Marc eine Schule in seiner Nähe. Der Kontakt zu den Freunden reduziert sich dadurch. Nach einigen Monaten steigt Marc eine Schulstufe auf.

Maria muss sich an ihre neue Rolle als Wochenendmutter gewöhnen. Ihre Beziehung zu Marc entspannt sich schnell. Sie muss ihn nicht mehr so unter Druck setzen und kann klarer sein: Nach einem Streit am Telefon teilt sie Marc mit, dass sie ihn am Wochenende nicht bei sich haben wolle und dass er seinen Ton ändern müsse. In den nächsten Monaten benimmt Marc sich dann sehr respektvoll.

- Maria entscheidet sich nach zweieinhalb Jahren, noch einmal eine Einzeltherapie bei einer früheren Therapeutin in Anspruch zu nehmen, um ihre persönlichen Themen zu bearbeiten und ihre Zukunftsplanung anzugehen.

Außer dass die Beziehung zwischen Maria und Marc entspannter und gewaltlos ist, ist es eine wichtige Wirkung des Beratungsprozesses, dass eine minimale Zusammenarbeit zwischen den Eltern zustande kommt. Wenn sie gelingt, sind die Entwicklungsmöglichkeiten der Kinder in den meisten Fällen viel besser.

Maria gelingt es, das zu tun, was für ihren Sohn am besten ist. Sie musste dafür die gesellschaftlichen und die eigenen Vorstellungen von einer »guten Mutter« überwinden, ihren Exmann trotz massiver Konflikte auf der Paarebene in seiner Rolle als Vater anerkennen lernen, ihre Rolle in der Interaktion mit Marc verstehen und ihr Verhalten ihm gegenüber ändern.

Es war ein manchmal schmerzhafter Prozess, der sich aber am Schluss für alle Beteiligten gelohnt und für Maria den Blick auf ihre eigene Zukunft geöffnet hat. Davon konnte schlussendlich auch Marc profitieren.

Gewalt von Kindern und Jugendlichen gegen ihre Eltern

Barbara Cottrell (2001, 2004) definiert die Gewalt von Kindern und Jugendlichen gegen ihre Eltern als

> »jedes Verhalten eines Kindes, das die Absicht hat, körperlichen, psychischen oder finanziellen Schaden zuzufügen, um Kontrolle über einen Elternteil zu bekommen.«

Die Prävalenz von Elternmisshandlung ist weltweit hoch: 9 bis 14 % aller Eltern erfahren durch ihre Kinder im Jugend – und jungen Erwachsenenalter (13–24) Gewalt (Cottrell 2004). Beim Elternnotruf Zürich hatten wir 2009 mit 164 Fällen zu tun (mit Kindern ab zehn Jahren), davon waren ca. 76 Knaben und 56 Mädchen. (Das Geschlecht wurde nicht immer erfasst.) Die Altersgruppe der 16-jährigen war mit 30 Jugendlichen am stärksten vertreten.

In den letzten Jahren werden Beratungsstellen wie der Elternnotruf immer häufiger mit Eltern konfrontiert, die das Verhalten ihrer Kinder als angsterregend empfinden. Oft wird die Situation jedoch zuerst bagatellisiert und verharmlost oder mit viel Verständnis für die eventuellen Ursachen beschrieben.

Das Verhalten wird als zur Pubertät (»Sturm und Drang«) gehörend und als irgendwie verständlich (»Er hat schon vieles erlebt/ Er hat wieder eine Absage bekommen/Sie ist in den falschen Freundeskreis geraten …«) dargestellt. Neben einer großen Unsicherheit darüber, welches Verhalten noch »im Rahmen« ist, spielen Gefühle von Scham und Schuld bei dieser Verharmlosung der Familiensituation eine Rolle. Es ist hilfreich für Eltern, wenn sie dabei unterstützt werden, »zweigleisig« zu fahren: Zu versuchen, ihre Jugendlichen zu verstehen, ist wichtig, aber keineswegs eine Entschuldigung für ihr Verhalten. Jay Haleys prägnante Aussage »Bad feelings are no reason for bad behaviour« (Haley 1997) ist hier manchmal hilfreich.

Verbale, psychische und physische Gewalt gegen Eltern ist nicht akzeptabel, ist Ausdruck von ver-kehrten Verhältnissen in der Familie und sollte klare Konsequenzen nach sich ziehen und gestoppt werden.

Gewalt gegen Eltern kommt in allen Schichten vor, aber vermehrt bei getrennt oder isoliert lebenden Familien. Eltern tendieren dazu, sich zu isolieren, wenn es in der Familie solche Probleme gibt. Sie machen sich damit zu »Verschworenen« der Kinder, weil sie so das Geheimnis der Gewalt mittragen. Das Herstellen von Öffentlichkeit – d. h. zum Beispiel, irgendjemandem zu erzählen, was zu Hause passiert – ist oft der erste wichtige Schritt, um die Gewalt zu stoppen (Cottrell 2004; Omer u. von Schlippe, 2004).

Fallbeispiel aus dem Elternnotruf

Der 16-jährige Sohn einer alleinerziehenden Mutter bekam regelmäßig Geld von seiner Großmutter, das er vor allem dazu verwendete, Haschisch für sich und seine Freunde zu kaufen.

> Er hatte seiner Mutter verboten, darüber mit seinem Vater oder der Großmutter zu reden. Weil seine Sprache und seine Haltung ihr gegenüber immer bedrohlicher wurden, getraute sich die Mutter lange Zeit nicht, dieses Geheimnis zu lüften. Erst als sie in einer Elterngruppe den nötigen Halt bekam, konnte sie dem Sohn sagen, dass sie sich verpflichtet fühle, die Großmutter zu informieren. Als sich ihre Haltung änderte, aufrecht und klarer wurde, änderte sich das Verhalten des Sohnes. Er zeigte wieder mehr Respekt vor ihr und hielt sich an die Regeln über Rauchen und Kiffen.

Eltern brauchen Unterstützung und viel Geduld. Das Thema ist mit Gefühlen von Angst, Scham und Schuld verknüpft. Wenn das Verhalten der Kinder nicht mit unmissverständlichen Konsequenzen (z. B. eine Anzeige) verbunden wird, ist es auch für die Kinder leichter, es zu verharmlosen, und das nächste Ereignis ist vorprogrammiert. Bei solchen Familien ist zeitweise eine 24-Stunden-Erreichbarkeit der Beraterin (oder des Teams) notwendig. Die Beraterin muss von sich aus den Kontakt aufrechterhalten und aktiv nachfragen. Sie sollte ohne moralisierende Haltung neben den Eltern stehen und Schritt für Schritt helfen, die elterlichen Kompetenzen wiederherzustellen.

Obwohl die Anforderungen an Eltern und Kinder groß sind, sollte jedoch nicht vergessen werden, dass die allermeisten Entwicklungen »gut genug« verlaufen, wenn sich auch nur *jemand* für das Kind oder den jungen Menschen interessiert. Urie Bronfenbrenner (zitiert in Wozniak 1992) hat es so formuliert:

»Someone has to be crazy about the child.«

Wege aus der Gewalt – am Beispiel der Stieffamilie

Bruno Hildenbrand

Übersicht

In diesem Beitrag beschäftigen wir uns mit der Frage, wie Strukturen sozialisatorischer Interaktion zu Quellen von Gewalt werden bzw. umgekehrt dazu beitragen können, Gewalt zu verhindern. Wir werden dieses Thema am Beispiel der Stieffamilie abhandeln. Es werden empirische Indikatoren für das Gewaltpotenzial in Stieffamilien, das erheblich höher ist als in Alleinerziehenden- und leiblichen Familien, vorgestellt. Abschließend wird gezeigt, auf welchen Wegen dieses Potenzial so nachhaltig beeinflusst werden kann, dass die Stieffamilie sich hinsichtlich der Gefährdung durch häusliche Gewalt gegen Kinder nicht mehr von der leiblichen Familie unterscheidet.

Liebe und Gewalt als zwei Seiten einer Medaille in Paar- und Familienbeziehungen

Familien sind durch zwei Typen von Beziehungen charakterisiert, die Paarbeziehung und die Eltern-Kind-Beziehung, die durch ein Bündel von Solidaritäten zusammengehalten werden. Das beginnt mit der *erotischen Solidarität*. Sie ist für die Paarbeziehung reserviert. Aus der Eltern-Kind-Beziehung ist sie notwendig ausgeschlossen und nicht nur verboten, sondern tabuisiert: Das heißt, dass an ihre Möglichkeit nicht einmal zu denken ist. Aber die *affektive Solidarität*, die *Solidarität hinsichtlich der Nichtaustauschbarkeit der Personen,* und die Tatsache, dass Eltern ihr Leben lang Eltern ihrer Kinder sind (und umgekehrt), sind strukturell konstitutiv für Eltern-Kind-Beziehungen ebenso wie für Paarbeziehungen.

Wer das nicht überzeugend findet und darauf verweisen will, dass Trennungen der Normalfall sind im Leben und Personen durchaus austauschbar, möge einmal nachdenken über die Wirkung von Sätzen wie: »Ich möchte immer mit dir zusammen sein, aber nur für die nächsten fünf Jahre« (Paarbeziehung), oder: »Ich bin von heute ab nicht mehr dein Vater« (Eltern-Kind-Beziehung). *Strukturell* sind solche Äußerungen nicht möglich, *empirisch* kommt, was sie bezeichnen, aber vor. Diesen Unterschied gilt es im Folgenden im Auge zu behalten.

Überall dort, wo drei zusammen sind, kommt es zu unvermeidlichen Strukturierungsprozessen, in denen es um Gegensätze geht – sei es, dass diese Gegensätze erzeugt, sei es, dass sie aufgehoben werden. Die elementare Zahl des Sozialen ist die Zahl 3. In der Familie heißt 3: Vater, Mutter und Kind, und in der Familie kommen die erwähnten Solidaritäten dazu, die verhindern, dass innerfamiliale Gegensätze zur unmittelbaren Auflösung dieses Gebildes führen. In diesem Beziehungsgeflecht, das bereits vor der Geburt des Kindes in Gestalt einer »Triade der Fantasie« (Bürgin et al. 1996) zu wachsen beginnt, bilden sich kontinuierlich 2:1-Konstellationen in wechselnder Zusammensetzung: Mutter + Kind: Vater; Vater + Kind: Mutter; Vater + Mutter (= Paar): Kind. Diese Konstellationen bedeuten jeweils Einschluss und Ausschluss gleichermaßen. Weil sie aber ständig wechseln, ist es nicht immer dieselbe Person, die ausgeschlossen ist. Anders formuliert: Ein Mitglied einer solchen Konstellation, die Elisabeth Fivaz-Depeursinge und Antoinette Corboz-Warnery (2001) die kooperative Allianz bzw. Familienallianz nennen, erlebt ständig Prozesse des Ein- und des Ausschlusses in wechselnden Konstellationen. Der Sohn hat eine andere Beziehung zur Mutter als zum Vater und umgekehrt, er lernt die Vielfalt dieser Beziehungen durch entsprechende Konstellationswechsel regelmäßig kennen, und er kann beobachten, wie die jeweils ausgeschlossene Person reagiert – zieht sie sich beleidigt zurück, greift sie ein, wo sie nichts zu suchen hat, schaut sie wohlwollend aus der Position der außenstehenden Dritten auf die Interaktion in der jeweils aktiven Dyade? Eine vierte Variante lautet: Alle drei in der Triade wirken zusammen. Elisabeth Fivaz-Depeursinge und Antoinette Corboz-Warnery machen von der Fähigkeit, in diesen vier Konstellationen zu agieren, abhängig, ob ein Kind gut gedeihen kann oder nicht. Ihren Beobachtungen zufolge können Kinder ab dem dritten Monat die vier Konstellationen identifizieren, wenn die Eltern bei der Herstellung der jeweiligen Allianzen kooperieren. Ab dem neunten Monat kann ein Kind aktiv in diesen Konstellationen interagieren – wiederum vorausgesetzt, den Eltern gelingt es, eine stabile trianguläre Struktur mit wechselnden Konstellationen zu schaffen.

Wo liegen nun die Quellen von Gewalt in der Familie? Nach Chloé Madanes wirkt bei der Gewalt in der Familie ein grundlegendes menschliches Dilemma (siehe Borst u. Lanfranchi in der Einführung zu diesem Band). Allerdings könnte die Formulierung »grundlegendes menschliches Dilemma« dazu verleiten, Gewalt in nahen Beziehungen als anthropologische Konstante und damit als unvermeidlich anzusehen. Wir vertreten in diesem Beitrag die Auffassung, dass es besondere strukturelle Rahmenbedingungen sind, die das Auftreten von Gewalt begünstigen.

Zu diesen besonderen strukturellen Rahmenbedingungen gehört neben der widersprüchlichen Einheit von Paar- und Familienbeziehungen das Dilemma von Verbundenheit und Ablösung. Einerseits ist die Familie eine Gruppe, die durch Solidaritäten strukturiert ist. Sie ist aber auch eine sich selbst auflösende Gruppe. Es wird erwartet, dass die Kinder sich vom Elternhaus ablösen und eine eigene Familie gründen. Hier finden Dramen statt (Stierlin 1980), und die Ambivalenz, die mit dieser Phase verbunden ist, kann sich gewalttätig entladen.

Schließlich ist die Gewalt in den Geschwisterbeziehungen zu erwähnen, die sich an Gerechtigkeitsfragen (wer bekommt was von wem wann?) entzünden und entsprechend entladen kann. Im landläufigen Verständnis sind es gerade jene affektiv hoch aufgeladenen Tage im Jahr, die in besonderer Weise ein Gewaltrisiko mit sich bringen, also Weihnachten. Hier präsentiert sich der affektive Rahmen des Paar- und Familienlebens in aller Macht:

> »Das Entzünden des Weihnachtsbaums hinter verschlossener Tür im Kreise der Kleinfamilie nun entsprach dem Bedürfnis nach Intimität und Abschließung nach außen, das kennzeichnend war für das bürgerliche Familienleben des 19. Jahrhunderts« (Weber-Kellermann 1977, S. 226).

Daran hat sich bis heute nicht viel geändert.

Wir kommen nun zur Definition von Gewalt, die in diesem Beitrag zugrunde gelegt werden soll. Wir beginnen mit der körperlichen Gewalt in der Familie. Gesellschaftlich hat sich in dieser Hinsicht ein Wandel vollzogen. 1850 wurde in Deutschland das gesetzliche Recht des Ehemanns, seine Ehefrau zu züchtigen, abgeschafft. Gemessen an der Dauer des Zivilisationsprozesses, liegt das nur eine kurze Zeit zurück. Vergewaltigung in der Ehe wird als Offizialdelikt seit 1997 anerkannt, und die Ausnahmeregelung für Verheiratete im § 177 des Strafgesetzbuches wurde gleichzeitig gestrichen. Was die Kinder betrifft, so wurde 1979 in Deutschland der Begriff »elterliche Gewalt« ersetzt durch den der »elterlichen Sorge«, und das Züchtigungsrecht der Eltern gegenüber ihren Kindern wurde abgeschafft.

Neben der körperlichen Gewalt gibt es noch andere Gewaltphänomene: Zu nennen wären traditionelle Geschlechterbeziehungen, bei denen der Mann schwankt zwischen »›verweiblichter‹ Zuneigung und ›Macho‹-Dominanz« (Goldner et al. 1992, S. 125). Wenn eine Frau sich diesem Arrangement widersetzt und selbstständig sein will, entsteht ein Machtkampf, der beim Mann den »Macho« hervorlockt, was in Gewalttätigkeit resultiert, schreiben die Autorinnen. Zur Gewalt in der Ehe und in der Familie gehört auch ökonomische Gewalt, die z. B. in der Annahme begründet ist, der Ehemann sei der »Ernährer« der Familie. Seit dem Code Napoléon ist jedoch das Einkommen des Familienvaters als Familieneinkommen definiert, weshalb von einem »Ernährer« nicht mehr die Rede sein kann. Andere Gewaltformen finden wir in spezifischen juristischen Regeln, die Ehefrauen im Fall von Scheidungen benachteiligen (Hildenbrand 2006a). Dazu kommen Prozesse in der Interaktion von Generationen, die für Lüscher und Liegle (2003, S. 285 ff.) grundsätzlich ambivalent sind. Insbesondere jene Typen von Generationenambivalenz sind gewaltträchtig, die Lüscher und Liegle als »Kaptivation« (das Ausharren in Uneinigkeit der Generationen) und als »Atomisierung« (die unversöhnliche Lossagung der einen von der anderen Generation) (ebd., S. 291) bezeichnen. Wir werden uns in diesem Beitrag auf die körperliche Gewalt beschränken und auf Strukturen aufmerksam machen, die gewaltreduzierend wirken.

Die Stieffamilie als riskanter Ort fürs Aufwachsen

Wäre die Zahl der Kinder, die vor dem Erreichen des vierten Lebensjahrs und nach dem Vollenden des ersten Lebensjahrs gestorben sind, gleichmäßig auf alle Familienformen verteilt, dann kämen die Kinder aus der Geburtenkohorte 1985 in Dänemark zu 92,1 % aus einer leiblichen Familie, zu 0,4 % aus Stieffamilien und zu 7 % aus Alleinerziehendenfamilien. Tatsächlich aber ist die Zahl der verstorbenen Kinder aus leiblichen Familien mit dem Faktor 0,89, aus Alleinerziehendenfamilien mit dem Faktor 1,5 und aus Stieffamilien mit dem Faktor 13,25 zu gewichten (Zahlen nach Dencik 2002). Es sterben also in leiblichen Familien weniger, in Alleinerziehenden mehr und in Stieffamilien deutlich mehr Kinder, als eine gleichmäßige Verteilung der Todesfälle auf diese drei Familienformen erwarten lassen würde.

Ebenso verhält es sich mit den Inobhutnahmen bei Kindeswohlgefährdung. Die Zahl der in Obhut genommenen Kinder aus leiblichen

Familien ist, bezogen auf die Gesamtzahl aller leiblichen Familien, mit dem Faktor 0,338 zu gewichten, auf Stieffamilien bezogen, mit dem Faktor 3,3 und, auf Familien Alleinerziehender bezogen, mit dem Faktor 1,76 (Engstler u. Menning 2003). Die Stieffamilie steht demnach an erster Stelle bei den Inobhutnahmen, es folgt mit großem Abstand die Alleinerziehendenfamilie, und schließlich sind die Kinder aus leiblichen Familien unterrepräsentiert.

Die als Nächstes vorzustellenden Zahlen zur Gefährdung von Kindern in Stieffamilien sind weniger gesichert, denn sie beruhen auf Einschätzungen (vgl. Hennon, Hildenbrand a. Schedle 2008 und die dort auf p. 171 zitierte Literatur): Stiefkinder unter drei Jahren erleiden siebenmal mehr eine nicht zum Tod führende Gewalt als Kinder, die bei leiblichen Eltern aufwachsen. Es gibt bei Behörden 40-mal mehr Gewaltmeldungen betreffend Stiefkinder als betreffend leibliche Kinder. Stiefkinder haben ein doppelt so hohes Risiko, ermordet zu werden. Das Risiko des Missbrauchs durch den leiblichen Vater liegt bei 1:50, durch den Stiefvater bei 1:6.

Und schließlich: Von 111 identifizierten Patienten aus Stieffamilien wird in 90 Fällen das Stiefkind als Problemkind genannt (Krähenbühl et al. 2001, S. 185). Sie gehören offenbar nicht dazu, und ihre Reaktion auf ihren prekären Status gegenüber ihren Stiefgeschwistern, die entweder aus einer anderen Familie stammen oder aus der Beziehung ihrer Mutter bzw. ihres Vaters mit dem neuen Partner bzw. der neuen Partnerin hervorgegangen sind, wird als »krank« oder »problematisch« etikettiert. In diesem Zusammenhang verwundert es auch nicht, dass Kinder aus Stieffamilien in der Kinder- und Jugendhilfe weit überrepräsentiert sind.

Im Anschluss an diese Zahlen zur Gefährdung von Kindern in Stieffamilien wagen wir die These, dass Kinder in Stieffamilien, verglichen mit Familien Alleinerziehender, insbesondere deshalb in einer riskanteren Situation leben, weil sie ihre Mutter mit einem Fremden teilen müssen, der leibliche Vater abwesend ist und weil dieses Arrangement nicht mit allen Beteiligten ausgehandelt wurde. Anders formuliert: Es handelt sich um ein strukturelles Problem in der Triade, genauer: um das Problem der Kollision unterschiedlicher Triaden.

Wenn nun aus der Betrachtung dieser Zahlen der Eindruck entsteht, dass die Stieffamilie aus der Sicht von Stiefkindern ein Ort des Grauens ist, dass das Märchen von der »bösen Stiefmutter« in neuer

Gestalt entsteht und jetzt der Stiefvater grundsätzlich der Böse ist, dann gilt es, dem vorab Einhalt zu gebieten. Eine Studie (Rutter 1994) hat gezeigt, dass 20 % der Kinder, die in einer Stieffamilie aufwachsen, psychotherapeutisch behandlungsbedürftig sind. Diese Zahl kann halbiert werden, wenn die Stieffamilien rechtzeitig beraten werden. Sie liegt dann bei 10 % und unterscheidet sich nicht mehr von der Rate psychotherapeutisch behandlungsbedürftiger Kinder aus Familien mit leiblichen Eltern. Dies sei vorangestellt, damit deutlich ist, dass Gewalt in der Stieffamilie nicht nur kein übliches Phänomen ist, sondern auch, dass es sich dabei weitgehend um ein vermeidbares Phänomen handelt. Die Frage, die wir im Weiteren zu beantworten versuchen, lautet also: Wie kann die Stieffamilie die bestehenden Risiken des Aufwachsens, vor allem bezüglich der Gewalt, weiter minimieren?

Gründe für die Risiken des Lebens in der Stieffamilie: Verweigern von strukturiertem Wandel

Die hauptsächliche Entwicklungsaufgabe von Stieffamilien besteht darin, für die durch Scheidung und Wiederverheiratung oder »Wiederverpartnerung« der Eltern entstehenden strukturellen Veränderungen eine Lösung zu finden. Die Frage lautet also: Welche Familiensituationen helfen Kindern, das Leben in einer Stieffamilie zu bewältigen?

Es sind sechs Schritte nötig, damit in einer Familie der Prozess von Trennung, Scheidung und Wiederverheiratung bewältigt werden kann:

- Verluste wurden betrauert, das heißt, die Beteiligten haben sich mit der Situation, die zur Entwicklung einer Stieffamilie führte, emotional auseinandergesetzt.
- Es bestehen realistische Erwartungen. Das heißt, dass die Idee, dass nun allen bewiesen werden muss, wie gut die Stieffamilie funktioniert, verworfen wird.
- Das neue Paar lebt zusammen, aber erst, nachdem die ersten beiden Schritte bewältigt sind.
- Es werden angemessene Rituale in der neuen Familie entwickelt.
- Es werden befriedigende Stiefbeziehungen gebildet. Das sind solche, mit denen alle Beteiligten einverstanden sind.
- Die beteiligten Haushalte (die jeweilige neue Familie der getrennten Partner) kooperieren (Visher, Visher a. Pasley 2003; ähnlich Krähenbühl et al. 2001, S. 65 ff.).

Visher, Visher und Pasley nehmen an, dass dieser Prozess ca. fünf bis sieben Jahre dauert. Krähenbühl et al. (2001) geben keine Zahlen an, betonen jedoch ebenfalls, dass dieser Prozess Zeit benötigt. Aus strukturaler Sicht betrachtet, sind nach dessen Durchlaufen folgende Punkte realisiert:

- Die gemeinsame Elternschaft der leiblichen Eltern *(coparenting)* ist eingerichtet.
- Der Stiefelternteil ist in angemessener Form in die Familie integriert.
- Der strukturellen Komplexität einer Stieffamilie wird die nötige Aufmerksamkeit zuteil (Visher, Visher a. Pasley 2003).

Wir gehen diese Punkte nun nacheinander durch.

Erfolgreiche gemeinsame Elternschaft der leiblichen Eltern *(coparenting)*

Unter gemeinsamer Elternschaft in einer Stieffamilie wird verstanden, dass die Eltern zwar als Paar getrennt sind, aber als Eltern gemeinsame Erziehungsverantwortung übernehmen. Dieses Arrangement ist das unmittelbare Resultat der strukturellen Kriterien der Unendlichkeitsfiktion und der Nichtersetzbarkeit der Personen. *Coparenting* gilt als Schlüssel zu einer für die Kinder günstigen Stieffamiliensituation. Für den jeweiligen Stiefelternteil hat das grundlegende Konsequenzen. Er wird von der Aufgabe entlastet, eine Elternfunktion auszuüben.

Vor allem für die Kinder hat die gemeinsame Elternschaft der getrennt lebenden leiblichen Eltern einen großen Vorteil, denn sie werden nicht in Loyalitätskonflikte verstrickt. Allerdings ist die gemeinsame Elternschaft für die Eltern sehr anspruchsvoll, denn es muss ihnen gelingen, im Umgang miteinander zwei Dinge auseinanderzuhalten: die Paarbeziehung, die gescheitert und beendet ist, und die Elternbeziehung, die auf unbegrenzte Zeit weiterwirkt. Entsprechend ist ein solches Arrangement eher die Ausnahme als die Regel. Für Deutschland liegen Zahlen vor, denen zufolge ein Drittel der Kinder, deren Eltern getrennt leben, keinen Zugang zum nichtanwesenden Elternteil hat. Ein weiteres Drittel sieht den getrennt lebenden Elternteil sporadisch, ein Viertel einmal im Monat, und nur ein Zehntel sieht den getrennt lebenden Elternteil mehrmals in der Woche oder täglich. Das bedeutet, dass nur bei einem Drittel der Kinder, die in der erwähnten Studie erfasst wurden, überhaupt die Voraussetzungen für die Entwicklung einer gemeinsamen Elternschaft auch bei Trennung der Eltern bestanden. Günstiger sehen die Zahlen in der Mittelschicht sowie dort aus, wo das Sorgerecht gemeinsam von den Eltern ausgeübt wird (Bien, Hartl u. Teubner 2002).

Besonders die abwesenden Väter gelten als Schwachstelle bei der Entscheidung für eine gemeinsame Elternschaft. Vor allem, wenn der Konflikt zwischen den Eltern andauert, gehen die Väter auf Distanz. Auch eine größere geografische Distanz trägt zur Verhinderung einer gemeinsamen Elternschaft bei.

Die Integration des Stiefelternteils

Wenn Stiefeltern den biologischen Elternteil bei der Kinderbetreuung unterstützen, dann gilt dies als hilfreich für die Kinder. Die Frage ist aber, wie diese Unterstützung aussehen soll. Dass die Stiefeltern in eine Position »sozialer Elternschaft« eintreten, gilt als Extremfall und ist juristisch auch nicht vorgesehen – allenfalls faktische, nicht aber soziale Elternschaft ist dann möglich, es sei denn, der Stiefelternteil adoptiert das Stiefkind (Gröschner 2000). Vor allem Frauen geraten leicht in die Gefahr, volle Verantwortung für ihre Stiefkinder zu übernehmen. Sie sind mit allgemeinen Erwartungen konfrontiert, denen zufolge Frauen für das emotionale Klima in einer Familie zuständig sind, insbesondere für die Betreuung und emotionale Unterstützung von Kindern. Wenn sie sich darauf einlässt, gerät eine Stiefmutter rasch in Konkurrenz zur leiblichen Mutter. Sie wird dann zur »bösen« Stiefmutter. Umgekehrt tendieren leibliche Väter dazu, in dem Maße, in dem ihre Partnerin Verantwortung für ihre Stiefkinder übernimmt, sich auf die Sorge um den Lebensunterhalt der Familie zu beschränken und sich ansonsten aus dem Familienleben herauszuziehen.

Die Integration des Stiefelternteils in eine Stieffamilie ist, wie erwähnt, ein Prozess. Was an seinem Ende steht, ist offen. Es kann Fälle geben, in denen ein Stiefelternteil die erwähnte »soziale Elternschaft« übernimmt, und es kann sich dabei um gelingende Fälle handeln. Zwingend ist das nicht. Wie sich die Beziehungen zwischen Stiefeltern und Stiefkindern gestalten, ist fallweise unterschiedlich und kulturell variabel. V. Rutter (1994) berichtet aus den USA, es sei nicht unüblich, dass Stiefkinder ihre Stiefeltern mit Onkel oder Tante ansprechen. Aus Frankreich wird berichtet, dass die Ansprache als Freund, wenn es denn so weit kommt, der Situation angemessen sei (Théry u. Dhavernas 1998). In Deutschland ist es nicht unüblich, dass

Stiefeltern als »Vater« oder »Mutter« angesprochen werden, oder es bleibt beim Vornamen. »Onkel« und »Tante« waren Begriffe, die unmittelbar nach dem Zweiten Weltkrieg in Deutschland gängig waren, als Massen von Witwen und Witwern Möglichkeiten suchten, wieder in einer vollständigen Familie zu leben, ohne dem Verstorbenen seinen Platz wegzunehmen. »Onkel« und »Tante« sind Begriffe, die aus dem Verwandtschaftssystem stammen. Daher rücken sie Stiefeltern, die ja zunächst Fremde sind, näher an die aus Mutter bzw. Vater und leiblichen Kindern bestehende Familie heran, aber nicht so weit, dass sie in die Position leiblicher Eltern gelangen. Sie haben aber auch nicht den Status von Leuten, die außerhalb des Verwandtschaftssystems stehen. Damit nehmen sie eine Mittelposition ein. Inzwischen ist diese Variante hierzulande aus der Mode gekommen.

Die erwähnte französische Variante, dem Stiefelternteil den Status einer Person zuzubilligen, die gegebenenfalls zur Freundin oder zum Freund werden kann, hält den Stiefelternteil völlig aus der Familie heraus. Eine Elternposition wird hier von vorneherein nicht zugemutet. Manche werden das auch *so* sehen: Eine Elternposition wird vorenthalten. Vom strukturellen Standpunkt aus gesehen, ist diese Praktik konsequent.

Fassen wir diese Überlegungen zur Terminologie in der Stieffamilie zusammen, dann lautet das Fazit, dass jedenfalls die Bezeichnung des Stiefelternteils mit Kategorien, die der leiblichen Elternschaft vorbehalten sind, die spezifische Eigenheit der Stieffamilie verwischt. Verwischung, anders gesprochen: Entdifferenzierung zieht aber immer einen Verlust an lebenspraktischer Rationalität nach sich. Sie schafft Probleme, die vermeidbar gewesen wären, wenn man sich von Anfang an mit solchen nur auf der Oberfläche als Randthemen erscheinenden Praktiken alltäglichen Umgangs auseinandergesetzt hätte.

Schließlich ist für die Integration eines Stiefelternteils in eine Stieffamilie wichtig, wo die Partner im Lebens- und Familienzyklus zum Zeitpunkt der Gründung der Stieffamilie stehen. Je größer der Unterschied in den Lebens- und Familienerfahrungen ist, desto größer ist die Herausforderung beim Übergang zu einer neuen Familie, und das heißt: beim Aufbau einer neuen Familienwelt. Wenn beispielsweise eine Frau, die 15 Jahre lang mit ihrer Familie gelebt und mit ihrem Mann Kinder großgezogen hat, nach Trennung und Scheidung mit einem Mann zusammenzieht, der bis dahin alleine gelebt hat, dann treffen zwei völlig verschiedene Lebenswelten und zwei völlig verschiedene Erfahrungszusammenhänge aufeinander. In einem solchen Fall tritt zu den Aufgaben, die eine Stieffamilie ohnehin zu bewältigen hat, noch die weitere Aufgabe hinzu, eine gemeinsame Lebenswelt auszuhandeln und in einen Alltag zu überführen, der allen Beteiligten gerecht wird. Auch das Alter der Kinder zum Zeitpunkt der Gründung einer Stieffamilie ist wichtig: Je älter die Kinder sind, desto weniger lassen sie sich auf deren Realität ein.

Aufmerksamkeit gegenüber der strukturellen Komplexität einer Stieffamilie

Die Haltung von Stieffamilien, nach allen schmerzhaften Erfahrungen mit Konflikt, persönlicher Herabwürdigung, Trennung und nach dem endlich gelungenen Neubeginn mit einem neuen Partner (einer neuen Partnerin) möglichst rasch wieder eine »ganz normale Familie« zu werden, ist nur zu verständlich. Gleichwohl halten Fachleute an der Überzeugung fest, dass es allen Beteiligten besser geht, wenn sie sich ständig über ihre komplexe Konstellation als Stieffamilie im Klaren sind. Diese schließt nicht nur die Koexistenz von biologischer und anderen Formen von Elternschaft ein, sondern auch die Tatsache, dass eine Stieffamilie auf einer oder zwei vorgängigen Familien mitsamt ihren Geschichten aufbaut. Bei einer Stieffamilie kommen eben nicht nur zwei Fremde aus unterschiedlichen Herkunftsfamilien zusammen, um einen eigenen Nomos zu bilden, wie Berger und Kellner (1965) dies beschreiben. Es kommen zusätzlich Erfahrungen aus mindestens einer, gegebenenfalls auch aus zwei Familienwelten hinzu. Diese haben ihren Wert nicht einfach dadurch verloren, dass sie gescheitert sind.

Wie komplex die Aufgabe ist, unterschiedlichen Familienwelten gerecht zu werden, zeigen folgende Befunde zu der Frage, wer wen zur Familie zählt. In einer Studie zählten Kinder zwischen sieben und elf Jahren ihren nicht mit ihnen zusammenlebenden Vater zu den Familienmitgliedern, dies taten aber nicht ihre Mutter und deren aktueller Partner. Andere Studien haben ergeben, dass 15 % der Stiefeltern ihr Stiefkind nicht mit zur Familie zählen, selbst wenn es bei ihnen lebt. In einer weiteren Studie zählten 31 % der Stiefkinder ihre Stiefeltern nicht zur Familie. Jedoch kann auch gezeigt werden, dass eine gute Beziehung zum leiblichen Vater die Beziehung zum Stiefvater nicht notwendig bedroht. Man kann als Kind zu beiden Personen eine gute Beziehung haben, wenn geregelt ist, wer wofür zuständig ist. Mitunter wird eine gute Beziehung zum leiblichen Vater als günstige Voraussetzung für eine gute Stiefvaterbeziehung angesehen (Hennon,

Hildenbrand a. Schedle 2008, p. 170 f.). Komplexitätsreduktion in Form der Leugnung der Vorgeschichte einer Stieffamilie kann also Probleme erzeugen, wie umgekehrt die Akzeptanz der Komplexität einer Stieffamilie hilft, Probleme einzugrenzen.

Die Grenzen einer Stieffamilie sind also grundlegend andere als die einer »normalen« Kernfamilie. Das Verwandtschaftssystem kann nicht nur in Krisenzeiten eine Kernfamilie unterstützen, aber vor allem dann. Wenn die Verwandtschaft in die Kindererziehung einbezogen wird, nachdem es zu Trennung und Scheidung und zur Gründung einer Stieffamilie gekommen ist, kann sich die Herausbildung einer nach außen abgegrenzten Stieffamilie als schwierig erweisen. Denn dann vergrößert sich die Anzahl der Personen, die jeweils auf einer Seite der Konfliktparteien stehen. Das kann so weit gehen, dass die leiblichen Eltern längst zu einem Modus geteilter Elternschaft gefunden haben, während die Verwandten den aktuellen Stand nicht kennen und weiter die alten Konflikte schüren – oder sie im eigenen Interesse am Laufen halten.

Von diesen Verwandten spielen die jeweiligen Großelternpaare eine besondere Rolle, da sie die wichtigsten Verwandten nach den eigenen Eltern und Geschwistern sind. Mit einem Stiefelternteil kommen auch Stiefgroßeltern dazu. Andere werden möglicherweise ausgegrenzt, z. B. die Eltern des nicht mit den Kindern lebenden leiblichen Elternteils.

Wir gelangen zu dem Fazit, dass die Stieffamilie keine abweichende Familienform ist, die sich darum bemühen sollte, sich möglichst rasch der »Normalfamilie« anzunähern. Stattdessen tun Stieffamilien gut daran, sich über ihre komplexe Situation klar zu werden und zu angemessenen eigenen Lösungen zu kommen, unter Einschluss des abwesenden leiblichen Elternteils.

Von der leiblichen Familie zur Stieffamilie: Ein Prozess mit (zunächst) offenem Ausgang

Abschließend sollen die bisherigen Überlegungen in einer Skizze des Wandels von der leiblichen Familie zur Stieffamilie zusammengefasst werden. Diese Skizze, bei der wir uns an einem allgemeinen Modell für Wandel in Familienbeziehungen (Flach 2004) orientieren, dient lediglich der Übersichtlichkeit. Sie soll das Denken anregen. Sie soll nicht, wie Nietzsche zu Recht über Modelle und Systeme gesagt hat, zur Dummheit beitragen, indem das Modell mit der Wirklichkeit verwechselt und übersehen wird, dass die Wirklichkeit mitunter Modelle ad absurdum führt. Wir behaupten auch nicht, dass unsere an Flach orientierte Skizze Neues bringt. Was uns an dieser Skizze gefällt, ist ihre Übersichtlichkeit. Sie führt komplexe Sachverhalte überschaubar zusammen, ohne die darin enthaltene Komplexität zu reduzieren. (Siehe Abb.; Begriffe in Anführungszeichen haben wir hinzugefügt, Begriffe ohne Anführungszeichen stammen aus Flach 2004, p. 14).

Die Skizze beginnt mit dem Sachverhalt, dass eine Familie, aus welchen Gründen auch immer, auseinanderbricht und die bisherige Selbstverständlichkeit des Alltagslebens aufgehoben ist. Die Situation drängt nach einer neuen Strukturierung, die Akteure stehen an einer Wegkreuzung (bzw., um im Bild zu bleiben, Schienenkreuzung). Das Bild der Kreuzung ist insofern vereinfachend, als es an Kreuzungen in der Regel rechts, links oder geradeaus weitergeht, während im Familienleben die Entscheidungsrichtungen nicht so einfach auseinanderzuhalten sind. Im Modell Flachs bedeutet der Begriff *bifurcation* die Stelle, an der unbestimmt ist, in welche Richtung sich ein System bewegen wird.

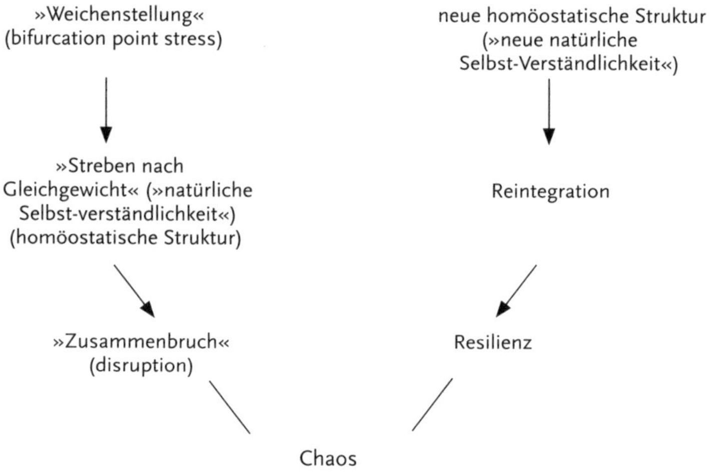

Abb.: Modell für Wandel in Familienbeziehungen (Flach 2004, S. 14)

Bezogen auf die Stieffamilie, heißt das, dass der Übergang von der leiblichen Familie in eine Stieffamilie nicht bruchlos geschehen kann. Es wird eine Phase der Orientierung nötig sein, der eine Phase der Desorganisation vorausgeht: Die alten, vertrauten Routinen des Familienlebens, die Rhythmen von Festen und Feiern, von Arbeit und Freizeit, die Verteilung der Aufgaben haben ihre Bedeutung verloren. Phänomenologisch formuliert: Die Idealisierungen des »Und so weiter« und des »Ich kann immer wieder« (Schütz 1971, S. 169), die das Rückgrat des alltäglichen Handelns und Orientierens ausmachen, gelten nicht mehr.

Weil aber jedes System nach Gleichgewicht oder, anders gesprochen, nach Routine drängt, besteht ein Druck, den Prozess der Weichenstellung möglichst abzukürzen. Die Tendenz in einer auseinanderfallenden Familie besteht also darin, dass die Akteure danach streben, diese Phase möglichst schnell hinter sich zu bringen. Typischerweise sieht das dann so aus, dass das Paar möglichst rasch versucht, zu einem neuen Gleichgewicht, d. h., zu einer neuen Familie zu kommen. Aus der Sicht der Kinder heißt das, dass sie mit einem neuen Partner der Mutter oder des Vaters konfrontiert werden, noch bevor der Verlust der vertrauten Routine des früheren Familienlebens und der ständig verfügbaren solidarischen Beziehung zum Vater bzw. zur Mutter verarbeitet ist.

In unserer an Flach orientierten Skizze geht es nicht so schnell. Erst kommt der Zusammenbruch *(disruption)*. Dieser führt zum Chaos. Flach ist der Auffassung, dass Wandel notwendig Destabilisierung, Zusammenbruch und Chaos und damit Unsicherheit mit sich bringt. Wird Unsicherheit vermieden, stehen die Chancen für Neuorientierung (Reintegration auf einer neuen Gleichgewichtsstufe) schlecht. Sein Gesetz des pychobiologischen Zusammenbruchs und der Reintegration lautet folgendermaßen:

- »Um Wandel sinnhaft erleben und erfahren zu können, müssen wir zusammenbrechen.
- Während wir Perioden des Chaos durchmachen, sind wir in unterschiedlichem Ausmaß in Gefahr, weil wir nicht im Voraus bestimmen können, in welche Richtung sich unsere Zukunft bewegen wird.
- Jede Periode des Zusammenbruchs und der Reintegration verschafft uns mehr Wissen und mehr Anpassungsfähigkeit, und die benötigen wir, um uns darauf vorzubereiten, den vor uns liegenden Belastungen und Möglichkeiten zu begegnen.
- Wenn es uns nicht gelingt, einen Stresszyklus erfolgreich zu durchlaufen, kann uns das ernsthaft beschädigen, und es fehlen

> uns die Stärken, die wir benötigen, wenn neue Weichenstellungen auftreten« (Flach 2004, S. 17 f.; Übers.: B. H.).

Auch in der systemischen Therapie hat das Durchlaufen chaotischer Situationen einen zentralen Stellenwert, wenn es um Wandel geht. So schreibt z. B. Jürgen Kriz (1997, S. 57) über Veränderungen im Rahmen von Psychotherapien:

> »Eine wesentliche Neuorientierung ist nur über eine Phase möglich, in der die alten Strukturen zumindest zu einem Teil aufgelöst sind, das Neue meist bestenfalls vage in Sicht ist [...]. Gleichzeitig ist damit aber auch ein Gefühl von großer Freiheit verbunden, wir haben plötzlich wieder viel mehr Möglichkeiten, Entscheidungen zu fällen und zu handeln« (Kriz 1997, S. 57).

Man muss jedoch nicht zu naturwissenschaftlichen Theoriebeständen greifen, um sich solche Prozesse des Wandels begrifflich vor Augen zu führen. Schließt man an ältere theoretische Strömungen, zum Beispiel an den amerikanischen Pragmatismus oder an die Phänomenologie, an, trifft man auf vergleichbare Denkfiguren. In der Tradition von Martin Heidegger etwa, die sowohl die Psychiatrie (Ludwig Binswanger) als auch die Theologie (Rudolf Bultmann) geprägt hat, wird die menschliche Autonomie aus den aus der Zukunft auf den Menschen zukommenden Möglichkeiten bestimmt:

> »Ist das eigentlich menschliche Dasein die Existenz, in der der Mensch sich selbst zu übernehmen hat, für sich verantwortlich ist, so gehört zur eigentlichen Existenz die Offenheit für die Zukunft, die jeweils Ereignis werdende Freiheit. Die Wirklichkeit des geschichtlichen Menschen ist daher nie eine abgeschlossene, wie die des Tieres, das immer ganz das ist, was es ist. Die Wirklichkeit des Menschen ist seine Geschichte, d. h., sie steht ständig vor ihm, so dass man sagen kann: Zukünftigsein ist die Wirklichkeit, in der der Mensch steht« (Bultmann 2002, S. 286; vgl. dazu auch Matthiessen 2006, v. a. S. 75 ff.).

Die in Auflösung begriffene Familie, die sich in der Phase des »Chaos« in einer riskanten Situation befindet, macht sich, wenn es gut geht, ausführlich mit der Tatsache vertraut, dass die frühere Personenkonstellation und die frühere Routine des Zusammenlebens keinen Bestand mehr haben. Dabei hilft ihr das, was nicht nur Frederic Flach »Resilienz« nennt. Gemeint sind die Ressourcen, die einer Familie bzw. den einzelnen Familienmitgliedern dafür zur Verfügung stehen, eine solche Krise zu meistern (Welter-Enderlin u. Hildenbrand 2006). Aus Sicht von Froma Walsh (Walsh 2006; vgl. zur raschen Übersicht Hildenbrand 2006, S. 22) gehören dazu Faktoren, die aus den beteiligten Individuen selbst, aus den Erfahrungen des bisherigen Familienlebens sowie aus der Gemeinde kommen. Vor allem aber gehört eine Sensibilität für die strukturellen Eigenschaften von Paar- und Eltern-Kind-Beziehungen dazu. Damit sind die triadischen Grundstrukturen familialer Sozialisation und die Solidaritätsformen, die die Familie von anderen sozialen Systemen unterscheiden, gemeint. Auf dieser Grundlage können die Akteure in eine Suche nach neuen Möglichkeiten des Zusammenlebens eintreten. Dabei bilden die erwähnten Resilienzfaktoren einen stabilisierenden Rahmen.

Sind diese Resilienzfaktoren vorhanden, dann wird eine Mutter (mehrheitlich verbleiben Kinder aus Scheidungsfamilien bei der Mutter):

- es ihren Kindern ermöglichen, die Eltern zwar nicht mehr als Paar, aber als Eltern zu erleben, sie wird also ein *coparenting system* aufrechterhalten;
- ausreichend Zeit verstreichen lassen, bis sie ihre Kinder mit einem neuen Partner konfrontiert;
- ihren Kindern nicht zumuten, ihren neuen Partner als »Vater« anzusprechen, sondern sie wird gemeinsam mit allen Beteiligten eine andere Form der sozialen Organisation dieses speziellen Dritten aushandeln.

Dies alles wird ihr aber nur gelingen, wenn die unmittelbar Beteiligten (ihre Kinder und der frühere Partner) sowie das weitere soziale Umfeld (ihre eigene Herkunftsfamilie und die Herkunftsfamilie des früheren Partners, der Freundeskreis etc.) mitspielen.

Wo der Durchgang durch Desintegration und Chaos durch Resilienzfaktoren abgefedert werden kann, ist die Aussicht auf eine erfolgreiche Reintegration der Familienbeziehungen günstig. Am Ende dieses Prozesses steht ein neues Gleichgewicht. Dieses Gleichgewicht wird nicht darin bestehen, dass eine neue Kernfamilie entstanden ist. Es wird darin bestehen, dass sich eine Familie eigener Art, eine Stieffamilie eben, gebildet hat. Mit Begriffen wie »Patchworkfamilie« wird diese Familienform in ihrer Eigenart und strukturellen Komplexität eher bagatellisiert als zutreffend beschrieben.

Gewaltvermeidung durch Arbeit an den Strukturen

Wo der Durchgang durch das Chaos vermieden wird und Resilienzfaktoren nicht vorhanden sind, droht soziale Desorganisation. Sie kann so weit gehen, dass ein Klima von Gewalt mit den oben erwähnten Konsequenzen erzeugt wird. Wir haben dort darauf hingewiesen, dass solche Krisen die Ausnahme und nicht die Regel sind. Wenn die Beteiligten in ausreichendem Maße den Blick in den Abgrund riskieren und nicht voreilig zu Maßnahmen der Stabilisierung greifen und wenn sie dabei gegebenenfalls von Fachleuten unterstützt werden, sind die Kinder in Stieffamilien nicht gefährdeter als Kinder in leiblichen Familien.

Wir haben auch unsere Sicht deutlich gemacht, dass die Annahme verfehlt ist, Scheidung und die Folgen für Kinder seien ein zu vernachlässigendes Phänomen. Mal eben so von der »Meine-deine-unsere-Kinder-Familie« zu sprechen und den Eindruck zu erwecken, es handle sich um den »Normal«-Fall von Familie, deutet auf mangelnden Einblick in die Dynamik einer Stieffamilie. Eine Scheidung der Eltern prägt nachhaltig die Lebensverläufe der betroffenen Kinder (Marquardt 2005). Das sehen auch Autoren so, die von »glücklichen Scheidungskindern« (Largo u. Czernin 2004) sprechen. In Extremfällen wird die Stieffamilie zu einem gewalttätigen Milieu, wie wir in diesem Beitrag indirekt durch Rückgriff auf die Statistik gezeigt haben. Dies hat nach unserer Auffassung wenig mit der Natur des Menschen tun und auch nicht mit Langzeitwirkungen der Evolution, die dazu führen sollen, dass der neue Löwe die Kinder des alten Löwen wegbeißt. Die Erfolge von Beratung und Therapie zeigen, dass es sich um strukturelle Phänomene handelt. Sie sind dem bewussten und verantwortlichen Handeln der Beteiligten, insbesondere der leiblichen Eltern und ihren neuen Partnern, einerseits *vor-*, aber auch zur Gestaltung *auf*gegeben.

Systemische Arbeit mit »Gewaltfamilien«: Wenn Familien sich gegenseitig helfen

Eia Asen

Familienleben kann sehr gefährlich sein, denn Liebe und Gewalt sind häufige Bettgenossen. Zum Beispiel gibt es in den USA fast drei Millionen mutmaßliche Fälle von intrafamiliärer Kindesmisshandlung pro Jahr, von denen dann rund eine Million bestätigt werden. Viele dieser Kinder erleiden schwere Verletzungen, und es wird geschätzt, dass 2007 in den USA 1760 Kinder an körperlicher Misshandlung oder Vernachlässigung starben (Child Welfare Information Gateway 2009). Gewalt in der Familie ist kein spezifisch angelsächsisches Phänomen. Es scheint, dass die Raten von Kindesmisshandlung und -vernachlässigung in den meisten Ländern ähnlich sind. Abgesehen von den körperlichen Verletzungen, haben die Mehrzahl dieser Kinder kognitive und emotionale Langzeitschäden und Verhaltensstörungen. Wenn man jetzt noch die Kinder und Jugendlichen dazuzählt, die emotionale Vernachlässigung und sexuelle Misshandlung erleiden, dann zeigt das doch ein sehr deprimierendes Bild des angeblich »trauten Heims« und der »Hochburg Familie«. Dennoch muss man sich vor Augen halten, dass bewusst destruktives oder gar sadistisches Verhalten von Eltern gegenüber ihren Kindern – oder zwischen Partnern – doch eher die Ausnahme ist und dass Gewalt, Misshandlung und Vernachlässigung meist im Kontext von Liebe entstehen.

Bindung und Bonding

Die ersten Erfahrungen mit Liebe machen fast alle Menschen in der Familie, in die sie hineingeboren werden. Der Säugling kommt mit Bindungsbedürfnissen auf die Welt und sucht sofort nach emotionalem und sozialem Austausch und Kontakt zur Umwelt (Bowlby 1959). Obschon die Bindungsentwicklung biologisch vorprogrammiert ist, hängt ihre Ausprägung von der Qualität der Interaktionen mit den Bindungspersonen und ihrer Feinfühligkeit ab. Die elterliche – meist die mütterliche – Zuwendungsbereitschaft und -fähigkeit (Bonding) spielt eine große Rolle für die Bindungsentwicklung, denn so lernen Säugling und Kleinkind zu *fühlen*, ob sie verstanden werden oder nicht. Normales (»sicheres«) Bindungsverhalten von Kleinkindern zeigt sich vor allem durch Nähesuchen, z. B. durch Anklammern an die Bindungsperson bei drohender Trennung, Stress nach Trennung und Annäherung an die Bindungsperson bei ihrer Wiederkehr. Wenn Kinder sich vermeidend zu ihren Bindungspersonen verhalten oder gar ambivalent oder chaotisch (»desorganisiert«), dann kann das auf gestörte Bindungsbeziehungen hinweisen. Es ist allerdings wichtig zu betonen, dass funktionale und dysfunktionale Bindungsmuster keine Persönlichkeitsmerkmale sind, sondern die Beziehung eines Kindes zu seiner Bindungsperson beschreiben und die Art, wie Gefühle der emotionalen Sicherheit von der Bindungsperson vermittelt und verstärkt werden. Verfügbarkeit, Sensitivität und Betreuungsverhalten der Bindungsperson formen die Bindungsbeziehung und schaffen die Sicherheitsbasis, von der aus das Kind die Umwelt explorieren kann (Ahnert 2004; und Karin Grossmann in diesem Band). Rückkopplungsprozesse zwischen dem Verhalten des Kindes und den Reaktionen der Bindungsperson führen zu der Schaffung eines »inneren Arbeitsmodells«, das dem Kind hilft, bereits bewährtes Verhalten künftig wieder auszuwählen oder auf es »automatisch« zurückzufallen. Das führt allmählich zu einer stabilen mentalen Repräsentation der Bindungsbeziehung (Fonagy 1998), die dem Kind Sicherheit im Umgang mit sich selbst und anderen gibt und der Entwicklung von Identität und Selbstwertgefühl dient.

Gewalt und Trauma können das Bindungssystem desorganisieren. Die Bindungsqualität des Kindes kann sich z. B. ändern, wenn die Mutter wegen externer Ereignisse, z. B. einer sich entwickelnden Gewaltbeziehung mit ihrem Partner, weniger präsent und weniger feinfühlig in ihren Interaktionen mit ihrem Kind ist. Die mentale Repräsentation der Mutter ändert sich und auch des Kindes Bindungsverhalten: Die primäre Beziehungsperson wird als teilweise unverfügbar und unzugänglich erfahren, und in diesen entstehenden Interaktionen hält sich das Kind für weniger geliebt und weniger liebenswert. Eine typische Reaktion auf diesen augenscheinlichen Liebesentzug ist, dass das Kind mütterliche Nähe sucht, die Mutter aber zu diesem Zeitpunkt wegen ihrer eigenen Bedürfnisse keinen »Platz« für die Sorgen des Kindes hat. Sie kann sozusagen nicht die Gefühle des Kindes fühlen, und das Kind empfindet sich emotional unverstanden und vernachlässigt. Deshalb verstärkt es seine Anforderungen an die Mutter, die dann, um Distanz zu bekommen, sich weiter abwendet. So entsteht ein Circulus vitiosus: Kindliche Gefühle und Erfahrungen von Stress und Angst führen zu einer Intensivierung des Bindungssystems (siehe Abb.).

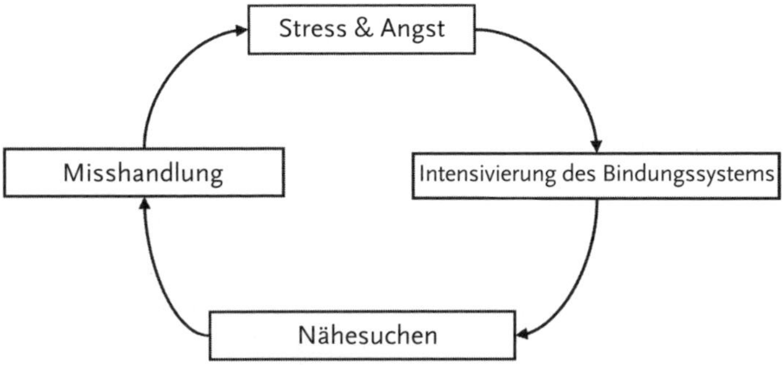

Abb.: Bindungsdesorganisation bei Misshandlung

Wenn nun die Bindungsperson gerade diejenige ist, die Stress und Angst beim Kind auslöste, dann wendet sich das Kind doch eigentlich genau an die »falsche« Person. Die Mutter ist irritiert, dass das Kind ihre Nähe sucht, und sie zieht sich zurück, was hinwiederum die Angst des Kindes verstärkt. Es fühlt sich unsicher und ungeborgen, sein Verhalten eskaliert, und es sucht mehr Nähe zur Mutter. Diese weitere Intensivierung des Bindungssystems macht alles noch riskanter, vor allem wenn die Mutter sich mehr Freiraum schaffen will. Je weniger sie allerdings als Bindungsperson für das Kind da ist, desto stärker die Panik des Kindes. Es ist oft zu diesem Zeitpunkt, dass es zu einem emotionalen oder körperlichen Schlagabtausch kommt, initiiert vielleicht vom Kind, das dann förmlich auf die Mutter »einhämmert«, oder von der Mutter, die sich vor den Anforderungen des Kindes retten will und das nur durch Schläge oder schwer verletzende Worte zustande bringen kann. Wir sehen oft, das nach einer solchen Krise alle Beteiligten erst einmal auf Distanz gehen. Das Kind fühlt sich verletzt, einsam und verlassen, die Mutter sich momentan als entlastet. Später, das kann allerdings Stunden dauern, folgt dann meist eine Versöhnung: Die Mutter nimmt das Kind in den Arm, oft beladen mit Schuldgefühlen, das Kind schmiegt sich an die Mutter, jetzt ist die Welt wieder heil – bis zur nächsten Konfrontation. So lernen Kinder, dass Liebe zu Gewalt und Gewalt zu Liebe führen können, und frühe Bindungsmuster organisieren späteres Verhalten.

In einigen Familien erleben Kinder Liebe nur als durch Gewalt hervorgerufen, nämlich nach dem »Schlagabtausch«. Wenn sie dann selbst erwachsen sind und Partner suchen, finden sie oft solche, die sehr ähnliche Erfahrungen gemacht haben. Es gibt erstaunlich viele Frauen – und eine beträchtliche Anzahl von Männern –, die förmlich süchtig nach Beziehungen mit gewalttätigen Partnern zu sein scheinen, die sich allerdings als solche erst nach einiger Zeit entpuppen. Trotz wohlgemeinter Ermahnungen ihrer eigenen Eltern und Interventionen von Therapeuten können solche Menschen nicht – oder nur schwer – aus diesen destruktiven Beziehungen aussteigen. Es sind eben die früh erlernten inneren Arbeitsmodelle, die auch oft Beziehungen im Erwachsenenalter steuern.

Multifamilienarbeit mit »Gewaltfamilien«

Die therapeutische Arbeit mit Familien, in denen häusliche Gewalt und emotionale und körperliche Misshandlungen vorkommen, ist oft komplex, nicht zuletzt, weil sie Erkenntnisse aus der Bindungsforschung und Psychodynamik mit systemischen Konzepten und Techniken vereinigt. Im Folgenden berichte ich von einem spezifisch multifamilientherapeutischen Ansatz, der in den letzten 30 Jahren im Marlborough Family Service in London entwickelt (Asen et al. 1982; Asen 1992) und dann auch in Dresden weiterentwickelt wurde (Scholz et al. 2002). Die Multifamilientherapie (MFT) lässt sich mit anderen Therapien, die simultan ablaufen mögen, gut kombinieren, manchmal als Zusatzverfahren und ab und zu auch als zentrale Therapieform. Der Marlborough Family Service ist eine ziemlich einmalige öffentliche Einrichtung im britischen Gesundheitssystem, die eine kinder- und jugendpsychiatrische und -psychologische Tages- und Poliklinik in eine ambulante Erwachsenenpsychotherapie integriert. Das bedeutet, dass Klienten und Patientinnen unabhängig von ihrem Alter zugewiesen werden können und es nicht zu den üblichen Meinungsverschiedenheiten kommt, wer nun eigentlich »wirklich« Patient ist und wer nicht und welcher Dienst für wen und was zuständig ist. Die Klinik befindet sich in der Londoner Innenstadt, für die sie einen Versorgungsauftrag hat. Es handelt sich also um eine staatliche, systemisch orientierte und methodenübergreifende, gemeindenahe Einrichtung, die nahtlos mit Jugendämtern und Erziehungsbehörden zusammenarbeitet. Pro Jahr erhält die Klinik, die nicht nur Psychiater, Psychologen und Therapeuten, sondern auch systemisch ausgebildete Lehrer und Sozialarbeiter beschäftigt, durchschnittlich 1000 Neuzuweisungen. Darunter gibt es viele sogenannte Gewaltfamilien. Allerdings werden nur wenig Familien mit dieser offiziellen »Diagnose« überwiesen. Die Mehrzahl von Familien mit häuslicher Gewalt und Kindesmisshandlung kommt mit anderen Störungsbildern und Symptomatiken. Oft offenbaren sich Gewaltproblematiken erst im Laufe der Familienarbeit.

Bei der MFT werden Patientinnen und Patienten und ihre Familien direkt und aktiv in den therapeutischen Prozess einbezogen (Asen 2002). MFT hat ihre Wurzeln sowohl in der Familientherapie wie auch in der traditionellen psychodynamischen Gruppentherapie (Yalom 2007) und vereint so systemische Prinzipien mit den Vorzügen von Gruppentherapie, Selbsthilfegruppen und Community Empowerment. Im Kontext einer Gruppe lassen sich problematische Verhaltensweisen und Symptomatiken eines Einzelnen und auch einer Familie komplexer bearbeiten, da Mitglieder aus anderen Familien ihre eigenen Perspektiven und Erfahrungen einbringen können, besonders wenn sie mit ähnlichen Problematiken, z. B. häuslicher Gewalt, leben. So sind bekannte gruppentherapeutische Wirkfaktoren – wie gemeinsamer Erfahrungsaustausch, gegenseitige Unterstützung, konstruktive Kritik und Modelllernen – bei der Begegnung von verschiedenen Familien mit ähnlichen Schwierigkeiten hilfreich. Allgemeine Wirkfaktoren stärken weiterhin die Kraft der Gruppenarbeit, z. B. die Erfahrung, dass Gewalt keine isolierte Erfahrung ist, dass auch andere Menschen davon betroffen sind und dass man auf Veränderungsmöglichkeiten hoffen kann und muss (Asen u. Scholz 2008). Bei der MFT kommen sechs bis acht Familien mit ähnlichen Problematiken zu regelmäßigen therapeutischen Sitzungen zusammen, die Stunden und ganze Tage dauern können und die sich oft über mehrere Monate hinziehen, von einmal alle zwei Wochen für ein paar Stunden bis zu vier- oder fünfmal pro Woche für ganze Tage. Der therapeutische Kontext wird von systemisch ausgebildeten Therapeutinnen und Therapeuten moderiert, aber die Familienmitglieder übernehmen nach und nach füreinander einen Großteil der therapeutischen Arbeit. Exklienten bringen ihre Expertise ein, um neu ankommenden Familien Mut zu machen. MFT hilft Familien, sich nicht nur als Beratene, sondern zugleich als Berater zu erleben und ihre Isolation und Stigmatisierung im Banne ihrer Probleme zu überwinden. Die Anwesenheit anderer Familien mit ähnlichen Störungen, Schwierigkeiten oder Gewaltproblematiken führt dazu, dass viel potenzielle Expertise da ist: Man kann sich gegenseitig dabei helfen, neue Strategien zu entwickeln, Ideen auszutauschen und Feedback innerhalb der Gruppe zu geben. Familien sind weniger defensiv, da sie, wie sie oft sagen, »alle im gleichen Boot sitzen«. Das erhöht die Offenheit und Selbstreflexion und ermöglicht Veränderungswünsche (Asen 2006). Multifamiliengruppenarbeit kann in offenen oder halb offenen Gruppen durchgeführt werden, sodass sich die Familien in unterschiedlichen Stufen des therapeutischen Prozesses befinden. Auf diese Weise können die erfahreneren Familien den »Neuen« Mut machen und sie unterstützen. Ein Hauptziel der gruppentherapeutischen Arbeit ist es, die Selbsthilfekräfte und Ressourcen der Familien zu fördern. Mit der Hilfe von Videofeedback lassen sich Interaktionen, vor allem auch Erfolge, sichtbar machen, und sie können per Playback anderen Familien vorgestellt und von diesen begutachtet werden. So sehen sich Familien durch die Augen anderer, und die multiplen Sichtweisen helfen ihnen, weiterhin Metaperspektiven zu entwickeln (Asen 2005).

MFT für Gewaltfamilien ist meistens sehr strukturiert, gerade weil sich diese Familien oft chaotisch und unstrukturiert zu verhalten scheinen (Asen et al. 1989). So gibt es bei der Arbeit genaue Zeitpläne mit häufigen Übergängen von einer Aktivität und einem Kontext zu einer und einem anderen. Das führt dazu, dass die Familienmitglieder – und die Therapeuten – innerhalb ganz kurzer Zeiträume ständig ihre Rollen und Aufgaben wechseln müssen. In so einem »Gewächshaus« kann man schnell sehen, wie sich typische Alltagsproblematiken sozusagen von selbst darstellen. Sie in vivo zu beobachten ermöglicht sofortige Interventionen. Der Treibhauseffekt bringt es mit sich, dass alle unentwegt multiple Standpunkte und Perspektiven ein- und annehmen müssen. So entwickeln Familien neue Sichtweisen in Bezug auf ihre Probleme und Beziehungen. Innerhalb dieses Rahmens, vor allem wenn es sich um Tageskliniken handelt, lassen sich methodenübergreifende, multimodale Interventionen durchführen. Das kann z. B. ein intensives therapeutisches Gespräch mit einer Mutter bei einer Zigarettenpause oder in der U-Bahn sein, nicht 50 Minuten lang, sondern vielleicht zehn Minuten, aber eben aus einer akuten Situation geboren. Solche kurze Ad-hoc-Individualarbeit im Stehen und Laufen ist keine formale »Sitzung«, sondern eher eine »Stehung« und »Gehung«. MFT ist nicht nur eine Behandlungsform, sondern auch ein Setting, das es erlaubt, simultan auf verschiedenen Ebenen zu arbeiten. Sie kann in den verschiedenartigsten Kontexten durchgeführt werden und auch mit unterschiedlicher Frequenz und Dauer. Letztere hängen von vielen Faktoren ab, wie Form, Schweregrad und Chronizität der Störungen. Tagesklinische MFT ist natürlich intensiver als die ambulante, aber die Abwesenheit einer tagesklinischen Einrichtung bedeutet nicht, dass man deshalb nicht mit schwierigen Familien arbeiten kann.

Multifamilienübungen und -aktivitäten

Es gibt viele spezifische Übungen, mit denen man Gewalt- und Liebesproblematiken thematisieren und dann zusammen mit allen Familien auswerten kann (Asen et al. 2001; Asen u. Scholz 2009; Schemmel et al. 2008). Ziel dieser Übungen ist es, durch Spiel und kreatives Experimentieren schwierige Situationen anzusprechen und mithilfe von Gruppendiskussionen neue Sichtweisen und Lösungen zu entwickeln. Die Übungen können von allen Familien zusammen durchgeführt werden. Es ist aber auch möglich, dass jede Familie eine Übung erst für sich macht, um ihre Erfahrungen den anderen Familien in der Großgruppe anschließend mitzuteilen. Bei der Auswertung von Multifamilienübungen kann man sich erst jeweils auf eine Familie konzentrieren. Wenn die Arbeit mit dieser sozusagen fertig ist, rückt die nächste Familie in den Brennpunkt. Anschließend können je zwei Familien in Paaren die Übung miteinander und gegenseitig auswerten.

Bei der Übung **Eingefrorene Gefühlsstatuen** werden alle Teilnehmer aufgefordert, vertraute Gefühle laut auszurufen; sie werden auf ein Flipchart geschrieben. Familien und ihre Mitglieder werden dann gefragt, wie die jeweiligen Gefühlszustände aussehen, z. B. wenn man sich glücklich, traurig, wütend, aggressiv oder frustriert fühlt. Jedes Gruppenmitglied wird dann gebeten, ein spezifisches Gefühl zu wählen, es darzustellen und dann in dieser Position für eine Minute zu verharren. Die Positionen können auch per Digitalfotografie festgehalten werden, damit man sie dann später gemeinsam betrachten kann. In der anschließenden Gruppendiskussion kommt es zu einem Austausch darüber, was unterschiedliche Gefühle ausdrücken; wie man wissen kann, wie andere sich fühlen; oder ob man Gefühle vortäuschen kann. Wenn man die Fotografien der »Statuen« anschaut, dann können die Betroffenen dazu eingeladen werden darüber zu sprechen, wann sie z. B. das letzte Mal intensive Gefühle von Wut, passiver Aggression oder Frustration hatten und wie sie sich verhielten. Andere Familien werden ermutigt, ihre eigenen Narrative zu bestimmten Gefühlen zu entwickeln und zu erklären, wie sie mit Gefühlsausbrüchen umgingen und umgehen könnten.

Bei **Tierfamilien im Zauberwald** werden Familien angehalten, sich in einem Fantasiewald spielerisch in Tiere zu verwandeln. Wohlwollende Nähe und Fürsorge im spielerischen Kontext zu erleben ist gerade bei Familienmitgliedern mit Bindungsschwierigkeiten wichtig. In diesem Zauberwald entscheidet jede Familie für sich, was für eine Tierfamilie sie sein möchte. Familien sollen sich ein Nest oder Gehege bauen und es sich im Zauberwald bequem machen. Bei der anschließenden Auswertung wird gefragt, wie sich jede Tierfamilie gefühlt hat; was anders als sonst war; wie man untereinander und mit anderen Tierfamilien ausgekommen ist – und welche »Lektionen« man in das häusliche Zusammenleben übernehmen kann.

Die **10 Familiengebote** ist eine Übung, die elterliche Autorität durch klare Festlegung von Regeln, die gemeinsam erarbeitet werden, stärken soll. Anfangs unterhält sich jede Familie über ihre bisher gültigen und bekannten, aber auch über ihre ungeschriebenen Regeln und halten sie schriftlich fest. Anschließend sprechen sie mit anderen Familien über die Strukturen und Vorgaben in der Familie; wie Regeln aufgestellt, erarbeitet und eingehalten werden; ob es auch einen »Strafgesetzbuchteil« gibt, in dem Konsequenzen für Nichteinhaltung der Regeln festgehalten werden; ob man es bei den einzelnen Familien mit Monarchie, Demokratie, Anarchie oder Diktatur zu tun hat; und wie Regeln aktualisiert und an die Entwicklung der Kinder angepasst werden.

Bei der Übung **Missverständnisse** werden mit zwei parallelen Gruppen, jede bestehend aus Eltern und Kindern – aber nicht den eigenen, sondern aus anderen Familien –, zwei Sketche einer typischen familiären Streitsituation erstellt, einmal mit typischem Ausgang und einmal mit einem neuen und möglichst konstruktiven oder überraschenden Ausgang. Das Ziel ist, durch Perspektivenwechsel Streitkultur und festgefahrene Verhaltensweisen überdenken zu lassen. Viele Konfliktsituationen können durch die Verpackung in einen Sketch von einer anderen, auch humorvolleren Seite erlebt werden, und das erleichtert es, neue Lösungen zu explorieren.

Bei **Tatort** zeichnet jede Familie den Grundriss ihrer Wohnung oder ihres Hauses und trägt die Konfliktorte und -inhalte ein. Ziel ist es, die »Tatorte«, an denen Konflikte ausgetragen werden, zu bestimmen und sich der Muster der familiären Konfliktaustragung im Alltag bewusst zu werden und dann alternative Strategien zu entwickeln. Es wird anschließend mit allen Familien darüber reflektiert, wie total vorhersehbare Konflikte entstehen und ausgetragen werden; in welchen Kontexten sie stattfinden; und wie man sie in Zukunft vermeiden kann.

Klaps oder Schlag ist eine bewusst provokative Übung, die körperliche Misshandlung thematisiert. An einer großen Puppe demonstrieren Eltern und Kinder, ob und wie hart man Kinder oder Eltern schlagen kann und darf. Hier lässt sich konkret darstellen und erleben, wie Gewalt anfängt und dann eskalieren kann, allerdings im Spiel. Jedes Gruppenmitglied, einschließlich Kleinstkinder, zeigt, wie weit man mit einem Klaps gehen darf und wann er zu einem Schlag wird. In der anschließenden Auswertung wird darüber diskutiert, was »zu viel« ist; was Kinder von ihren Eltern durch körperliche Strafen lernen; woran sich die Eltern diesbezüglich aus ihrer eigenen Kindheit erinnern; und es wird diskutiert über die Vor- und Nachteile von alternativen disziplinarischen Maßnahmen, die weder mit Schlag oder Klaps etwas zu tun haben.

Die Übung **Fußabtreter** hat sich darin bewährt, Gefühle von Demütigung und Missachtung zu thematisieren und sich auf die Suche nach gegenseitiger Akzeptanz zu begeben. Man kann damit beginnen herauszufinden, wie oft es Eltern so vorkommt, als ob ihre Kinder sie als Fußabtreter benutzten und auf ihnen einfach nur herumtrampelten. Alle Eltern sollen sich dann auf den Boden legen und die Kinder barfuß über sie laufen oder springen lassen, ohne dass sich jemand dabei verletzt. Die Eltern werden dann gefragt, wie sie sich in dieser Position fühlten und wie sie ihre Kinder erlebten – als grob, behutsam, feinfühlig etc. Ein Positionswechsel wird dann angeregt, und es sind jetzt die Kinder, die die Fußabtreter werden, wobei die Eltern so tun, als ob sie auf ihren Kindern rumliefen. Ähnliche Diskussionen werden angeregt, und Eltern sollen sich auch an ihre eigene Kindheit erinnern und über die damaligen Gefühle ihrer Eltern und ihrer selbst spekulieren.

Reibung erzeugt Wärme lässt sich gut mit Jugendlichen spielen. In zwei getrennten Gesprächsgruppen diskutieren Eltern bzw. Kinder das vorgegebene Thema »Reibung erzeugt Wärme«, bezogen auf zwischenmenschliche Beziehungen. Die Teilnehmer werden gebeten, das Ergebnis der Diskussion in Form eines Plakates oder Rollenspiels der jeweils anderen Gruppe zu präsentieren.

Bei der Übung **Briefe an die Gewalt** entwerfen alle Gruppenmitglieder je einen negativen und einen positiven Brief an »die Gewalt«. Sie beginnen: »Sehr geehrte Gewalt, ...« (oder: »Liebe Gewalt, ...«). Alle Briefe werden gemischt wieder so verteilt, dass jeder Teilnehmer einen negativen und einen positiven Brief in Händen hält. Reihum werden zunächst die negativen und dann die positiven Briefe vorgelesen. Anschließend diskutiert man in der Großgruppe die vielfältigen Sorgen und Nöte, die Gewalt und Misshandlung verursachen; wie man vielleicht Gewalt manchmal »braucht« oder sie auch loswerden kann.

Teufelsspiralen illustrieren, wie man mit Eskalationen umgehen kann. Jedes Gruppenmitglied soll sich an ein persönliches Beispiel erinnern, bei dem es zu einer massiven Eskalation kam. Eine Eskalationsuhr wird auf ein großes Blatt Papier gezeichnet und der Prozess der Eskalation grafisch rekonstruiert. Den Familien wird erklärt, dass alles zu spät war, als die Uhr 12 geschlagen hatte, und es zu einem schlimmen Streit oder Schlagaustausch gekommen ist. Die Familien werden dann dazu angehalten, die Uhr zurückzustellen, Stunde für Stunde, und zu bestimmen, was man hätte machen können, um diese spezifische Eskalation zu verhindern, etwa um 11, um 10 und dann um 9 Uhr. Möglichkeiten, was man hätte machen können, um die Eskalation rechtzeitig aufzuhalten, werden mit allen Familien an den individuellen Beispielen diskutiert, und es werden Ideen und Strategien geprobt, die es ermöglichen, die »Uhr« vorher, vielleicht schon 1 oder 2 Stunden früher anzuhalten, statt alles sich im gewohnten destruktiven Rhythmus abrollen zu lassen.

Reflektieren und Mentalisieren

Die oben beschriebenen Übungen sprechen viele Themen und Problematiken, die Gewaltfamilien nur zu gut kennen, in spielerischer Form an. In diesem Arbeitskontext sind Fantasie, Spontaneität und spielerisches Experimentieren höchst erwünscht. Die Übungen sprechen auch direkt und indirekt Bindungs- und Bondingdynamiken an und ermöglichen das Wiederherstellen von Nähe. Die Auswertung steht unter dem Motto: *Reflektieren statt (aus)agieren.* Zirkuläre Fragen und wohlwollende Neugier (Cecchin 1987) aufseiten der Therapeuten *und* der Familien tragen dazu bei, dass alle an neuen und anderen Sichtweisen interessiert sind und es so zu echten Begegnungen und zum echten Austausch kommen kann. Therapeuten können durch die Übungen spielerisch den Gruppenprozess unterstützen, sich selbst dabei dezentralisieren und so allmählich die Bühne den Familien und ihren Mitgliedern allein überlassen (Asen 2009).

Auch den Ansatz *Das reflektierende Team* (Andersen 1996) kann man in modifizierter Form bei MFT einsetzen. Allerdings sind es nicht die Therapeuten, sondern die Familien und ihre Mitglieder, die solche Teams bilden. **Goldfischaquarium** ist z. B. eine Technik, bei der ein äußerer Kreis (z. B. Kinder, sozusagen die »Katzen«) in einer Beobachterposition zuhören, wie ihre in einem inneren Kreis sitzenden Eltern (die »Goldfische«) miteinander über ein bestimmtes Thema sprechen. Die Kinder werden dann gebeten, über das, was sie hörten, laut miteinander zu sprechen, und die Eltern werden dann zu reinen Zuhörern. Anschließend kann das Ganze wieder umgedreht werden, indem die Eltern über das, was sie von ihren Kindern hörten, laut miteinander reflektieren. Das wiederum bringt die Kinder in die Beobachterposition, und so werden wiederholt Feedbackschleifen gelegt. Blitzlicht ist eine andere dem reflektierenden Team verwandte Technik. Sie soll von der »Hitze der Aktion« zur »Kühle der Reflexion« hinüberführen, nämlich wenn der Therapeut eine unsichtbare »Pausentaste« drückt und alle Anwesenden um eine Art »Befindlichkeitsmomentaufnahme« bittet. Gruppenmitglieder werden angehalten, darüber zu reflektieren, wie es zu einem bestimmten Interaktionsmuster kam und wie z. B. eine Auseinandersetzung in der Familie oder zwischen Familien eskalierte.

Perspektivenwechsel ist ein wichtiges Ziel der Therapie, und systemische Reflexionstechniken, wie oben beschrieben, fördern diesen

Prozess. Eine aus der Psychodynamik kommende neue und bereichernde Entwicklung ist der mentalisationsbasierte Ansatz (Fonagy et al. 1991; Bateman a. Fonagy 2006). Er ist ein Versuch, interaktive Feinfühligkeit zu beschreiben, z. B. wie Eltern in der Lage sind, sich ihr Kind als geistig-seelisches Wesen vorzustellen und sich in die vermuteten seelischen Zustände des Kindes hineinzuversetzen. Die Fähigkeit zu »mentalisieren« ist hier ein zentrales Konzept. Es handelt sich um das Erfühlen, Lesen und Interpretieren von geistig-seelischen Zuständen in anderen und in sich selbst – und wie diese Zustände mit Gefühlen und Verhalten zusammenhängen. Mentalisieren ist auch eine Art und Weise, wie man an Beziehungen herangeht. Die Annahme ist, dass das eigene Denken und Fühlen bereichert wird und sich ändern kann, wenn man von den geistig-seelischen Zuständen anderer Menschen lernt. Man kann das als interaktives Mentalisieren beschreiben. Die Fähigkeit zu mentalisieren, wenn man emotional erregt ist, entwickelt sich langsam und auch erst dann, wenn das Individuum in der Lage ist, seine eigenen geistig-seelischen Zustände und auch die anderer Menschen retrospektiv zu betrachten und sich »gefühlt zu fühlen«. Das ist für viele in der »Hitze des Gefechts« nicht möglich, vor allem für Kinder und Erwachsene mit Problemen bei der Impulsregulation. Und das sind nun oft gerade die Menschen, die Gewalt und Misshandlung erlitten haben und Bindungsstörungen aufweisen. Stress und Angst, wie auch andere intensive Gefühlszustände, führen dazu, dass man die Fähigkeit, zu mentalisieren und an die Gefühle anderer zu denken und sie zu fühlen, temporär verliert. Das Risiko, dass es zu Eskalationen und Gewaltausbrüchen kommt, ist dann besonders groß.

Es gibt bereits verschiedene Versuche, die Konzepte und Erkenntnisse aus dem Feld der Bindungstheorie therapeutisch einzusetzen, wie z. B. Bowlby (1995), Diamond und Siqueland (1998) und jüngst Dallos (2006) gezeigt haben. Die mentalisationsbasierte Familientherapie (MBFT), die zurzeit entwickelt wird (Asen a. Fonagy 2010), zielt darauf ab, allen Familienmitgliedern zu helfen, mit Formen des Mentalisierens zu experimentieren, es zu üben und nichtmentalisierendes Verhalten zu unterbinden. Auf diese Weise soll es Familien ermöglicht werden, sich der geistig-seelischen Zustände jedes Familienmitglieds bewusst zu werden und die eigenen Gefühle und Impulse besser zu regeln. Die Fähigkeit zu mentalisieren ist eine Art Puffer, der konfliktreiche und potenziell explosive Interaktionen abfedern und vielleicht sogar bremsen kann. Seit kurzer Zeit experimentieren wir mit spezifischen mentalisationsbasierten Techniken auch in multifamilientherapeutischen Settings. Hier können sich Familien bei der gegenseitigen Exploration ihrer geistig-seelischen Befindlichkeiten unterstützen. Gerade bei Gewaltfamilien, die oft nur partiell mentalisieren können, schaffen spezifische mentalisierende Übungen, wie z. B. **Eingefrorene Gefühlsstatuen** oder **Gefühlsröntgen**, neue Verbindungen zwischen Familienmitgliedern. MFT ist ein intensives Setting für Wandel, in dem sich Agieren, Spielen, Reflektieren und Mentalisieren unentwegt ablösen. Sie ermöglicht es bindungsgestörten Familien und ihren Mitgliedern, mit sichererem Nähesuchen zu experimentieren wie auch neue innere und äußere Arbeitsmodelle auszuprobieren. So kann Multifamilientherapie einen wichtigen Beitrag dazu leisten, dass Familienleben weniger gefährlich und liebevoller sein kann.

Teil III: Familien, Kulturen, Kontexte

Liebe und Gewalt in Migrationsfamilien – Problemtrance Kultur?

Andrea Lanfranchi

Als ich eine junge Frau in einem Begutachtungsverfahren fragte, wie es dazu kam, dass sie die hierarchisch allerhöchste Vertreterin der Vormundschaftsbehörde einer Schweizer Stadt am Hals packte und beinahe erwürgte, antwortete sie mir: »Wissen sie, ich bin Italienerin und musste gegen die Fremdplatzierung meiner Kinder kämpfen!«

Als ich einen 14-jährigen Jugendlichen in einer Psychotherapiesitzung fragte, was er bei eskalierenden Konflikten in der Disco anders tun könnte, als seine Freunde zu holen und bandenmäßig dreinzuschlagen, sagte er mir: »Ich muss ja niemanden holen, sie kommen von alleine, bei uns ist das normal, sowieso wenn mich jemand angefickt hat. Wenn ich ›Scheiß-Albaner‹ höre, dann zeigen wir denen, was richtige Albaner sind.«

Sind Migranten gewalttätiger als »einheimische« Schweizer, Deutsche, Österreicher? Ist Gewalt, bei Familien und Paaren oft dialektisch mit Liebe gekoppelt, ein Element von Kultur? Was machen wir, wenn die Migrantinnen und Migranten die Stereotype, die über sie verbreitet werden, selbst übernehmen und sich dementsprechend verhalten?

Gewaltphänomene professionell angehen: Kompetenz statt Kulturalisierung

Mit dem Fokus auf den Themen »Liebe und häusliche Gewalt« sowie »Jugendgewalt im Kontext von Migration« begebe ich mich in ein ideologisch-politisches, vielleicht auch beraterisch-therapeutisches Minenfeld. Im gesellschaftlichen Diskurs und auch in der wissenschaftlichen Forschung sind das die Themen, die am stärksten polarisieren und am leichtesten missbraucht werden, vor allem bei politischen Manövern zur Verunsicherung der Bevölkerung mit dem Ziel, Parteistimmen abzugrasen. – Wie sieht es bei uns Beratern und Therapeutinnen aus? Wie souverän, differenziert und handlungskompetent sind wir bei Problemen der Gewalt im Migrationskontext, bei ratsuchenden

Klientinnen und Klienten mit Migrationshintergrund als Tätern oder Opfern von Gewalt?

Ich habe bei Weiterbildungen und Supervisionen viele Kolleginnen und Kollegen erlebt, die, unbeeinflusst von kulturalisierenden Vorannahmen, aber auch nicht naiv bezüglich möglicher kulturgebundener Erklärungen, fallbezogen, kompetent und wirksam mit Migrantinnen und Migranten bei Problemen rund um die Gewalt umgehen können. Ich erlebe aber auch oft stark verunsicherte Professionelle, die entweder eine kulturalistische Betrachtungsweise einnehmen oder ganz im Gegenteil bestehende Differenzen a priori ausschließen und im beraterisch-therapeutischen Gespräch entsprechend verwirrt, manchmal sogar gelähmt wirken. Sie schwanken vom Extrem »Gewalt ist vor allem kulturell bedingt« zum Extrem »Kultur spielt hier überhaupt keine Rolle«.

> Ich kann mich gut an eine Schulsozialarbeiterin in der Supervision erinnern. Im Video stand sie sprachlos vor einem aus der Türkei stammenden Vater, nachdem er von der Lehrerin eingefordert hatte, dass sie seinen Sohn bei Lern- und Verhaltensproblemen schlagen solle, weil sie sonst bei ihm niemals etwas erreichen werde. Dazu hatte er das bekannte türkische Sprichwort übersetzt, das traditional orientierte Väter dem Lehrer am ersten Schultag bei der Kinderübergabe sag(t)en: »Eti senin, kemigi benim« (»Das Fleisch gehört dir [dem Lehrer/der Lehrerin], die Knochen mir«). Die Lehrerin war empört über diesen arroganten Vater, der sie als inkompetent disqualifizierte und den Sohn massiv entwertete. Die Schulsozialarbeiterin saß, wie gesagt, verdattert da. Schweigende Zustimmung? Sie hätte ja im Interesse aller Beteiligten reagieren müssen und in etwa sagen können: »Herr Y, wenn Sie möchten, kann ich ihnen helfen, dass Aslan besser lernt und weniger Probleme macht – ich kann auch der Lehrerin und ihrem Sohn direkt helfen. Was sie da vorschlagen, um die Probleme zu lösen, nämlich Aslan zu schlagen, finde ich keine gute Idee. Wenn wir Löwen [Aslan heißt Löwe] schlagen, werden sie noch aggressiver. Außerdem werden Lehrer, und auch Väter, die Kinder schlagen, in der Schweiz (wie in der Türkei) angeklagt. Es gibt bessere Methoden, um das zu erreichen, was Sie und auch die Lehrerin möchten, nämlich dass Ihr Sohn mehr lernt und weniger stört. Was denken

> Sie? Wann darf ich Sie, wenn möglich, zusammen mit Ihrer Frau, zu einem Gespräch einladen?«[5]

So gesehen, hat Gewalt viel eher einen historischen als einen kulturellen Hintergrund. In einer traditionalen, bäuerlichen Gesellschaft haben gewalttätige Auseinandersetzungen rund um Ehre, Kindererziehung und territoriale Besitzansprüche eine anerkannte Rolle gespielt, und spielen sie teilweise heute noch. Die Erzählungen von Jeremias Gotthelf sind voll von ritualisierter Gewalt. Ich denke nicht nur an die Wirtshausschlägereien, sondern auch an das Prügeln als bewährte Erziehungsmaßnahme, das bis vor wenigen Jahren in allen Schichten und nahezu allen Kulturen in abgewandelter Form gesellschaftlich legitimiert war.[6] Was habe ich in Sommer 2008 auf Plakaten in Costa Rica gelesen: »No pegar a tu mujer y a tus hijos!« (»Schlag deine Frau und deine Kinder nicht!«). Heute wird die physische (nicht jedoch psychische!) Anwendung von Gewalt gegenüber den eigenen Kindern zu Hause oder in der Schule sanktioniert. Auch in der Ehe wird Gewalt nicht mehr als eine Privatangelegenheit der Partnerschaft betrachtet, sondern seit 2004 als Offizialdelikt geahndet (siehe den Beitrag Greber u. Kranich Schneiter in diesem Band).

Das Problem, das ich auch bei erfahrenen Fachpersonen ab und zu antreffe, ist, dass sie a priori Migrantinnen als wehrlose Opfer patriarchalischer Strukturen und Migranten als Gefangene ihrer kulturellen Gewohnheiten (sprich: »Machogehabe«) sehen. Sie interpretieren gewalttätiges Verhalten als kulturelle Norm, was von Handlungsstrategien ablenkt und zu Blockaden und Überforderung führt.

In solchen Fällen braucht es Kompetenz statt Kulturalisierung. Diese Kompetenz kann und soll durchaus »Kultur« berücksichtigen, allerdings im Sinne einer kultursensiblen Haltung und nicht von Expertenwissen über Kulturen. *Interkulturelle Kompetenz* beinhaltet

5 Vielleicht war die Kollegin in diesem Fall so gelähmt, weil sie vorher eine Situation wie folgende erlebt hatte, geschildert von einem Berater aus Chur bei einer meiner Weiterbildungsveranstaltungen zum Thema »Gewaltprävention in der Schule« …: »Zwei Mädchen, 2. Primarklasse, kommen immer zu spät zur Schule. Das eine Schweizerin, das andere kommt aus Sri Lanka. Die Lehrerin problematisiert das Verhalten der Mädchen bei den Eltern. Die Schweizer Mutter versucht, ihrem Kind gut zuzureden, leider mit wenig Erfolg, Petra kommt nach wie vor zu spät. Die tamilische Mutter überrascht das Kind eines Morgens im Zimmer, als es wieder nicht aus dem Bett kommt, indem sie ihr einen ›Stock über den Schädel‹ schlägt. Mangal schreckt aus dem Schlaf hoch. Sie kommt nie mehr zu spät zur Schule. Die Lehrerin fragt sich nun, was wohl die »bessere« Variante ist? Die Schweizer oder die tamilische?!«

6 Hierzu ist der Film *Das weiße Band* (Michael Hanecke 2009) sehr einschlägig.

die Fähigkeit, die besondere Situation von Individuen oder Familien mit Migrationshintergrund kontextbezogen zu erfassen, in der Begegnung zu verstehen und entsprechende fallspezifische Handlungsweisen daraus abzuleiten (Hegemann 2004; Lanfranchi 2006). Für ein »Fallverstehen in der Begegnung« (Welter-Enderlin u. Hildenbrand 2004) müssen demnach die individuelle Sichtweise und das Empfinden der Klientin bzw. des Klienten und nicht die »fremde Kultur« einbezogen werden. Hintergrundwissen über migrationsspezifische Lebensrealitäten und Kulturinformationen kann dabei im Sinne eines *Wissens zum Allgemeinen* hilfreich sein. Das lernt man gewöhnlich durch eigene Erfahrungen, aus Büchern und Filmen.[7] Um fallbezogenes Können zu erzeugen, braucht man zusätzlich dazu die *Öffnung für das Besondere* sowie maßgeschneiderte Handwerkszeuge wie die Arbeit mit Genogrammen (Hildenbrand 2005) und, wenn nötig, das Einbinden kultureller Übersetzer bzw. Vermittlerinnen. Darüber hinaus dürfte ein Teil der professionellen Kompetenz im Umgang mit Gewaltphänomenen auch darin bestehen, dass man sich fundierte und aktuelle Informationen zum Thema beschafft. Hierzu sind in der Schweiz aussagekräftige, auch für Beratungspraxis nützliche Hintergrundberichte veröffentlicht worden, so zum Thema der Gewalt in Paarbeziehungen und Familien (EDI 2009a) und auch zum Thema der häuslichen Gewalt im Migrationskontext (EDI 2009b). Entsprechende Informationen zur Situation in Deutschland sind im achten Bericht über die Lage der Ausländerinnen und Ausländer zu finden (Beauftragte der Bundesregierung für Migration, Flüchtlinge und Integration 2010, S. 391 ff.).

Zahlen und Fakten

Bevor wir uns den Ursachenfaktoren und dann einigen Schlussfolgerungen für die Praxis zuwenden, möchte ich noch einen Blick auf einige statistische Daten werfen. Gibt es bei Migrantinnen und Migranten – und somit auch bei unserer Klientel mit Migrationshintergrund – mehr häusliche Gewalt und mehr Jugendgewalt? Sind Prävalenzrate (die Anzahl der betroffenen Personen) und Inzidenzrate

---

7 Gemeint sind hier nicht kulturanthropologische Abhandlungen über »die Balkanfamilie«, um ein Beispiel zu nennen, sondern Romane wie *Die Brücke über die Drina* von Ivo Andric (deutsche Erstausgabe 1965) oder Filme wie *Die Fremde* von Feo Aladags (2010).

(Anzahl Ereignisse in einer gewissen Zeitspanne) gemäß Strafurteils- und Polizeistatistiken, Opfer- und Täterbefragungen in den letzten Jahren gestiegen?

Bekanntlich formt die überaus starke Medialisierung sogenannter Ausländerkriminalität und besorgniserregender Fällen unser Bewusstsein (Steiner 2005). Mit steigender Beharrlichkeit werden die verschiedenen Gewaltakte in Verbindung mit der Nationalität und der ethnischen Herkunft der verdächtigten, angeklagten oder verurteilten Täter gebracht. In den letzten Jahren haben auffallend viele Ereignisse von körperlicher und sexueller Gewalt an Schulen, von ins Chaos abdriftenden Schulklassen oder sogar Schulhäusern die Öffentlichkeit erschüttert (die Schlagzeilen: »Rütli-Schule Berlin-Neukölln«, »Vergewaltigungsbande Zürich-Seebach« etc.). Einer der letzten medial ausgeschlachteten Fälle war die »Horrorklasse Zürich-Borrweg«: Als im Frühling 2007 eine 6. Primarschulklasse wegen »disziplinarischer Probleme« und »passiver Eltern« mehrere Lehrpersonen verheizte und durch einen Medienrummel zur landesweiten Berühmtheit avancierte, überstürzten sich die Pressemeldungen über die Abstammung der Schülerinnen und Schüler. »Von den 22 Schülern stammen 18 aus dem Balkan und angrenzenden Ländern,« schrieb der *Tages-Anzeiger* (Zürich). Von einer rechtsstehenden bürgerlichen Partei wurde der Fall umgehend als Beleg für das problematische Verhalten »der Balkanjugendlichen« genommen. Spätere Abklärungen der *Neuen Zürcher Zeitung* führten dazu, dass von den nun 21 Kindern nur drei ausländischer Nationalität sind (zwei aus Serbien, einer aus Kroatien) und 18 einen Schweizer Pass haben, davon aber elf eingebürgert sind. Die Ursprungsländer der eingebürgerten Kinder sind in zwei Fällen Nationen des ehemaligen Jugoslawien. Die restlichen Kinder bzw. Familien stammen aus Somalia, Marokko, Sri Lanka, Italien und der Türkei. Fazit: Insgesamt fünf Kinder dieser Klasse haben Wurzeln im Balkan. Auch wenn man die Türkei als »angrenzendes Land« nimmt, bleibt die ursprünglich kolportierte Zahl sehr weit von der Realität entfernt.

Ob der Ausländeranteil bei Delikten in den letzten Jahren zugenommen hat oder ob er stabil geblieben ist, darüber gibt es unterschiedliche Befunde. Für Martin Killias vom Rechtswissenschaftlichen Institut der Universität Zürich ist die Zunahme der Ausländeranteile bei Gewaltdelikten Jugendlicher in den letzten 20 Jahren konstant (siehe Haymoz, Markwalder, Lucia u. Killias 2008). Manuel Eisner von der Universität Cambridge kommt hingegen zum Schluss, dass sich gerade bei ausländischen Jugendlichen die Anzeigebereitschaft erhöht habe, nicht die Kriminalitätsraten an sich (siehe Eisner, Ribeaud, Jünger u. Meidert 2008). Einige widersprüchliche Aussagen beruhen auf der Erfassung von unterschiedlichen Zeiträumen, unterschiedlichen Populationen und unterschiedlichen Altersspannen (Haymoz, Markwalder, Lucia u. Killias 2008, S. 16). Trotz vieler Differenzen besteht ein breiter Konsens darüber, dass ausländische Staatsangehörige im Bereich der Gewaltdelikte mit einer Beteiligung von rund 60 Prozent im Verhältnis zu ihrem Anteil an der Gesamtbevölkerung von rund 20 Prozent deutlich übervertreten sind. Ähnlich verhält es sich mit Deutschland, wo die Übervertretung bei der Straftatenstatistik im Verhältnis gleich ist wie in der Schweiz (Statistisches Bundesamt 2008). Vermutlich trifft das auch für Jugendliche mit Ausländerstatus zu sowie für Jugendliche »fremder Herkunft«, die eingebürgert wurden. Weil sich diese überproportionale Belastung auch in Daten zu selbst berichteter Gewalt und in Opferbefragungen zeigt (Eisner, Manzoni u. Ribeaud 2000), ist sie kein statistisches Artefakt und verlangt nach Maßnahmen, die auch und vor allem Migrantinnen und Migranten (Jugendliche und ihre Eltern) selbst erreichen.

Die Statistiken helfen bei der Suche nach den Ursachen nicht weiter. So viel ist es aber bekannt: Es gibt keine kulturellen oder ethnischen Prägungen, die als vordergründige Erklärung der geschilderten Problemlage gelten. Mehrere Befunde unterstützen diese Aussage.

Auf der einen Seite hat eine Literaturrecherche von Eisner, Ribeaud und Bittel (2006, S. 20 f.) ergeben, dass gemäß kulturvergleichenden Studien in osteuropäischen, asiatischen und afrikanischen Gesellschaften ähnliche Mechanismen für die Entstehung von Gewalt verantwortlich sind:

> »Das bedeutet, dass Unterschiede zwischen Gruppen von Jugendlichen nicht auf völlig andere Ursachen zurückzuführen sind, sondern auf Unterschiede in der Belastung durch dieselben Risikofaktoren (bzw. das Fehlen von Schutzfaktoren)«.

Auf der anderen Seite weisen Migrationsjugendliche in den ersten Jahren ihres Aufenthaltes im Aufnahmeland eine im Vergleich zu Gleichaltrigen unterdurchschnittliche Gewaltbereitschaft auf. Die Gewaltwahrscheinlichkeit setzt paradoxerweise im Laufe des Integrationsverlaufs ein und erreicht nach empirisch validierten Erfahrungen

(Eisner et al. 2000, S. 76 f.) ihren Höhepunkt bei einer Aufenthaltsdauer von zehn Jahren. Was heißt das? Eine plausible Interpretation ist, dass die Kontrollmechanismen und der interne Zusammenhalt der anpassungsbereiten Familien die Kinder und Jugendlichen in den ersten Migrationsphasen schützen. Mit der immer stärkeren Einbindung in externe Strukturen (Schule, Freizeitbereich, Berufslehre etc.) gehen diese protektiven Faktoren teilweise verloren. Treten in der Schule oder bei der Berufswahl Momente des Misserfolgs, der Diskriminierung und Perspektivlosigkeit ein, fühlen sich die Jugendlichen trotz vorgegaukelter postmoderner Optionenvielfalt an den Rand gedrängt, betrogen und ausgeschlossen, was ihre Radikalisierung fördert und das Randalieren erklärt (Lanfranchi 2008). Überspitzt formuliert (Beck 2005. S. 13):

> »In Deutschland, aber auch in vielen anderen Ländern glaubt man geradezu obsessiv daran, dass die Ursachen für die Gewaltbereitschaft der randalierenden Migrantenjugend in der traditionalen Herkunftskultur der Einwanderer zu finden sind. Empirische Studien der auf diese Fragen bestens vorbereiteten Soziologie belegen das Gegenteil: Es ist nicht die fehlende Integration, sondern die gelungene Integration, genauer: der Widerspruch von kultureller Assimilation und sozialer Ausgrenzung dieser Jugendlichen, aus dem sich ihr Hass und ihre Gewaltbereitschaft speisen.«

Genau diese These vertritt auch Güngör (2005, S. 38), wonach wir

> »jener sonderbaren Ambivalenz Rechnung tragen (müssen), in der graduelle Integrationsleistungen nicht nur positive, sondern – kurz- und mittelfristig – auch negative Folgen wie beispielsweise eine Zunahme von Konflikten und Gewalt nach sich ziehen können. Gewalt ist dann nicht nur, wie gemeinhin angenommen, ein Phänomen der Desintegration, sondern Teil einer mit starken Dissonanzen und Friktionen behafteten partiell gelungenen Integration.«

Um die Behauptung der »importierten Gewaltkultur« zu widerlegen, kann ich schließlich auf eine instruktive Untersuchung über selbst berichtete Delikte von Schülerinnen und Schülern der 7. bis 9. Klassen in der Schweiz im Vergleich zu gleichaltrigen Jugendlichen in Bosnien-Herzegowina hinweisen (Budimlic, Maljevic a. Muratbegovic 2007; Killias, Aebi, Lucia, Herrmann a. Dilitz 2007). Ein bemerkenswertes Resultat ist, dass die Delinquenzrate in der Schweiz im Vergleich zur repräsentativen Stichprobe in Bosnien für die meisten Deliktarten wesentlich höher ist. Sie liegen bei Körperverletzung und Raub auf ähnlichem Niveau, sonst aber sind sie in Bosnien markant tiefer. Trotz interpretativer Einschränkungen in der Vergleichbarkeit unterschiedlicher Lebenswelten wäre dies ein weiterer Beleg dafür, die These der kulturbedingten Gewalt und Kriminalität in der Schweiz fallen zu lassen. Dass Jugendliche aus der Balkanregion in der Schweiz ungefähr dreimal höhere Gewaltraten aufweisen als junge Schweizer, kann also nicht darauf zurückgeführt werden, dass jene gewissermaßen ihre Probleme in unser Land »mitschleppen« (Martin Killias, persönliche Mitteilung und Aktennotiz vom 6.3.2008). Die Ursachen dieser Unterschiede müssen wohl eher in der Schweiz selber, insbesondere in den Sozialisations- und Lebensbedingungen der Migrationskinder gesucht werden. Dass viele Gewaltprobleme »hausgemacht« sind, wird in vielen Studien bestätigt, die der Frage nach ethnokulturellen Determinanten von Gewalt nachgegangen sind: Zum Beispiel in der Metaanalyse von Lipsey und Derzon (1998), welche dem Faktor der ethnischen Abstammung mit einer Korrelation von .04 den schwächsten Prädiktorwert für Jugendgewalt aller gemessenen Faktoren für Kinder im Alter von zwölf bis 14 zuweist. Den höchsten Prädiktorwert von .39 haben in dieser Studie Faktoren, die man mit »lückenhafter sozialen Vernetzung« beschreiben kann.

Und doch wäre es verkürzt, zu behaupten, »Kultur« spiele überhaupt keine Rolle – wie ich nun bei der Diskussion der zentralen Ursachen von Gewalt explizieren möchte.

Ursachen

Gewaltphänomene weisen auf ein komplexes Gefüge anthropologischer, lern- und sozialisationstheoretischer sowie sozialer und manchmal auch deprivationsbezogener Bedingungen auf. Im Allgemeinen geht es um Problemverhalten, das mehrere komplex interagierende Ursachen hat. Die folgende empirisch gestützte Übersicht stellt die wesentlichen Risikobedingungen für eine erhöhte Gewaltbereitschaft dar. Viele dieser Bedingungen haben mit der ethnokulturellen Zugehörigkeit gar nichts zu tun, manche können jedoch durchaus kulturelle Elemente beinhalten:

- *familiäre Merkmale:* erlebte elterliche Gewalt, geringe emotionale Wärme, inkonsistenter Erziehungsstil, mangelnde elterliche Aufsicht

- *schulische Merkmale:* negatives Schulhausklima, Lern- und Leistungsstörungen, Absentismus, tiefes Bildungsniveau
- *persönliche Merkmale:* geringe Frustrationstoleranz, gewaltbefürwortende Einstellung, geringe Schuldgefühle gegenüber Aggressivität, Impulsivität
- *soziale Merkmale:* soziale Benachteiligung, Armut und Erwerbslosigkeit, Marginalisierung
- *»kulturbezogene« Merkmale:* gewaltlegitimierende Männlichkeitsnormen, Ehrprinzip durch Befolgen tradierter Regeln, oft als Folge von Spannungen in Übergangsprozessen.

Im Folgenden gehe ich auf das erste und letzte Ursachenbündel ein, also auf Merkmale der Familie und Merkmale der Kultur im Zusammenhang mit Gewalt.

Elterliche Gewalt

Eine Vielzahl von Befunden spricht dafür, dass besonders die innerhalb der eigenen Familie – also durch schlagende Eltern – erlittenen Gewalterfahrungen zur späteren Ausübung von Gewalt führen (Hawkins 2000). Empirische Studien zeigen sogar einen linearen Zusammenhang zwischen der Häufigkeit der im Kindesalter erlebten körperlichen Misshandlungen und der Wahrscheinlichkeit, die eigenen Kinder zu züchtigen (Straus a. Gelles 1990). Dennoch ist die intergenerationale Transmission von Gewalt kein unveränderlicher Automatismus: Ein relevanter Teil von Eltern sind keine »Wiederholer« (siehe den Beitrag Pauli in diesem Band). Zudem wissen wird, dass einzelne Eltern ihre Kinder misshandeln, obwohl sie selber nie geschlagen wurden. Es besteht allerdings ein Konsens darin, dass das Risiko der Anwendung von Gewalt höher liegt, wenn einer Person selbst Gewalt widerfahren ist (Frehsee, Horn a. Bussmann 1995). Dafür findet sich in der Tabelle ein eindrücklicher Beleg aus einer nicht ganz neuen, dafür umfassenden Studie des Kriminologischen Forschungsinstituts Niedersachsen. In einer repräsentativen Stichprobe wurden Jugendliche unterschiedlicher ethnischer Herkunft unter anderem zu innerfamiliären Gewalterfahrungen befragt, die sie bis zur Vollendung ihres zwölften Lebensjahres gemacht haben (Pfeiffer, Delzer, Enzmann u. Wetzels 1998). Die Darstellung zeigt, dass türkische Jugendliche am häufigsten, weitere Ausländer und Aussiedler (ohne GUS) häufig von schwerer elterlicher Gewalt in der Kindheit betroffen sind. Auch im Hinblick auf die von den Jugendlichen beobachtete häufige elterliche Partnergewalt sind die Ergebnisse ähnlich. Dabei ist die Rate bei türkischen Familien mit einem Wert von 15,6 % dreimal so hoch wie bei deutschen Familien (5,0 %).

	Schwere elterliche Gewalt in der Kindheit	Häufige elterliche Partnergewalt
deutsch seit Geburt	13,6	5,0
Aussiedler aus der GUS	16,6	9,9
Aussiedler ohne GUS	21,9	8,3
Eingebürgerte ohne Türken	21,6	5,2
eingebürgerte Türken	31,6	9,2
Ausländer, türkisch	29,1	15,6
Ausländer, ehem. Jugosl.	21,7	9,9
Ausländer, Südost-europa	21,1	11,5
Ausländer, andere	18,0	7,2

Tab.: Gewalterfahrungen in der eigenen Familie (in %, nach Pfeiffer et al. 1998)

Diese Befundlage wurde nun von einer ähnlich gelagerten neuen deutschen Studie bestätigt (Mayer, Fuhrer u. Uslucan 2005). Danach lässt sich die Transmission von Gewalt, die in der eigenen Kindheit erfahren wurde, bei Familien türkischer Herkunft über drei Generationen hinweg nachweisen, während dieser Effekt bei deutschen Familien klar ausbleibt.

Ich gehe nun der Frage nach, inwiefern empirische Ergebnisse dieser Art mit »Kultur«[8] in Verbindung stehen könnten.

8 Kultur definiere ich nach Falicov (1995, p. 377; Übers.: A. L.) dynamisch als »ein für uns alle geltender Hintergrund von etablierten und über Generationen überlieferten Sichtweisen, Werten, Ansichten und Haltungen, welche einerseits unser ganzes Denken, Fühlen und Handeln beeinflussen, die wir andererseits aber in individueller wie auch kollektiver Weise übernehmen, modifizieren und weiterentwickeln, und zwar in Abhängigkeit von unserer Teilhabe an unterschiedlichen Kontexten.«

Kulturelle Einflüsse

Wer die Tagespresse liest und einen Blick auf die Berichterstattung aus den verschiedenen Gerichten wirft, muss nicht lange suchen bzw. warten, bis er oder sie auf ein »Ehrdelikt« stößt. So hat vor einiger Zeit ein junger Mann versucht, seine Schwester zu töten (er hat sie über eine Brücke in den Fluss geworfen), weil sie eine Zwangsheirat aufgelöst hat. Das spätere Opfer war im Alter von 15 Jahren in der Türkei mit einem Cousin verheiratet worden mit dem Ziel, dem Cousin später die Einreise in die Schweiz zu ermöglichen, da die Frau über eine Aufenthaltsbewilligung verfügte. Weil das Migrationsamt die Heirat der Minderjährigen aber nicht anerkannte, wurde sie in der Türkei wieder geschieden mit dem Ziel einer neuerlichen Heirat in der Schweiz. Die junge Frau weigerte sich nun allerdings, ihren Exmann zu ehelichen. Dadurch entstand ein Ehrkonflikt, der noch verstärkt wurde, als die Frau dem Einfluss der Familie immer mehr entglitt und mit einem Schweizer Freund zusammenzog. Der Gutachter, Hans-Rudolf Wicker (1996) vom Ethnologischen Institut der Universität Bern, rekonstruierte die familiäre Konstellation von Täter und Opfer, die aus Südostanatolien aus einer traditionalen Landarbeiterfamilie stammen. In der Herkunftskultur der Betroffenen, in der der Staat kaum Einfluss hat und somit Verwandtschaftsnetze Sicherheits- und Ordnungsfunktion haben, sind Generationen- und Geschlechterrollen verbindlich (Tobler Linder 2002). Da keine Sozialversicherungen und Altersvorsorge existieren, sind die Kinder ihren Eltern gegenüber zu Respekt, Gehorsam und lebenslanger Fürsorge verpflichtet. Deshalb werden auch die Ehen im Hinblick auf die Zukunft der alternden Eltern arrangiert. Eine Heirat aus romantischer Liebe ist für sie ein allzu risikovolles Unterfangen, weil die Liebe, wie wir wohl alle wissen, brüchig ist und sie somit im Falle einer Trennung im Regen stehen würden. In »Ehre-Schande-Kulturen« (vgl. Backer 1983; Denich 1993) wie in traditionalen agrarwirtschaftlichen Randregionen des Balkans, des Nahen Ostens und früher des Mittelmeers wie in Süditalien, werden die Männer in die Rolle der Ordnungshüter und Beschützer geschoben, während die Frauen die komplementäre Rolle der Tugend und Keuschheit übernehmen. Die extrafamiliale Potenz hängt eng mit der innerfamilialen Ehre zusammen. Ehen werden so eng wie möglich in der eigenen Verwandtschaft vollzogen mit dem Nebenziel, wirtschaftliche Ressourcen zusammenzulegen. So gab es allein im engeren Familienkreis des erwähnten Falles eines sogenannten Ehrdelikts sechs arrangierte Ehen. Nun stand der Bruder des Opfers unter starkem Druck, die Schwester zu disziplinieren und zu bestrafen. Dies war auch die Absicht seines Besuchs bei der Schwester gewesen. Er hat weder auf einen Plan noch einen Befehl der Verwandtschaft hin, die Schwester umzubringen, gehandelt, noch sei es eine Affekthandlung gewesen. Er sprach gemäß Berichterstattung in der Tagespresse vor Gericht immer wieder von »retten« im Sinne von »zur Vernunft bringen«.

In diesem Fall kann man wohl von Gewalt im Zusammenhang von Kultur reden. Aus ethnologischen Berichten kennen wir viele Beispiele von Fehden, die unter dem Begriff der Blutrache bis zur Ermordung einer oder sogar mehrerer Personen führen kann (Sigrist 1980). Auch bei einzelnen Tötungen bei Partnerschaftskonflikten in der Schweiz dürften kulturgebundene Entstehungsmechanismen eine Rolle spielen. Zwischen 2000 und 2004 wurden in der Schweiz im Jahresdurchschnitt 22 meist junge Frauen von ihrem ehemaligen oder aktuellen Partner getötet (bei den Männern gab es vier Tötungen; bei weiteren 28 Frauen und vier Männern blieb es beim Tötungsversuch). In der Schweiz niedergelassene Ausländerinnen waren zweieinhalbmal häufiger Opfer einer solchen Straftat als Schweizer Frauen, und Ausländer traten dreimal häufiger als Tatverdächtige in Erscheinung als Schweizer (Bundesamt für Statistik 2008).

Gescheiterte Migrationsprojekte

Würden wir diese Fälle, statt quantitativ zu zählen, *qualitativ erzählen* (lassen), dann würden wir, wie beim obigen Fallbeispiel, auf mehrere Elemente von »Ehre-Schande-Kultur« stoßen. Wir würden aber auch auf viele gescheiterte Migrationsprojekte stoßen, auf viele misslungene Integrationsgeschichten. Wir würden feststellen, dass etliche Betroffene (Täter wie Opfer) stehen geblieben sind in der Gestaltung von Übergängen zwischen Herkunfts- und Aufnahmegesellschaft. Wir würden sehen, dass etliche von ihnen nicht mehr dort und noch nicht hier, also im Niemandsland sind. Sie fühlen sich in der *condition migrante* aus verschiedenen Gründen (familialen, personalen, sozialen, kulturellen) gestresst, in einer Spannung von Integrationsdruck und (trotz vorgegaukelter Optionenvielfalt: »Jeder ist seines Glückes Schmied«) geringer Möglichkeiten einer vollständigen gesellschaftlichen Partizipation. In verschiedenen Publikationen habe ich in

Verschränkung von Theorie und Praxis modellhaft sowie fallbezogen die Mechanismen der Transformation im Migrationsverlauf und die Phasen der Migration beschrieben, die Migrierende von der Vorbereitung ihrer Auswanderung bis zum Anschluss und zur Integration in der Aufnahmegesellschaft durchschreiten (vgl. Lanfranchi 2004). Viele Lebensbiografien lesen sich wie Heldentatgeschichten – einzelne wie Horrorromane.

Zusammengefasst, könnten wir uns fragen, ob die oben erwähnte *intergenerationale* Transmission von Gewalt auch eine *kulturelle* Transmission von Gewalt ist. Es sollte aus meinen Ausführungen ersichtlich geworden sein, dass kulturelle Elemente in der Weitergabe und im Ausüben von Gewalt in besonderen Fällen traditional orientierter, rückwärtsgewandter *oder* im Prozess der Gestaltung kultureller Übergänge blockierter Familien nicht von der Hand zu weisen sind. Die kulturellen Erklärungen können jedoch niemals isoliert als Einzel- oder Hauptursache, sondern nur als verschränkt mit mehreren Beweggründen betrachtet werden (Markowitz 2001). »Ehre-Schande-Prinzipien« sind dort entstanden, wo das Gewaltmonopol des Staates nicht oder kaum vorhanden ist, die Gesetze (sofern sie existieren) ungenügend vollzogen werden und die Männer ihre Familie schützen müssen. Dabei handelt es sich nicht um »amoralischen Familismus« (Banfield 1958), sondern um familistische Moral. In den sozialen Interaktionen in solchen Kontexten wird Gewalt positiv konnotiert. Bei Migranten muss aber ermittelt werden, ob die »Ehrkultur« erst im Verlauf des Migrationsprozesses entstanden ist. Das kann im Zusammenhang mit Entbehrungen und Vorurteilen der Fall sein, sodass Migranten unter Umständen auf traditionale Sozialnormen zurückgreifen, die in ihrem Herkunftsland nicht mehr gültig sind.

> *Zur Illustration:* Ein seit 20 Jahren in der Schweiz lebender, aus dem Kosovo stammender 40-jähriger und traditional orientierter Mann, der einzig auf dem schmalen Weg des Berufs integriert ist, ist nicht einfach »ein Albaner« wie einer, der im Kosovo geblieben ist. Er ist unter Umständen ein »neuer Schweizer«, der einiges erreicht hat, jedoch in vielen Bereichen strukturell desintegriert ist und Ungleichheiten erfährt. Gerade beim Ehrkonzept ließe sich zum Beispiel zeigen, dass die Konflikte und Friktionen nicht einzig und allein durch die Befolgung kulturell tradierter Normen und Werte, sondern erst durch schmerzhafte Ablösungsmomente im

Akkulturationsprozess entstehen (Güngör 2005, S. 40). Bei Paaren in der Fremde entsteht im Falle prekärer Lebensverhältnisse nicht selten eine Art »Schicksalsgemeinschaft« mit gegenseitiger Abhängigkeit und dem daraus entstehenden Bedürfnis, den Liebespartner zu kontrollieren und sich seine Liebe mit allen möglichen Mitteln – also auch durch Gewalt – sichern zu wollen (dazu siehe den Beitrag von Riehl-Emde in diesem Band).

Jedenfalls sind generalisierende, kulturessenzialistische Bemerkungen wie: »[...] aus der türkischen Kultur ›importierte‹ Werte, Einstellungen und Erfahrungen (begünstigen) die Gewaltbereitschaft« (Mayer et al. 2005, S. 170), mehr als problematisch. Ein solch lineares Denken führt zur Annahme, dass »jeder Migrant, jede Migrantin durch ethnoreligiöse Kultur prädeterminiert ist« (Güngör 2005, S. 38). Damit wird eine ausgrenzende Differenz mit pauschalisierenden, auf »Kultur« ausgerichteten Zuschreibungen hergestellt. Diese beziehen sich fast ausschließlich auf die nichteinheimischen Gruppen. Bei Gewaltereignissen durch Schweizer wird oft differenziert nach Stressfaktoren, psychosozialen Belastungen und dergleichen gesucht. Bei Migranten wird hingegen vorschnell die Schulblade »Kultur« gezogen – sodass es, vereinfacht gesagt, so aussieht, als ob die Schweizer eine Psyche und die Ausländer eine Kultur hätten ...

Darüber hinaus wird Kultur, hier »die importierte türkische Kultur«, als nach außen autark, nach innen statisch-homogen, ohne Möglichkeit interner Diversifikation, beschrieben. Sehr instruktiv in diesem Zusammenhang finde ich eine Passage von Hegemann (2004, S. 80):

> »Eine kurdische Frau kann eine traditionelle Frauenrolle leben, die die strikte Unterordnung unter männliche Familienmitglieder erfordert und den Lebenssinn in den Kindern sieht, sie kann sich mit der kemalistischen Staatsidee der modernen Türkei identifizieren und sich für die wirtschaftliche oder wissenschaftliche Entwicklung dieses Landes einsetzten, sie kann mit beiden Lebenskonzepten gebrochen haben und ein ›typisch westliches‹, an persönlicher Autonomie ausgerichtetes Lebenskonzept haben, und dies mit heftigen Konflikten mit der Herkunftsfamilie oder in einem abgestimmten Dialog mit dieser. Alle diese Formen sind denkbar oder Mischformen oder auch ganz andere Konzepte.«

Das führt abschließend zu einigen Überlegungen für die Gestaltung unserer Arbeit in der systemischen Beratung und Therapie.

Schlussfolgerungen für die systemische Praxis

Als Erstes Ziel gilt der Schutz des Opfers vor weiteren Gewaltanwendungen. Als zweites Ziel gilt die Beratung oder Therapie des Täters (in seltenen Fällen der Täterin). Das ist ein schwieriger Balanceakt, vor allem bei streitenden Paaren oder wenn eine Migrantin mit der Trennung riskiert, ihre Aufenthaltsbewilligung zu verlieren (dazu Spescha 2007).

Unsere Aufgabe als systemische Berater und Therapeutinnen im Umgang mit Problemen der häuslichen Gewalt und der Jugendgewalt ist zunächst einmal, zu explorieren, rekonstruieren und beurteilen, was die Spezifität des Falles ausmacht. Angesichts der Vielfalt möglicher Erklärungen geht es zuerst darum, Arbeitshypothesen zu ordnen und zu klassifizieren. Migrationsspezifische und kulturspezifische Faktoren, soziale Rahmenbedingungen und psychologische Aspekte gegeneinander abzuwägen erleichtert ein umfassendes Fallverstehen (Demmer-Gaite u. Friese 2004, S. 198).

Dazu hat sich das Modell der multidimensionalen Fallanalyse nach Kunze (1998) bewährt (Abb.). Dieses Modell ist vor allem nützlich dafür, bei der Beratung von Migrantinnen und Migranten Fehldeutungen zu vermeiden. Folgende Leitlinien helfen dabei:

- Wir sollten migrations- und kulturspezifische Aspekte nicht pathologisieren.
- Wir sollten soziale Benachteiligungen nicht psychologisieren.
- Wir sollten psychologische, beziehungsdynamische Mechanismen der Konfliktentstehung nicht kulturalisieren.

Wir setzen dieses Modell vor allem in der Praxis der Gruppensupervision bei interkulturell geprägten Fallbesprechungen ein. Die Teilnehmerinnen und Teilnehmer teilen sich auf die verschiedenen Dimensionen auf und übernehmen die Verantwortung für die Berücksichtigung einer der vier Perspektiven (der migrations- und kulturspezifischen, der sozialen und psychologischen). Sie hören sich die Fallpräsentation unter dem jeweiligen Aspekt an und bringen ihre Einschätzungen, Hypothesen und Handlungsvorschläge systematisch ausdifferenziert in die anschließende Falldiskussion ein, in der die Dimensionen gewichtet und zusammengeführt werden.

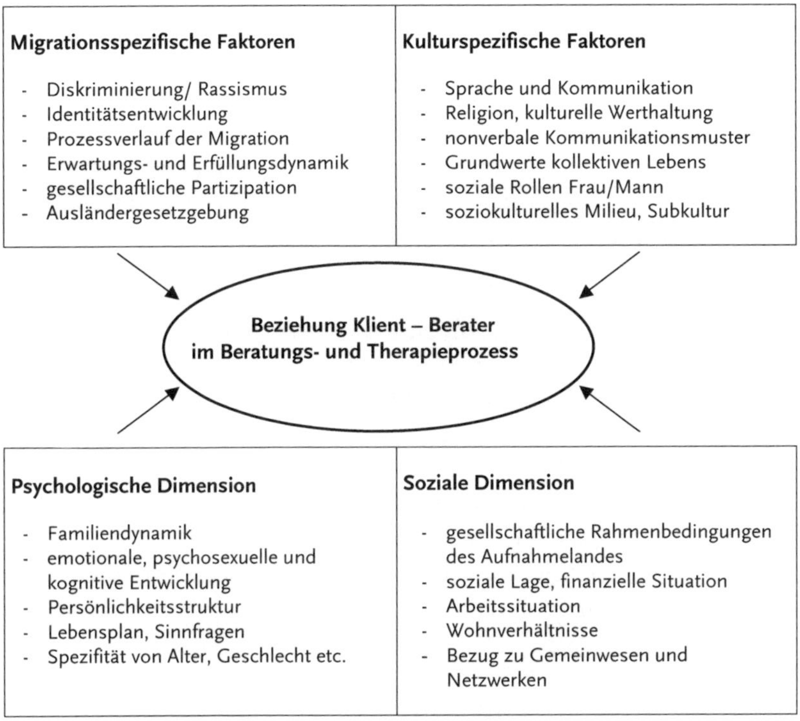

Abb.: Modell der multidimensionalen Fallanalyse (Adaptation der grafischen Darstellung von Demmer-Gaite u. Friese 2004; in Anlehnung an Kunze 1998)

Dazu eine letzte *Fallvignette* zur Illustration.

Ich erinnere mich an einen portugiesischen Einwanderer, der mehreren Jobs nachging und in einer Phase depressiver Verstimmung mehrmals seine Kinder geschlagen hatte, was wegen blauer Flecken in der Schule auffiel. Die mehrdimensionale Fallbesprechung ergab, dass in diesem Fall die Tätlichkeiten nichts mit der patriarchalen Orientierung seiner Herkunftstradition zu tun hatten, sondern mit dem Erschöpfungszustand und den verlorenen Kontakten im Verwandtenkreis. Die Schläge als »kulturelle Norm« zu interpretieren hätte hier gar nichts bewirkt. Das hätte

> bedeutet, sein Verhalten als entschuldbar zu definieren. Statt als Gefangenen seiner Kultur sahen wir ihn indessen als Gefangenen seiner hohen Ansprüche. Aus diesen Zwängen konnte er sich, mindestens teilweise, allmählich befreien. Wie wurde dieser Wandel ermöglicht? Nach der Rekonstruktion der Familienbiografie im Rahmen der Genogrammarbeit kam er unter anderem selbst auf die Idee, die Verwandtenbesuche zu reaktivieren. Die Vernetzung und der Austausch in einem Ambiente, in dem er sich zugehörig fühlte, führten zu einer Entspannung der Situation und zu einer besseren Beziehung zu den Kindern.

Statt Individuen und Familien von außen her vorurteilsbeladene Kulturmythen überzustülpen, sollten wir lernen, ihre Lebenswelten und Denkmodelle von innen her zu erkunden. Das geht am besten durch das Erzählen(lassen) von Geschichten, welche die Einzigartigkeit des Falles charakterisieren. Ein solches Vorgehen setzt interkulturelle Kompetenz und systemisches Know-how voraus (siehe Praxishandbuch von Radice von Wogau, Eimmermacher u. Lanfranchi 2004). Dazu gehört auch das Erkennen der eigenen Grenzen und, bei Bedarf, das Einbinden von interkulturellen Vermittlern als Geburtshelfer für kreative Lösungen.

Familienberatung in Kontexten von Entbehrung, Gewalt und Rassismus

Norbert A. Wetzel

Eine Krise entwickelt sich

Zwei Gruppen von Mädchen aus der Oberstufe einer Schule gerieten mehrfach in handgreifliche Auseinandersetzungen innerhalb und außerhalb des Schulgebäudes. Die Versuche der Schulverwaltung, den Konflikt zu unterbinden, direkt oder mithilfe der Mütter der Schülerinnen, misslangen. Auch die Vermittlungsversuche eines Pfarrers schlugen fehl. Die Besorgnis der Schuldirektion wuchs, als eine der Mütter ausdrücklich den Plan ihrer Tochter unterstützte, die Mädchen in der Gruppe ihrer Rivalin allesamt zu verprügeln. Vor dem geplanten Verweis der Anführerinnen von der Schule entschied die Direktion, mit einer Überweisung der Mädchen an das Familienberatungsteam des Zentrums[9] einen letzten Versuch zu unternehmen, Schlimmeres zu verhüten.

Ausgehend von einer kontextzentrierten Perspektive, deckte das Team in einer Reihe von Gesprächen die vielfältigen Schichten dieses Konflikts auf. Manche der Gespräche mit Mitgliedern der beiden verfeindeten Familiensysteme mussten aus Furcht vor Repressalien von der anderen Seite auf »neutralem« Boden stattfinden.

Die Familien der Anführerinnen waren auf mehrfachen Generationenebenen miteinander verschwägert. Die Feindseligkeiten zwischen den Familien waren durch den plötzlichen Tod eines Säuglings ausgelöst worden, für den Mitglieder des anderen Familienteils verantwortlich gemacht wurden. Zwischen den hauptbeteiligten Mädchen bestand zudem eine intensive Rivalität um einen Jungen, mit dem beide befreundet waren. Die Familien der anderen Mädchen in den beiden Gruppen bezogen unterschiedliche Positionen, sahen sich aber außerstande, etwas zur Beilegung des Konflikts beizutragen.

Allgemein haben die Intensität und Häufigkeit verbaler Aggressivität und handgreiflicher Auseinandersetzungen zwischen Schüle-

9 Das Beratungsmodell des »Zentrums für Familie, Gemeinde und Soziale Gerechtigkeit e. V.« in Princeton/USA wird unten genauer beschrieben; vgl. auch Wetzel and Winawer (2002).

rinnen und Schülern dieser Schule erheblich zugenommen, seit die Direktion Wachbeamte angestellt und Sicherheitsbarrieren errichtet hat, die der Schule das Aussehen eines Gefängnisses geben. Mehrere der Mädchen sind Mitglieder von Jugendbanden oder sind mit Bandenmitgliedern befreundet und erwarten, von ihrer Bande beschützt und verteidigt zu werden.

In der Stadt selbst herrscht eine gespannte Atmosphäre zwischen sozial und kulturell unterschiedlichen Gruppen der Bevölkerung. Drogenhandel und Auseinandersetzungen zwischen den Banden haben zum Tod mehrerer Jugendlicher geführt. Man traut der Polizei nicht zu, für Sicherheit und Ordnung zu sorgen. Das Motto scheint zu sein, wie eine Mutter sagte: »Wir müssen uns und unsere Familien selbst verteidigen.«

Das Beraterteam begann die beraterische Arbeit auf der Ebene der beiden verfeindeten Familiensysteme. Zugleich beschäftigte sich das Team mit der Dynamik in der Gruppe der Schülerinnen. Im Hintergrund stand dem Team die Atmosphäre in der Schule und in der Stadt vor Augen sowie die Nähe der Schülerinnen zu Jugendbanden.

Außenseiterkontexte von Entbehrung, Gewalt und Rassismus

Ähnliche Beispiele sind aus vielen Stadtgebieten und Schulen bekannt, in denen die Teams des »Zentrums für Familie, Gemeinde und Soziale Gerechtigkeit e. V.« mit Kindern, Jugendlichen und Familien beraterisch arbeiten. Nicht alle Beispiele schließen körperliche Gewalt ein, aber alle spielen auf mehreren Ebenen zugleich. Das Zentrum hat das Modell der »kontextzentrierten Familienberatung« (KFB) entwickelt, an dem sich die Teams orientieren. Bevor wir uns näher mit diesem Beratungsmodell beschäftigen, müssen wir einen Eindruck von den Nachbarschafts-, Schul- und Jugendkontexten gewinnen, in die die Familien eingebettet sind.

Lebensräume

Kinder, Jugendliche und Familien in verarmten Stadtgebieten des US-Bundesstaats New Jersey leben in einer Welt, die sich von der Mittelschichtgesellschaft dramatisch unterscheidet. In diesen vernachlässigten Bezirken leben Menschen, die als »Abfallprodukte« (Baumann 2005) der kapitalistischen Überflussgesellschaft bezeichnet wurden, schon seit Jahren von der allgemeinen ökonomischen Entwicklung ausgeschlossen sind (Luhmann 1996, Peukert 2009) und jetzt von der gegenwärtigen wirtschaftlichen Katastrophe in den USA besonders hart getroffen wurden.

Kennzeichen dieser anderen, vielen Bürgern der Mittelschicht ziemlich unbekannten Welt sind ein Mangel an (nahe gelegenen) Arbeitsstellen; die völlig unzureichende Grundausbildung von Jugendlichen und Erwachsenen selbst für Arbeitsstellen, die nur den Mindestlohn erbringen; unzureichende, überbelegte, daher oft heruntergekommene und bedrückende Wohnsubstanz, noch verschlimmert jetzt durch die Zwangsversteigerungen von Häusern, für die die Besitzer die monatliche Hypothekenzahlung schuldig bleiben mussten; fast völlig fehlende öffentliche Verkehrsmittel; unerschwingliche Krankenversicherungskosten, besonders nach dem Verlust der Arbeitsstelle, sodass viele Familien nur im Notfall zur Krankenhausambulanz gehen, das heißt gesundheitlich sehr schlecht versorgt sind; und allgemein ein Mangel an sozialen und praktischen Infrastrukturen, die doch für überlastete alleinerziehende Mütter und ihre Familien lebensnotwendig sind (Wilson 1997, 2009).

Zu den oft fehlenden Infrastrukturen zählen Lebensmittelgeschäfte in der Nachbarschaft, sichere Spielplätze, finanziell erschwingliche Kindertagesstätten, Bankzweigstellen, Apotheken, Ärzte, Polizei, Polikliniken, im Wohnviertel angesiedelte Sozialämter und Erste-Hilfe-Stationen. Stattdessen steigt die Gewalttätigkeit besonders unter Jugendlichen an, Drogen sind leicht zugänglich, und Jugendbanden versprechen Schutz und Prestige. Dazu kommen ein hoher Grad an Alkoholismus, Hunger, Depression, Angst unter den Erwachsenen und verbreitetes Schulversagen und Schulabbruch unter den Schülern der Oberstufe, häufig verbunden mit Jugendkriminalität. Das tägliche Leben von Schülern und Familien in diesen Wohnvierteln ist hart, voll täglicher Herausforderungen und oft ausgesprochen gefährlich.

Familienleben

In diesen ökonomisch benachteiligten Bezirken müssen Familien, die zumeist zu den kulturellen »Minderheitsgruppen« gehören, große Hindernisse überwinden, um die notwendige Unterstützung zu finden, die für die Entwicklung, Förderung und Begleitung ihrer Kinder und Jugendlichen unumgänglich ist. In 72 % dieser Familien trägt eine Mutter oder eine Großmutter die Hauptverantwortung (Patterson

1998). Vielfach sind die verantwortlichen Erwachsenen chronisch krank und können nur selten ihre Wohnung verlassen.

Die Jugendlichen selbst stehen vor der schier unmöglichen Aufgabe, genügend persönliche Energie aufzubringen und einzusetzen, um die Ausbildungsqualifikationen zu erreichen, die sie brauchen, um als Erwachsene ein beruflich produktives und erfülltes Leben führen zu können. In Kontexten, gekennzeichnet von Gewalttätigkeit, von Sucht nach unmittelbarer Befriedigung, von täglicher Entbehrung, von illusionären Versprechungen, aber auch von erstaunlicher Standfestigkeit und Beharrlichkeit, kämpfen viele Jugendliche und das Netzwerk der sie unterstützenden Erwachsenen täglich darum, die Hoffnung nicht aufzugeben, ihre Würde und Selbstachtung zu bewahren und trotz rassistischer Unterdrückung und täglicher Miniaggressionen durchzuhalten (Sue et al. 2007). Viele Eltern müssen darüber hinaus unsichtbar bleiben, weil sie als Einwanderer ohne Staatsbürgerschaft im gesetzlosen Niemandsland leben und das Leben mit ihren das Bürgerrecht besitzenden Kindern natürlich nicht aufgeben wollen. Schülerinnen, Schüler und Erwachsene versuchen, familiäre Beziehungen aufrechtzuerhalten und weiterhin der Ausbildung und dem Lernen verpflichtet zu bleiben im Bewusstsein, nur so dem zerstörerischen Teufelskreis aus Entbehrung, Mutlosigkeit und Abhängigkeit von sozialer Hilfe entkommen zu können.

Schulen

Der Lernkontext der Jugendlichen in den vernachlässigten Stadtbezirken ist von überfüllten Schulen und altmodischen Gebäuden gekennzeichnet, die einem angesichts der Wachbeamten und Zäune überall im Schulbereich eher wie Zuchthäuser vorkommen. Typisch ist die Bemerkung eines Sicherheitsbeamten: »So werden die Schüler wenigstens schon auf das vorbereitet, was sie später erwartet: Gefängnis!« Es ist kaum vorstellbar, wie irgendjemand unter diesen Umständen lernen kann, geschweige denn Jugendliche, die sowieso schon in ihrer Wohnumgebung unter großem Druck stehen. Kein Wunder, dass die Zahl der Schulversäumnisse und Schulabbrüche sehr hoch ist. In vielen Oberstufen halten kaum ein Drittel der Schülerinnen und Schüler bis zum Schulabschluss durch. Trotz vieler Lehrpersonen und Schulverwalter, die sich mit großer Hingabe ihren Aufgaben widmen, fehlt es dem Schulpersonal an Lehrmitteln, Erfindungsreichtum und persönlicher Energie, um mit Erfolg Schülerinnen und Schüler zu unterrichten, die schon auf dem Weg zur Schule in ihrer Nachbarschaft mit Gewalt konfrontiert werden.

Jugendkultur und Jugendbanden

In fast allen Kommunen in New Jersey gedeiht eine eigene Jugendbandenkultur, vor allem seit im Wohnviertel bestehende Jugendzentren und von Schulen oder städtischen Behörden geförderte Aktivitäten für Jugendliche aus Spargründen aufgegeben werden mussten. Die Banden bestehen gewöhnlich, wenn auch nicht immer, aus Jugendlichen mit derselben ethnischen Herkunft, d. h. mexikanische Banden stehen Banden gegenüber, die mehrheitlich afroamerikanische Mitglieder haben. Die Banden sind straff hierarchisch gegliedert und schaffen sich lokal ihre eigenen Regeln und Strukturen, obwohl sie Verbindungen zu nationalen Jugendbanden pflegen und oft deren Organisation nachzuahmen versuchen.

Banden bieten Jugendlichen eine familienähnliche Atmosphäre und persönlichen Schutz, vermitteln ein Gefühl der Zugehörigkeit, und die Anerkennung und Bestätigung durch die Gruppe sowie ihre Leiter. Nicht selten werden Schülerinnen und Schüler, die sich einer Jugendbande anschließen, zunächst ermutigt, ihre Schulausbildung abzuschließen. Leider sind die meisten Banden aktiv in den illegalen Drogenhandel verwickelt. Die Rivalität zwischen Banden, die sich um dasselbe Revier streiten, trägt dazu bei, dass sie sehr schnell in kriminelle Aktivitäten abgleiten. Zudem wird jeder Bruch der Bandenloyalität streng bestraft, nicht selten mit dem Tod, besonders wenn verfeindete Banden oder die Polizei mitbeteiligt sind. Oft sind schon die Aufnahmeriten (für Jungen physische Gewalt gegen andere, für Mädchen sexuelle Promiskuität oder Gruppenvergewaltigung durch Gangmitglieder) mit Gewalttätigkeit verbunden.

Rasse, Kultur und ethnische Herkunft

Die US-amerikanische Gesellschaft ist immer noch eine rassisch zersplitterte Gesellschaft. Wegen der bleibenden Gegenwart der Versklavungsgeschichte gilt dies besonders für das Verhältnis zwischen Weißen und Schwarzen, lässt sich aber auch in abgewandelter Form auf den Status der Einwanderer aus Lateinamerika und Asien ausdehnen (Patterson 1998).

Sklaverei war zunächst und vor allem eine Institution des Ausschlusses; versklavte Menschen gehörten nicht zur bürgerlichen Gesellschaft. Rasse wurde zum Grundzug der persönlichen Identität wie etwa Geschlecht oder Alter. Zwar stellen die Bürgerrechtsbewegung und -gesetzgebung der 60er-Jahre eine historische und grundlegende Veränderung der Beziehungen zwischen der dominanten Gesellschaft und Kultur der Weißen und der unterprivilegierten Schicht der Schwarzen dar und ermöglichten den Aufstieg einer schwarzen Mittelschicht und schwarzer politischer Führung. Der seither eher subtile Rassismus in persönlichen Beziehungen ist aber, besonders gegenüber Jugendlichen, nicht weniger schädigend (Sue 2010a, 2010b). Die von der Bürgerrechtsbewegung erstrebte Integration von Schwarz und Weiß hat sich bislang am wenigsten auf der Ebene der Wohnbezirke und Lebensräume durchsetzen lassen.

Die Zahlen hinsichtlich Arbeitslosigkeit (wesentlich höher für Schwarze, besonders Männer), Haftstrafen (Überrepräsentation Schwarzer) und Schulabbruch (junge afroamerikanische Männer liegen an der Spitze) sprechen eine deutliche Sprache hinsichtlich des noch verbleibenden Außenseiterstatus afroamerikanischer und (in geringerem Maße) lateinamerikanischer Bevölkerungsgruppen in den USA. Berücksichtigt man die Einkommensklasse, dann wird verständlich, warum Afroamerikaner und lateinamerikanische ebenso wie asiatische Einwanderer ohne Staatsbürgerschaft, die nur ein geringes Familieneinkommen haben oder von der Sozialhilfe leben müssen, zu den Randgruppen der Gesellschaft gehören, an deren Außenseiterstatus sich praktisch noch wenig geändert hat.

Für afroamerikanische und lateinamerikanische Jugendliche in den wirtschaftlich benachteiligten Stadtbezirken wirkt sich der Außenseiterstatus besonders schlimm aus. Vielfach sind die Väter abwesend, die Schulabbruchsrate ist hoch und ebenso die Gefahr, durch Drogenhandel und/oder Gewalttätigkeit in die Kriminalität abzusinken. Oft lassen sie sich täuschen durch den hohen gesellschaftlichen Rang afroamerikanischer oder lateinamerikanischer Idole der Unterhaltungsindustrie und des Sports und bestätigen dadurch genau diejenigen Vorurteile der dominanten weißen Gesellschaftsgruppen, die ihren Außenseiterstatus verfestigen (Patterson 1998).

Theorie der kontextzentrierten Beratung

Das Praxismodell des Zentrums, das wir »kontextzentrierte Familienberatung« (KFB) nennen, stellt eines der wenigen Beispiele von Beratung in Kontexten dar, die sich kulturell und wirtschaftlich von den Lebens- und Beratungskontexten radikal unterscheiden, mit denen »Mittelschichttherapeuten« vertraut sind. Das KFB-Modell ist spezifisch, wenngleich nicht ausschließlich auf Familienberatung mit Jugendlichen ausgerichtet, die in städtischen Bezirken leben, die von ökonomischer Benachteiligung, rassistischer Unterdrückung und täglich erfahrener Gewalt gekennzeichnet sind. Als ein »kontextzentriertes« Beratungsmodell nimmt das KFB-Modell nicht nur die Dynamik der Familienbeziehungen, sondern auch die Nachbarschaft der Familie, die Schule der Kinder sowie die Welt der Gleichaltrigen in den Blick und sieht sie als Beziehungsgeflechte, die einem Dauerstress ausgesetzt sind, aber auch über Reichtümer und Quellen von Stärken verfügen, die es erst noch zu entdecken gilt. Die Heranwachsenden und ihre Familien in dieser anderen, zumeist übersehenen Welt verdienen besondere Aufmerksamkeit, weil sie ohne Zugang zu vielen Ressourcen leben, die in der »Mittelschichtwelt« selbstverständlich sind. Wer genau hinsieht und sich von sozioökonomischer Analyse, kultureller Einfühlung und von Fingerspitzengefühl für die Subtilitäten rassistischer und geschlechtsspezifischer Aggressionen leiten lässt, wird die unzähligen zerstörerischen Faktoren richtig einzuschätzen lernen, die das Leben der Jugendlichen und ihrer Familien strapazieren und nicht selten auf Dauer schädigen. Dieselben Perspektiven ermöglichen es aber auch, erstaunliche Unverwüstlichkeit und eindrückliche Stärken bei den Heranwachsenden und ihren Familien als selbstverständliche Lebenspraxis zu entdecken und sichtbar zu machen.

Für das Verständnis des KFB-Modells ist es entscheidend, die begrifflichen und in der Praxiserfahrung entwickelten Grundlagen dieses Modells zu skizzieren. Dies gilt insbesondere für die in der Mittelschicht oft anstoßerregende Position des Zentrums, Gerechtigkeit als eine Grund- und Handlungsorientierung zu betrachten, die für jede klinische Praxis wichtig ist, nicht nur für die Beratung von Außenseiterfamilien.

Das beziehungsorientierte Paradigma als alternative Epistemologie

Im Prozess der Entwicklung eines Beratungsmodells, das sich für an den gesellschaftlichen Rand gedrängte und kulturell unterdrückte

Bevölkerungsschichten eignen würde, haben die Gründer des Zentrums, Hinda Winawer und der Autor, eine strikt beziehungsorientierte und kontextzentrierte Epistemologie gewählt, die sich von der (bis heute oft auch in der Therapie) vorherrschenden »medizinischen« Epistemologie radikal unterscheidet (Wetzel 2002a). Auch innerhalb der systemischen Familientherapie stellt diese Epistemologie eine Wende dar, insofern Familientherapie immer noch häufig als eine klinische Modalität unter anderen (Einzeltherapie, biologisch orientierte Psychiatrie mit Medikamentenbehandlung, Verhaltenstherapie usw.) angesehen wird.

Mit der Wahl eines strikt auf Beziehungen hin orientierten epistemologischen Paradigmas kommt nicht nur die Beziehung zwischen Beraterin und Ratsuchenden in den Blick, sondern es werden auch Verbindungen zu Dritten sichtbar. Wer sich – innerhalb oder außerhalb des Beratungskontexts – weitsichtig dem komplexen Geflecht von Beziehungen öffnet, die das Leben eines anderen mitbestimmen, für den werden auch die, vom Ratsuchenden her gesehen, anderen ausdrücklich wahrnehmbar. Familiäre Beziehungsgeflechte, persönliche und soziale Netzwerke, beruflich-institutionelle Verflechtungen oder das Eingebundensein in politische Systeme, kurz die Komplexität und Vielschichtigkeit der Beziehungsnetze, in die der Einzelne eingewoben ist, werden mit der beziehungsorientierten und kontextzentrierten Epistemologie begrifflich fassbar. Die unglaubliche Komplexität der Kontexte, mit denen der Einzelne vernetzt ist, macht in diesem Paradigma gerade die unverwechselbare Einmaligkeit der anderen aus.

Mit der Entfaltung einer beruflichen Beratungsbeziehung werden dann auch die Quellen von oft traumatischen Beziehungskonflikten, von lebenzerstörenden Gefühlen, von Denkverwirrungen und Zwangsvorstellungen der allmählichen Aufhellung zugänglich. Zugleich hat uns die Praxis der beziehungsorientierten und kontextzentrierten Familienberatung aber auch gelehrt, die Verflochtenheit anderer in vielfältige Beziehungskontexte als Quelle oft überraschender Erfindungskraft und erstaunlicher Stärken wahrzunehmen und zu schätzen.

Praxis der kontextzentrierten Familienberatung

In benachteiligten Schulbezirken des US-Staates New Jersey bietet das Zentrum Schülerinnen, Schülern und ihren Familien »kontextzentrierte Familienberatung« (KFB) an. Mit diesem Projekt soll Schulversagen und Schulabbruch, Drogenmissbrauch und Kriminalisierung Jugendlicher vorgebeugt werden. Zugleich sollen die Familien gestärkt werden, die unter häufiger Gewalttätigkeit in der Nachbarschaft, an chronischen Krankheiten oder gesellschaftlicher Ächtung leiden. Jugendliche und Familien wird die notwendige Stützung zuteil, sodass sie ihre Stärken nutzen und sich bietende Gelegenheiten wahrnehmen können, besonders in Bezug auf ihre Schullaufbahn und auf eine Zukunft nach dem Schulabschluss.

Viele junge Leute sind nur innerhalb des Kontexts ihrer Schule für Berater ansprechbar. Daher sind die Arbeitsräume der Teams des Zentrums in der Schule gelegen, in Verbindung mit dem umfassenderen Schuljugenddienst, der auch ärztliche Behandlung, individuelle und Gruppenberatung, Hilfe bei der Suche nach einer Arbeitsstelle, akademische Beratung, Nachhilfe, Ferienbetreuung usw. anbietet. Seit der Entwicklung der KFB (1995) wird das Modell vom Sozialministerium finanziert. Die ursprünglich kleine Zahl der Teams (mit jeweils zwei Sozialarbeitern oder -arbeiterinnen) hat sich inzwischen auf 20 ausgeweitet, die mit Kindern und Jugendlichen in Grund-, Mittel- und Oberstufen des amerikanischen Schulsystems arbeiten. Beide Teammitglieder arbeiten eng zusammen, wobei der »Familienberater« seinen Blick eher auf das Familienbeziehungsgeflecht, der »Gemeindeberater« eher auf den Bezirk richtet, in dem die Schule gelegen ist. Jedes Team hat wöchentliche Supervision durch Supervisoren des Zentrums. Jeden Monat kommen alle Teams zu ganztägiger Weiterbildung in KFB zusammen (Wetzel 1999, 2000, 2002b; Wetzel u. Winawer 2000, 2002).

Innovative Grundzüge

Das KFB-Modell zeichnet sich durch eine Reihe innovativer Eigenschaften aus, die zum Teil auf der alternativen epistemologischen Grundlage beruhen, zum Teil aus den überraschenden Erfahrungen der Beratungspraxis der Teams stammen.

Konvergenz der Risikofaktoren. Schulversagen, Lernschwierigkeiten und Schulabbruch, Angstanfälle, Drogenabhängigkeit, Kriminalität, Depression, Gewalttätigkeit und Verhaltensstörungen Jugendlicher werden im alternativen, beziehungs- und kontextorientierten Paradigma als humane Phänomene begriffen, die in der Konvergenz einer komplexen Gruppe von Faktoren wurzeln. Dazu gehören: die individuellen biophysiologischen Anlagen und die persönliche Entwicklung des Jugendlichen, die Dynamik des (Mehr-Generationen-) Familiensystems, die Jugendkultur (eingeschlossen Jugendbanden), der Schul- und Klassenkontext, unmittelbare Familiennachbarschaft, städtischer Kontext und die Gesellschaft allgemein.

»Symptome« auf der interaktiven Ebene. Alle Denk-, Gefühls-, oder Verhaltensweisen Einzelner werden zunächst auf der sozialen, interaktiven Ebene von Beziehungen offenkundig. Die Entscheidung für ein interpersonales Paradigma in der Beratung öffnet das Tor zu einem weiten Horizont von beraterischen Ansätzen, z. B. die Beziehung einer Jugendlichen zu ihren Eltern zu klären, die Dynamik in der Schulklasse oder zwischen Schülern zu untersuchen, die Hinweise eines Schülers auf eine mögliche (körperliche) Krankheit ernst zu nehmen oder Konflikte in der Nachbarschaft der Familie beilegen zu helfen.

Der Beratungskontext. Mit dem Beginn des Beratungsprozesses bilden die Teams des Zentrums einen neuen Kontext, der – so inklusiv wie möglich – die Jugendlichen, die Familien, die Schule, die Gemeinde und die Gruppe Gleichaltriger umfasst. Obgleich nicht jede Beratung alle Repräsentanten der unterschiedlichen Kontexte versammelt, ist es doch die Aufgabe dieses neuen Beziehungsgeflechts, andauernde Beziehungsstrukturen für Teenager und Familie bereitzustellen und zugänglich zu machen. Dabei ist mit »Familie« hier immer das persönliche Geflecht von Beziehungspersonen gemeint, die für die Betreffenden wichtig sind. Dazu gehören oft auch nichtverwandte Bezugspersonen.

Die Suche nach den Vätern. Wesentlicher Teil dieses Prozesses, einen neuen Beziehungskontext für Jugendliche und Familienmitglieder zu schaffen, ist die aktive Suche des Teams nach den Vätern der Schüler und ihre Einbeziehung in den Beratungsprozess. Zu dieser Gruppe von Männern gehören auch andere: die Partner der Frauen, die zumeist dem Haushalt vorstehen, ältere Brüder, Onkel oder andere männliche Mentoren, die gewillt sind, sich auf die Lebenssituation der Jugendlichen einzulassen und Verpflichtungen zu andauernder Fürsorge einzugehen. Hartnäckigkeit bei dieser Suche führt Teammitglieder oft in andere Teile des Landes, in Gefängnisse, in ungewohnte Nachbarschaften zu Männern, die anscheinend sich selbst und ihre Kinder schon vor langer Zeit aufgegeben haben. In Wirklichkeit haben sich die Gesellschaft, die sozialen Dienste, die Arbeitsmärkte von diesen Männern abgewandt, und erst dann wurden die Hürden zu hoch und standen der Verbindung zu den Kindern entgegen. Fast immer sind die Väter bereit, sich zu engagieren, welches immer ihre eigenen Lebensumstände sein mögen. Das ihnen geschenkte Vertrauen, an der Sorge für ihre Jugendlichen mitbeteiligt zu werden, ist häufig der erste Schritt auf dem Weg zur eigenen Transformation.

Gemeindekontext im Brennpunkt. Die Teamzusammenarbeit zwischen »Familienberaterin« und »Gemeindeberaterin« verleiht der Kontext- und Gemeindezentriertheit des KFB-Modells praktische Glaubwürdigkeit und Realität. Die »Gemeindeberater« verkörpern die Verantwortung der Teams, in jedem klinischen Fall das soziale Umfeld der Jugendlichen und der Familien zu erforschen, verfügbare Mittel zur Stützung in der Gemeinde zu suchen ebenso wie den oft chronischen Stress der Familienmitglieder in Betracht zu ziehen.

Praktisch sieht das so aus: Das neu gebildete Beziehungsnetz (Team – Familie – Schulvertreter – Nachbarn usw.) wird nicht nur mit institutionellen Systemen in der Gemeinde verknüpft (Sozial- und Jugendämter, Krisenzentren, kirchliche Dienste, Krankenhaus, Rechtsanwälte, Ärzte, Arbeitsamt usw.), sondern auch mit eher informellen Gruppen und Einzelnen in der unmittelbaren Nachbarschaft der Familie (Sport- und andere Freizeitgruppen, andere Familien, Freunde, ältere Jugendliche, Geschäftsinhaber usw.), mit dem Ziel, die Jugendlichen und ihre Familien mit der notwendigen Unterstützung zu versorgen.

Die KFB-Teams des Zentrums arbeiten z. B. regelmäßig mit Rechtsanwälten und Richtern der Jugend- und Drogengerichte zusammen, um Alternativen zu oft langjährigen Haftstrafen zu entwerfen. In jüngster Zeit haben diese Gerichte institutionelle Regeln und praktische Verfahren entwickelt, die es straffälligen Jugendlichen (besonders im Fall von Drogenhandel) ermöglichen, ihre Schulbildung fortzuführen und gleichzeitig an der kontextzentrierten Familienberatung durch ein Team des Zentrums teilzunehmen.

Kooperative Beratung. Das KFB-Modell betont die Zusammenarbeit zwischen Familie und Team im Beratungsprozess. Jugendliche und Familie sind gemeinsam mit dem Team in einem gegenseitig respektvollen Prozess engagiert, der um die Fragen kreist, die Teenager und Familie ursprünglich in die Beratung geführt haben. Die Familie ist Subjekt des Beratungsprozesses und muss es bleiben. Alle Beteiligten werden die Hilfen des Teams nur annehmen, wenn und insofern das »Fachwissen« der Familienmitglieder und die eigenen Erfahrungen privilegiert bleiben und die Familie den gemeinsamen Prozess mit ihren Fragen und Interessen leiten kann. Alle sollen spüren, dass sie hier nicht »behandelt« werden.

Eine Auswirkung dieser Grundorientierung ist, dass das KFB-Modell die Stärken der Familien hervorhebt und die Familien einlädt, sich der eigenen Möglichkeiten und Hilfsquellen bewusst zu werden und die schöpferischen Kräfte aller Familienmitglieder einzusetzen. Die KFB-Teams forschen nicht nach verborgenen Pathologien oder Schwächen, diagnostizieren keine Neurosen oder Geisteskrankheiten und verurteilen auch nicht die Süchte, die Einzelne gefangen halten. Ein Vater, der regelmäßig zu viel trinkt, kann doch seine Kinder lieb haben und sich für sie einsetzen oder für sie präsent sein.

Kulturelle Kongruenz. Eine andere wichtige Konsequenz dieser Einsicht und Praxis ist die Entscheidung des Leitungsgremiums des Zentrums, bei der Auswahl der Teammitglieder u. a. darauf zu achten, dass, wo irgend möglich, die Mitarbeiter die ethnische und kulturelle Eigenart der Mehrheit der Schülerinnen und Schüler an der betreffenden Schule widerspiegeln. Auf diese Weise werden nicht nur die interkulturellen Kompetenzen der Teams gestärkt und dem Verstehen hinderliche Barrieren beseitigt. Ebenso wird das Machtgefälle zwischen Angehörigen der herrschenden Kreise (Weiße vs. Afroamerikaner oder Latinos, Männer vs. Frauen, Mittelschicht vs. Unterschicht, Experten vs. Ungebildete usw.) durch die ethnische Nähe der Teams zu den Familien von vorneherein hinterfragt und abgebaut. Natürlich lernen alle Teams mit den Supervisoren in einem ebenfalls respektvollen und gemeinsamen Prozess, sich in der Beratung kulturell einfühlen zu können und kompetent zu werden. Hinzu kommt dann noch als geplantes und sehr willkommenes »Nebenprodukt«, dass das Zentrum auf diese Weise zur beruflichen Aus- und Weiterbildung in systemischer Familienberatung einer beachtlichen Zahl von Sozialarbeitern beiträgt, die aus den »Minderheitsgruppen« in den USA stammen und in Beratung und Therapie bisher kaum vertreten waren. Einige ehemalige Teammitglieder sind in der Zwischenzeit in Leitungspositionen in sozialen Diensten aufgestiegen.

Das »Kaleidoskop der sieben Perspektiven«

Entsprechend dem zugrunde liegenden beziehungsorientierten Paradigma, bemühen sich Leitungsgruppe und Teams des Zentrums,

Einfühlungsfähigkeit und Beziehungskompetenz in der Beratungsarbeit mit Kindern, Jugendlichen und Familien dauernd zu verstärken. Mit diesem Ziel vor Augen hat das Zentrum ein »Kaleidoskop von sieben Perspektiven« entwickelt, die ähnlich wie fotografische Linsen dem Team helfen, die Beziehungs- und Kontextwelt der Familien scharf eingestellt wahrzunehmen und die Einsichten des Teams als Handlungsorientierungen praktisch umzusetzen. Die Perspektiven umfassen die folgenden Kategorien.

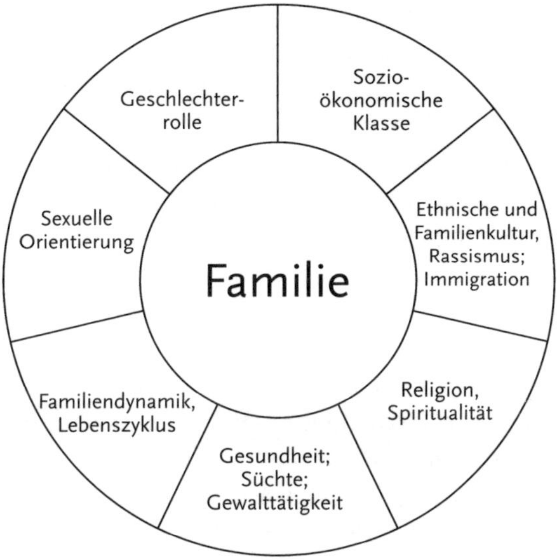

Abb.: Das Kaleidoskop der sieben Perspektiven

1) *Sozioökonomische Schicht.* Sobald Berater aus dem herkömmlichen, unreflektierten »Mittelschichtbewusstsein« hinaustreten, ist es unmittelbar einsichtig, dass die sozialökonomische Klassenzugehörigkeit einer Familie für viele Aspekte des Familienlebens bestimmend ist. KFB-Teams erkundigen sich nach der finanziellen Lage der Familien, nach ihrer Wohnungssituation, nach Berufs- und Arbeitsverhältnis und gegebenenfalls nach dem Einwanderungsstatus der Erwachsenen. Berichte über die (gefährliche) Reise in die »Neue Welt« der USA stellen oft den Beginn des Vertrauens dar, das die illegal in den USA lebenden Erwachsenen dem Team gegenüber entwickeln. Die

bis zu einem gewissen Grad Rechtlosen hatten gelernt, Schul- und anderen Autoritäten so weit als möglich aus dem Weg zu gehen.

2) *Familienkultur.* Obwohl sozialer Aufstieg in die Mittelschicht vielen Afroamerikanern und Latino-Familien sozial und ökonomisch bessere Lebens- und Wohnmöglichkeiten gebracht hat, sind die Stadtbereiche, in denen die Teams des Zentrums arbeiten, doch ethnisch sehr stark von »Minderheitsgruppen« bestimmt. Die kulturelle Identifizierung und die ethnische Herkunft einer Familie leuchten sofort als eine entscheidend wichtige Komponente der Beratung ein, sobald Berater ihre Fixierung auf Einzelne und ihre kulturelle »Farbenblindheit« überwinden.

Die Teams und die Leitungsgruppe des Zentrums denken also darüber nach, was ihre eigene kulturelle Identität für ihren Umgang miteinander und für ihre Beratungsarbeit bedeutet. In den beziehungsorientierten Beratungsgesprächen wird die kulturelle Ähnlichkeit oder Unterschiedlichkeit zwischen Familie und Team besprochen. Daher sind die Teams auch neugierig auf die Geschichten, die in der Familie von rassistischer Unterdrückung und verborgener, oft heroischer Unverwüstlichkeit erzählt werden. Und sie wollen hören, wie sich Familienmitglieder jetzt in ihrer gegenwärtigen Umgebung in ihrer Kultur erfahren. Auch Schulen haben ihre eigentümliche Kultur, für die Beraterinnen und Berater empfindsam sein müssen. Dasselbe trifft für die Jugendsubkulturen zu, die unter der Decke der modernen amerikanischen Popkultur ihr eigenes Leben führen und oft erklärbar machen, warum manche Jugendliche in ihrer Subkultur stecken bleiben, während andere die Transformation zu selbstverantwortlichen Erwachsenen schaffen.

3) *Geschlechterrollen.* Sozialökonomische Schicht und Familienkultur beeinflussen sehr stark, wie die Geschlechterrollen in der Familie gesehen und im Einzelnen bestimmt werden. Auch hier werden tiefgreifende Unterschiede sichtbar, sobald Beraterinnen und Berater sich für die Wahrnehmung der Vielfalt der unterschiedlichen Geschlechterrollendefinitionen öffnen. Nur so werden auch die subtilen und nicht so subtilen Unterdrückungsformen, denen Mädchen und Frauen in Schu-

len und in den Wohngebieten der Familien ausgesetzt sind, sichtbar. Schulabbruch, Schwangerschaft Jugendlicher, Unsichtbarkeit der Männer und Überlastung der Mütter, Benachteiligung von Frauen am Arbeitsplatz werden von den Teams nur wahrgenommen, wenn sie sich ausdrücklich für solche Themen interessieren.

4) *Religion.* Aus praktischen Erfahrungen haben die Teams gelernt, sich auch für die Mitgliedschaft der Familie in einer religiösen Gemeinschaft zu interessieren. Mitunter findet sich hier eine Quelle von Unterstützung für Schülerinnen, Schüler und Familien. Manchmal wird andauernde Beratung mit dem Team auch von der Leitung einer konservativen Pfarrgemeinde eher misstrauisch betrachtet. Muslimische Familien berichten von ihren Erfahrungen nach den Anschlägen auf die Zwillingstürme in New York im Jahre 2001 und von kulturellen bzw. religiösen Werten, die sie zu Außenseitern machen. Oder Eltern berichten von ihren eigenen Formen von Spiritualität, die sie weit von organisierten Religionen weggeführt haben. Immer ergeben solche Gespräche Hinweise auf die verborgenen Stärken der Familie und erlauben es, Grundfragen des Lebens zu thematisieren (Tod, Krankheit, Liebe, Vertrauen, Beziehungen, Hoffnung, Solidarität) und die Überzeugungen anderer zu verstehen.

5) *Sexuelle Orientierung.* Einer der bislang meist verschwiegenen oder verleugneten Konflikte, mit denen sich Jugendliche abquälen, ist die Frage ihrer sexuellen Orientierung. Oft wurden sie von Gleichaltrigen gehänselt oder von Eltern missverstanden, bevor sie es wagen, mit den Beratern des Zentrums zu sprechen. Die Erfahrung, sich von gleichgeschlechtlichen Freunden angezogen zu fühlen, ist zunächst verstörend, weil in vielen Familien und religiösen Gemeinschaften Homosexualität als schlimme Sünde, als Verstoß gegen kulturelle Normen und als Angriff auf das Familienwertesystem betrachtet wird. In mehreren Schulen haben die Teams Gesprächsgruppen zu diesem Themenbereich gestartet.

6) *Familiendynamik.* Um die Gesamtlage einer Schülerin oder eines Schülers richtig einschätzen zu können, ist die Erforschung der Beziehungsdynamik der Familie der Jugendlichen

unverzichtbar, besonders hinsichtlich der Phase der Familie im Lebenszyklus, der Struktur der Familie, des Grades, zu dem die Familie in eine stützende oder zerstörerische Umwelt eingebettet ist, und der Fähigkeit der Eltern, die Familie zu leiten. Ein mehrere Generationen übergreifendes Genogramm, das die Geschichte und wichtige Daten der Familie festhält, ist oft ein wichtiger Hinweis auf Verhaltens- und Erfahrungsmuster, die auch im Leben des Jugendlichen eine Rolle spielen können, wie etwa ein sich wiederholender Prozess von innerfamiliärer Gewalt. Hier ist auch der Ort für eine sorgfältige Einschätzung der emotionalen und kognitiven Reife des Schülers oder der Schülerin.

7) *Gesundheit.* Das beziehungsorientierte und kontextzentrierte Modell der Familienberatung schließt eine auf das Individuum fokussierte Betrachtung ausdrücklich ein, d. h., die Jugendlichen stehen auch als Individuen im Brennpunkt der Untersuchung des Teams. Besonders wird die gegenwärtige und vergangene Gesundheit von medizinischem Standpunkt aus erforscht. Die Verbindung zu einem Arzt herzustellen ist oft ein entscheidender Schritt innerhalb des Beratungsprozesses. Die Schüler und Schülerinnen in den Schulbezirken, in denen die Teams arbeiten, haben meist keine Krankenversicherung und daher auch kaum regelmäßige medizinische Versorgung, geschweige denn präventive Betreuung. Auch hier ist der Blick auf die Gesundheit einzelner Schüler oder Schülerinnen kontextzentriert: Krankheiten von Familienmitgliedern betreffen die Schüler und Schülerinnen und können zu erheblichen Belastungen führen. Oft bleiben diese Belastungen Außenstehenden verborgen. Was zunächst als ein Verhaltensproblem erscheint, z. B. Schuleschwänzen, kann sich dem kontextzentrierten Blick als hingebungsvolle Sorge für eine erkrankte Mutter herausstellen. Zur Gesundheitsperspektive lassen sich speziell auch etwaige frühe Traumaerfahrungen zählen, ebenso Erlebnisse von häuslicher und sexueller Gewalt oder Ausbeutung durch Familienmitglieder und schließlich die Alkohol- und/oder Drogengeschichte der Jugendlichen und der Familienmitglieder.

Durch die Anwendung des »Kaleidoskops der sieben Perspektiven« in der klinischen Praxis zeichnet sich das KFB-Modell als eine Umsetzung beziehungsorientierter Familientherapie in einer von Entbehrung, Gewalt und kultureller Unterdrückung gekennzeichnete Welt ab.

Gerechtigkeit als Metaperspektive: Wie die klinische Praxis für Überraschungen sorgt

KFB heißt »kontextzentriertes Lernen« für die Teams und Supervisorinnen und Supervisoren des Zentrums. Wenn sich die Teams (und dann auch die Supervisoren) im Beratungsprozess wirklich auf die Familien und ihren Kontext einlassen, werden sie betroffen von den Geschichten, die sie hören, von der oft ganz anderen Wirklichkeit, der sie sich im Verlauf einer Beratung gegenüberfinden, und von der Kraft, mit der sich Familien durchkämpfen. Vor allem soziale, kulturelle, und geschlechtsspezifische Einfühlung macht verletzbar in dem Maße, in dem Berater sich den nicht seltenen Überraschungen aussetzen, die von den Jugendlichen und den Familien her auf sie zukommen. Eine der Überraschungen, die die Teams, dann die Supervisoren und die Leitung des Zentrums betroffen und zu begrifflicher Reflexion geführt haben, ist die Einsicht, dass Beziehungs- und Verhaltensschwierigkeiten, emotionales Leiden oder von Traumata herrührende Denkverwirrungen von Jugendlichen mit gesellschaftlich vermittelten Unrechtsstrukturen zu tun haben. KFB kann angesichts sozialer Ungerechtigkeit nicht blind bleiben wie so oft Therapie in einem »Mittelschichtkontext«.

Gesellschaftliche Unrechtsstrukturen

Jugendliche und Familien, denen die Teams des Zentrums begegnen, erfahren persönliche und zwischenmenschliche Probleme, die nicht nur von ihrer biologischen, psychologischen und sozialen Entwicklung herstammen oder in ihren individuellen Entscheidungen oder der Dynamik ihrer Familien wurzeln. Die Leute, mit denen die Teams arbeiten, sind vielen Belastungen und Verwundungen ausgesetzt, die ihre Wurzeln in den Unrechtsstrukturen unserer Gesellschaften haben. Dazu gehören wirtschaftliche Ausbeutung und die enorme Kluft zwischen Reich und Arm, starre Mauern zwischen gesellschaftlichen Klassen und Gruppen, Außenseiterstatus, Gewalt, andauernder Rassismus, Vorurteile und Benachteiligung von Frauen, Homosexuellen, Kindern usw.

Die Trennung von biologischem oder psychologischem Innen und sozialem Außen ist ein künstliches Konstrukt, das dazu dienen soll, dass wir die Gewalt ungerechter gesellschaftlicher und wirtschaftlicher Strukturen übersehen, die Leid und Schmerz verursachen. Ungerechtigkeiten, die integraler Teil der Geschichte und Struktur unserer Gesellschaft sind und in täglichen Dosen verabreicht und erfahren werden, spielen eine ausschlaggebende Rolle bei menschlichem Leid, psychischen Schmerzen und körperlicher Krankheit (Sue 2010a, 2010b). Beratung, die offen für die gesellschaftliche Umwelt ist, kann sich von keiner Form von Ungerechtigkeit abwenden. Das Zentrum versteht KFB als einen Beziehungsprozess, der durch gegenseitige Achtung und Zusammenarbeit gekennzeichnet ist und Mitgefühl und Gerechtigkeit in der Beratung und im Beziehungsfeld der Familie wiederherzustellen sucht. Im Heilungsprozess der Familie bedeutet dies zunächst, Beziehungsgerechtigkeit und Einfühlung innerhalb der Familie wiederaufzubauen. Darüber hinaus kommt es aber auch darauf an, im gesellschaftlichen Umfeld wurzelnde Ungerechtigkeiten anzusprechen und, wenn irgend möglich, zu beseitigen. Wunden heilen, und zerstörerische Erfahrungen können wiedergutgemacht werden, wenn Gerechtigkeit und Einfühlung auf allen Ebenen erlebt werden können – als Teil der Innenwelt eines Einzelnen, integriert in das Feld persönlicher Beziehungen und in das Gesamtumfeld eines Menschen.

Rückbezüglicher Kreislauf im Zentrum

Durch die auf der KFB-Praxis der Teams fußende Evidenz hat sich eine komplexe Rückbezüglichkeit in den Gesprächen innerhalb des Zentrums angebahnt. Als Vermittler zwischen Familien und Supervisorinnen und Supervisoren des Zentrums haben die Teams wesentlich zur Selbstveränderung aller Mitarbeiterinnen und Mitarbeiter des Zentrums und seiner Struktur beigetragen. Die Teams konnten sich den Erfahrungen mit den Familien und den Geschichten öffnen, die die Familienmitglieder in der Beratung erzählten. Aus der Nähe zu den Familien und aufgrund ihrer beruflichen Ausbildung konnten sie die Familiengespräche und -erfahrungen »übersetzen« und den Supervisoren verständlich machen. Letztere konnten dann diese Gespräche in die Begriffssprache und die Begriffsgeschichte der Familientherapie umsetzen.

Die Administration des Zentrums und die Supervisorinnen und Supervisoren wiederum lernten, mit Konflikten besser umzugehen, die unausweichlich kulturelle Unter- und Obertöne hatten. Was heißt es z. B., Gerechtigkeit und Einfühlung im Prozess der Anstellung oder Entlassung von Mitarbeitern zu praktizieren? Gibt es genügend Freimut im Gespräch der Mitarbeiter, sodass es möglich wird, in der Kultur des anderen bestimmte Phänomene hervorzuheben und zu hinterfragen, die für viele Jugendliche schädigend wirken können? Dieser Prozess half dann wiederum den Teams, ihr eigenes Eingebundensein in bestimmte Schul- und Lebenskontexte zu verstehen und damit besser umzugehen. Wo scheiden sich die Geister, d. h., wo muss ein Team an der Beziehung mit der Administration einer Schule arbeiten, sich für Jugendliche und Familien einsetzen und dabei womöglich die eigene Arbeit infrage stellen, und wo kann das Team pragmatisch vorgehen und die übergreifenden Fragen der Gerechtigkeit unangesprochen lassen? Oder an welchem Punkt wird das Eintreten des Teams für Gerechtigkeit im Stadtteil zu gefährlich, z. B. weil Jugendliche in der Beratung zu Bandenmitgliedern Kontakt haben und Teilnehmer einer Beratung in Gefahr bringen könnten?

Gerechtigkeitsarbeit

Soziale Gerechtigkeit als handlungs- und beratungsorientierende Hauptperspektive verändert und bereichert die Familiengespräche. In ihrer Arbeit sehen sich die Teams des Zentrums täglich der Aufgabe gegenüber, Beziehungskontexte aufzubauen, die die Wiederherstellung von Gerechtigkeit (zwischen Familienmitgliedern und zwischen der Familie und ihrer Umwelt) stützen, Menschen- und Bürgerrechte verteidigen und soziale und geschlechtsspezifische Gleichberechtigung vertreten. Das geschieht in einem Maße, das in therapeutischen »Mittelschichtkontexten« unbekannt ist, oder die Phänomene werden dort eben nicht wahrgenommen. Hier seien abschließend einige wichtige Schritte praktischer »Gerechtigkeitsarbeit« angeführt, die sich für Teams und Supervisorinnen und Supervisoren des Zentrums für die kontextzentrierte Arbeit mit Jugendlichen und Familien aus vielen Gesprächen ergeben haben.

Geschichten. Familienmitglieder erzählen Geschichten, oft mit dem sprachlichen Farbenreichtum ihrer ethnischen Herkunft und Kultur, zumeist von traumatischen Widerfahrnissen in der Gegenwart oder Vergangenheit oder von lange schwelenden Konflikten und unlösbaren Beziehungsfallen. Die Teams fühlen sich in die Rolle des Richters gedrängt, der entscheiden, oder des Arztes, der heilsame Arznei verschreiben soll. Doch die Teams nehmen die Rolle des »griechischen Chores« oder des Augen- und Ohrenzeugen ein, der die Geschichte hört und weitererzählen kann. Sie unterstützen oder orientieren den Prozess zwischen den Anwesenden durch Fragen und Eintreten für die Stimmen derjenigen, die weniger zu Wort kommen.

Öffentliches Erinnern. Was heilt und stärkt, ist im Familienkontext das (familien)öffentliche Gedenken und Erinnern des Leidens von Angehörigen. Physischer oder sexueller Missbrauch, Zeiten der Not und Entbehrung, der Niedergeschlagenheit, der hilflosen Wut, der geistigen Verwirrtheit, der Missverständnisse können angehört und im Gespräch verarbeitet werden.

Versöhnungsarbeit. Die Teams verfolgen aktiv das Ziel, fragmentierte persönliche Beziehungsnetze wieder zu verknüpfen, verfeindete Teile von Familiensystemen aufzusuchen, zu versöhnen und wieder aufeinander einzustimmen. Auch hier wieder sind Sinn für Gerechtigkeit und Ausgleich von widerstrebenden Kräften sowie besonders kulturell geschulte Einfühlung notwendig.

Gerechtigkeit im Umfeld der Familie. Dazu kommt dann als Aufgabe die Unterstützung aller Bemühungen, nun auch im Umkreis der Familie gesellschaftliche, kulturelle und geschlechtsbezogene Gerechtigkeit (wieder)herzustellen oder doch wenigstens der Familie zu helfen, das Eintreten für diese Ziele nicht aufzugeben. Die Teams des Zentrums berichten, wie Familien gegen Ende der KFB beginnen, in Nachbarschaft, Schule oder Stadtbezirk die Initiative zu ergreifen und Gemeindegruppen zu gemeinsamen Aktionen zusammenbringen, etwa bezüglich der Gewalttätigkeit im Stadtteil, des Drogenhandels oder der Jugendbanden.

Familienberatung, welche die Kontexte von Jugendlichen und Familien ausdrücklich mit ins Auge fasst, nutzt die Stärken der Familien, um auch das soziale Umfeld zu transformieren. Das Ziel dieser Beratung ist, die den Familien innewohnenden Kräfte zu stärken, widerstrebende Kräfte innerhalb der Familien durch Einfühlung und Sinn für Gerechtigkeit miteinander zu versöhnen und ihnen im Prozess beizustehen, ihren Lebensumkreis in Richtung auf friedliches Zusammenleben und gleiche Teilnahme am gesellschaftlichen Leben zu verändern, sodass sie in ihrem Lebensumkreis mit Würde, Selbstbestimmung, Vertrauen in andere und physischer und psychischer Unversehrtheit leben können.

Gewaltprävention in der Schule

Rahel Jünger

Seit 2005 arbeiten wir, eine Projektgruppe am Institut für Erziehungswissenschaft an der Universität Zürich, in Schulen mit einem international bekannten Programm, das nachweislich soziale Kompetenzen fördert und präventiv auf verschiedene Formen von Problemverhalten wirkt (http://www.pfade.ch [25.5.2011]). Dieser Beitrag stellt das Programm PFADE (Programm zur Förderung alternativer Denkstrategien) vor und diskutiert einen Aspekt vertieft: die Vielschichtigkeit der Konzepte innerhalb des Programms, die ihre Anwendung in einem Spiralprinzip erlauben und für jede Altersstufe geeignet sind.

Zunächst stellen wir die Ziele, Inhalte und Wirkungsweisen von PFADE dar.

Grundidee und Ziele von PFADE/PATHS

PFADE ist eine Übersetzung und Adaption des amerikanischen Programms PATHS (Promoting Alternative Thinking Strategies), das von Carol A. Kusché und Mark T. Greenberg (1994) entwickelt wurde. Es ist ein Lehrmittel zur Förderung von sozialen und kognitiven Kompetenzen und zur Vorbeugung gegen Verhaltensprobleme. In den USA wird PATHS in verschiedenen Staaten seit 30 Jahren während der Grundschulzeit im Unterricht eingesetzt. PATHS ist in verschiedene Sprachen übersetzt worden und wird bereits in zahlreichen Ländern unterrichtet, so z. B. in England, Kanada, Australien, Kroatien und Israel. Auch in Holland wird das Programm seit rund 20 Jahren eingesetzt.

Im Jahre 2004 wurde PATHS erstmals im Rahmen einer groß angelegten Längsschnittstudie – des Zürcher Projekts zur sozialen Entwicklung von Kindern (http://www.z-proso.uzh.ch [25.5.2011]) – zur Prüfung der Programmeffekte ins Deutsche übersetzt. Entwickelt wurde damals zunächst eine PFADE-Version für die Unterstufe, die sich für den Einsatz von der 1. bis zur 3. Primarklasse eignet. PFADE wurde im Rahmen dieses Forschungsprojektes versuchsweise in der Stadt Zürich und in Hombrechtikon umgesetzt (vgl. Eisner, Jünger u. Greenberg 2006).

Die Ergebnisse der Versuche waren und sind ermutigend (Eisner et al. 2007; Jünger u. Eisner 2009) und in der Praxis überzeugend.

Beide Versuchsgemeinden haben sich entschieden, PFADE weiterhin einzusetzen. Aufgrund des weiter gehenden Einsatzes des Programms in den Versuchsgemeinden und der zahlreichen Nachfragen zum Programm erwarb das Institut für Erziehungswissenschaft der Universität Zürich die Lizenz und bietet seit 2008 das Programm interessierten Schulen an. Ein Mittelstufenordner, ein Leitfaden für Kindergärten und diverse weitere Materialien wurden für die Umsetzung des Programms im schulischen Alltag entwickelt, sodass es möglich ist, in ganzen Primarschuleinheiten mit dem Programm zu arbeiten. Zum Programm gehören die Ordner mit den Lektionen, Arbeitsblättern und stufengemäßen Bücherempfehlungen, die Gefühlskarten und Holzsockel, Poster und verschiedene weitere Unterlagen, welche die Lehrpersonen bei der Umsetzung der Konzepte unterstützen.

Aktuell nimmt die Anzahl der Schulen, die mit PFADE arbeiten, laufend zu. Eine Reihe von Schulen im Kanton Zürich arbeitet mit dem Programm. Im Kanton Solothurn läuft ein großes Pilotprojekt, wobei der Kanton im Rahmen eines Maßnahmenpakets zur Eindämmung von Gewalt PFADE für die schulbasierte Prävention auswählte und derzeit an zahlreichen Schulen die Implementierung von PFADE ermöglicht. Im Weiteren arbeiten einzelne Schulen in anderen Kantonen und in Österreich mit dem Programm; das Programm kann im gesamten deutschsprachigen Raum angeboten werden.[10]

Die Ziele von PATHS/PFADE beziehen sich zum einen auf die Kinder selbst, zum anderen auf die Schulen, in denen PFADE umgesetzt wird. In Bezug auf die Entwicklung der Kinder besteht das Ziel in:

- einer Minderung des externalisierenden aggressiven und nicht aggressiven Problemverhaltens wie beispielsweise: andere angreifen, bedrohen, schlagen, quälen, Sachbeschädigung (Vandalismus), Ablenkbarkeit, Aufmerksamkeitsprobleme und Unruhe, geringe Frustrationstoleranz, Lehrpersonen ignorieren, stehlen, lügen
- einer Minderung des internalisierenden Problemverhaltens wie Traurigkeit, Depressivität, Ängstlichkeit, sozialen Rückzugs, Nervosität, Bedrücktheit und Substanzmissbrauch
- einer Erhöhung der Lernbereitschaft und der Leistungen.

10 Zu den Kosten finden sich in der Infomappe auf http://www.pfade.ch weitere Angaben.

In Bezug auf die Schule ist es das Ziel:

- das Klassen- und Schulhausklima zu verbessern und angenehm zu machen und Disziplinprobleme in den Klassen und der Schule zu mindern.
- Dies soll auch dazu beitragen, dass Lehrpersonen entlastet und Burn-outs reduziert werden.

Diese Ziele werden verfolgt, indem die Lehrpersonen mit den Schülerinnen und Schülern an emotionalen, sozialen, kognitiven und sprachlichen Kompetenzen arbeiten. Auch die Fähigkeit zur Perspektiven- und Verantwortungsübernahme wird gefördert. Es wird also ein positiver Weg beschritten mit dem Ziel, eine erfreuliche und gesunde Entwicklung der Kinder zu fördern und zu unterstützen.

Die einzelnen Kompetenzen, die bei PFADE geschult werden, hängen mit den Risiko- bzw. Schutzfaktoren im Hinblick auf die Neigung zu gewalttätigem und aggressivem Verhalten zusammen: Die sozialen Kompetenzen helfen, Risikofaktoren zu reduzieren und gleichzeitig Schutzfaktoren aufzubauen. So wird gezielt an Fähigkeiten gearbeitet, die helfen, unerwünschte Entwicklungsverläufe präventiv zu verhindern.

Inhalte und Konzepte

In PFADE wird an sieben inhaltlichen Schwerpunktthemen gearbeitet, die sich durch das ganze Lehrmittel ziehen und in verschiedensten Lektionen immer wieder aufgenommen werden. Wir stellen sie im Folgenden dar.

Gefühle

Die Lektionen zu den Gefühlen führen in verschiedene Gefühlszustände ein, wobei zunächst die Basisgefühle (glücklich, traurig, ängstlich, wütend/ärgerlich, müde sein) und später immer komplexere Gefühle behandelt werden. Die Kinder erwerben in diesen Lektionen zum einen emotionale Fähigkeiten, zum anderen ein Gefühlswissen, das verschiedene Prinzipien beinhaltet.

In Bezug auf die Kompetenzen lernen die Kinder, aufgrund von bestimmten physischen Signalen und durch eine erhöhte Aufmerksamkeit bei sich und anderen Gefühle wahrzunehmen und sie zu benennen. Um die Achtsamkeit für die Gefühle im Schulalltag zu unterstützen, gibt es Karten mit Gefühlsgesichtern, die die Kinder je nach Gefühlslage aufstellen oder bei heftigen Gefühlen, Konflikten und Problemen anzeigen und so ihre Gefühlslage nonverbal kommunizieren. Darüber hinaus lernen die Kinder verschiedenste Strategien kennen, wie sie in bestimmten Gefühlssituationen handeln können. Besonders bei heftigen und unangenehmen Gefühlen lernen sie, auf ihr Verhalten achtzugeben und über den Umgang mit der Situation zu reflektieren.

Das Verhalten wird demgemäß von den Gefühlen unterschieden. Diese Unterscheidung stellt ein zentrales Prinzip im PFADE-Programm dar. In Bezug auf die Gefühle lernen die Kinder, Gefühle als *Signale* ernst zu nehmen: Gefühle versorgen uns mit Informationen darüber, was mit uns geschieht und was dies in uns auslöst. Das Gefühl als Signal zu erkennen beinhaltet, dass es bei jedem Gefühl in Ordnung ist, es zu spüren. Das Wahrnehmen der Gefühlslage bildet die Grundlage für die darauffolgende Überlegung, wie wir handeln können oder sollten: Wir können über mögliche Aktions- und Reaktionsmöglichkeiten nachdenken und das Verhalten bewusst wählen. Dies ist notwendig, da es im Gegensatz zu den Gefühlen Verhaltensweisen gibt, die *nicht* in Ordnung sind.

Die Arbeit mit den Gefühlen umfasst auch das Forschen nach Gefühlszuständen und die Bewusstwerdung betreffend verschiedene Intensitätsgrade, wobei dies stark mit der sprachlichen Arbeit verknüpft ist. Die Kinder sind zunehmend in der Lage, sich entsprechend differenziert und mit passenden Adjektiven auszudrücken.

Die gesamte Arbeit mit den Gefühlen stellt die Basis bereit für weitere Fähigkeiten, die in PFADE gelernt werden sollen: für eine effektive Selbstkontrolle und erfolgreiche Problemlösestrategien.

Gesundes Selbstwertgefühl

PFADE hat zum Ziel, dass alle Kinder über ein gesundes Selbstwertgefühl verfügen. Das Selbstwertgefühl wird u. a. gefördert durch das Ritual des »Kindes der Woche« (KDW). Das KDW steht während einer Schulwoche im Zentrum der Aufmerksamkeit und hat besondere Aufgaben und Privilegien. Am Ende seiner KDW-Zeit erhält das Kind von den Mitschülerinnen und Mitschülern und von der Lehrperson Komplimente und erfährt so, dass es geschätzt wird und dass seine Fähigkeiten wahrgenommen werden. Es macht auch sich selbst ein

Kompliment und lernt so, seine eigenen Stärken zu sehen. Die Komplimente werden auf einer Komplimentenliste gesammelt, die das KDW mit nach Hause nehmen darf, um auch von den Eltern ein Kompliment zu erhalten. Komplimente spielen in PFADE generell eine wichtige Rolle – eine Komplimentenkultur wird gefördert. Die Kinder lernen, wie man Komplimente macht und wie man darauf reagieren kann.

In der Mittelstufe wird das Ritual laufend an das Entwicklungsalter der Kinder angepasst und lässt auch die Augen von Sechstklässlern leuchten. Mit zunehmendem Alter lernen die Kinder auch, dass eine erhöhte Aufmerksamkeit einhergeht mit einer verstärkten Verantwortung für das eigene Handeln.

Für die Stärkung eines gesunden Selbstwertgefühls wird beispielsweise auch über die Einzigartigkeit und Einmaligkeit aller Lebewesen gesprochen, was eine wichtige Grundlage darstellt für den gegenseitigen Respekt, und ein unterstützendes, sich bestärkendes inneres Selbstgespräch wird eingeübt.

Selbstkontrolle

Die Selbst- oder Impulskontrolle stellt einen weiteren zentralen Baustein von PFADE dar. Erst die Impulskontrolle ermöglicht es uns, Probleme und Konflikte überlegt und sozial kompetent zu meistern. Der Fokus ist bei PFADE darauf gerichtet, dass die Kinder lernen, sich selbst bei heftigen oder unangenehmen Gefühlen wie z. B. Wut, Ärger und Frustration zu stoppen und sich zu beruhigen. Denn da, wie erwähnt, das Verhalten im Gegensatz zu den Gefühlen auch unangemessen sein kann, ist es zentral, dass man vor dem Handeln innehält, um sich bewusst für ein vernünftiges Verhalten entscheiden zu können. Daher üben die Kinder systematisch eine bestimmte Methode ein, um wahrzunehmen, wann es zu stoppen gilt, und um fähig zu sein, sich selbst zu beruhigen und so das eigene Verhalten kontrollieren und steuern zu können. Daneben lernen die Kinder verschiedene Strategien kennen, wie man sich in typischen Situationen mit heftigen und unangenehmen Gefühlen beruhigen und angemessen handeln kann.

Soziale Problemlösefähigkeiten

Probleme und Herausforderungen bestehen trotz einer zunächst besonnenen Reaktion häufig immer noch. Der nächste Schwerpunkt in PFADE sind daher die Problemlösefertigkeiten. Die Kinder lernen einen Ablauf kennen, wie Probleme kreativ und proaktiv angegangen werden können: Die Kinder lernen, nach dem Sichberuhigen und einer Standortbestimmung in eine Planungsphase einzutreten und dabei mögliche Lösungsideen zu sammeln und abzuwägen. Die Lösungsideen werden anhand verschiedener Kriterien, wie z. B. Machbarkeit, Fairness oder Regeleinhaltung, geprüft. Die am besten erscheinende Lösung wählen die Kinder aus und probieren sie aus, wobei sie lernen, später das Resultat zu evaluieren.

Die Kinder eignen sich das Problemlöseschema an, indem typische Problemsituationen thematisiert und Lösungen erarbeitet werden. So lernen die Kinder im Laufe der Zeit für zahlreiche typische Situationen vernünftige Lösungen kennen, die ihnen im Alltag zur Verfügung stehen: Auf der Mittelstufe sind dies beispielsweise Probleme im Zusammenhang mit den Hausaufgaben, Stresssituationen, Probleme mit Freundinnen und Freunden oder die Frage, wie man Situationen des Gruppendrucks verantwortlich meistern kann. Das Problemlöseschema wird für Probleme angewandt, die einzelne Kinder angehen, aber auch für Probleme, die die Klasse als Ganzes hat.

Regeln des Zusammenlebens und Manieren

In PFADE werden auch die Regeln und das Verhalten bzw. das Benehmen im engeren Sinne thematisiert. In Bezug auf die Regeln legt PFADE Wert auf eine systematische und kontinuierliche Arbeit mit Regeln. Grundsätzlich geht es darum, Regeln, wo möglich, gemeinsam aufzustellen, günstig zu formulieren und zu strukturieren, sie prozesshaft weiterzuentwickeln, systematisch zu thematisieren und zu reflektieren.

Zu diesem Bereich gehören auch die Fragen rund um gute Manieren. Es wird reflektiert, warum es wichtig ist, sich anderen gegenüber anständig zu verhalten und was dies genau bedeutet.

Freundschaften, Beziehungen, Zusammenleben

Ein weiteres Thema in PFADE sind Beziehungen, Freundschaften, Konflikte und allgemeine Fragen des Zusammenlebens. Die Beziehungen zu anderen Kindern sind für viele Kinder im Schulalter sehr wichtig und können in Schulklassen auch zu großen Spannungen führen. Dieser thematische Schwerpunkt erhält im Laufe der Arbeit mit PFADE zunehmend Bedeutung, da hier alle erworbenen Kompetenzen zusammenfließen und die Komplexität des alltäglichen Lebens in den Lektionen immer stärker abgebildet werden kann.

Die Kinder lernen in diesen Lektionen unter anderem, wie sie mit Unbekannten ins Gespräch kommen und Freundschaften schließen können, welche Verhaltensweisen Freundschaften angenehm machen und was Perspektivenübernahme bedeutet. Sie setzen sich mit dem Konzept der Fairness auseinander, aber auch mit problematischen Seiten des Zusammenlebens: mit Gerüchten, Klatsch und übler Nachrede, mit Schuldzuweisungen und Missverständnissen und ihren Folgen. Sie lernen, wie sie aktiv zuhören und sich klar, aber nicht aggressiv mit Ich-Botschaften ausdrücken können. Die Kinder erfahren, was sie tun können, wenn sie sich ausgeschlossen fühlen oder von anderen Kindern unter Druck gesetzt werden. Ein weiteres Thema sind Konflikte: Die Kinder lernen, was Konflikte sind und wie sie sich entwickeln können, welche Verhaltensweisen sie zuspitzen oder entschärfen und welche Lösungstypen es gibt. Auch lernen und üben sie, kreativ zu sein, um Konflikte zufriedenstellend zu lösen und sich wieder versöhnen zu können.

Lern- und Organisationsstrategien

Ein letzter Schwerpunkt des PFADE-Programms sind Lern- und Organisationsstrategien. Die Kinder lernen beispielsweise, zu ihrer schulischen Motivation zu stehen oder eine solche zu entwickeln, in Gruppen effektiv zusammenzuarbeiten, oder sie setzen sich mit einer Reihe von nützlichen und wichtigen Strategien, betreffend die aktive Teilnahme im Unterricht, in der Organisation und bei der Planung, auseinander, die sie in der Folge auch je nach individuellem Bedarf einüben.

Die Grundidee dieser Lektionen besteht darin, dass die Kinder ihr Lernpotenzial nur dann nutzen und entfalten können, wenn sie schulisch motiviert sind, sich engagieren und sich organisieren und planen können. Gerade nichtprivilegierte Kinder haben in der Selbstorganisation oft Schwierigkeiten, sodass sie ihr kognitives Potenzial nicht ausschöpfen können (vgl. Jünger 2008). Die Lektionen dieses Bereichs haben demnach zum Ziel, diese Selbstorganisation zu fördern.

Warum PFADE? Spezialitäten des Programms

PFADE besitzt eine Reihe von Eigenschaften, die es als Programm zur Gewaltprävention und zur Förderung einer erwünschten Entwicklung auszeichnet. Im Folgenden sollen drei Aspekte herausgegriffen werden.

Evidenzbasierte Prävention

Das PATHS-/PFADE-Programm ist von seiner Philosophie und Herkunft her der evidenzbasierten Prävention zuzurechnen. Die evidenzbasierte Prävention soll Maßnahmen zur Verminderung oder Verhinderung von unerwünschten Verhaltensweisen möglichst weitgehend auf gesichertes empirisches Wissen abstützen und Fehlschlüsse über die Wirkungen von Präventionsmaßnahmen vermeiden (vgl. Eisner, Ribeaud u. Locher 2009). Das Programm steht daher an der Schnittstelle zwischen Forschung und Praxis.

Es beruht *erstens* auf wissenschaftlich abgesicherten Erkenntnissen, wie Gewalt und unerwünschte Entwicklungsverläufe zustande kommen. So wird direkt auf die Manipulation der tatsächlichen Ursachen des Problembereichs gezielt, wodurch sich wirksame Präventionsprogramme auszeichnen.

Zweitens möchten wir das Programm in Schulen so implementieren, dass Bedingungen berücksichtigt werden, die eine Erhöhung der Wirksamkeit garantieren: So werden zum Beispiel die Lehrpersonen in einer dreiteiligen und mehrtägigen Schulung gründlich auf den Umgang mit dem Programm vorbereitet; die Begleitung der Schulen und das Coaching für die Lehrpersonen erhöhen die Unterrichtsqualität und begünstigen eine ausreichende Dosis und den Transfer der Konzepte in den Schulalltag. *Drittens* nimmt die Evaluation der Programmwirkungen einen hohen Stellenwert ein.

PATHS/PFADE ist eines der ganz wenigen Programme, die im Hinblick auf die Prävention gegen Gewalt und anderes Problemverhalten seriös evaluiert und für wirkungsvoll befunden wurden. Dies wird vom Center for the Study and Prevention of Violence der University of Colorado belegt, das sich im Projekt »Blueprints for Violence Prevention« seit 1996 zum Ziel setzt, weltweit Gewaltpräventionsprogramme zu identifizieren, die effektiv sind (siehe unter: http://www.colorado.edu/cspv/blueprints/index.html [25.5.2011]).

Ein Gremium von sieben Experten der Evaluationsforschung prüft dabei infrage kommende Programme. Es werden nur Programme als wirksam bezeichnet und empfohlen, bei denen positive Effekte in mehreren unabhängigen Studien gefunden werden konnten, die über die Intervention hinaus nachhaltig wirksam sind und die in einem strengen Forschungsdesign überprüft wurden. Bisher wurden gegen 700 Programme derart geprüft; hierbei wurden einzig zwölf Präventions- und Interventionsprogramme gefunden, die eine nachhaltige Wirkung im Hinblick auf die Reduktion von Gewaltkriminalität, Aggression, Delinquenz und Substanzmissbrauch zeigen. Diese wurden »Blueprints« oder Modellprogramme genannt – und PATHS ist eines von ihnen.

Standardisierung für ein Lehrpersonenteam

PFADE bietet klare und begründete Unterrichtskonzepte, an die man sich bei der Förderung von sozialen Kompetenzen halten kann. Damit haben die Lehrpersonen konkrete und taugliche Konzepte in der Hand, auf die sie im erzieherischen Bereich zurückgreifen können. Die standardisierte und systematische Förderung der Kinder im Bereich der »Softskills« entspricht der Förderung in fachlichen Bereichen wie Mathematik, Sprache usw. Dies beinhaltet mehrere Chancen: Erstens verhindern wir auf diese Weise, dass durch von einzelnen Lehrpersonen abhängige Erziehungsansätze in einer Schule verschiedene Zielrichtungen entstehen, die Kinder und Jugendliche verwirren können und so wenig Orientierung bieten. Im Gegensatz dazu entsteht durch die Konzepte und die Sprache des Programms eine wertvolle Grundlage für die erzieherische Grundhaltung und Zielrichtung, für das gemeinsame Gespräch und den Austausch im Kollegium, da man nicht mehr über alle Details mühsam verhandeln muss. Man erhält als Kollegium eine Basis, auf der man konstruktiv zusammenarbeiten und am selben Strick ziehen kann. Dies ist angesichts der heutigen Pluralität von Werten und Lebensstilen besonders wertvoll. PFADE ermöglicht den Aufbau einer gemeinsamen Schulhaussprache und -kultur im Bereich der Erziehung, sodass die Kinder eine klare Leitlinie erhalten. Die einheitlichen Konzepte ermöglichen eine effektive und wirksame Arbeit mit den Kindern.

Zweitens machen wir die Erfahrung, dass die Konzepte die Ohnmachtsgefühle von Lehrpersonen verringern. Durch den gezielten Aufbau von sozialen Kompetenzen treten weniger Schwierigkeiten ein im Schulalltag, die Lehrpersonen herausfordern und die sie lösen müssen. Wenn trotzdem Probleme gelöst werden müssen, ist dies einfacher, rascher und anhand von gegebenen Konzepten und Abläufen möglich.

Drittens wird durch das systematische Vorgehen nicht zugewartet, bis sich das Verhalten von Kindern und Jugendlichen negativ entwickelt, sondern die schulischen Bezugspersonen der Kinder arbeiten frühzeitig aktiv daran, dass manche Schwierigkeiten gar nicht erst entstehen. Dies ist günstig, denn es ist häufig sehr schwierig, bereits aufgetauchte unerwünschte Verhaltensweisen abzustellen und dabei den Heranwachsenden gleichzeitig gewisse Grundregeln des Sozialen zu vermitteln (vgl. Jünger 2009).

In der Praxis stellen wir immer wieder fest, dass die Sorge der Lehrpersonen groß ist, wann sie angesichts der knappen Unterrichtszeit die Inhalte von PFADE auch noch unterbringen sollen. Das oben Geschilderte weist auf unsere Erfahrungen in diesem Bereich hin: In der Tat wird zunächst von jeder Lehrkraft eine Investition geleistet, die Unterrichtszeit benötigt. Mit PFADE verläuft diese eingesetzte Unterrichtszeit jedoch strukturiert und für die Lehrkraft befriedigend, weil sie vorbereitet ist und über praxistaugliche Materialien verfügt. Auch wird heute von vielen Lehrpersonen ohnehin recht viel Zeit für Probleme, Konflikte und Organisatorisches benötigt, weil die Kinder nach den Pausen oder den Wochenenden nicht bereit sind für den Stoff, sondern vielerlei verarbeiten und miteinander regeln müssen. Unserer Erfahrung nach bereuen die Lehrkräfte die für PFADE eingesetzte Unterrichtszeit nicht, da sie sie später wiedergewinnen, weil die Kinder sich Kompetenzen aneignen, die ihnen bei der Selbstorganisation helfen. So erfahren die Lehrpersonen mit der Zeit eine deutliche Entlastung.

Nun führt die Standardisierung des Programms jedoch nicht dazu, dass Lehrpersonen sich eingeengt fühlen müssen, denn das Programm lässt viel Gestaltungsfreiraum. Bildlich gesprochen, könnte man sagen, dass die Konzepte und Prinzipien die »Knochen« des Programms darstellen, die verbindlich sind und Leitideen darstellen, wobei in Bezug auf das »Fleisch« rundherum (aktuelle Themen und Inhalte wie z. B. Regeln, Beispielszenarien, Geschichten und Bücher, Rollenspiele, Gestaltung der Rituale, Spiele, Bildmaterialien, zusätzliche Aktivitäten usw.) zahlreiche Materialien vorhanden sind, die genutzt werden können, die jedoch auch an die Situation angepasst oder ersetzt werden können.

Einbezug der Eltern

PFADE geht davon aus, dass das Lernen in Abhängigkeit von sozialisationsrelevanten Systemen erfolgt. Daher werden die Eltern als wichtigste Bezugspersonen des Kindes mit einbezogen. Selbstverständlich richtet sich das Programm grundsätzlich an die Kinder. Schulische Programme, die ausschließlich die Veränderung des Kindes anstreben, erzielen jedoch viel weniger gute Effekte als Programme, die auch positive Veränderungen in der Umgebung des Kindes erreichen. Es gibt daher drei Formen, mit denen versucht wird, die Eltern mit einzubeziehen: die Komplimentenliste; die Hausaufgaben, die gemeinsam mit den Eltern gelöst werden; und verschiedene Formen der Information, z. B. an Elternabenden oder -morgen oder mit Briefen.

PFADE als Projekt ist in vielerlei Hinsicht in Entwicklung. Der Einbezug der Eltern ist dies in besonderem Maße. Die Prinzipien und Konzepte des Programms taugen auch für die Erziehung zu Hause. Die Frage, auf welche verschiedenen Weisen wir Eltern erreichen und noch intensiver als bisher weiterbilden können, ist jedoch nicht abschließend beantwortet – wir befinden uns in einem Entwicklungsprozess. Eine besondere Herausforderung stellt der Einbezug von Eltern mit Migrationshintergrund dar (siehe den Beitrag von Lanfranchi in diesem Band; sowie Lanfranchi 2008).

Die konkrete Umsetzung des Programms in einer Schule

Wie bereits erwähnt, möchten wir durch die Art der Implementierung von PFADE in den Schulen erreichen, dass das Programm seine Wirksamkeit tatsächlich entfalten kann. Entscheidend dafür sind die Motivation der Lehrpersonen, der Transfer der Inhalte und Konzepte in den Schulalltag, aber auch die Quantität, Kontinuität und die Qualität der Umsetzung in der Praxis. Diesen Aspekten wird durch eine sorgfältige Umsetzung des Programms in den Schulen Rechnung getragen.

Interessiert sich eine Schuleinheit oder ein Team für PFADE, wird nach einem vorgängigen Sichten der Informationen auf der Website und dem ersten Klären von im Team gesammelten Fragen oftmals eine Informationsveranstaltung durchgeführt. Dies gewährleistet, dass sich die Lehrkräfte und alle, die in der Schule oder an sie angegliedert tätig sind, aufgrund von ausreichender Information aktiv mit der Frage auseinandersetzen können, ob das Programm die Bedürfnisse der Schule trifft und die Beteiligten anspricht. Ein sorgfältiger Entscheidungsprozess ist uns wichtig, damit die Passung von PFADE und Schule stimmt, die Umsetzung qualitativ gut gestaltet werden kann und gegenseitige Erwartungen geklärt werden können. Besteht die Absicht, PFADE einzuführen, erstellen wir aufgrund der Gegebenheiten der Schule eine Offerte, die das Umsetzungspaket beschreibt und die finanzielle Grundlage des Projekts darstellt.

Damit die Konzepte auch tatsächlich die Schulkultur durchdringen können, empfehlen wir die Umsetzung von PFADE in ganzen Schuleinheiten. Es kann jedoch unter Umständen schwierig sein, alle Lehrpersonen eines Kollegiums für ein Projekt zu gewinnen. Daher ist es möglich, dass eine größere oder kleinere Teilgruppe von Lehrpersonen einer Schule mit PFADE startet. Da die Arbeit mit PFADE einiges auslöst, sind aber das Gespräch mit den Schulleitenden und ihre Unterstützung auf jeden Fall notwendig. Eine solche Teilgruppe von Lehrpersonen kann mit der Umsetzung von PFADE beginnen und den anderen von ihren Erfahrungen berichten. Gemäß unserer Erfahrung sind nach einer Weile oftmals weitere Lehrpersonen interessiert daran, ebenfalls einzusteigen. Unsere Erfahrungen zeigen jedoch auch, dass es in verschiedener Hinsicht von Vorteil ist, wenn das Team als Ganzes die Schulung besuchen kann.

In aller Regel werden die PFADE-Lektionen durch die Klassenlehrpersonen unterrichtet, damit das Gelernte in den Schulalltag einfließen und in allen Lektionen angewendet werden kann. Die PFADE-Stunden eignen sich aber auch sehr für verschiedene Formen des Teamteachings. Alle Formen von Kooperation bezüglich PFADE zwischen Lehrpersonen und weiteren schulischen Bezugspersonen der Kinder werden unterstützt. Es ist von Vorteil, wenn alle Personen, die für die Kinder Verantwortung tragen, involviert und beteiligt sind.

Inhaltlich startet das Projekt mit der Schulung, bei der neben den Klassenlehrpersonen auch alle weiteren schulischen Akteure wie Heilpädagoginnen und -pädagogen, Schulsozialarbeitende, Fachlehrpersonen, Personen der Tagesbetreuung, Hauswarte etc. mit einbezogen werden. Die Schulung beinhaltet drei Teilveranstaltungen: eine Startveranstaltung von ca. zwei Stunden, die Schulung selbst von eineinhalb bis zwei Tagen – je nach Stufenzusammensetzung der Gruppe – und einen Vertiefungshalbtag. Die Teilnehmenden werden mit dem Curriculum bekannt gemacht, auf der einen Seite in unterrichtspraktischer Hinsicht, auf der anderen Seite aber auch mit den Hintergründen und der Philosophie des PFADE-Programms. Zudem besteht das Ziel darin, eine erste persönliche Auseinandersetzung der Teilnehmenden mit den Konzepten anzustoßen. Bei der Schulung erhalten die Teilnehmenden auch das Material (PFADE-Ordner mit Kopiervorlagen, Gefühlskarten, Holzsockel, diversen Postern und ergänzenden Unterlagen), sodass sie nach der Schulung in der Lage sind, in ihrem Unterricht mit PFADE zu beginnen bzw. im Alltag mit den Konzepten zu arbeiten. Die Schulung findet mit Vorteil kurz vor Beginn der Umsetzungsphase statt.

Während der Umsetzungsphase begleitet eine Fachperson aus dem PFADE-Team der Universität Zürich die Lehrpersonen und unterstützt sie. Das Ziel dieser Begleitung ist die Sicherung der Unterrichtsqualität, die Vermittlung von praktischen Ideen für den Unterricht und die Förderung des Transfers der PFADE-Konzepte in den Schulalltag, aber auch das Erhalten der Motivation und die generelle Unterstützung dabei, mit PFADE einzusteigen und kontinuierlich mit den Prinzipien und Konzepten zu arbeiten. Wichtig ist, dass die Lehrpersonen bei der Umsetzung von PFADE nicht alleingelassen werden und durch unterstützende Coachs ermutigt werden, regelmäßig und auf einem hohen Niveau mit PFADE zu arbeiten. Die Erfahrung zeigt, dass sich die Reflexionen und der fachliche Austausch nicht nur auf den PFADE-Unterricht positiv auswirken können, sondern dies generell für die Klassenführung, die Unterrichtsqualität und die Schulentwicklung anregend und hilfreich sein kann.

Das Spiralprinzip

Das Besondere an PFADE liegt – im Unterschied zu bisherigen Vorgehensweisen, bei denen die Lehrpersonen selber gewisse Elemente zur Förderung sozialer Kompetenzen oder einer guten Atmosphäre und Disziplin im Schulzimmer wählten und umsetzten – im systematischen Aufbau des Programms. Die Förderung im sozialen Bereich erhält damit Kontinuität und folgt einem roten Faden, was zu einer spürbaren Wirkung im Klassenzimmer führt.

Nun liegt die Kontinuität bei der Arbeit mit PFADE nicht nur darin, dass einzelne Lehrpersonen in ihren Klassen regelmäßig auf die beschriebenen Themen eingehen. Auch werden die Kinder über einige Jahre ihrer Schulzeit hinweg mit denselben Themen konfrontiert und von denselben Grundprinzipien begleitet. Das Programm enthält Konzepte, die vom Kindergarten bis zur sechsten Klasse gelten. Somit kann aufbauend – mit anderen Worten: im Spiralprinzip – mit den Kindern an den Bereichen Achtsamkeit auf Gefühle und gutes Selbstwertgefühl, Perspektiven- und Verantwortungsübernahme, Impulskontrolle, Problem- und Konfliktlösefähigkeiten, Gestaltung von Freundschaften und produktive Lernstrategien gearbeitet werden. Die grundsätzlichen Ziele, Prinzipien, Haltungen und Konzepte bleiben dabei dieselben, während die inhaltlichen Aspekte (Gesprächsanlässe, Gefühlserleben und Ausdruck, Probleme, Konflikte, typische Szenarien aus dem Alltag, Beziehungsthemen, Lernschwierigkeiten) und die Komplexität sich verändern.

Das Spiralprinzip lässt sich bei PFADE deshalb sehr gut umsetzen, weil die grundlegenden Prinzipien des Programms einfach sind. Sie sind jedoch nicht simpel – was ein großer Unterschied ist: Sie sind einfach in dem Sinne, dass sie relativ rasch zu verstehen, einfach nachzuvollziehen und zu erklären sind. Gleichzeitig sind die Prinzipien gehaltvoll – dies merken wir, die wir seit einigen Jahren vertieft mit dem Programm und seinen Konzepten arbeiten, immer deutlicher. Die Prinzipien, einmal oberflächlich verstanden, erschöpfen sich nicht damit – im Gegenteil.

Wir möchten das Gesagte an zwei Beispielen verdeutlichen.

Gefühle (die alle in Ordnung sind) und Verhaltensweisen (die nicht alle in Ordnung sind) unterscheiden

In PFADE gilt das Prinzip, dass die Gefühle und das Verhalten bewusst auseinandergehalten und voneinander getrennt werden. Im Zusammenhang mit der Gefühlswahrnehmung lernen die Kinder, dass es in Ordnung ist, alle Gefühle zu haben; beim Verhalten hingegen gibt es Verhaltensweisen, die in Ordnung oder angemessen sind, und solche, die nicht in Ordnung oder unangemessen sind. Beim Verhalten lernen die Kinder verschiedene Kriterien wie gesellschaftliche und schulische Regeln und Manieren, eigene Gefühle und Gefühle von anderen, Fairness und Respekt etc. kennen, die es ihnen ermöglichen, ihr Verhalten zu überprüfen und zu reflektieren. Auf diese Weise sind sie zunehmend in der Lage, vernünftig und verantwortungsbewusst zu handeln.

Diese beiden Prinzipien sind an sich einfach und bereits mit Kindergartenkindern anwendbar. In Bezug auf die Gefühle gibt es verschiedenste spielerische Formen, wie die Kinder lernen können, auf ihre Gefühle zu achten; in vielen Bilderbüchern und Geschichten spielen Gefühle eine wichtige Rolle, sodass das Erkennen von Gefühlen geübt werden kann. Auch erleben die Kinder häufig intensive Gefühle, über die mit ihnen gesprochen werden kann. Beim Verhalten hingegen kann man sie auf Regeln hinweisen oder notwendige Regeln miteinander abmachen. Man kann auf Gefühle oder Schmerzen des anderen Kindes aufmerksam machen und somit Grenzen aufzeigen, wenn eine Handlungsweise nicht in Ordnung ist. Die Wörter »fair« und »unfair« werden schon von vielen Kindergartenkindern intuitiv verstanden, wobei sie besonders in der Lage sind, in Bezug auf sich selbst abzuschätzen, ob sie etwas als fair empfinden. Die Überlegung, ob etwas für das andere Kind auch fair ist, kann mit dem Kind gemeinsam angestellt werden, sodass es mit der Zeit lernt, die Bedürfnisse des anderen mit einzubeziehen.

Auf der andern Seite liegen in diesem Prinzip des Unterscheidens von Gefühl und Verhalten Gehalte, die erst mit der Zeit deutlich werden. Ein solcher Gehalt liegt beispielsweise darin, dass wir Erwachsene eine sehr ergiebige Leitidee für die Erziehung unserer Kinder erhalten: Das Konzept des Gefühls ermöglicht es uns, den Kindern gegenüber echte Empathie zu zeigen und auf die Kinder einzugehen. Ein Kind spürt, dass ich mich für es interessiere und es ernst nehme, wenn ich seine Gefühle achte und ihm immer wieder helfe, sein Gefühl zu erkennen und es auszudrücken. Ich kann es trösten, mit ihm auf persönliche Weise sprechen, ihm meine Anteilnahme und Liebe zeigen. Zudem entsteht eine sehr tiefe Beziehung zum Kind dadurch, dass *wir* dem Kind auf der anderen Seite unsere eigenen Gefühle sagen. Wenn wir dem Kind offenbaren und erklären, dass wir sehr traurig oder enttäuscht sind usw., lernt es, sich für das Befinden anderer zu interessieren. Auf dieser Ebene leben wir bei der Erziehung das, was die *Beziehung* zum Kind ausmacht und die Nähe zum Kind ermöglicht.

Trotzdem laufen wir dank dieses Prinzips nicht Gefahr, dass wir in eine Beziehung mit dem Kind treten, die vernachlässigt, dass wir dem Kind Orientierung und einen klaren Rahmen vorgeben müssen – dass wir eine Erziehungsverantwortung tragen. Durch das Konzept des Verhaltens kann ich dem Kind immer wieder deutlich machen, dass wir nicht einfach tun können, was wir selbst wollen ohne Rücksicht auf andere oder ohne Sorgfalt gegenüber Materialien und Einrichtungen. Sein eigenes Verhalten aufgrund von vernünftigen und gerechten Kriterien zu hinterfragen ist etwas, das wir unser Leben lang üben müssen. Die Kinder brauchen unser Vorbild und brauchen Forderungen, die wir an sie stellen, auch Grenzen, die wir ihnen aufzeigen. Das Konzept von PFADE hilft uns hierbei: Wir können dem Kind Dinge verbieten oder Verhaltensweisen stoppen und ihm begründen, weshalb, also aufgrund welcher Kriterien etwas nicht in Ordnung ist. Wir können dem Kind sagen, dass etwas nicht in Ordnung ist, und mit ihm überlegen, weshalb nicht. Wir können ihm Alternativen zum gezeigten Verhalten nennen oder solche mit ihm suchen. Wir können im Hinblick auf manche Ziele des Kindes mit ihm aushandeln, welche Verhaltensweisen für alle Beteiligten in Ordnung sind – und diese Verhaltensweisen dann zulassen.

Auf diese Weise zeigen wir unseren Kindern Grenzen auf und erziehen sie, und wir können gleichzeitig eine tiefe und empathische Beziehung zu und mit ihnen entwickeln. Auf diese Weise lösen wir unser heutiges Dilemma in der Erziehung: dass wir auf der einen Seite weniger Distanz zu den Kindern haben als frühere Generationen und ihnen auf der anderen Seite trotzdem Orientierung geben wollen und müssen.

Problemlösen

Das Konzept des Problemlösens ist von ähnlicher Tragweite. Oben wurde beschrieben, dass die Kinder bei PFADE einen Dreischritt lernen, um Probleme anzugehen und zu lösen. Dieser Dreischritt ist an sich recht einfach. Wiederum gilt, dass er auch bei kleinen Kindern angewandt werden kann: Bereits kleine Kinder kann man angesichts eines Problems erklären, dass es nun gilt, gründlich nachzudenken, um eine gute Idee für das Problem zu finden. Unsere Erfahrung zeigt, dass sogar ein Kind zwischen drei und vier Jahren in der Lage ist, bei manchen Problemen oder Konflikten, die sich im Alltag stellen, eine für die Beteiligten stimmige und machbare Lösung vorzuschlagen – selbstverständlich nicht immer, aber doch immer wieder. Dabei lernt es im gemeinsamen Gespräch über das Problem und über mögliche Ideen, gründlich nachzudenken und Ideen zu prüfen, es lernt, sich auszudrücken und einzubringen, Rückmeldungen zu seinen Ideen entgegenzunehmen und grundsätzlich Probleme proaktiv und fantasievoll anzugehen. Auf diese Weise gewinnt es auch Vertrauen in sich selbst. Bei den größeren Kindern verändern sich die Inhalte der Probleme (Umgang mit Gruppendruck, unangenehme Gruppendynamiken wie üble Nachrede, Schuldzuweisungen, Ausstoßen von manchen Kindern, Provokationen, Probleme in der Schule, zu Hause etc.), das Dreischrittschema bleibt jedoch und ist durchgehend hilfreich.

Dasselbe Konzept des aktiven Problemlösens ist aber auch für uns Erwachsene anregend: Wir lernen, Belastungen bewusster wahrzunehmen und derart anzupacken, dass man durch (Teil-)Lösungen Entlastung erfährt, oder bei Schwierigkeiten proaktiv und durch den Einbezug von Anderen verschiedene Lösungsideen zu sammeln, was unsere Handlungsfähigkeit stärkt.

Wirksame Gewaltprävention in Schulen zu betreiben ist anspruchsvoll und braucht deshalb klare und bewährte Konzepte und auch einen langen Atem. Durch die Vielschichtigkeit der Konzepte und Prinzipien im PFADE-Programm bleibt die Arbeit mit dem Programm auch längerfristig spannend und herausfordernd. Wir können dadurch auch selbst weiterlernen und uns weiterentwickeln und bleiben damit – zusammen mit unseren Kindern, die wir gleichzeitig anleiten – auf dem Weg des aktiven Problemlösens und der Bereicherung durch Ideen anderer.

Wir können dadurch auch selbst weiterlernen und uns weiterentwickeln und bleiben damit – zusammen mit unseren Kindern, die wir gleichzeitig anleiten – auf dem Weg.

Dynamik häuslicher Gewalt und rechtliche Interventionen

Franziska Greber und Cornelia Kranich Schneiter

Häusliche Gewalt – ein komplexes Problem

Formen häuslicher Gewalt, Ursachen und Einflussfaktoren

Häusliche Gewalt ist gemäß polizeilicher Gewaltschutzstatistik des Kantons Zürich zu über 90 % heterosexuelle, (ex)partnerschaftliche Gewalt von erwachsenen Männern gegen erwachsene Frauen. Die meisten empirischen Studien und die daraus entwickelten Theorien, Konzepte und Modelle beschreiben und fokussieren dieses Gewaltverhältnis.

Für diese Formen der häuslichen Gewalt sind psychosoziale Erklärungsmodelle, auf die sich Fachpersonen in der Regel stützen, angemessen. Für einen Teil der gewaltausübenden Personen genügen diese Erklärungsansätze nicht. So z. B. für Personen, deren gewalttätiges Handeln auf eine Krankheit oder auf unfallbedingte Einschränkungen, Veränderungen oder Störungen (z. B. infolge eines Hirntumors, einer Hirnprellung, einer Demenz, einer unbehandelten Schizophrenieerkrankung etc.) zurückzuführen ist.

In diesem Zusammenhang muss auch auf Suchtkrankheiten hingewiesen werden. Der Konsum von Alkohol und anderen Drogen erhöht nicht zwingend die Aggressivität, beeinträchtigt aber (ähnlich wie bestimmte Hirnfunktionsstörungen) die Selbststeuerungsfähigkeit und begünstigt Gewalt aufgrund seiner enthemmenden Wirkung. Neue Studien gehen davon aus, dass in etwa 25 % der Fälle häuslicher Gewalt Alkohol involviert war. Ein umfassendes, mehrdimensionales und »biopsychosoziales« Verständnis der komplexen Phänomene Häuslicher Gewalt ist deshalb notwendig (vgl. Engel, 1977).

Dass Menschen mit Hirnfunktionsstörungen, psychischen Erkrankungen oder Suchmittelabhängigkeit gewalttätiger sind als Gesunde, darf daraus aber nicht abgeleitet werden. Was jedoch von zentraler Bedeutung ist: Die Betroffenen – vor allem auch ihre Angehörigen – müssen nach gewalttätigem Verhalten dieser Personengruppe gefragt werden. Im Hellbereich der polizeilichen Interventionen besteht außerdem eine Korrelation zwischen allgemeinem dissozialem Verhalten (z. B. Verkehrsregelverstöße, Gewalt im öffentlichen Raum etc.) und häuslicher Gewalt.

Multikontextuelle und multikonstellationelle (häusliche) Gewalt

In gewaltbelasteten Familien kommt häusliche Gewalt in unterschiedlichen Beziehungskonstellationen vor:

- Gewalt in (Ex-)Partnerschaften Betagter
- Gewalt von Eltern gegen ihre (minderjährigen oder erwachsenen) Kinder
- Gewalt erwachsener Kinder gegen (betagte) Eltern
- Gewalt in erwachsenen Geschwisterbeziehungen.

Zunehmend kommen auch Fälle häuslicher Gewalt Minderjähriger gegen ihre Eltern, Geschwister oder in (ex)partnerschaftlichen Jugendbeziehungen ans Licht (Greber 2008).

Eisner, Ribeau und Bittel (2006) kommen zum Schluss, dass gewaltausübende Minderjährige gleichzeitig in verschiedenen Kontexten und Beziehungskonstellationen Gewalt androhen oder ausüben. In manchen Fällen ist mit der polizeilichen Intervention gegen eine gewaltausübende Person das Opfer noch nicht genügend geschützt. Oft können Opfer und gewaltausübende Personen aber nicht eindeutig identifiziert werden. Manchmal sind gewaltausübende Personen selbst auch Opfer. So gibt es auch Jugendliche, die von ihren Vätern instrumentalisiert werden, um ihre Schwestern zu stalken, d. h. zu kontrollieren, auszuspionieren und ihnen nachzustellen und/oder mit Gewalt zu bedrohen.

Das Verhalten aller Beteiligten, nämlich der gewaltausübenden Person und des Opfers, das spezifische Gewaltmuster und die Dynamiken sind je nach Gewaltkonstellation (z. B. in einer Paarbeziehung heterosexueller Erwachsener oder bei Elternmisshandlung Minderjähriger), Gewaltkontext, Geschlecht und Alter der involvierten Personen unterschiedlich.

Dies bedeutet, dass Erwachsene oder Minderjährige:

- Opfer einer Person sind oder
- Opfer mehrerer Personen sind oder
- gegen eine Person Gewalt androhen oder ausüben oder
- gegen mehrere Personen gleichzeitig Gewalt androhen oder ausüben
- in einem Kontext Gewalt androhen oder ausüben oder

- in verschiedenen Kontexten gleichzeitig Gewalt androhen oder ausüben oder
- sowohl gefährdet als auch gefährdend sind.

Sind also mehrere Beziehungskonstellationen gleichzeitig von (häuslicher) Gewalt betroffen, handelt es sich um multikonstellationelle (häusliche) Gewalt; findet sie gleichzeitig in unterschiedlichen Kontexten statt (Elternhaus, Schule, Sportverband etc.), handelt es sich um mulitkontextuelle (häusliche) Gewalt (Greber 2010).

Damit der Opferschutz bei häuslicher Gewalt weitere Gewalt verhindern kann, muss geprüft werden, ob multikonstellationelle und/oder multikontextuelle Gewaltverhältnisse vorliegen.

Interinstitutionelle, inter- und transdisziplinäre Zusammenarbeit

Derart komplexe Probleme wie häusliche Gewalt erfordern gute Zusammenarbeit bei ihrer Bewältigung. Ein Beispiel ist die »IST Interventionsstelle gegen Häusliche Gewalt«, die der Direktion der Justiz und des Inneren des Kantons Zürich angegliedert ist. Zwei je zu 50 % angestellte Co-Leiterinnen mit langjähriger Erfahrung aus der psychotherapeutischen und anwaltschaftlichen Praxis leiten die Stelle. Die Zusammensetzung der Co-Leitung ist Programm. Sie verdeutlicht, dass gegen häusliche Gewalt nur gemeinsam, nämlich fach-, institutions- und disziplinübergreifend, das heißt inter- und transdisziplinär vorgegangen werden kann. Die IST ist keine Beratungsstelle. Sie hat Koordinations-, Steuerungs-, Öffentlichkeits-, Evaluations- und Weiterbildungsaufgaben. Die Interventionsstelle ist im Zürcher Gewaltschutzgesetz (GSG) verankert (§ 17 Abs. 1 GSG vom 19. Juni 2006, LS 351, in Kraft seit 1. April 2007).

Für die Zusammenarbeit gilt es, die Vielzahl involvierter Organisationen und Fachpersonen zu koordinieren, Schnittstellen zu optimieren und Verantwortlichkeitslücken zu vermeiden. Professionelles Arbeiten bei häuslicher Gewalt setzt spezifische Fachkenntnisse voraus. Eine zentrale Bedeutung hat deshalb die Aus-, Fort- und Weiterbildung in psychologischer, dynamischer und rechtlicher Hinsicht. Die IST stellt Informationsmaterial her. Für die Öffentlichkeit wurde ein Flyer zu den polizeilichen Schutzmaßnahmen entwickelt, der in zehn Sprachen übersetzt ist (abrufbar unter http://www.ist.zh.ch [25.5.2011]). Auf der gleichen Website kann unter »Schutz bei Häuslicher Gewalt« ein Manual für Fachleute heruntergeladen werden, welches kurze

Informationen aus den unterschiedlichen Fachgebieten sowie Adressen, Checklisten, Merkblätter, Beispiele enthält. Im Manual ist unter anderem die polizeiliche Maßnahmeverfügung abgedruckt, damit interessierte Fachleute ersehen können, welche Informationen in der Verfügung enthalten sind.

Die IST wird durch ein institutions- und fachübergreifendes Gremium unterstützt. Insgesamt 18 Personen vertreten verschiedene Behörden, Institutionen und Beratungsstellen: Straf- und Zivilgerichte, Fachstellen der Kantonspolizei sowie der Stadtpolizeien Zürich und Winterthur, Zivil- und Haftrichter, Opfer- und TäterInnenberatungsstellen, Gesundheitswesen, Kinderschutz, Anwaltschaft, Migrationsamt, Frauenhäuser, Fachstelle für Gleichstellung der Stadt Zürich, Kantonale Opferhilfestelle (§ 17 Abs. 2 GSG). In diesem Gremium werden Fragen der Zusammenarbeit besprochen, wodurch diese erleichtert wird und ein gemeinsames Verständnis für Arbeits- und Sichtweisen unterschiedlichster Institutionen entsteht. So wird z. B. parteilich arbeitenden Beratungsstellen die Notwendigkeit rechtsstaatlicher Beweisanforderungen für den konkreten Schutz bewusst. Richtende erhalten Verständnis z. B. für das widersprüchliche Verhalten weiblicher Opfer, die in einer von Abhängigkeit und einem Gewaltzyklus charakterisierten Paarbeziehung leben. Sie werden dadurch in die Lage gesetzt, Aussagen im Kontext einer spezifischen Gewaltbeziehung sachgerecht zu würdigen. Die Koordinationsaufgabe der IST besteht nicht selten in »Übersetzungsarbeit« zwischen den unterschiedlichsten Organisationen und Organisationskulturen. Durch die verschiedenen beruflichen Hintergründe der Co-Leiterinnen wird diese Arbeit erleichtert. Je nach Bedarf werden Arbeitsgruppen konstituiert. Sie befassen sich mit strategischen Fragen oder thematischen Schwerpunkten. Um die polizeilichen Aufgaben in der Anwendung des Gewaltschutzgesetzes zu bewältigen, haben die drei im Kanton verantwortlichen Korps (Kantonspolizei, Stadtpolizeien Zürich und Winterthur) polizeiliche Fachstellen gegen häusliche Gewalt geschaffen.

Dynamik und weibliches Opferverhalten in Paarbeziehungen erwachsener Personen bei häuslicher Gewalt

Jede Intervention gegen häusliche Gewalt dringt in ein für das Paar und/oder die Familie spezifisches Gewaltsystem, in eine spezifische Gewaltbeziehung und in eine spezifische Phase der Gewaltbeziehung ein. Diese drei Aspekte zu erkennen und zu unterscheiden ist für eine wirkungsvolle, nachhaltige Prävention und Intervention zentral. Nachfolgend wird von der Dynamik der häufigsten – nämlich der heterosexuellen in der Paarbeziehung Erwachsener – ausgegangen. Gemeint ist nicht eine Beziehung, in welcher bloß heftig gestritten wird. In einer Streitbeziehung verfügen die Beteiligten meist über so viel Autonomie, dass sie über den Verbleib in der Beziehung frei entscheiden können, ohne bei einer Trennung Gewalt befürchten oder erleben zu müssen.

Spontaner, einmaliger Gewaltvorfall in einer heterosexuellen Paarbeziehung Erwachsener

In dieser Art Beziehungskonstellation werden in der Literatur zwei Formen unterschieden: Gewalt als spontanes Konfliktverhalten und Gewalt als systematisches Kontrollverhalten. Um Gewalt als spontanes Konfliktverhalten handelt es sich, wenn ein Gewaltereignis kein eindeutiges Wiederholungsmuster aufweist. Dennoch kann auch ein einzelner Gewaltvorfall in seiner Wirkung für die Opfer (Erwachsene und Kinder) massiv schädigende Folgen haben.

Gewaltspirale in der heterosexuellen Beziehung erwachsener Personen

Die amerikanische Psychologin Leonore Walker prägte den Begriff »cycle of violence« – Gewaltspirale – und beschrieb damit eine dreiphasige Dynamik von Gewalt in der Form des systematischen Kontrollverhaltens (vgl. Walker 1979).

In der ersten Phase kommt es seitens der gewaltausübenden Person zunächst zu verbaler Gewalt wie Beschimpfungen, Entwertungen, Beschuldigungen, Bloßstellungen. Mit äußeren Faktoren, wie z. B. Stress bei der Arbeit, werden diese Übergriffe gerechtfertigt. Die Opfer versuchen eine Gewalteskalation durch Anpassungsleistungen zu verhindern. Sie versuchen, »alles recht zu machen«. Trotzdem kommt es zur Gewalt – dies ist die zweite Phase. Viele Opfer fühlen sich hilflos, weil sie auf die Art, den Zeitpunkt oder die Schwere der Gewalt keinen Einfluss haben. In dieser akuten Situation des Gewaltausbruchs sind die Chancen für eine wirkungsvolle Intervention von außen gut, weil die von Gewalt betroffenen Personen für Hilfsangebote offen sind.

Nach dem Spannungsaufbau und dem Gewaltausbruch folgt die dritte Phase, die »Honeymoon- oder Versöhnungsphase«. Der Gewaltausübende verhält sich gegenüber der Frau aufmerksam und liebevoll, umwirbt sie mit Geschenken, beteuert seine Liebe und verspricht Besserung und ein Ende der Gewalt. Viele Frauen berichten auch von einer außergewöhnlichen sexuellen Nähe und Intimität in dieser Phase. Diese Friedensangebote, Liebesbeteuerungen, Selbstverbesserungs- und -veränderungsvorschläge kommen der gefährdeten Frau entgegen. Sie sehnt das Ende der Gewalt herbei. In ihrer Abhängigkeit kann sie sich ein Leben ohne ihren Mann kaum vorstellen, insbesondere wenn gemeinsame Kinder da sind. Die häufig unmittelbar nach dem Gewaltausbruch vorhandene Motivation, sich vom gewaltausübenden Mann zu trennen, wird durch die erneute Zuwendung und die Hoffnung auf Besserung unterlaufen. Die ursprüngliche Trennungsmotivation verliert an Bedeutung. Das Opfer beginnt, sich zunehmend mit ihm zu solidarisieren. Hilfe von außen wird deshalb in dieser Phase oft kategorisch abgelehnt, was eine Intervention teilweise verunmöglicht.

Weibliche Opfer, die meist schon längere Gewalterfahrungen haben, beschreiben nach dem Gewaltausbruch eine Art resignative Alles-ist-okay-Phase (vgl. Greber u. Kranich Schneiter 2011). Sie haben sich an die Gewalt gewöhnt oder den Glauben an eine Gewaltfreiheit verloren, sehen aber auch keine Möglichkeit, die Situation zu verändern. Diese Frauen arrangieren sich.

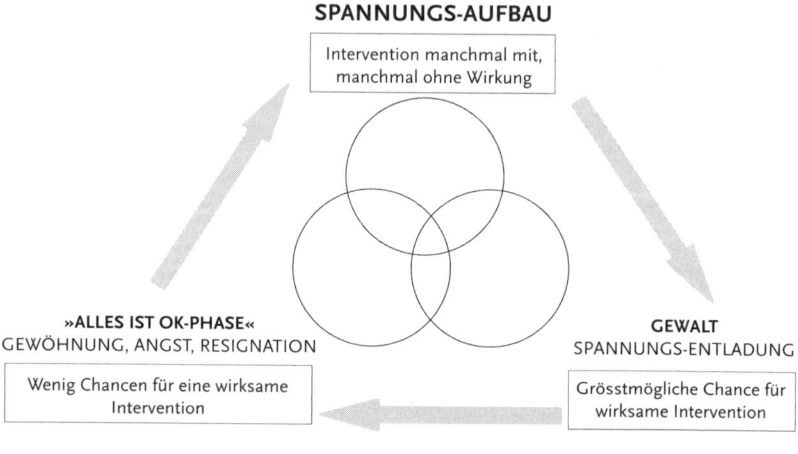

Abb.: Gewaltspirale in langjähriger Gewaltbeziehung oder nach Trennung

Dieser Gewaltzyklus kann sich auch nach einer Trennung oder Auflösung eines gemeinsamen Haushaltes fortsetzen, vor allem wenn väterliche Besuchs- und Ferienrechte elterliche Kontakte notwendig machen. Oft sind dies Situationen, bei denen die verschiedenen Formen der Gewalt eskalieren. Dennoch fühlen sich die mütterlichen Opfer gegenüber ihren Kindern schuldig. Sie wollen ihnen den Kontakt zum Vater auch unter diesen erschwerten Bedingungen ermöglichen und nehmen verschiedenste Formen der Demütigung, des Leidens, auch der wirtschaftlichen Abhängigkeit in Kauf. Das asymmetrische Abhängigkeitsverhältnis wird dadurch gestärkt und gefestigt. Die Gewalt kann sich perpetuieren.

Die Dynamiken der verschiedenen Gewaltmuster werden von den Opfern und den gewaltausübenden Personen oft nicht erkannt, wenn sie von Außenstehenden nicht darauf aufmerksam gemacht werden. Diese jeweiligen Dynamiken zu erkennen hilft vor allem den Opfern – und den involvierten Fachpersonen – zu verstehen, weshalb es für abhängige Opfer so schwer ist, sich aus einer Gewaltbeziehung zu lösen.

Weibliches Opferverhalten in heterosexuellen Gewaltbeziehungen

Helfferich (2006) differenziert, ob sich die Frau zu ihrem Partner in einer starken, von ihm systematisch hergestellten Abhängigkeit befindet, und beschreibt vier Grundmuster weiblichen Opferverhaltens. Das Verhaltensmuster kann sich im Lauf einer Gewaltbeziehung ändern. Sie unterscheidet:

1. »rasche Trennung«
2. »fortgeschrittene Trennung«
3. »neue Chance«
4. »ambivalente Bindung«.

Den ersten drei Mustern ist gemeinsam, dass die gefährdete Person noch über genügend eigene Ressourcen verfügt, um über ihren Verbleib in der Beziehung bzw. über die Trennung zu entscheiden. Eine Intervention in solchen Gewaltbeziehungen verläuft meistens relativ unproblematisch, Beratungsangebote wirken unterstützend. Bei der »raschen Trennung« bzw. der »fortgeschrittenen Trennung« ist der Trennungswille des Opfers so gefestigt, dass die Trennung der Beziehung und die entsprechenden rechtlichen Verfahren rasch durchgeführt werden können. Bei der »neuen Chance« fordert das Opfer klare Beweise für eine Veränderung des Verhaltens. Lernprogramme, die als strafrechtliche Weisungen angeordnet werden, sind dabei hilfreich und unterstützend.

Ambivalente Bindung

Die Ambivalenz der weiblichen Opfer gegenüber dem gewaltausübenden Partner zeigt sich u. a. in der inneren Zerrissenheit. Diese kann sich auf zwei Arten äußern. Zum einen entschuldigen sie die gewaltausübende Person, wollen ihr helfen und bemitleiden sie. Zum andern glauben sie, die Gewalt aushalten zu müssen, um weitere Opfer, z. B. die Kinder, zu schützen. Für diese Opfer sind es Stresssituationen, die zur Gewalt führen (Geldprobleme, Probleme am Arbeitsplatz, Erwerbslosigkeit, Konsum oder Abusus von Alkohol und/oder anderen Suchtmitteln). Ihre eigene Gefährdung steht im Hintergrund und wird erst durch Nachfragen zum Thema.

Der Ambivalenzkonflikt kann sich auch in der Art, wie sich das Opfer mit der Situation arrangiert hat, zeigen. Es gibt Opfer, die meinen, die Gewalt zu Recht zu erfahren, oder sie erleben sie als zur Ehe oder Partnerschaft gehörend. Sie fühlen sich ausgeliefert und haben die negativen Beschuldigungen und Zuschreibungen verinnerlicht. Sie haben oft bereits in der Kindheit und Jugend Gewalterfahrungen gemacht und glauben deswegen, dass eine Trennung ihnen nichts bringe, dass sich der nächste Partner wieder genau gleich verhalten würde. In solchen Verhältnissen kann die Gewalt im alltäglichen Zusammenleben zur Normalität werden. Es kommt zu einer Gewöhnung an die Gewaltbeziehung. Die Dynamiken der beiden Gewaltspiralen charakterisieren diese Beziehungen.

Die Bindung an den Partner ist von einem starken Machtgefälle geprägt, welches seitens der gewaltausübenden Person immer wieder hergestellt und aufrechterhalten wird. Lebensphasen, die mit großen Veränderungen verbunden sind, wie z. B. Bezug einer gemeinsamen Wohnung, Schwangerschaft, Geburt eines Kindes, Krankheit etc., erfordern einen neuen Umgang mit Nähe und Distanz in der Beziehung. Damit kann eine große Verunsicherung der gefährdenden Person verbunden sein, die durch Kontrollverhalten kompensiert werden muss. Dies zeigt sich z. B. in einer krankhaften Eifersucht. Der abhängigen Person wird misstraut, ihr werden Fremdbeziehungen unterstellt oder andere unlautere Absichten, die durch die Androhung oder Ausübung von Gewalt unterbunden werden sollen.

Ist eine gewaltbetroffene Person, ein Paar oder eine ganze Familie sozial isoliert, sind die Beziehungen von einer starken Abhängigkeit geprägt und stehen Lebensveränderungen an, die eine Neudefinition von Nähe und Distanz erfordern, sind mögliche Gewaltentwicklungen genau zu beachten und auch zu erfragen.

Charakteristisch für gewaltbetroffene Personen in ambivalenten Bindungen ist außerdem, dass sie:

- sich häufig nicht als Opfer sehen, obwohl sie traumatisiert sind
- »in der Vergangenheit gefangen« sind
- instabile Wünsche und Hoffnungen äußern
- sich selbst beschuldigen unter Entlastung der gewaltausübenden Person.

Umgang mit ambivalenten Verhaltensmustern durch die Fachpersonen

Opfer übertragen ihre in Abhängigkeitsverhältnissen gemachten guten und schlechten Erfahrungen auch auf Fachpersonen. Gegenüber der Fachperson, sei es eine Beraterin, Staatsanwältin, ein Polizist, eine Richterin, ein Sozialarbeiter oder eine Psychotherapeutin, sind Opfer erneut in einer abhängigen Beziehung, welche durch das Setting, die professionelle und die strukturelle Definitionsmacht der Fachperson gekennzeichnet ist. Opfer befürchten deshalb in der Beratung oder der Befragung eine Wiederholung der ihnen bekannten Muster. Je länger eine destruktive Beziehungssituation in der Vergangenheit als ausweglos erlebt wurde, desto schwieriger wird es, Beziehungen zu anderen Menschen als verlässlich und hilfreich wahrzunehmen. Die Erfahrung, nicht respektiert und geschützt worden zu sein, gibt ihnen aus ihrer subjektiven Perspektive ausreichende Gründe, in einer erneuten Abhängigkeit nicht von etwas Besserem auszugehen. Sie sind deshalb gegenüber Fachpersonen oft misstrauisch: »Nun soll ich plötzlich glauben, dass man mir hilft und mich beschützt?«

Auch Fachpersonen kommen in den Sog des immanenten Widerspruchs der Gewaltbeziehung. Soll in einer akuten Gewaltbeziehung auf den Willen des Opfers abgestellt werden, wenn es nicht handelt und keine Anzeige erstatten will? Muss sein Recht auf Selbstbestimmung beachtet werden? Oder muss man notfalls gegen den Willen des Opfers handeln, um das Opfer (und allfällige Kinder) vor weiterer Gewalt zu schützen? Die Ambivalenz und das Misstrauen von Opfern einerseits und die Forderung nach Hilfe, Schutz und Sicherheit andererseits stellen Fachpersonen vor eine große Herausforderung. In der

Regel wird davon ausgegangen, dass Gewaltbetroffene Selbstvertrauen und Autonomie entwickeln und Hilfsangebote annehmen, um mit entsprechender Unterstützung kontinuierlich ihre Situation zu verändern und zu verbessern. Tatsache ist aber, dass die Hilfestellung, Beratung und Psychotherapie von gewaltbetroffenen Personen oft abgelehnt wird und eingeleitete Verfahren zurückgezogen bzw. zur Einstellung gebracht werden. Konsequente Hilfestellungen zur Herstellung von Sicherheit und zur Beruhigung der Situation sind aber notwendig, damit zu einem späteren Zeitpunkt das Opfer die innere Sicherheit zurückgewinnt, die ihm eine klare Haltung zur Gewalt ermöglicht. Deshalb müssen, unter anderem, staatliche Schutzmaßnahmen für eine beschränkte Zeit unabhängig vom Willen der Opfer durchgesetzt und angeordnet werden.

Schutzmaßnahmen nach dem Zürcher Gewaltschutzgesetz

Tatbestandsmäßigkeit und polizeiliche Schutzmaßnahmen nach Gewaltschutzgesetz

Häusliche Gewalt liegt vor, wenn

> »eine Person in einer bestehenden oder einer aufgelösten familiären oder partnerschaftlichen Beziehung in ihrer körperlichen, sexuellen oder psychischen Integrität verletzt oder gefährdet wird durch Ausübung oder Androhung von Gewalt oder durch mehrmaliges Belästigen, Auflauern oder Nachstellen« (§ 2 Abs. 1 GSG).

Die Zürcher Definition der häuslichen Gewalt knüpft an die nahe Beziehung an, die durch die intimen Kenntnisse und die Abhängigkeit eine spezielle Dynamik entwickelt. Die Definition beschränkt sich nicht nur auf Partnergewalt (worunter auch partnerschaftliche Jugendbeziehungen fallen können). Erfasst wird z. B. auch Geschwistergewalt oder Misshandlung von Eltern. Als Tathandlung gelten nicht nur manifeste Gewalt und Drohungen, sondern auch Vorfälle, die unter dem Begriff »Stalking« zusammengefasst werden, also wiederholtes Auflauern, Nachstellen etc. Stalking-Handlungen sind in der Schweiz nicht strafbar, wenn sie nicht mit Drohungen, Telefon- oder SMS-Terror oder Gewalt verbunden sind. Das Gewaltschutzgesetz ermöglicht in Stalking-Fällen Kontakt- und Betretverbote.

Das Gewaltschutzgesetz setzt den glaubhaften Nachweis der Tathandlungen voraus. Es ist deshalb notwendig, dass sich alle mit häuslicher Gewalt befassten Fachpersonen der Notwendigkeit einer genauen Dokumentation von Vorfällen bewusst sind. Die Polizei musste auch speziell für Grenzfälle geschult werden. Sie muss unterscheiden können zwischen einem einmaligen heftigen Streit gleichgestellter Partner in Abgrenzung zu Gewalthandlungen und Gewalt in stark asymmetrischen Beziehungen.

Im Kanton Zürich ist die Polizei für die Anordnung der Schutzmaßnahmen zuständig. Kumulativ oder alternativ können Wegweisungen, Kontakt- und Betretverbote verfügt werden. Die polizeiliche Verfügung ist auf 14 Tage befristet. Diese Sperrfrist dient der Deeskalation und ermöglicht eine Gewaltpause. Damit soll die Gewaltspirale und durch die Beratung das Schweigen über die Gewaltvorfälle aufgebrochen werden, damit man mögliche Strategien zur Vermeidung weiterer Gewaltvorfälle in der Beratung angehen kann.

Haftrichterliche Überprüfung der polizeilichen Schutzmaßnahmen

Die Verfügungsadressaten haben die Möglichkeit, innert fünf Tagen beim Haftrichter die Rechtsmäßigkeit der polizeilichen Anordnung überprüfen zu lassen. Waren die Tatbestandsvoraussetzungen gegeben, kann die polizeiliche Schutzmaßnahme nicht aufgehoben werden. Insbesondere ist der Wille der Parteien unerheblich, da die Zwangspause für die Beratung und eine allfällige Neuorientierung genutzt werden soll. Innert acht Tagen können gefährdete Personen eine Verlängerung der Schutzmaßnahme bei einem Haftrichter, einer Haftrichterin um maximal drei Monate beantragen. Sie müssen den Fortbestand der Gefährdung glaubhaft machen. Die Verlängerung ist nicht von der Einleitung eines Eheschutzverfahrens (Ehetrennung) abhängig. Dies in der Erkenntnis, dass in vielen Fällen nur ein Ende der Gewalt, nicht aber zwingend eine Trennung angestrebt wird.

Proaktive Beratungen und Gefährdungsmeldungen wegen der Kinder an die Vormundschaftsbehörde

Die polizeiliche Schutzmaßnahme wird sowohl einer Beratungsstelle für gewaltbetroffene Personen übermittelt als auch einer, die mit gewaltausübenden Personen arbeitet (§ 15 Abs. 2 GSG). Deren Mitarbeitende müssen so rasch wie möglich Kontakt mit den betroffenen Personen aufnehmen und eine Beratung anbieten. Mit der sogenannten Gefährderansprache, die vom »mannebüro züri«[11] wahrgenommen wird, gelingt es, mit den gewaltausübenden Männern in Kontakt zu treten, um mit ihnen die Situation anzusprechen. Die Krisenintervention bei gewaltausübenden Frauen wird von einer Spezialabteilung des Justizvollzuges wahrgenommen.

Im Kanton Zürich stehen drei Beratungsstellen für Frauen, die von Partnergewalt betroffen sind, zur Verfügung sowie eine vierte Beratungsstelle für Männer und weitere Opfer häuslicher Gewalt. In gravierenden sozialen oder gewaltträchtigen Situationen ist die Unterbringung in Frauenhäusern nach wie vor notwendig. Der Kanton Zürich verfügt über vier Frauenhäuser. Die ersten drei Wochen eines wegen Gewalt notwendigen Frauenhausaufenthaltes werden durch die kantonale Opferhilfestelle finanziert.

In jedem zweiten Haushalt, in welchem die Polizei eine Schutzmaßnahme anordnen musste, leben Kinder. Die kommunalen Vormundschaftsbehörden (171 im Kanton Zürich) erhalten unverzüglich eine Kopie der Schutzmaßnahmeverfügung (§ 15 Abs. 1 GSG), damit die Kinderschutzberhörde über die Gefährdung der Kinder informiert ist. Aus unterschiedlichen Gründen ist die Umsetzung des Gewaltschutzgesetzes in diesem Bereich noch schwierig. Die Schaffung einer überregionalen, mit Fachpersonen besetzten Kinder- und Erwachsenenschutzbehörde wird mit der Inkraftsetzung des Erwachsenenschutzrechtes per 1. Januar 2013 eine Verfahrensbeschleunigung bringen.

Problemfelder und Lösungsansätze

Beobachtung und Begleitung betroffener (Ex-)Paare und Familien

Gewaltbelastete Personen und Familien brauchen zu unterschiedlichen Zeitpunkten unterschiedliche Unterstützung: Die meisten Paare trennen sich auch nach wiederholten und teilweise schweren Gewaltvorfällen nicht. Gemeinsam muss deshalb mit (Ex-)Paaren und Familien nach Wegen gesucht werden, die Stressfaktoren in ihrer konkreten Situation zu verringern, eine andere Konfliktkultur zu entwickeln und sie im Alltag umzusetzen. Ziel ist aber auch abzuklären, ob ein gewaltfreies Zusammensein dadurch möglich oder ob eine geordnete

11 Sämtliche Adressen und Telefonnummern der Stellen, die in diesem Abschnitt genannt werden, sind unter http://www.ist.zh.ch [25.5.2011] zu finden.

Trennung ohne Gewalt notwendig wird. Im Vordergrund steht aber in jedem Fall der Schutz der Opfer – vor allem auch der Kinder.

Zeitnahe Kinderansprache

In einem bis 2012 laufenden Pilotprojekt soll zeitnah der polizeilichen Intervention im Einverständnis mit den Obhutsberechtigten der Kontakt mit den Kindern aufgenommen werden. Ziel ist es, den Kindern zu erklären, was passiert ist, ihre Fragen zu beantworten und sie zu informieren, was weiter geschehen wird. Die Kinder sollen eine Ansprechperson erhalten, mit der sie über das Gesehene und Beobachtete reden können, ohne dass sie in einen Loyalitätskonflikt kommen. Damit soll die Zeit überbrückt werden, bis die Vormundschaftsbehörde gegebenenfalls Kindesschutzmaßnahmen anordnet. Das dreijährige Pilotprojekt wird durch das Marie-Meierhofer-Institut für das Kind in Zürich evaluiert.

Häusliche Gewalt durch minderjährige Gefährdende

Im Gegensatz zur Partnergewalt Erwachsener untersteht häusliche Gewalt Jugendlicher gegen Eltern nicht der strafrechtlichen Verfolgung von Amtes wegen. Gewaltbetroffene Eltern müssen einen Strafantrag stellen. Durch eine Ergänzung des Gewaltschutzgesetzes ist vorgesehen, dass solche Jugendliche für eine beschränkte Zeit aus dem gemeinsamen Haushalt mit den Eltern weggewiesen und kurzfristig in eine sozialpädagogische Institution platziert werden können. In dieser Zeit muss die Vormundschaftsbehörde prüfen, ob weitere Maßnahmen notwendig sind.

Misshandlung Betagter

Ein großes Tabuthema ist häusliche Gewalt im Alter. Vor allem das Problem demenzerkrankter aggressiver und gewalttätiger Partner, die auf ihre Partnerin einschlagen, ist groß. Auch Gewalt gegen pflegebedürftige Eltern gehört in diesen Bereich. Die Stadtpolizei Zürich und der Stadtärztliche Dienst haben ein Konzept erarbeitet, welches der oft mit der Gewaltschutzmaßnahme gleichzeitig notwendig werdenden Einweisung in ein Pflegeheim Rechnung trägt.

Häusliche Gewalt und Migration

Gemäß polizeilichen Statistiken sind Migrations- und binationale Familien überdurchschnittlich von Gewalt betroffen (siehe den Beitrag von Lanfranchi in diesem Band). Migrationsfamilien sind unterschiedlichsten Stressfaktoren ausgesetzt. Oft sind sie von Arbeitslosigkeit betroffen, kennen die Lokalsprache nicht und sehen sich mit Familien- und Frauenbildern konfrontiert, die ihre eigene Identität infrage stellen. Da ist auch Informations- und Aufklärungsarbeit notwendig. Jene Migrantinnen oder Migranten, deren Verbleibrecht in der Schweiz von der Ehe oder Partnerschaft abhängig ist, können nach kurzer Beziehung nur in der Schweiz bleiben, wenn ihnen der rechtsgenügende Nachweis gelingt, dass sie von häuslicher Gewalt betroffen sind, diese kausal für die Trennung ist und eine Intensität hat, die die Weiterführung der Gemeinschaft unzumutbar macht. Sich illegal in der Schweiz aufhaltende Personen sind der Gewalt schutzlos ausgeliefert, wenn sie nicht umgehend aus der Schweiz ausgewiesen werden wollen (vgl. Greber u. Kranich Schneiter 2011).

Anstelle eines Fazits: Drei Jahre Gewaltschutz im Kanton Zürich

Im Kanton Zürich wird die Polizei jährlich durchschnittlich 1600-mal in einen Vorfall häuslicher Gewalt involviert. In gut zwei Dritteln der Interventionen (durchschnittlich 1055) trifft die Polizei Umstände vor, die glaubhaft auf Tathandlungen im Sinne des Gewaltschutzgesetzes schließen lassen, d. h., dass Drohungen glaubhaft und Gewaltanwendungen sichtbar sind. Nur dann kann eine Schutzmaßnahme angeordnet werden – im Gegensatz zu einer bloßen Anzeige, die von der Polizei immer entgegengenommen werden muss.

Am 31. März 2010 war das Zürcher Gewaltschutzgesetz drei Jahre in Kraft. Deshalb lassen sich erste Durchschnittszahlen aufzeigen (vgl. http://www.ist.zh.ch). Von den jährlich rund 1055 14-tägigen polizeilichen Schutzmaßnahmen entfallen 60 % auf Paare oder Familien, die noch zusammenleben. 40 % betreffen allerdings Paare, bei denen sich die Gewalt trotz Trennung noch fortsetzt. Gegen 68 Frauen musste die Polizei im Jahresschnitt eine Verfügung erlassen. Dies entspricht 6 %. Lediglich knapp 65-mal wurde eine richterliche Überprüfung der Anordnung verlangt. Hingegen werden jährlich rund 420 Verlängerungsgesuche gestellt, die in 91 % der Fälle auf die maximal mögliche Dauer von drei Monaten haftrichterlich verlängert wurden, weil zum Zeitpunkt der haftrichterlichen Prüfung immer noch von einer nachgewiesenen Gefährdung ausgegangen werden musste.

Gut jeder vierte gewaltausübende Mann macht von der GSG-Beratung Gebrauch. Interessanterweise sind es mehrheitlich Männer, die auch Väter sind. Dies ist deshalb für die gewaltvermindernde Arbeit von Bedeutung, weil die Polizei jährlich 550-mal der zuständigen Vormundschaftsbehörde Mitteilung machen muss, dass ein Haushalt betroffen ist, in dem auch Kinder leben.

Dass in diesen Fällen zuweilen arg zugeschlagen und gedroht wird, zeigt sich auch darin, dass die Polizei bei 78 % der Gewaltschutzfälle gleichzeitig Hinweise auf ein sogenanntes Vergehen oder Verbrechen hatte, d. h. eine Strafuntersuchung bei der Staatsanwaltschaft anhängig gemacht wurde. 91-mal wurde sogar ein gefährlicher Gegenstand (Waffen, Messer) eingesetzt. Häusliche Gewalt kann tödlich ausgehen. Im Jahr 2009 musste im Kanton Zürich im Kontext häuslicher Gewalt 16-mal wegen einer versuchten oder vollendeten Tötung und 23-mal wegen einer schweren Körperverletzung eine Strafuntersuchung eingeleitet werden.

Übergriffe in Therapien

Ingrid Hülsmann

Die meisten Psychotherapeutinnen und Psychotherapeuten sind gut ausgebildet und fachkompetent und arbeiten nach wissenschaftlich anerkannten und praktisch überprüften Methoden. Einige wenige verstärken die Abhängigkeit von Patientinnen und Patienten und missbrauchen ihre Position zur Befriedigung eigener Bedürfnisse. Diese Übergriffe in Therapien sind sowohl im Verlauf wie auch in den Folgen für alle Beteiligten so eindrücklich, dass sie als Syndrom beschrieben wurden: als »PM – Professional Misconduct Syndrome« bzw. als »PSM – Professional Sexual Misconduct Syndrome« (Tschan 2001). Ausnutzung von Abhängigkeit verläuft nach Mustern und in einer bestimmten Dynamik. Die jeweiligen Strategien, die grenzverletzende Therapeutinnen und Therapeuten anwenden, um Patientinnen und Patienten ausnutzbar zu machen, spiegeln sich auch im Verarbeitungsprozess der Opfer. Diese Strategien zu kennen ist sowohl für die eigene therapeutische Arbeit wie auch für die Unterstützung von Patientinnen und Patienten, die solche Übergriffe erlebt haben, sinnvoll. In der Psychotherapie kann Abhängigkeit zu den heilenden Faktoren im therapeutischen Prozess gehören – von grenzverletzenden Therapeutinnen und Therapeuten wird sie jedoch zum Schaden der Patientinnen und Patienten eingesetzt.

Wenn es sich um sexuelle Übergriffe handelt, sind unter den Opfern mehr Frauen und unter den Ausnutzern mehr Männer zu finden – weshalb wir im Folgenden dort, wo es nicht nötig ist, auf die jeweilige Angabe beider Genusformen verzichten und von Therapeuten und Patientinnen reden, auch wenn es anders sein kann. Andere Arten der Übergriffe in Therapien sind nicht so weit erforscht, dass gesicherte Aussagen zu Vorkommen und Verbreitung gemacht werden könnten.

Wie Untersuchungen zeigen, sind sexuelle Übergriffe in psychotherapeutischen, psychiatrischen und medizinischen Behandlungen nicht selten. 1973 unternahmen Kardener et al. (zitiert nach Schoener et al. 1989) in Los Angeles die erste Befragung von 1000 zufällig ausgewählten Medizinerinnen und Medizinern, davon 115 aus der Psychiatrie. 460 beantworteten den Fragebogen. Etwa 10 % gaben an, dass sie sexuelle Kontakte, und 5 %, dass sie Geschlechtsverkehr mit

Patientinnen oder Patienten gehabt hatten. 13 % waren der Meinung, dass diesen damit geholfen werden könnte.

Bei einer weiteren größeren Direktbefragung von 1442 Psychiaterinnen und Psychiatern in den USA (Gartrell et al. 1986, zitiert nach Tschan 2001) gaben 7,1 % der männlichen und 3,1 % der weiblichen Psychiater sexuelle Kontakte an. 31 % der Kontakte fanden während der Behandlungszeit statt, 69 % nach abgeschlossener Behandlung. 88 % waren heterosexuelle Kontakte zwischen einem männlichen Psychiater und einer weiblichen Patientin. Homosexuelle Kontakte fanden zu 7 % zwischen Männern und 1,4 % zwischen Frauen statt.

Auch in der Schweiz wurde bereits 1992 psychiatrisches Pflegepersonal nach sexuellen Kontakten mit Patienten und Patientinnen befragt. 16,8 % der Männer und 10,5 % der Frauen bejahten diese Frage (Moggi, Bossi u. Bachmann 1992, zitiert in Urbaniok 2000).

In einer 1999 in Ontario durchgeführten Untersuchung (Manzer et al. 2000, zitiert nach Tschan 2001) gaben 1 % der Wohnbevölkerung an, innerhalb der letzten fünf Jahre durch Mitarbeiter im Gesundheitswesen körperlich-sexuell missbraucht worden zu sein. 2 % fühlten sich durch unangemessene Bemerkungen sexuell belästigt.

Ausnutzung von Abhängigkeit

Immer wenn Menschen anderen gegenüber einen Vorsprung in materieller, sozialer, emotionaler Hinsicht oder aufgrund ihres Wissens haben, entsteht Abhängigkeit. Jede Abhängigkeit kann ausgenutzt werden. Somit ist keine Berufsgruppe, Institution, Organisation oder Firma vor Ausnutzung von Abhängigkeit in professionellen Beziehungen geschützt. Ausnutzung von Abhängigkeit ist für alle Betroffenen verunsichernd und demütigend und hinterlässt immer Spuren. In therapeutischen Beziehungen ist sie für Patientinnen besonders folgenreich und schädigend. In helfenden Berufen werden besonders häufig Übergriffe verübt.

Dafür gibt es viele Gründe:

Bedürftigkeit: Therapeuten können durch den helfenden Charakter ihres Berufes besonders bedürftig und darum verführbar sein. Wenn sie zudem noch »selbstlos« sind, schenken sie der eigenen Person nicht genügend Beachtung. Dann können sich unerfüllte Bedürfnisse der Therapeuten zu Sehnsucht und Hoffnung auf Erfüllung gegenüber einer Patientin verdichten, und es besteht die Gefahr, dass sie Übergriffe begehen.

Geringes Risiko: Professionelle können ihre Übergriffe leicht vor Entdeckung schützen. Patientinnen wehren sich oft aufgrund ihrer labilen Lebenssituation nicht. Sie haben Angst, bei einer Beschwerde beschuldigt und für »verrückt« erklärt zu werden. Sie befürchten, dass der übergriffige Psychotherapeut sich rächt oder dass die Stelle, an die sie sich wenden, ihnen nicht glaubt. Mit allen Befürchtungen können sie recht haben. Opfer glauben auch oft, dass sie selbst Schuld an der Situation tragen und darum gar nicht zu einer Beschwerde berechtigt sind.

Große Nähe und Idealisierung: Zu helfenden Berufen gehört ein so naher Kontakt zwischen Helfenden und Patientinnen bzw. Patienten, wie das in beruflichen Beziehungen sonst kaum üblich ist. Manchmal überschreitet die emotionale Nähe zwischen Psychotherapeut und Patientin auch das Maß an Intimität, das die Patientin in ihren privaten Beziehungen je erlebt hat. Es ist also normal, dass Patientinnen ihre Therapeuten idealisieren und große Hoffnung in die Behandlung setzen. Patientinnen begeben sich z. B. wegen einer emotional überwältigenden Krise in Psychotherapie. Die »verlorene« emotionale Steuerungsfähigkeit zeigt ihnen dramatisch, dass ihre bisher erworbenen Bewältigungsstrategien nicht ausreichen. Die Patientinnen haben bereits die eigenen psychischen und manchmal auch physischen Grenzen überschritten. Krisen sind mit großen Gefühlen verbunden. Da ist es naheliegend, dass Patientinnen »ihre« Psychotherapeuten bewundern. Nie haben sie eine solche Zuwendung erlebt! Psychotherapeuten können darum als besonders beziehungsfähig, liebenswert und klug angesehen werden. »Mit ihm kann ich über alles sprechen!« – »Sie weiß für alles eine Lösung!« – »Ohne ihn würde ich das alles nicht überleben!« – »Noch nie hat sich jemand so für mich eingesetzt!«

Menschenbild und Beziehung in der Psychotherapie: Menschen sind sozial. Persönlichkeit entwickelt sich im Kontakt zu nahen Beziehungspersonen, die prägenden Einfluss haben. Diese Prägungen werden verinnerlicht und mit der Zeit zu einem Teil der Persönlichkeit. Werden nahe Beziehungen in der Kindheit durch Aggression und Gewalt bestimmt, lernen die Betroffenen, sich mit dem Angreifer zu identifizieren. So entstehen destruktiv wirkende Introjekte. Das Gelernte taugt nicht für die Bewältigung des Lebens. Psychotherapie korrigiert solche Erfahrungen durch positive Begleitung. Partielle Abhängigkeit charakterisiert also die psychotherapeutische Beziehung und ist eine notwendige Bedingung dafür, dass Hilfe geleistet werden kann. Therapeuten brauchen einen ausreichenden Wissensvorsprung und adäquate Arbeitstechniken, um Hilfe leisten zu können. Darum müssen sie von den Ausnutzungs- und Missbrauchsmöglichkeiten in ihrem Beruf wissen.

Formen von Übergriffen in Therapien

Abhängigkeit kann also in allen asymmetrischen Machtverhältnissen ausgenutzt werden. Sie beginnt immer mit kleinen Grenzüberschreitungen. Kann der Psychotherapeut sein Handeln reflektieren, verhindert er weiter gehende Übergriffe. Diejenigen, die Abhängigkeit ausnutzen und dies vielleicht sogar wiederholt tun, folgen einer Handlungsdynamik, die gekennzeichnet ist durch:

- Motivation
- Absicht
- Planung
- Übergriff/Grenzüberschreitung/strafbare Handlung.

Verhaltensauflagen und Handlungsanweisungen verhindern darum Straftaten nicht. In der Vergangenheit wurde z. B. Ärzten, die sexuelle Übergriffe begangen hatten, verboten, ohne Anwesenheit einer Zweitperson körperliche Untersuchungen an einer Patientin vorzunehmen. Dies nutzt nichts. Jeder zu sexuellen Übergriffen motivierte Arzt wird Wege finden, um sich sexuelle Kontakte zu Patientinnen zu ermöglichen.

Zur Verhinderung von schweren Übergriffen braucht es institutionelle Regelungen, berufsethische Richtlinien der Berufsverbände sowie ethische Richtlinien in Betrieben (Spitälern, Heimen, Ambulatorien). Das Personal muss sich in unklaren Situationen Beratung holen können, ohne Vorverurteilungen und berufliche Nachteile befürchten zu müssen. Supervision ist notwendig dafür, Übergriffsdynamiken bewusst zu machen und Interventionen zu ermöglichen.

Unter den Grenzüberschreitungen und Übergriffen in therapeutischen Beziehungen sind die sexuellen Übergriffe am besten erforscht und am meisten besprochen. Übergriffe sind aber keinesfalls auf die sexuelle Vorteilsnahme beschränkt. Klientinnen können auf vielen Ebenen, z. B. emotional, sexuell, sozial und spirituell ausgenutzt werden. Übergriffe auf emotionaler Ebene sind abwertende und erniedrigende Äußerungen über Leistungen, Aussehen, Alter, Geschlecht oder Behinderung einer Person. Auch wenn Therapeuten unverständlichen Fachjargon dazu nutzen, um Patientinnen einzuschüchtern und die eigene Fachkompetenz aufzublähen, ist das ein Übergriff.

Typische sexuelle Übergriffe in therapeutischen Beziehungen sind sexuell anzügliche, ab- oder bewertende Äußerungen über die Person oder das Geschlecht der Patientinnen, Kommentare zu ihrer sexuellen Orientierung oder der Gestaltung ihrer sexuellen Beziehungen, wertendes, voyeuristisches und sexuell anzügliches Verhalten und sexistische Witze. Auch Enthüllungen hinsichtlich der eigenen Sexualität der Therapeuten gehören nicht in die psychotherapeutische Praxis.

Zum sozialen Missbrauch zählen die finanziellen Vorteilsnahmen, wenn z. B. mehr oder andere Sitzungen berechnet werden, als stattgefunden haben, oder Geschenke angenommen oder gar erbeten werden. Leider gibt es auch Psychotherapeuten, welche die Arbeitskraft ihrer Patientinnen ausnutzen, indem sie Sitzungshonorare mit Betreuungszeiten ihrer Kinder verrechnen oder mit der Praxisreinigung. Auch persönliche Daten der Patientinnen können missbraucht werden. Sie dürfen nicht ohne ihr Wissen weitergegeben werden. Wenn Psychotherapeuten Daten weitergeben wollen, haben sie die Pflicht, sich von der Schweigepflicht entbinden zu lassen und Patientinnen über Art und Inhalt der weiterzugebenden Daten (z. B. Berichte) zu informieren. Das professionelle Wissen der Patientinnen kann missbraucht werden, z. B. für die Unterstützung bei der Einrichtung von Praxisräumen oder für Reparaturarbeiten zu Hause, für Produktberatungen, Produktbeschaffungen (eventuell zu Sonderkonditionen) etc. In schweren Fällen beabsichtigt ein übergriffiger Therapeut die soziale Isolation seiner Patientin, indem er sich aktiv in ihre Familien- und Arbeitsbeziehungen und auch in die Freundschaften einschaltet.

Manchmal kommt es zur Ausnutzung der religiösen Gläubigkeit von Patientinnen, indem sie z. B. zum Überschreiben ihres Vermögens auf eine religiöse oder spirituelle Gemeinschaft, der der Psychotherapeut angehört, überredet werden. Ausnutzer haben auch schon sexuelle Handlungen mit dem Argument erreicht, sie seien »im Sinne Gottes«.

Körperliche Gewaltanwendung finden wir verständlicherweise in psychotherapeutischen Settings ausgesprochen selten. Die Möglichkeit der emotionalen Einflussnahme hat in diesem Setting mehr Erfolg.

Beispielhaft nennen Schoener et al. (1989) folgende Bereiche, die in Therapien ausgenutzt werden können, bzw. folgende Themen, um die es dabei gehen kann:

- finanzielle Ausbeutung, Versicherungsbetrug
- Missbrauch des Vertrauens
- Schweigepflichtverletzungen
- als Therapeut besonders »gut« sein zu müssen
- Bevorzugung von attraktiven Patientinnen
- Therapie nicht oder zu spät abschließen
- Ausnutzen der Idealisierung
- Ausnutzen der Unkenntnis
- soziale Isolation
- emotionale und sexuelle Gewalt (physische Gewalt ist selten).

Das Ausnutzen von Abhängigkeit nach dem Muster des »Deliktkreises«

Der »Deliktkreis« ist ein Konstrukt, welches die fortschreitenden Prozesse vor, während und nach der Tat auf der kognitiven, der affektiven und der Verhaltensebene darstellt. Er beschreibt einen Prozess und gibt keine kausale Erklärung.

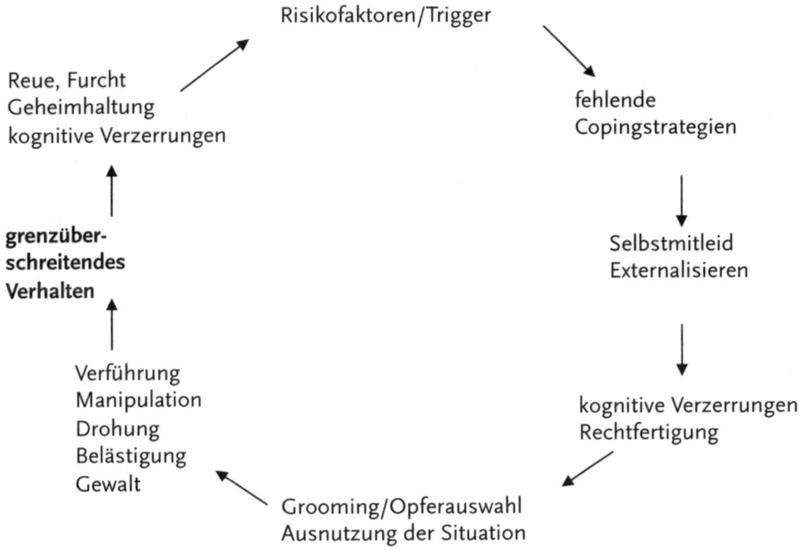

Abb. 1: »Deliktkreis« von Übergriffen in der Psychotherapie

Grundsätzlich können wir davon ausgehen, dass gewisse Risikofaktoren erfüllt sein müssen, damit sich Psychotherapeuten zu Übergriffen entschließen. Becker-Fischer et al. (1994) erforschten sexuelle Übergriffe und beobachteten bei Psychotherapeuten verschiedene Profile:

- Berufsanfänger, die als »uninformierte Naive« die Folgen von unprofessionellem Verhalten noch nicht erlebt haben, können durch eine »besondere« Patientin besonders berührt sein, sich verlieben und eine sexuelle Beziehung eingehen. Wenn die Therapeuten aus der Situation lernen und erkennen, dass sie unprofessionell gehandelt haben, bleibt es in der Regel bei einem einmaligen Übergriff.
- Die »normalen« Psychotherapeuten in einer persönlichen Krise, bei denen sich unbefriedigte Bedürfnisse zu einer Sehnsucht nach einer »Ausnahme«-Patientin verdichten. Auch hier wiederholen sich Übergriffe meistens nicht.
- Bei Psychotherapeuten, die unter Selbstwertproblemen leiden und sozial isoliert leben, besteht die Gefahr, dass sie wiederholt Übergriffe verüben. Bei ihnen kann die therapeutische Arbeit zur wichtigsten Quelle für die Befriedigung affektiver und emotionaler Bedürfnisse werden. Oft fehlt ihnen dann auch nach Offenlegung der Übergriffe die Einsicht für Verhaltensänderungen. Schuldgefühle werden mit Selbstbestrafung beantwortet. So wird eine Verhaltensänderung verhindert, und die Bedürfnisse bleiben weiterhin unerfüllt.
- Psychotherapeuten, die unter mangelhafter Impulskontrolle leiden, oder diejenigen, die jede Beziehung manipulativ ausnutzen, haben in der Regel eine lange Übergriffsgeschichte, in der wiederkehrende Handlungsmuster zu erkennen sind.

Eine Übergriffsdynamik beginnt also mit einer defizitären Bedürfnislage seitens der Psychotherapeuten, derentwegen die sie ihre Lebenssituation negativ wahrnehmen und sich hilflos fühlen. Lebenserfahrung, die persönliche Weltanschauung und Überzeugungen beeinflussen die negative Wahrnehmung der Lebenssituation. Haben die Betroffenen keine angemessenen Bewältigungsstrategien gelernt, verstärkt sich das Gefühl der Hilflosigkeit.

Selbstmitleid und die Beschuldigung anderer verschaffen nur kurz ein Gefühl der Kontrolle. Deshalb entwickeln Betroffene kompensatorisch mächtige Fantasien, auch mit sexuellen Inhalten. Der als Reaktion auf das Selbstmitleid aufkommende Ärger und der »Trost« durch die mächtigen Fantasien wechseln sich ab. Mit jeder Wiederholung werden die Fantasien konkreter. Die Planung der Übergriffe beginnt. Typische Fantasien in dieser Phase sind: sehnsuchtsvolle Gedanken an die auserwählte Patientin; Vorfreude auf die Sitzungen; Rettungsfantasien, die es ermöglichen, dann der ideale Partner bzw. die ideale Partnerin zu werden; Austausch von Zärtlichkeiten; sexuelle Fantasien. Mit zunehmender Verstrickung können die romantischen Fantasien um Dominanz- oder Unterwerfungsszenen erweitert werden. Masturbationsfantasien drehen sich dann oft ausschließlich um den auserwählten Patienten oder die auserwählte Patientin.

Selbstzweifel begleiten diese Phase. Rechtfertigungen und kognitive Verzerrungen helfen, sie unwirksam zu machen. Oft haben die ausnutzenden Therapeuten bereits Zweifel an der eigenen Professionalität und professionellen Vollwertigkeit und haben Angst vor der Meinung von Kollegen und Kolleginnen.

Typische kognitive Verzerrungen sind:

- Die eigene Haltung wird als »fürsorglich« und »väterlich/mütterlich« gedeutet.
- Die Therapiemethoden werden als »unkonventionell« bezeichnet, die sich nur besonders gute, erfahrene und fantasievolle Therapeuten leisten können.
- »Kinder müssen in einer Phase ihres Lebens Eltern bewundern.« Ich (der Therapeut) biete der Patientin Möglichkeiten zur Nachsozialisation, wenn ich mich von ihr (wie ein Vater) idealisieren lasse.«
- »Die Patientin leidet unter einer besonders schwierigen psychischen Problematik.« Anderen Psychotherapeuten wäre sie längst davongelaufen, da sie sich auf »normale« psychotherapeutische Arbeit gar nicht einlassen könnte.
- »Gute Therapeuten nutzen erotische und sexuelle Fantasien für die therapeutische Arbeit.«

Grooming

Grooming bedeutet eine auf das Opfer bezogene gezielte Tatplanung, die mit der Auswahl und dem Testen der Patientinnen auf ihre »Opferqualitäten« hin beginnt und grenzüberschreitendes Verhalten sowie die »Beruhigung« des Umfelds einschließt. Häufig ist für Betroffene später nicht nur der sexuelle Übergriff schwer zu verarbeiten, sondern auch die Erkenntnis, wie der Ausnutzer sich im Leben der Opfer einnistete, ihre Wahrnehmung verwirrte, die Situation bestimmte und in extremen Fällen Kontrolle über das ganze Leben übernahm. Im Grooming-Prozess stimmt der Ausnutzer sein Beziehungsangebot genau auf die Bedürfnisse der Opfer ab. Die Ausgenutzten können sich gerettet fühlen, auf ganz besondere Weise angenommen und erkannt, in ihnen werden Hoffnungen auf Heilung oder darüber hinaus auf eine langfristige Beziehung mit einem idealen Partner geweckt.

Grooming-Handlungen und Grenzverletzungen müssen durch die Ausnutzer laufend weiter gerechtfertigt werden, da sie immer von negativen Gefühlen und Selbstzweifeln begleitet sind. Um kognitive Verzerrungen wirksam und haltbar zu machen, dehnt man das Grooming auf das Umfeld aus. Auch Berufskollegen können so manipuliert werden, dass sie die Grenzverletzungen nicht zur Kenntnis nehmen, sie minimalisieren, sie entschuldigen oder sogar von eigenen Grenzverletzungen berichten. Sukzessive integriert der grenzverletzende Therapeut sein Verhalten mithilfe einer Kette von Denkfehlern.

Grenzverletzende Therapeuten richten ihr Grooming nach ihren Zielen aus. Es kann daher sehr unterschiedlich sein. Meistens wird das normale Therapiesetting verändert. Ausnahmen werden zur Regel. Für die Sitzungen werden Randstunden gewählt, damit »... wir wichtige Prozesse nicht unterbrechen müssen« oder »... weil Ihre Therapie einer besonderen Sorgfalt bedarf«. Mit besonders empathischem Verhalten erfüllen die grenzverletzenden Therapeuten Patientinnen Wünsche, bieten Snacks oder Heimbegleitung nach der Sitzung an, sie bezahlen Taxis, bieten »Gefälligkeiten« wie das Ausstellen von nachträglichen Arbeitsunfähigkeitszeugnissen etc. Das Vertrauensverhältnis wächst. Die Anrede wechselt vom förmlichen »Sie« zum vertrauten »Du«, die Klientinnen werden in private Wünsche und Hoffnungen eingeweiht, zu Vorträgen oder Vernissagen der Therapeuten eingeladen.

Soll Grooming erfolgreich sein und sexuelle (und andere) Übergriffe möglich machen, ist es notwendig, dass Patientinnen die ausnutzenden Therapeuten idealisieren. Dies gelingt besonders gut, wenn die Therapeuten mit der Idealisierung beginnen. Sie heben besondere Fähigkeiten der Patientinnen hervor und beschreiben ihre Rolle als »besonders«. Der Hinweis auf den speziellen Aufwand, die Risikobereitschaft, die Anwendung »ungewöhnlicher« Methoden seitens der Therapeuten werden den Opfern wiederholt eingeprägt oder sehr geschickt platziert. So entsteht ein Klima von Gemeinsamkeit, Vertrautheit und Einmaligkeit. Opfer werden »besonders« behandelt, aber auch zu besonderer Loyalität verpflichtet. Um die Übergriffe entsteht eine Tabuzone, die von beiden Parteien respektiert wird. Für die übergreifenden Therapeuten ist dies von größtem Interesse. Patientinnen, die Übergriffe erleiden, sehen dies ein und fühlen sich durch die besondere Behandlung entschädigt. Unbemerkt vom Opfer und meistens auch von seiner sozialen Umgebung, entsteht eine Situation der sozialen Isolation. Oft unterstützen solche Psychotherapeuten die Aufgabe von privaten Beziehungen, »... weil der Freund/Arbeitgeber/Kontakt mit den Eltern etc. Ihnen nicht gut tut« oder »... Sie waren in die falschen Kreise geraten« oder »... Sie brauchen mehr Abstand zu Ihrer Familie, sonst können Sie sich nicht entwickeln« etc. Damit liegt die soziale Kontrolle in den Händen der Ausnutzer. Sie untergraben die Fähigkeiten der Patientinnen zu Autonomie und Selbstständigkeit. Ausbleibender Therapieerfolg liegt an »... Ihrer besonders komplexen Symptomatik. Das wissen Sie ja selbst!«.

Rollenverwirrung

Patientinnen, die sich in einer Therapie befinden, in der sie ausgenutzt werden, haben immer Zweifel. Sie wenden viel Kraft auf, die Sichtweise der ausnutzenden Therapeuten zu übernehmen. Reale sexuelle Übergriffe geschehen nicht unvorbereitet. Psychotherapeuten, die wiederholt Übergriffe begehen, beginnen sehr früh mit testenden Grenzüberschreitungen, die von den Patientinnen nicht bemerkt werden. Dies können z. B. in Humor gekleidete Zweideutigkeiten sein, Bemerkungen über das attraktive Äußere der Patientinnen oder »zufällige« Berührungen.

Damit prüfen sie, wie Patientinnen reagieren, ob und ab wann sie sich wehren und ob sie Geheimnisse sicher bewahren. Erst dann initiieren die Therapeuten eindeutige sexuelle Handlungen wie Küsse, Petting oder verschiedene Arten des Geschlechtsverkehrs oder haben so geschickt manipuliert, dass die Patientinnen die Übergriffe selbst wünschen.

Mit der sexuellen »Beziehung« entsteht immer eine Rollenverwirrung, z. B. wenn eine scheinbare Partnerschaft etabliert ist und Therapeuten eingreifende therapeutische Interventionen (Klinikeinweisung, Medikation) verordnen. Therapeuten werden dann zu Allmächtigen. Sie haben die Macht, zu lieben und zu strafen. Die Reaktionen der Patientinnen sind eine Antwort auf das, was sie erleben. Sie verhalten sich ambivalent, manchmal annehmend und vertrauend und manchmal abwehrend und hilflos kämpfend. Schädigende Abhängigkeit ist dann etabliert, wenn die Grenzüberschreitungen zur Norm und zur Normalität geworden sind und Patientinnen die kognitiven Verzerrungen und Rechtfertigungen der Therapeuten so weit integriert haben, dass sie sie als eigene Gedanken und Gefühle wahrnehmen.

Ein Ausstieg aus einer Therapie, in der Abhängigkeit ausgenutzt wird, ist in der Regel nur mithilfe Außenstehender möglich. Außenstehende können Klientinnen erst dann unterstützen, wenn diesen selbst die Abhängigkeitssituation bewusst ist und sie darunter leiden. Leider erleben Betroffene oft, wenn sie sich Hilfe wünschen und aus der Abhängigkeit aussteigen wollen, ein schweigendes oder sogar beschuldigend reagierendes Umfeld. Eine Tatsache, die auch bei sexuellen Übergriffen in der Familie häufig und typisch ist. Übergriffe und Grenzüberschreitungen führen beim Umfeld oft zu Spaltungen und einseitigen Parteinahmen.

Allgemeine und psychische Folgen für die Betroffenen

Die missbräuchliche Ausnutzung von Abhängigkeit im therapeutischen Setting hinterlässt bei den Betroffenen Folgen. Welche Folgen und Verluste sie erleben, hängt außer von ihren persönlichen Bewältigungsmöglichkeiten von der Reaktion des nahen Umfelds ab, aber auch davon, wie die Übergriffssituation beendet wurde: aus eigener Kraft und mit großer (abgrenzender) Wut; bedingt durch äußere Ereignisse; oder durch den Ausnutzer.

Die psychischen Probleme, die der ursprüngliche Grund für die Therapie waren, sind inzwischen möglicherweise chronifiziert. Eine Folgetherapie könnte sinnvoll sein. Die Patientin müsste noch einmal Zeit, Geld und vor allem emotionalen Aufwand investieren. Dies fällt vielen nach solchen Erfahrungen verständlicherweise schwer. Oft ist eine kontinuierliche Berufstätigkeit nicht mehr möglich, sodass die

Patientinnen immer wieder Arbeitsunfähigkeit und möglicherweise eine Invalidisierung erleben. Dadurch können sie in materielle Not und Fürsorgeabhängigkeit geraten.

Solche Situationen machen die Betroffenen nicht selbstsicherer. Soziale Kontakte sind häufig durch die induzierte Isolierung oder auch durch die totale Konzentration auf die Therapie verloren gegangen. Der (Wieder-)Aufbau eines sozialen Netzes wird notwendig. Zudem kann eine Therapie, die durch Übergriffe gekennzeichnet ist, emotional sehr intensiv sein. Die Wiederaufnahme »normaler« emotionaler Bindungen fällt daher manchmal schwer. Dies hat Folgen für und Auswirkungen auf die freundschaftlichen Beziehungen und die Familienbindungen.

Oft zeigen betroffene Patientinnen ein ausgeprägt misstrauisches Verhalten. Bei der Beurteilung der Übergriffe erleben sie immer wieder Ambivalenz und sind verwirrt. Zweifel an eigenen selbstschützenden Fähigkeiten und der Verlust der Selbstachtung beschäftigen sie und können das Eingehen neuer Beziehungen behindern. Manchmal werden Zorn und Wut auf den Übergreifer so überwältigend, dass Gewalttaten geplant und – sehr selten – auch durchgeführt werden.

Durch Schuld- und Schamgefühle wird oft die soziale Isolation noch längere Zeit nach der Therapie aufrechterhalten. Wenn die Idealisierungen der Person des Therapeuten und die Hoffnungen auf Heilung durch die Therapie sehr groß waren, sind Trauer und Enttäuschung starke Gefühle, die verarbeitet werden müssen. In schweren Fällen bleibt über längere Zeit eine Angst vor den »magischen« Kräften der übermächtigen Therapeuten bestehen. Manchmal werden auch Racheakte befürchtet. In jedem Fall ist die Reaktion auf die betrogenen Gefühle und die damit einhergehenden Verluste groß und beschäftigt Betroffene oft noch sehr lange.

Grundsätzlich gilt, dass Opfer das zu verarbeiten haben, was Täter »gearbeitet« haben. Täter agieren – Opfer reagieren. Die Spirale in Abbildung 2 zeigt, wie Opfern mit dem Grooming-Prozess ein »Täter-Introjekt« implantiert wird, das lange wirkt. Dies vor allem bei Patienten, die bereits durch manipulative Beziehungen oder traumatische Erfahrungen (z. B. sexuelle Übergriffe in der Kindheit) geprägt sind.

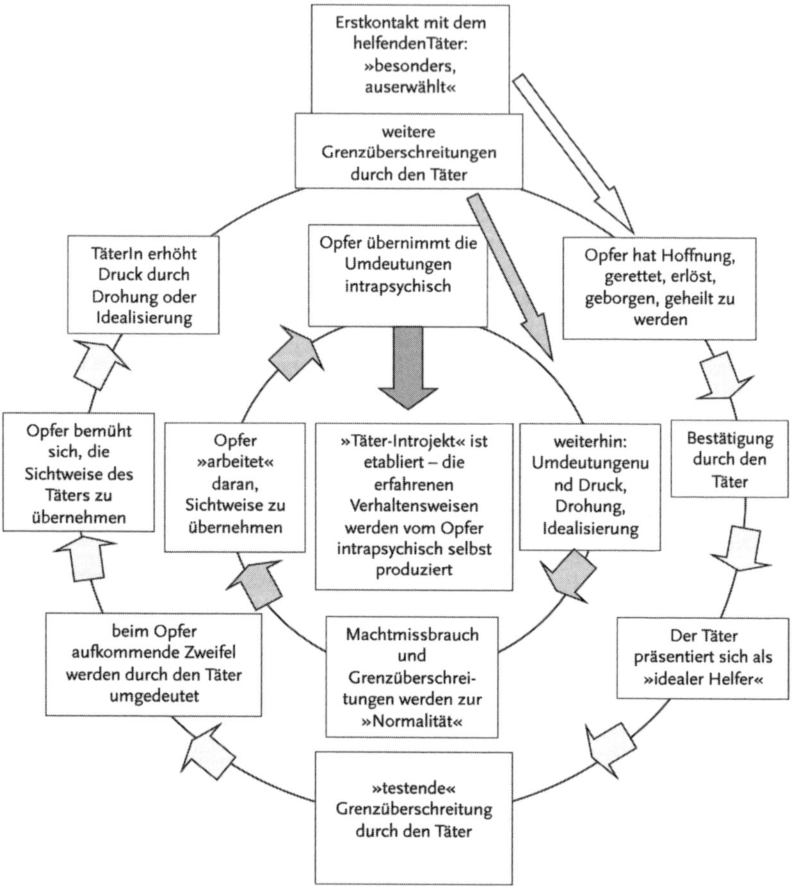

Abb. 2: Entwicklung von Abhängigkeit bei Übergriffen in der Psychotherapie

Fallgeschichten

Abschließend sollen zwei Fälle die Handlungsmuster, die bei grenzverletzenden Psychotherapeuten beobachtet werden können, verdeutlichen. Beide Fälle sind aus einer Fülle von realen Fällen so konstruiert, dass sich viele Patientinnen, die Übergriffe erlebt haben, darin wiederfinden werden.

Der »Begabte«

Ein Psychotherapeut ist regelmäßig Teilnehmer an Seminaren für Multiple-Sklerose-Patientinnen und -Patienten. Er ist selbst nicht an MS erkrankt. In Pausen und an den Abenden nimmt er mit den Teilnehmenden privaten Kontakt auf. Manchen gegenüber outet er sich als Psychotherapeut, der mit alternativen Methoden und Körpertherapie multiple Sklerose heilen kann. Eine 35-jährige Frau, die sich in einer großen Lebenskrise befindet, weil sie vor kurzer Zeit die Diagnose multiple Sklerose erhalten hat, ist dankbar, diesen Therapeuten kennenzulernen, und geht zu ihm in Psychotherapie. Nach mehreren Monaten hat die Patientin neuen Lebensmut geschöpft, weil sie den Verlauf der Schübe der MS als weniger heftig wahrnimmt und den Eindruck hat, sie kämen seltener. Sie überlegt, ob sie ganz auf schulmedizinische Behandlung verzichten soll. Ihr Therapeut unterstützt sie darin. Sie schwärmt sehr von ihm und hat auch gemerkt, dass er seine administrativen Arbeiten vernachlässigt. Sie bietet ihm ihre Hilfe an. Er zögert, »weil das den therapeutischen Rahmen sprengt«. Sie insistiert und findet ihr Angebot gar nicht problematisch. Er nimmt es schließlich an. Die Patientin ist glücklich, dass sie einem »Mann, der so begabt ist, den Alltagskram abnehmen kann«. Nach mehreren Monaten schlägt der Therapeut Beckenbodenmassagen vor, weil nur eine solche Behandlung zu »tiefer Muskelrelaxation und Stärkung des Immunsystems« führe. Die Patientin schämt sich. Der Therapeut versteht das und bietet ihr für diese »wichtige Sitzung« eine Randstunde an. Schließlich verbringt er »zu ihrem Schutz« und »als Verarbeitungshilfe« die Nacht mit ihr, in der es zu weiteren sexuellen Übergriffen kommt. Zweifel und Ablehnung der Patientin deutet der Therapeut mit der »Tiefe der Erfahrung, die naturgemäß aufwühlt« und mit »Wir dürfen den Weg jetzt nicht verlassen!« um. Mit solchen Umdeutungen stabilisiert er das Abhängigkeitsverhältnis und macht weitere Übergriffe möglich. In diesem Fall dauerte die Ausnutzung der Klientin mehrere Jahre. Sie arbeitete unentgeltlich als seine Sekretärin und putzte seine Praxis. Die sexuellen Handlungen fanden vorwiegend während der Sitzungen, als »therapeutische Interventionen« getarnt, statt. Die Patientin stand lange unter dem »Bann« des Therapeuten. Als sie merkte, dass sie nicht die Einzige war, konnte sie so viel Wut entwickeln, dass ihr der Ausstieg gelang.

Der »Kontrolleur«

Eine 45-jährige Frau ist wegen eines konfliktreichen Scheidungsverfahrens und beruflicher Misserfolge in einer schweren psychischen Krise. Eine Kollegin empfiehlt ihr einen Psychotherapeuten, von dem sie Gutes gehört hat. Bereits nach der ersten Stunde fühlt die Patientin sich besser. Der Therapeut hat ihr gut zugehört, war sehr verständnisvoll und beeindruckt sie vor allem damit, dass er ganz deutlich das Verhalten des Exehemanns als sehr destruktiv ablehnt. In den kommenden Stunden verstärkt der Therapeut diese Polarisierung. Der Exehemann wird abgewertet, die Patientin idealisiert. Die Patientin beginnt, über die Beziehungsfähigkeit des Therapeuten zu fantasieren. Er wird in ihren Vorstellungen zum idealen Partner. Die Stunden enden mit Wangenküssen, und als die Patientin sich durch Scheidungskampf und Mobbing am Arbeitsplatz völlig ausgebrannt fühlt, bietet der Therapeut an, für sie eine Ferienwohnung zu organisieren. Dies gibt ihm Anlass, sie regelmäßig anzurufen, ihr SMS und E-Mails zu schicken. Er führt regelmäßiges »Gute-Nacht-Sagen« ein. Inzwischen ist der Therapeut zum wichtigsten sozialen Kontakt der Patientin geworden, und jetzt beginnen die sexuellen Übergriffe. Die Patientin beendet die Therapie, als ihr bewusst wird, dass ihr ganzer Alltag vom Therapeuten kontrolliert und kommentiert wird.

Maßnahmen zur Prävention gegen Übergriffe in Therapien

Strafrechtlich können nur Übergriffe verfolgt werden, die bereits stattgefunden haben. So werden in der Schweiz durch die Artikel 189–195 im Strafgesetzbuch (StGB) Verstöße gegen die sexuelle Freiheit und Integrität geahndet. Vor sexueller Belästigung schützen die Art. 194 und Art. 198 StGB. Sexuelle Handlungen mit Abhängigen (Art. 188 StGB), Handlungen mit Anstaltspfleglingen (Art. 192 StGB) und sexuelle Handlungen mit Kindern (Art. 187 StGB) sind ebenso strafbar wie körperliche Gewalt und schwere Bedrohung. Das Obligationenrecht[12] beabsichtigt im Art. 328 OR die Verhinderung von sexueller Belästigung und verpflichtet den Arbeitgeber, seine Mitarbeiter am Arbeitsplatz aktiv davor zu schützen.

12 Das Obligationenrecht (OR) ist ein Teil des Schweizerischen Zivilschutzgesetzes. Es ist das Recht der Schuldverhältnisse (lat.: *obligatio* = Verpflichtung).

Eine sinnvolle Prävention gegen Übergriffe in Therapien ist die Ausbildung der therapeutisch tätigen Fachkräfte. Ethische Richtlinien der Berufsverbände und Beschwerdekommissionen tragen ebenso zur Verhinderung bei wie Leitbilder, die die Kultur einer Organisation festlegen.

Urbaniok (2000) entwickelte Beurteilungskriterien für private Kontakte in stationären Settings, die hier beispielhaft deutlich machen sollen, dass Transparenz und Offenheit Grundlage für die Prävention gegen Übergriffe in Therapien sind. Private Beziehungen machen jegliche therapeutische Aufgabe eines Mitarbeiters unmöglich. Darum muss die Absicht, private Kontakte aufzunehmen, offen im Team thematisiert werden können. Mit einigen Patientinnen ist eine private Kontaktaufnahme niemals möglich, weil sie besonders verletzlich sind, weil sie bereits sexuelle Übergriffe oder langjährige sexuelle Ausbeutung erlebt haben oder weil in ihrer Psychotherapie das regressive Moment eine große Rolle spielt. Therapeutisch Tätige müssen wissen, dass sie oft Projektionsfläche für tiefe Wünsche und Bedürfnisse ihrer Patientinnen sind.

In jedem Fall muss zwischen Behandlung und privater Kontaktaufnahme eine Karenzzeit liegen. Es muss geprüft werden, inwieweit dem Wunsch des Mitarbeiters Persönlichkeitszüge zugrunde liegen, die auf Kontrolle, Dominanz und narzisstische Aufwertung durch ein unterlegenes Gegenüber gerichtet sind, und ob dem Beziehungswunsch auf beiden Seiten auf einer ernsthaften Absicht beruht.

Professionelles Verhalten als persönliche Prävention

Therapeuten sollten über die eigene Macht Bescheid wissen und die Fähigkeiten ausbilden, sie verantwortlich auszuüben. Voraussetzung dazu ist die Selbstwahrnehmung der eigenen Gefühle, Gedanken, Fantasien, Verhaltensweisen, Wünsche und Bedürfnisse und ihre Reflexion. Es liegt in der Verantwortung jedes therapeutisch Tätigen, sich professionell zu verhalten und nicht Bedürfnisse zum Schaden von Patienten und Patientinnen auszuagieren. Im Problemfall ist es günstig, Anlaufstellen zu kennen, die beratend unterstützen können. Hierzu sind Opferhilfeberatungsstellen oder beauftragte Vertrauenspersonen ebenso geeignet wie Vorgesetzte. Supervision und Intervision sind die Gelegenheiten, bei denen das eigene Verhalten reflektiert und Fragen geklärt werden können.

Viele Übergriffe in Therapien könnten verhindert werden, wenn zweifelhaftes Verhalten von Kollegen und Kolleginnen nicht »übersehen« und durch eigene kognitive Verzerrungen unterstützt würde.

Teil IV: Schlussfolgerungen

Konsequenzen für die systemische Praxis

Ulrike Borst und Andrea Lanfranchi

Der Umgang Professioneller mit Liebe und Gewalt in verwandtschaftlichen Beziehungen und die Reflexion über die eigene Nähe zu den Klientinnen und Klienten sind allgegenwärtig oder sollten es sein. Sie laufen parallel zu allen konkreten Interventionen; sie äußern sich zunächst als Grundhaltung, später in den Interventionen.

Die Interventionen können vielfältig sein, wie die vorausgehenden Kapitel dieses Buches zeigen: subtil, etwa als Förderung der väterlichen Präsenz oder der gemeinsamen Elternschaft; oder auch drastisch, zum Beispiel als Wegweisung aus der Familienwohnung; implizit und auf Umwegen wirksam; oder explizit und direkt(iv); mit oder ohne Auftrag; oder mit widersprüchlichen Aufträgen. Deshalb sprechen wir hier von systemischer Praxis; sie umfasst Therapie und Beratung, aber auch die Kooperation mit den Familien und anderen Professionellen.

Die folgenden Abschnitte gliedern wir nach Adressaten unserer professionellen Bemühungen: nach Vätern, Müttern, Kindern, Jugendlichen und Supervisanden. Obwohl die plakativen Appelle, die uns als Überschriften zweiter Ebene dienen, jeweils vordergründig an die Adressaten gerichtet sind, sind natürlich im Falle von Kindern und Jugendlichen in erster Linie die Erwachsenen verantwortlich dafür, die entsprechenden Aktivitäten zu entwickeln. Und wir als Professionelle sind verantwortlich dafür, die entsprechenden förderlichen Prozesse in Bewegung zu setzen, zu beobachten und zu steuern.

Väter

... unverzichtbar für die Sozialisation ihrer Kinder und potenzielle Täter (aber zuweilen auch Opfer).

- *Engagiert euch für eure Kinder!* Die moderne Väterforschung (siehe den Beitrag von Seiffge-Krenke in diesem Band), aber auch die neueren Bindungsstudien (siehe den Beitrag von Karin Grossmann in diesem Band) belegen deutlich, dass Väter spätestens, wenn die Kinder im Kindergartenalter sind, eine sehr spezifische Rolle spielen und für die Sozialisation unverzichtbar sind. Sogar schon vor dem Kindergartenalter, im Säuglingsalter, sind Kinder in der Lage, im Dreieck zu kommunizieren (Fivaz-Depeursinge 2009). Bindungsentwicklung und Sozialisation sind auf das Dreieck angewiesen. In der Arbeit mit Familien bedeutet das, dass das Engagement der Väter gefordert und gefördert werden muss.

- *Seid präsent!* Präsenz kann bei jüngeren Kindern heißen, ähnlich wie die Mutter feinfühlig auf ihre Bedürfnisse einzugehen; das kann geübt und gelernt werden. Bei älteren Kindern kann Präsenz des Vaters bedeuten, sich auch gerne anders als eine »gute Mutter« zu verhalten, anders zu spielen und anders die Umwelt zu erkunden. Bei Jugendlichen kann es bedeuten, gemeinsam mit der Mutter für die Familienregeln und für Gewaltlosigkeit einzustehen (Omer u. von Schlippe 2002). – Als Paarberaterinnen, Familientherapeuten und Erziehungsberaterinnen versuchen wir, je nach Alter des Kindes oder der Kinder die differenten Beiträge der Eltern zur kindlichen Entwicklung anzuregen. Manchmal ist es angezeigt, über Entwicklungspsychologie zu informieren, häufig fördern wir konstruktive Auseinandersetzungen von Eltern über ihre jeweiligen Aktivitäten mit den Kindern, fast immer geht es um Commitment für die Kindererziehung und Zeiteinteilung bei Paaren unter Stress.
- *Traut euch zu, anders als die Mütter zu sein!* Häufig sehen Mütter es als ihre Hauptaufgabe und -kompetenz an, die Entwicklung der Kinder zu fördern. Väter fühlen sich dann oft automatisch ausgeschlossen und inkompetent. Da kann es helfen, über die Bedeutung des Andersseins zu informieren oder durch gezielte, hypothesengeleitete Fragen diese Muster zu entdecken und zu »stören«, etwa auch, indem Erfahrungen in den eigenen Herkunftsfamilien erfragt werden. (»Was hat Ihr Vater anders gemacht als Ihre Mutter? … Wer von Ihren Eltern war zuständig für das Pausenbrot, wer für die Hilfestellung bei der Lehrstellensuche? … Was haben Sie sich vor der Geburt Ihrer Kinder vorgenommen, anders als Ihre Eltern zu machen?«)
- *Traut euren Kindern etwas zu!* Aus der Väterforschung ist bekannt, dass Väter im Vergleich zu Müttern ihren Kindern in wesentlich niedrigerem Alter eigene Aktivitäten zutrauen (siehe den Beitrag von Seiffge-Krenke in diesem Band). Was mancher Mutter ein Dorn im Auge sein mag, kann mit gutem Recht gerade als

förderlich betrachtet werden: Väter spielen wilder, schicken ihre Kinder früher allein los, drängen früher auf Selbstständigkeit. In Therapie und Beratung gilt es, sorgfältig zu unterscheiden: Zeigt sich in dem langsameren und geringeren »Anspringen« auf Hilferufe der Kinder nur die Bequemlichkeit der Väter, gehen sie den Weg des geringsten Widerstandes? Oder zeigt sich hierin tatsächlich größeres Zutrauen in die Kompetenz der Kinder? Solches Zutrauen kann auch noch weiter gefördert werden, indem der Vater die selbstständigen Schritte des Kindes oder Jugendlichen wohlwollend verfolgt und verstärkt, also trotz Zurückhaltung und Nichthilfe sich als aufmerksam und »hinreichend gut« (dazu Walter 2008) erweist.

- *Seid Vorbild!* Wie kaum ein anderer Bereich steht der Umgang des Vaters mit den Themen Liebe und Gewalt unter Beobachtung durch die Kinder: Wie reagiert der Vater auf Ärger am Arbeitsplatz? Wie geht er mit den Forderungen der Mutter um? Wie respektiert er das spröde Verhalten der Tochter? Die Tatsache, dass viele Sexualstraftäter in ihrer Kindheit und Jugend selbst Opfer sexueller Gewalt waren und dass auch physische Gewalt familiär gehäuft auftritt, hat zu diversen Theorien zur transgenerationellen Übertragung von Gewalt Anlass gegeben (siehe den Beitrag von Pauli in diesem Band). Die plausibelste Annahme ist, dass Gewalt als Konfliktlösungsversuch modellhaft gelernt wird. Die Familientherapeutin, der Erziehungsberater wird demnach versuchen, andere Problemlösestrategien zu stärken.
- *Achtet die sexuelle Selbstbestimmung eurer Angehörigen!* Der sensible Umgang mit Grenzziehungen der Mädchen und Frauen in der Familie, mit plötzlich aufkommender Scham der Tochter, mit dem NEIN der Partnerin gehört zu den wichtigsten Kompetenzen eines Vaters, der die sexuelle Integrität seiner Kinder schützen will. Eine Therapie oder Beratung kann helfen, Unsicherheit zu beseitigen, über Entwicklungsphasen der Kinder aufzuklären, ihre Signale zu deuten.
- *Hütet keine Geheimnisse in der Familie!* Geheimnisse sind nur dann unschädlich oder sogar schön, wenn sie eine freudige Überraschung hinauszuzögern helfen. Wenn ein Vater der Mutter seiner Kinder etwas verschweigt, ist das fast nie gut und sinnvoll für ein gewaltfreies Aufwachsen der Kinder. In der Therapie haben wir es manchmal mit Geheimnissen zu tun, die extrem

schambesetzt sind. Auch und gerade dann müssen wir darauf hinarbeiten, dass sie geöffnet werden können; zumindest, wenn ein Geheimnis fortwährend die aktuellen Familienbeziehungen vergiftet oder gefährdet (vgl. Imber-Black 1999).

- *Achtet auf Machtgleichheit mit der Mutter!* Macht und Dominanz sind Themen, die vielen Paar- und Familienkonflikten zugrunde liegen. Gleichzeitig sind sie häufig die Basis für Gewalt in der Familie; sie begründen so etwas wie die »Vulnerabilität« der Familie (Trepper u. Barrett 1992) für sexuelle und physische Gewalt. Fragen zur Machtverteilung zwischen Mann und Frau hat Goodrich (1994) zusammengestellt. Sie sind auch in Beratung und Therapie diagnostisch wichtig und liefern Anhaltspunkte für Interventionen.
- *Gebt bei Trennung oder Scheidung eure Vaterrolle nicht auf!* Obwohl es politisch nicht korrekt sein mag, Gewaltdelikte männlicher Jugendlicher auf zerrüttete Familienverhältnisse und alleinerziehende Mütter zurückzuführen, muss doch laut und deutlich gesagt werden, dass Kinder ihre Väter brauchen, auch wenn die Eltern sich trennen. Wird in Trennungssituationen Beratung gesucht, ist eine der wichtigsten Aufgaben der Beratung, die gemeinsame Elternschaft trotz Paarkonflikten vorzubereiten und zu ermöglichen. Später geht es manchmal darum, Väter zum Durchhalten zu bewegen, auch wenn die – zum Beispiel – zehn- und zwölfjährigen Kinder die Besuche bei ihm, eventuell auf Drängen der Mutter, ablehnen. Die Zeit des Vaters kommt oft wieder!

Mütter

... oftmals übermäßig belastet und potenzielle Opfer (aber zuweilen auch Täterinnen).

- *Lasst die Väter in der Erziehung eine Rolle spielen!* Aus dem oben Gesagten ergibt sich komplementär, was den Müttern und ihren Beraterinnen zu empfehlen ist. Manchmal braucht es eine dritte Person, die bei der Aushandlung der Zeitkontingente, Rollen und Aufgaben hilft und die die differente Rolle des Vaters hervorhebt, ohne die Rolle der Mutter herabzuwürdigen. Hier Neutralität bzw. Allparteilichkeit zu wahren ist hohe Kunst.

- *Seid präsent!* Das muss man den meisten Müttern nicht sagen; aber man müsste ihnen sagen, dass sie nicht für alles allein zuständig sein müssen. Gerade wenn es um Gewalt ihrer jugendlichen Kinder geht, ist die Präsenz beider Eltern, manchmal auch noch weiterer Erwachsener, notwendig (Omer u. von Schlippe 2009).
- *Sorgt für Selbstschutz!* So wie die »Täter« verantwortlich für ihre Taten gemacht werden müssen, müssen die »Opfer« für den eigenen Schutz verantwortlich werden. Die Gewaltdynamik bei Paaren besteht oft darin, dass der Mann die Kontrolle über die Partnerin zu verlieren droht und zuschlägt, die Frau hingegen in diesen Prozess sehenden Auges hineinläuft. Selbstschutz könnte heißen, nicht zu diskutieren, wenn der Partner getrunken hat; oder einen Freund der Familie rechtzeitig zu Hilfe zu rufen. In der Einzel- oder Paartherapie kann das heißen, mit der Frau (unter Umständen in Anwesenheit des Partners) nach Selbstschutzmaßnahmen zu suchen, Notfallpläne zu entwickeln oder die Wegweisung des Partners zu erwirken (siehe den Beitrag von Greber u. Kranich Schneiter in diesem Band).
- *Sorgt für euch selbst!* Wenn die Zufriedenheit mit der Partnerschaft und dem Leben allgemein immer weiter sinkt, ist es höchste Zeit, wieder mehr für sich selbst zu tun. Das ist gesunder Egoismus, der letzten Endes auch den Kindern zugutekommt. Oder, umgekehrt: Es hat noch keinem Kind auf die Dauer geholfen, wenn die Mutter unzufrieden zu Hause sitzt.
- *Stärkt eure Kinder!* Zwar hat die Kindergartenpädagogik der 80er-Jahre (»Say NO to uncle Harry«) wenig Erfolg im Kampf gegen sexuellen Missbrauch von Kindern gezeitigt, denn zu raffiniert sind die sexuell motivierten Annäherungen von Tätern im familiären Nahbereich, als dass sie durch bloßes Nein-sagen-Üben abgewehrt werden könnten. Aber eine Erziehung zu Offenheit und sexueller Selbstbestimmung ist dennoch möglich. Auch hier gilt: Geheimnisse im Auftrag eines Erwachsenen hüten zu müssen ist meistens schädlich, und das muss Kindern vermittelt werden. Beratung und Therapie fördern, wenn sie gut sind, ein Familienklima, in dem Offenheit und Grenzziehung gleichermaßen möglich sind.
- *Seid bei Trennung und Scheidung fair zum Vater eurer Kinder!* Auch wenn der Groll auf den Vater, der sich früher gern entzogen hat und nun mit neuer Freundin große Weltreisen macht, übergroß

ist: Er gehört weiter zur Familie und wird von den Kindern gebraucht. Meist lassen sich die Kinder ja auch gar nicht gegen ihn einnehmen. Die Beraterin wird darauf hinarbeiten, dass sein Beitrag vor allem zuverlässig erfolgt.

Kinder und Jugendliche

... auf der Suche nach Bindungsmodellen, Leitideen, Halt und Gleichaltrigen.

- *Gewinnt Sicherheit in der Beziehung!* Wirkt eine sichere Bindung gewaltpräventiv? Ja. Gestützt auf zahlreiche Befunde der Bindungsforschung, ist dies anzunehmen (siehe den Beitrag von Klaus Grossmann in diesem Band; Levold, Wedekind u. Georgi 1993). Auch wenn es sich um komplexe Wechselwirkungsprozesse und nicht um linear-kausale Zusammenhänge handelt, konnte Crittenden (1992, 2005) anhand des sogenannten CARE-Index empirisch nachweisen, dass sich Kinder in der Interaktion mit sensitiven Eltern kooperativ verhalten. Ist die Mutter oder der Vater hingegen kontrollierend sowie offen oder verdeckt feindseilig, reagieren Kinder mit schwierigem oder auch zwanghaft-gehemmtem Verhalten. Schließlich geht Nichtresponsivität der Eltern oder eines Elternteils oft mit Passivität der Kinder einher. Misshandelte und/oder vernachlässigte Kinder sind im Vergleich zu Kindern aus adäquaten Erziehungssituationen überzufällig zwanghaft, in Stresssituationen ängstlich und aggressiv gegenüber Geschwistern (Crittenden 1992). Das führt heute zu Interventions- und Beratungsprogrammen der selektiven Prävention, die in Deutschland unter dem Begriff der »Frühen Hilfen« (vgl. u. a. Kissgen u. Heinen 2010) und in der Schweiz der »Frühen Förderung« (vgl. u. a. das Projekt ZEPPELIN, Neuhauser u. Lanfranchi 2010) diskutiert und eingesetzt werden.
- *Lasst euch nicht plattwalzen!* Kinder wollen in ihrer Einzigartigkeit wahrgenommen werden. In fast allen Entwicklungsbereichen besteht eine große inter- sowie intraindividuelle Variabilität (Largo 1999), sodass wir Kinder in Familie und Schule nicht »normieren« sollten anhand irgendwelcher durchschnittlicher Leistungen und Verhaltensweisen. Wenn wir sie in ihrer Indivi-

dualität unter Berücksichtigung des jeweiligen Profils fördern, entsteht das, was Largo und Jenni (2005) *Fit* nennen, also Passung im Sinne von Wohlbefinden und gutes Selbstwertgefühl. Wenn hingegen das besondere Entwicklungsprofil (z. B. eines behinderten und/oder besonders begabten Kindes) nicht mit den Erwartungen der Umwelt übereinstimmt, wird das Kind über- oder unterfordert, was *Misfit* (fehlende Passung) zur Folge hat und häufig auch mit Gewalt zusammenhängt (des Kindes selber oder seiner Eltern oder Lehrpersonen; siehe den Beitrag von Allebes in diesem Band).

- *Setzt euch ins Spiel!* Kinder wollen sich hören lassen, sich »einmischen« als Mitgestalter ihrer Welt. Sie wollen etwas bewirken und nicht passiv getrieben werden. Aber sie sollten einige Spielregeln des sozialen Zusammenlebens beachten und nicht immer im Zentrum stehen. Nach Meirieu (2007) sollten Kinder ihren Platz haben (in der Familie, in der Schule, bei Freunden), aber nicht den ganzen Platz einnehmen. Sie sollten auch lernen, ihre Anliegen zurückzustellen, etwa dann, wenn in einem Gespräch oder einer Diskussion bereits jemand an der Reihe ist (siehe den Beitrag von Jünger in diesem Band). Die Botschaft könnte hier sein: Ich versichere dir, dass du später deine Meinung kundtun kannst, dass du bald meine volle Aufmerksamkeit haben wirst. Schließlich können wir ihnen helfen, ihren Wunsch zu wissen in einen Wunsch zu lernen umzuwandeln. Hier könnte man sagen: Ich helfe dir, dein forsches Vorgehen zu zügeln, zugunsten interessanter Einsichten, was aber auch hürdenvoll und mühsam sein kann.
- *Sprecht über eure Missbrauchserfahrungen mit einer Therapeutin, einem Berater!* Wie mehrere Studien belegen, wirkt für Kinder und Jugendliche die Auseinandersetzung mit erlebten (sexuellen) Übergriffen während der »Verarbeitung« mit Professionellen zunächst einmal als Belastung. Längerfristig sind jedoch solche Kinder und Jugendliche gesünder als solche, die das Thema ängstlich und schamerfüllt vermeiden (siehe den Beitrag von Pauli in diesem Band). Trotz günstiger Prognose sollen wir uns allerdings davor hüten, eine solche Auseinandersetzung zu forcieren und das Erinnern zu »verordnen«, denn: Verleugnung und/oder Vermeidung kann in manchen Fällen eine wichtige Selbstschutzfunktion darstellen, die wir zu respektieren haben.

- *Beansprucht eure Eltern, sucht euch aber auch andere Erwachsene als Verbündete!* Die Resilienzforschung zeigt, wie wichtig andere Erwachsene sein können, wenn die eigenen Eltern nicht zur Stelle, krank oder auf andere Weise nicht für ihre Kinder da sind. Mancher Lehrer, manche Tante, manche Nachbarin hat schon einem vernachlässigten Kind dazu verholfen, trotz widriger Umstände gut zu gedeihen.
- *Werdet sozial kompetent im Umgang mit Geschwistern und Gleichaltrigen!* Über die Entwicklung der Fähigkeit, in Auseinandersetzungen mit Gleichaltrigen gewaltfrei zu bleiben, gibt es sehr aufschlussreiche Untersuchungen (zusammengefasst in Suess 2009). Eine sichere Bindung ist eine gute Voraussetzung dafür, aber ein gewaltfreier Umgang wird schon mit Geschwistern und im Kindergarten gelernt.

Supervisanden

... auf der Suche nach der »richtigen« Nähe und Distanz (und das auch noch bei mehreren Personen).

- *Seid nur dann parteilich, wenn es für die Sicherheit eines »Opfers« erforderlich ist!* Ohne gegen die Notwendigkeit, in manchen Kontexten parteilich sein zu müssen, zu argumentieren: Meist ist Parteinahme nicht erforderlich, im Gegenteil verhindert sie sogar sinnvolles Intervenieren. Wenn es nur nicht so einfach wäre, sich zu erzürnen über den oder die Täter!
- *Relativiert und differenziert den Opfer- bzw. Täterstatus eurer Klienten!* Aus dem letzten Punkt folgt logisch, dass es bei Täter- und Opferzuschreibungen immer nur ein »Mehr oder weniger« bzw. ein »Hier das eine, dort das andere« gibt. Die systemische Technik des Fragens nach Unterschieden, nach Verschlimmerung und Verbesserung, schält diese Aspekte heraus. (Beispiele: »Wann ist es Ihnen schon einmal gelungen, die Schläge Ihres Mannes zu verhindern oder abzuwehren?« »Was müssten Sie tun, um den nächsten Streit garantiert mit Gewalt zu beenden?«)
- *Schaut in den Abgrund!* Gewalt kann als Ausdruck für die unerträgliche Ambivalenz in der Liebesbeziehung betrachtet werden (siehe den Beitrag von Riehl-Emde in diesem Band). Gewalt können wir auch als Kontrollstrategie, als Bewältigungsversuch

bei innerem oder äußerem Stress in einer als überkomplex empfundenen Beziehungssituation verstehen (Levold et al. 1993). Das Thema muss integraler Bestandteil der Weiterbildung in systemischer Therapie und Beratung sein: Therapeutinnen und Berater müssen bei destruktiven Prozessen genau nachfragen und den Mut aufbringen, in Abgründe zu schauen und nicht zu beschwichtigen.

- *Bleibt nicht nur beim Individuum oder beim Paar, auch nicht nur bei der Familie!* Für ein Fallverstehen in der Begegnung ist oft eine kontextbezogene Betrachtung der relevanten soziokulturellen Situation, in der die Klientinnen und Klienten leben (müssen), unentbehrlich. Die Therapie- und Beratungsperspektive darf nicht nur die innerpsychischen Elemente und familialen Beziehungsgeflechte erfassen, sondern sie muss ausgeweitet werden auf die reelle Welt der Ratsuchenden: Nicht selten ist sie von Entbehrung, struktureller Gewalt und Diskriminierung charakterisiert (siehe die Beiträge von Wetzel sowie Lanfranchi in diesem Band).
- *Reflektiert laufend die Umstände, die euch Macht über eure Klienten verleihen!* Als Therapeutinnen und Berater sind wir meist in einer machtvollen Position: Wir definieren (aus der Sicht der Klientinnen und anderer Beteiligter), was krank und gesund, was normal und abnormal ist. Unser Urteil bestimmt oft über Sorgerecht, Aufenthalt in einer Klinik oder behördliche Kontrollen. Wir werden idealisiert und werden verantwortlich gemacht für Wohl und Wehe. Dann sollte es uns nicht wundern, dass Klienten und Klientinnen viel tun, um es uns recht zu machen (siehe auch den Beitrag von Hülsmann in diesem Band). Widerstand gegen unsere Interventionen ist also eher ein gutes Zeichen, dass Emanzipation stattfindet.
- *Nutzt die Hierarchien eurer Organisation!* Wenn Professionelle selbst Opfer von Gewaltandrohung werden – und schon lange vorher –, ist es angezeigt, die Hierarchien der beteiligten Organisationen zu nutzen. Niemand sollte den Helden oder die Heldin spielen und das Gefühl haben, er oder sie müsse alle Probleme allein lösen.
- *Sorgt für Gewaltenteilung!* Am Beispiel einer psychiatrischen Klinik lässt sich verdeutlichen, wie wichtig die Gewaltenteilung in Legislative, Exekutive und Judikative ist: Was wäre die Psy-

chiatrie für eine Einrichtung, wenn sie selbst die gesetzlichen Grundlagen einer Zwangseinweisung definierte und auch die Entscheidung über den zwangsweisen Aufenthalt alleine fällte? Hier tut also Gewaltenteilung dringend not. Auch der einzelne Berater braucht die Gewaltenteilung immer wieder, indem er z. B. Entscheidungen über den Sorgerechtsentzug der Behörde überlässt. Deegener (1999) stellt für Fälle sexueller Gewalt hilfreiche Algorithmen zur Verfügung, die eine Trennung verschiedener gutachterlicher, therapeutischer und sanktionierender Funktionen zulassen.

- *Reflektiert eure Position zwischen Hilfe und Kontrolle!* Ein weitverbreiteter Irrtum ist, dass Klientinnen unsere Hilfe bereitwillig in Anspruch nehmen. Oft ist es wirklich die Not, aus der heraus Kontrolle akzeptiert wird.

Literatur

Aarts, M. (2000): Marte Meo. Basic Manual. Harderwijk (Aarts Productions).

Ahnert, L. (2004): Bindung und Bonding: Konzepte früher Bindungsentwicklung. In: L. Ahnert (Hrsg.): Frühe Bindung – Entstehung und Entwicklung. München (Reinhardt).

Ainsworth, M. D. S. u. S. M. Bell (2003): Die Interaktion von Mutter und Säugling und die Entwicklung von Kompetenz. In: K. E. Grossmann u. K. Grossmann (Hrsg.) (2003): Bindung und menschliche Entwicklung. John Bowlby, Mary Ainsworth und die Grundlagen der Bindungstheorie und -forschung. Stuttgart (Klett-Cotta), S. 217–241. [Engl.-amerik. Orig. (1974): Mother-infant interaction and the development of competence. In: K. J. Connolly a. J. Bruner (eds.): The growth of competence. London/New York (Academic Press), pp. 131–164].

Ainsworth, M. D. S., S. M. Bell u. D. J. Stayton (2003): Bindung zwischen Mutter und Kind und soziale Entwicklung: »Sozialisation« als Ergebnis gegenseitigen Beantwortens von Signalen. [1974.] In: K. E. Grossmann u. K. Grossmann (Hrsg.): Bindung und menschliche Entwicklung. John Bowlby, Mary Ainsworth und die Grundlagen der Bindungstheorie und -forschung. Stuttgart (Klett-Cotta), S. 242–279. [Engl.-amerik. Orig. (1974): Infant-mother attachment and social development: »Socialization« as a product of reciprocal responsiveness to signals. In: P. M. Richards (ed.): The Integration of a child into a social world. Cambridge (Cambridge University Press), pp. 99–135.]

Alexander, R. D. (1988): Über die Interessen der Menschen und die Evolution von Lebensabläufen. In: H. Meier (Hrsg.): Die Herausforderung der Evolutionsbiologie. München (Piper), S. 129–171.

Almeida, D. M. a. N. L. Galambos (1991): Examining father involvement and the quality of father-adolescent relations. *Journal of Research on Adolescence* 1: 155–172.

Amboseli Baboon Research Project (2011). Verfügbar unter: http://www.princeton.edu/~baboon [23.4.2011].

Andersen, T. (1996): Das reflektierende Team. Dialoge und Dialoge über Dialoge. Dortmund (Modernes Lernen), 4. Aufl.

Andrews, G., J. Corry, C. Issakidis, T. Slade a. H. Swanson (2001): Comparative risk assessment: Childhood sexual abuse. (WHO Collaborating Centre for Evidence and Health Policy in Mental Health.) Sidney (St. Vincent's Hospital).

Armbruster, M. (2006): Eltern-AG. Das Empowerment-Programm für mehr Elternkompetenz in Problemfamilien. Heidelberg (Carl-Auer).

Asen, E. (1992): Tagesklinik für ganze Familien. *TW Neurologie Psychiatrie* 6: 492–499.

Asen, E. (2002): Multiple family therapy: An overview. *Journal of Family Therapy* 24: 3–16.

Asen, E. (2005): Von Multi-Institutionen-Familien zur Selbsthilfe. *Zeitschrift für Systemische Therapie und Beratung* 23: 166–171.

Asen, E. (2006): Kinder und Erwachsene in der Multifamilientherapie. *Pychotherapie im Dialog* 7: 49–52.

Asen, E. (2009): Multifamilientherapie. *Familiendynamik* 34: 2–9.

Asen, E. u. P. Fonagy (2010): Mentalisierungsbasierte Familientherapie. *Psychotherapie im Dialog* 11: 239–243.

Asen, E. u. M. Scholz (2008): Multi-Familientherapie in unterschiedlichen Kontexten. *Praxis der Kinderpsychologie und Kinderpsychiatrie* 57: 362–380.

Asen, E. u. M. Scholz (2009): Praxis der Multifamilientherapie. Heidelberg (Carl-Auer).

Asen, E., N. Dawson a. B. McHugh (2001): Multiple family therapy. The Marlborough model and its wider applications. London/New York (Karnac).

Asen, K., E. George, R. Piper a. A. Stevens (1989): A systems approach to child abuse: Management and treatment issues. *Child Abuse & Neglect* 13: 45–57.

Asen, K., R. Stein, A. Stevens, B. McHugh, J. Greenwood a. A. Cooklin (1982): A day unit for families. *Journal of Family Therapy* 4: 345–358.

Badinter, E. (1980): Die Mutterliebe. München (Piper).

Backer, B. (1983): Mother, sister, daughter, wife – The pillars of the traditional Albanian patriarchal society. In: B. Utas (ed.): Women in islamic societies. Social attitudes and historical perspectives. London (Curzon), pp. 48–65.

Bakermans-Kranenburg, M. J. a. M. H. van IJzendoorn (2009): The first 10.000 adult attachment interviews: Distributions of adult attachment representations in clinical and non-clinical groups. *Attachment and Human Development* 11: 223–263.

Bange, D. u. W. Körner (2004): Leitlinien im Umgang mit dem Verdacht auf sexuellen Kindesmissbrauch. In: W. Körner u. a. Lenz (Hrsg.): Sexueller Missbrauch. Bd. 1. Göttingen (Hogrefe), S. 247–273.

Banfield, E. C. (1958): The moral basis of a backward society. New York (free press).

Barber, B. K. (1996): Parental psychological control: Revisiting a neglected construct. *Child Development* 67: 3296–3319.

Barrows, P. (2004): Fathers and families: Locating the ghost in the nursery. *Infant Mental Health Journal* 25: 408–423.

Bateman, A. a. P. Fonagy (2006): Mentalization-based treatment for borderline personality disorder. Oxford (Oxford University Press).

Bauer, J. (2002): Das Gedächtnis des Körpers. Wie Beziehungen und Lebensstile unsere Gene steuern. München (Piper).

Bauman, Z. (2005): Verworfenes Leben. Die Ausgegrenzten der Moderne. Hamburg (Hamburger Edition).

Baumrind, D. (1991): Effective parenting during the early adolescent transition. In: P. A. Cowan a. E. M. Hetherton (eds.): Family transitions. New York (Hillsdale), pp. 111–163.

Baumrind, D. a. R. A. Thompson (2002): The ethics of parenting. In: M. Bornstein (ed.): Handbook of parenting: Vol. 5: Practical issues in parenting. Mahwah, N J (Lawrence Erlbaum), 2. ed., pp. 3–34.

Bean, R. A., B. K. Barber a. D. R. Crane (2006): Parental support, behavioral control, and psychological control among African American youth: The relationship to academic grades, delinquency, and depression. *Journal of Family Issues* 27: 1335–1355.

Bean, R. A., K. R. Bush, P. C. McKenry a. S. M. Wilson (2003): The impact of parental support, behaviour control, and psychological control on the academic achievement and self-esteem of African American and European American adolescents. *Journal of Adolescent Research* 18: 523–565.

Beck, U. (2005): Aufstand der Überflüssigen am Rande von Europas Metropolen. *Süddeutsche Zeitung* 263 (15. November): 13.

Becker-Fischer, M., G. Fischer, C. Heyne u. G. Jerouschek (1994): Sexuelle Übergriffe in Psychotherapie und Psychiatrie. Stuttgart (Kohlhammer).

Bentovim, A., A. Elton, J. Hildebrand, M. Tranter a. E. Vizard (1990): Child sexual abuse within the family: Assessment and treatment. London (Wright).

Berger, P. u. H. Kellner (1965): Die Ehe und die Konstruktion der Wirklichkeit. *Soziale Welt* 16 (3): 220–235.

Bergold, P., Schneewind, K. A., M. Wertfein (2009): Wirksamkeit der CD-Rom »Freiheit in Grenzen« zur Stärkung von Elternkompetenzen. Eine kontrollierte Vergleichsstudie. Bamberg (Staatsinstitut für Familienforschung).

Bertschi, S. (2009): Berücksichtigung häuslicher Gewalt in der aufenthaltsrechtlichen Praxis. *FamPra* 3: 605–611.

Bien, W., Hartl, H. u. M. Teubner (2002): Stieffamilien in Deutschland. Eltern und Kinder zwischen Normalität und Konflikt. Opladen (Leske + Budrich).

Bjorklund, D. F. a. A. D. Pellegrini (2002): The origins of human nature. Evolutionary developmental psychology. Washington, DC (American Psychological Association).

Blackburn, S. (2008): Wollust. Die schönste Todsünde. Berlin (Wagenbach).

Blasi, A. (2007): »Amicus Plato sed magis amica veritas«: Bindung bei »moralischen Revolutionären«. In: C. Hopf und G. Nummer-Winkler (Hrsg.): Frühe Bindungen und moralische Entwicklung. Weinheim (Juventa), S. 203–244.

Bock, M. (2001): Gutachten zum Entwurf eines Gesetzes zur Verbesserung des zivilgerichtlichen Schutzes bei Gewalttaten und Nachstellungen sowie zur Erleichterung der Überlassung der Ehewohnung bei Trennung. (Angefertigt anlässlich der öffentlichen Anhörung im Rechtsausschuss des Deutschen Bundestages. 20.6.2001.)

Bogin B. (1999): Patterns of human growth. Cambridge (Cambridge University Press), 2. ed.

Boscolo, L. u. P. Bertrando (1997): Systemische Einzeltherapie. Heidelberg (Carl-Auer). [Engl. Orig. (1996): Systemic therapy with individuals. London (Karnac).]

Boss, P. G. (2005): Unklarer Verlust. Arbeit mit Familien von Vermissten. *Familiendynamik* 29 (1): 44–50.

Bowlby, J. (1959): Über das Wesen der Mutter-Kind-Bindung. *Psyche* 13: 415–456.

Bowlby, J. (1969): Attachment and loss. Vol. 1: Attachment. London (Hogarth and Institute of Psychoanalysis) [Dt. (1975): Bindung. München (Kindler).]

Bowlby, J. (1973): Attachment and loss. Vol. 2: Separation: Anxiety and anger. London (Hogarth and Institute of Psychoanalysis).

Bowlby, J. (1988): Developmental psychiatry comes of age. *American Journal of Psychiatry* 145: 1–10.

Bolwby, J. (1995): Elternbindung und Persönlichkeitsentwicklung. Therapeutische Aspekte der Bindungstheorie. Heidelberg (Dexter).

Bowlby, J. (2008a): Erlebnisse und Gefühle, zu deren Verdrängung Kinder regelrecht gezwungen werden. In: J. Bowlby: Bindung als sichere Basis. Grundlagen und Anwendung der Bindungstheorie. München (Reinhardt), S. 79–96. [Engl. Orig. (1988): On knowing what you are not supposed to know and feeling what you are not supposed to feel. In: J. Bowlby: A secure base. Clinical applications of attachment theory. London (Tavistock/Routledge), pp. 99–118.]

Bowlby, J. (2008b): Gewalt in der Familie. In: J. Bowlby: Bindung als sichere Basis. Grundlagen und Anwendung der Bindungstheorie. München (Reinhardt), S. 60–87.

Bretherton, I., D. Lambert a. B. Golby (2005): Involved fathers of preschool children as seen by themselves and their wives: Accounts of attachment, sozialisation, and companionship. *Attachment & Human Development* 7: 229–251.

Briggs, F. a. R. M. F. Hawkins (1996): A comparison of the childhood experiences of convicted male child molesters and men who were sexually abused in childhood and claimed to be nonoffenders. *Child Abuse and Neglect* 20: 221–233.

Brisch, K. H. (2009): Bindungsstörungen. Von der Bindungstheorie zur Therapie. Stuttgart (Klett-Cotta), 9., vollst. überarb. Aufl.

Bruhns, A. u. P. Wensierski (2004): Gottes heimliche Kinder. München (Deutsche Verlagsanstalt).

Bründel, H. u. K. Hurrelmann (1994): Gewalt macht Schule. Wie gehen wir mit aggressiven Kindern um? München (Droemer Knaur)

Budimlic, M., A. Maljevic a. E. Muratbegovic (2007): International self-report delinquency study 2: National report on Bosnia-Herzegovina. University of Sarajevo (unpublished report).

Bultmann, R. (2002): Zum Problem der Entmythologisierung. In: R. Bultmann: Neues Testament und christliche Existenz. Tübingen (Mohr), S. 284–293.

Bumpus, M. F., A. C. Crouter a. S. M. McHale (2006): Linkages between negative work-to family spillover and mothers' and fathers' knowledge of their young adolescents‹ daily lives. *Journal of Early Adolescence* 26: 36–59.

Bundesamt für Statistik (2008): Tötungsdelikte in der Partnerschaft – Polizeilich registrierte Fälle 2000–2004. Neuchâtel (BFS).

Bürgin, D., H. Simoni, K. von Klitzing u. F. Amsler (1996): Prä- und postnatale Triangulierung. In: R. Welter-Enderlin u. B. Hildenbrand (Hrsg.): Gefühle und Systeme. Die emotionale Rahmung beraterischer und therapeutischer Prozesse. Heidelberg (Carl-Auer), S. 145–154.

Buss, D. M. (2004): Evolutionäre Psychologie. München (Pearson Studium), 2., aktual. Aufl.

Buss, D. M. (2008): Evolutionary psychology. The new science of the mind. Boston (Pearson Education), 3. ed.

Butollo, W., M. Krüsmann u. M. Hagl (2002): Leben nach dem Trauma. Über den therapeutischen Umgang mit dem Entsetzen. Stuttgart (Pfeiffer bei Klett-Cotta), 2. Aufl.

Ceballos-Betancur, K. (2008): Die Liebe der Väter. *Die Zeit* 3.1.2008: 14–18.

Cecchin, G. (1987): Zum gegenwärtigen Stand von Hypothetisieren, Zirkularität und Neutralität: Eine Einladung zur Neugier. *Familiendynamik* 13: 190–203.

Cecchin, G. u. M.-L. Conen (2008): Wenn Eltern aufgeben. Therapie und Beratung bei konflikthaften Trennungen von Eltern und Kindern. Heidelberg (Carl-Auer).

Child Welfare Information Gateway (2009): Report. Washington, DC (Children's Bureau, US Department of Health and Human Science).

Cicchetti, D. a. F. A. Rogosch (1997): The role of self-organization in the promotion of resilience in maltreated children. *Developments in Psychopathology* 9: 797–815.

Ciompi, L. (1997): Die emotionalen Grundlagen des Denkens. Entwurf einer fraktalen Affektlogik. Göttingen (Vandenhoeck & Ruprecht).

Cirillo, S. u. P. Di Blasio (1992): Familiengewalt. Ein systemischer Ansatz. Stuttgart (Klett-Cotta).

Clutton-Brock, T. H. (1991): The evolution of parental care. Princeton (Princeton University Press).

Coiro, M. J. a. K. Hurley (2003): Are fathers risk or protective factors for children of depressed mothers? (Poster presented at SRCD Biennial Meeting, Tampa, FL).

Colombi, R. (2009): Häusliche Gewalt – Die Offizialisierung im Strafrecht am Beispiel der Stadt Zürich. Zürich (Schulthess).

Cottrell, B. (2001): The Health Canada Report, Parent Abuse: The abuse of parents by their teenage children. Ottawa (National Clearinghouse on Family Violence).

Cottrell, B. (2004): When teens abuse their parents. Halifax (Fernwood).

Cowan, C. P. a. P. A. Cowan (2009): Couple relationships: A missing link between adult attachment and children's outcome. *Special Issue of Attachment and Human Development* 11 (whole Nr. 1).

Cowan, C., A. Pape a. P. A. Cowan (2009): Adult attachment, couple attachment, and children's development: A couple and family relationship risk/protection model. (Paper presented at the International Attachment Conference, Barcelona, 2.–4. october).

Crittenden, P. M. (1992): Children's strategies for coping with adverse home environments: An interpretation using attachment theory. *Child Abuse & Neglect* 16: 329–343.
Crittenden, P. M. (1996): Entwicklung, Erfahrung und Beziehungsmuster: Psychische Gesundheit aus bindungstheoretischer Sicht. *Praxis für Kinderpsychologie und Kinderpsychiatrie* 45: 147–155.
Crittenden, P. (2005): Der CARE-Index als Hilfsmittel für Früherkennung, Intervention und Forschung. *Frühförderung interdisziplinär* 24 (3): 99–106.
Crowell, J. a. E. Waters (2005): Attachment representations, secure base behavior, and the evolution of adult relationships: The Stony Brook Adult Relationship Project. In: K. E. Grossmann, K. Grossmann, E. Waters (eds.): Attachment from infancy to adulthood: The major longitudinal studies. New York (Guilford), p. 223–244.
Crowell, J. A., R. C. Fraley a. P. R. Shaver (2008): Measurement of individual differences in adolescent and adult attachment. In: J. Cassidy a. P. R. Shaver (eds.): Handbook of attachment theory, research, and clinical applications. New York (Guilford), 2. ed., pp. 599–634.
Dallos, R. (2006): Attachment narrative therapy. Oxford (Oxford University Press).
Daly, M. a. M. Wilson (1996): Evolutionary psychology and marital conflict: The relevance of stepchildren. In: D. M. Buss a. N. Malamuth (eds.): Sex, power, conflict: Evolutionary and feminist perspectives. New York (Oxford University Press), pp. 9–28.
Darwin, C. (1871): The descent of man and selection in relation to sex. London (Murray).
Day, R. D. a. A. Acock (2004): Youth ratings of family processes and father role performance of resident and non-resident fathers. In: R. D. Day a. M. E. Lamb (eds.): Conceptualization and measuring father involvement. Mahwah, NJ (Lawrence Erlbaum), pp. 273–292.
Deegener, G. (Hrsg.) (1999): Sexuelle und körperliche Gewalt. Weinheim (Beltz).
Demmer-Gaite, E. u. P. Friese (2004): Interkulturelle Aufgaben in der Erziehungsberatung. In: J. Radice von Wogau, H. Eimmermacher u. a. Lanfranchi (Hrsg.): Therapie und Beratung von Migranten. Systemisch-interkulturell denken und handeln. Praxishandbuch. Weinheim (Beltz), S. 190–204.
Dencik, L. (2002): Mor og Far or Mor og hendes nye partner. Om børns familier og familieskift gennem opvæksten I senmoderniteten [Vater und Mutter und Vater und Mutter und ihr neuer Partner. Über Familien mit Kindern und Wandel in der Familie in der Spätmoderne]. In: H. Hermansen u. a. Poulsen (eds.): Samfundets børn [Die Kinder der Gesellschaft]. Aarhus (Klim), pp. 145–154.
Denich, B. S. (1993): Sex and power in the Balkans. In: M. Z. Rosaldo a. L. Lamphere (eds.): Woman, culture, and society. Stanford (University Press), pp. 243–262.
Deutscher Kinderschutzbund Bundesverband e. V. (2011): Gewalt gegen Kinder in Deutschland. Zusammenstellung von Daten aus der Polizeilichen Kriminalstatistik 2010 des Bundeskriminalamts Wiesbaden. Berlin (Deutscher Kinderschutzbund Bundesverband).
Diamond, G. S. a. L. Siqueland (1998): Emotions, attachments, and the relational reframe. *Journal of Structural and Strategic Therapy* 17: 36–50.
Diekmann, A. u. H. Engelhardt (1995): Die soziale Vererbung des Scheidungsrisikos. *Zeitschrift für Soziologie* 24: 215–228.
Dodge, K. A., J. E. Bates a. G. S. Pettit (1990): Mechanisms in the cycle of violence. *Science* 250: 1678–1683.
Du Bois, R. (2008): Parents' battering. (Vortrag auf dem EARA-Kongress in Turin, 9.5.2008.)
Dudeck, M., C. Spitzer, M. Gillner u. H. J. Freyberger (2007): Dissoziative Erfahrungen während einer Straftat bei forensisch-psychiatrischen Patienten – Eine Pilotstudie. *Trauma und Gewalt* 1 (2): 34–41.

EBG – Eidgenössisches Büro für die Gleichstellung von Frau und Mann (2009a): Bericht über Gewalt in Paarbeziehungen. Ursachen und in der Schweiz getroffene Massnahmen (in Erfüllung des Postulats Stump 05.3694 vom 7. Oktober 2005) vom 13. Mai 2009). Bern (EBG.) Verfügbar unter: http://www.ebg.admin.ch/dokumentation/00068/00311/00333/index.html?lang=de [15.5.2011].

EBG – Eidgenössisches Büro für die Gleichstellung von Frau und Mann (2009b): Informationsblätter – kurz und konzentriert (zu diversen Aspekten Häuslicher Gewalt). Bern (EBG). Verfügbar unter: http://www.ebg.admin.ch/themen/00009/00089/00093/00275/index.html?lang=de [15.6.2011].

EDI – Eidgenössisches Departement des Innern (2009a): Bericht über Gewalt in Paarbeziehungen. Ursachen und in der Schweiz getroffene Massnahmen. (Vom 13. Mai 2009.) Verfügbar unter: http://www.ebg.admin.ch/dokumentation/00068/00311/00333/index.html [22.4.2011].

EDI – Eidgenössisches Departement des Innern (2009b): Informationsblatt: Häusliche Gewalt im Migrationskontext. Verfügbar unter: http://www.ebg.admin.ch/themen/00009/00089/00093/00275/index.html? lang=de [22.4.2011].

Egger, T. (2008): Beratungsarbeit und Anti-Gewalt-Programme für Täter und Täterinnen häuslicher Gewalt in der Schweiz. Bern (Eidgenössisches Büro für die Gleichstellung von Frau und Mann – EBG). Verfügbar unter: http://www.ebg.admin.ch/dokumentation/00012/00196/index.html?lang=de [15.6.2011].

Egger, T. u. M. Schär Moser (2009): Gewalt in Paarbeziehungen. Ursachen und in der Schweiz getroffene Massnahmen. Bern (Eidgenössisches Büro für die Gleichstellung von Frau und Mann – EBG). Verfügbar unter: http://www.ebg.admin.ch/dokumentation/00068/00311/00333/index.html?lang=de [15.5.2011].

Eisner, M., R. Jünger u. M. Greenberg (2006): Gewaltprävention durch die Förderung sozialer und emotionaler Kompetenzen in der Schule. Das PATHS/PFAD Curriculum. *Praxis der Rechtspsychologie* 16 (1–2): 144–168.

Eisner, M., P. Manzoni u. D. Ribeaud (2000): Gewalterfahrungen von Jugendlichen. Opfererfahrungen und selbst berichtete Gewalt bei Schülerinnen und Schülern im Kanton Zürich. Aarau (Sauerländer).

Eisner, M., D. Ribeaud u. S. Bittel (2006): Prävention von Jugendgewalt. Wege zu einer evidenzbasierten Präventionspolitik. Bern (Eidgenössische Ausländerkommission).

Eisner, M., D. Ribeaud, R. Jünger u. U. Meidert (2008): Frühprävention von Gewalt und Aggression. Ergebnisse des Zürcher Präventions- und Interventionsprojektes an Schulen (zipps). Zürich (Rüegger).

Eisner, M., D. Ribeaud u. R. Locher (2009): Prävention von Jugendgewalt. Expertenbericht. Bern (Eidgenössisches Departement des Innern/BSV).

Eisner, M., D. Ribeaud, R. Jünger u. U. Meidert (2007): Frühprävention von Gewalt und Aggression. Ergebnisse des Zürcher Präventions- und Interventionsprojekts an Schulen. Zürich (Rüegger).

Elias, N. (1937/1992): Über den Prozeß der Zivilisation. Soziogenetische und psychogenetische Untersuchungen. Frankfurt a. M. (Suhrkamp), 17. Aufl.

Engel, G. L. (1977): The need for a new medical model: A challenge for biomedicine. *Science* 196: 129–136.

Engstler, H. u. S. Menning (2003): Die Familie im Spiegel der amtlichen Statistik. Lebensformen, Familienstrukturen, wirtschaftliche Situation der Familien und familiendemografische Entwicklung in Deutschland. (Erstellt im Auftrag des Bundesministeriums für Familie, Senioren, Frauen und Jugend.) Bonn (Zweigstelle des Statistischen Bundesamts).

Erikson, E. H. (1971): Identität und Lebenszyklus. Frankfurt a. M. (Suhrkamp).

Fachstelle für Gleichstellung Stadt Zürich, Frauenklinik Maternité, Stadtspital Triemli, Verein Inselhof Triemli (Hrsg.) (2010): Häusliche Gewalt erkennen und richtig reagieren. Handbuch für Medizin, Pflege und Beratung. Bern (Hans Huber), 2., überarb. Aufl.

Falicov, C. (1995): Training to think culturally: A multidimensional comparative framework. *Family Process* 34: 373–388.
Feldman R. a. P. S. Klein (2003): Toddlers' self-regulated compliance to mothers, caregivers, and fathers: Implications for theories of socialisation. *Developmental Psychology* 39: 680–692.
Fend, H. (1988): Sozialgeschichte des Aufwachsens. Frankfurt a. M. (Suhrkamp).
Fergusson, D. M. a. P.E. Mullen (1999): Childhood sexual abuse: An evidence based perspective. Thousand Oaks (Sage).
Finkelhor, D. (1990): Early and long-term effects of child sexual abuse. An update. *Professional Psychology. Research and Practice* 21: 325–330.
Finkelhor, D., R. K. Ormrod a. H. Turner (2007): Polyvictimization: A neglected component in child victimization. *Child Abuse and Neglect* 31: 7–16.
Finkelhor, D., D. Moore, S. L. Hamby a. M. A. Straus (1997): Sexually abused children in a national survey of parents: Methodological issues. *Child Abuse and Neglect* 21: 1–9.
Fisher, H. (1993): Anatomie der Liebe. Warum Paare sich finden, sich binden und auseinandergehen. München (Droemer).
Fitzgerald, H. E. a. R. Das Eiden (2007): Paternal alcoholism, family functioning, and infant mental health. *Zero to Three* 27 (4): 11–18.
Fivaz-Depeursinge, E. (2009): Trianguläre Kommunikation von Babys in »Zwei-für-einen«- versus »Zwei-gegen-einen«-Dreiecken. *Familiendynamik* 34 (2): 136–145.
Fivaz-Depeursinge, E. u. A. Corboz-Warnery (2001): Das primäre Dreieck. Vater, Mutter und Kind aus entwicklungstheoretisch-systemischer Sicht. Heidelberg (Carl-Auer).
Flach, F. (2004): Resilience. Discovering a new strength at times of stress. New York/London (Hatherleigh), rev. ed.
Fonagy, P. (1998): Die Bedeutung der Entwicklung metakognitiver Kontrolle der mentalen Repräsentanzen für die Betreuung und das Wachstum des Kindes. *Psyche* 52: 349–368.
Fonagy, P. (2003): Bindungstheorie und Psychoanalyse. Stuttgart (Klett-Cotta). 3. Aufl. 2009 [Amerik. Orig. (2001): Attachment theory and psychoanalysis. New York (Other).]
Fonagy, P., G. Gergely, E. L. Jurist u. M. Target (2004): Affektregulierung, Mentalisierung und die Entwicklung des Selbst. Stuttgart (Klett-Cotta).
Fonagy, P., H. Steele, G. S. Moran, M. Steele a. A. Higgit (1991): The capacity for understanding mental states: The reflective self in parent and child and its significance for security of attachment. *Infant Mental Health Journal* 13: 200–217.
Frehsee, D., W. Horn a. K. D. Bussmann (eds.) (1995): Family violence against children. Berlin/New York (de Gruyter).
Frick, J. (2005): Die Droge Verwöhnung. Bern (Huber).
Frick, J. (2007): Die Kraft der Ermutigung. Bern (Huber).
Frick-Bruder, V. u. E. Schütt (1992): Zur Psychologie des männlichen und weiblichen Kinderwunsches. *Psychotherapie, Psychosomatik und Medizinische Psychologie* 42: 221–227.
Fröhlich-Gildhoff, K. u. M. Rönnau-Böse (2009): Resilienz. München (Ernst Reinhardt).
Funcke, D. u. B. Hildenbrand (2009): Unkonventionelle Familien in Beratung und Therapie. Heidelberg (Carl-Auer).
Gaensbauer, T. J. (2004): Telling their stories: Representation and reenactment of traumatic experiences occurring in the first year of life. *Zero to Three* 24 (5) 25–31.
Gara, M. A., L. A. Allen, E. P. Herzog a. R. L. Woolfolk (2000): The abused child as parent: The structure and content of physically abused mothers' perceptions of their babies. *Child Abuse and Neglect* 24 (5): 627–639.
Geary, D. C. a. M. V. Flinn (2001): Evolution of human parental behavior and the human family. *Parenting: Science and Practice* 1: 5–61.

George, C., N. Kaplan u. M. Main (2001): Adult attachment interview. In: G. Gloger-Tippelt (Hrsg.): Bindung im Erwachsenenalter. Bern (Huber), S. 364–387.
Goldner, V. (1993): Sowohl als auch. *Familiendynamik* 18: 207–222.
Goldner, V., P. Penn, M. Sheinberg u. G. Walker (1992): Liebe und Gewalt: Geschlechtsspezifische Paradoxe in instabilen Beziehungen. *Familiendynamik* 17: 109–140.
Goodrich, T. J. (Hrsg.) (1994): Frauen und Macht. Frankfurt a. M. (Campus).
Gottman J. M., L. F. Katz a. C. Hooven (1997): Meta-emotion. How families communicate emotionally. Mahwah (Erlbaum).
Gottman, J. (2000): Die 7 Geheimnisse der glücklichen Ehe. München (Ullstein).
Grawe, K. (1998): Psychologische Therapie. Göttingen (Hogrefe).
Greber, F. (2008): Wenn Minderjährige häusliche Gewalt ausüben. Umsetzung des Gewaltschutzgesetzes GSG auf minderjährige GefährderInnen im Kontext von Häuslicher Gewalt. (Thesis im Rahmen des universitären Lehrganges »Master of Arts in Management & Innovation« zak – zentrum für agogik, Basel.) Verfügbar unter: http://www.ji.zh.ch/internet/justiz_inneres/de/themen/ist/weitere_informationen1.html [15.6.2011].
Greber, F. (2010): Die Vielfalt und Komplexität Häuslicher Gewalt erkennen. In: Fachstelle für Gleichstellung der Stadt Zürich (Hrsg.): Häusliche Gewalt erkennen und richtig reagieren. Bern (Huber), 2., überarb. Aufl., S. 165–180.
Greber, F., C. Kranich Schneiter (2011): Schutz bei Häuslicher Gewalt. Manual für Fachleute. Hrsg. v. IST Interventionsstelle gegen Häusliche Gewalt der Direktion der Justiz und des Innern des Kantons Zürich. Verfügbar unter: http://www.ji.zh.ch/internet/justiz_inneres/de/themen/ist/schutz.html [15.6.2011].
Gröschner, R. (2000): Soziale Elternschaft unter dem Schutz des Grundgesetzes (Art. 6 GG). In: epd-Dokumentation Nr. 21–22 (Teil 2). Frankfurt a. M. (Gemeinschaftswerk der Evangelischen Publizistik).
Grossmann, K. E. u. K. Grossmann (2001): Die Bedeutung sprachlicher Diskurse für die Entwicklung internaler Arbeitsmodelle von Bindung. In: G. Gloger-Tippelt (Hrsg.): Bindung im Erwachsenenalter. Bern (Huber), S. 75–101.
Grossmann, K. E. u. K. Grossmann (2006): Bindung und Bildung. *Frühe Kindheit* 9: 10–17.
Grossmann, K. E. u. K. Grossmann (2007): Universale Bedingungen für die Entwicklung kultureller Vielfalt. Eine biologische Perspektive. In: G. Trommsdorff u. H.-J. Kornadt (Hrsg.): Enzyklopädie der Psychologie: Kulturvergleichende Psychologie. Göttingen (Hogrefe), S. 221–285.
Grossmann, K. E. u. K. Grossmann (2009): Fünfzig Jahre Bindungstheorie: Der lange Weg der Bindungsforschung zu neuem Wissen über klinische und praktische Anwendungen. In: K.-H. Brisch u. T. Hellbrügge (Hrsg.): Wege zu sicheren Bindungen in Familie und Gesellschaft. Stuttgart (Klett-Cotta), S. 12–51.
Grossmann, K. u. K. E. Grossmann (2011): Bindungen – Das Gefüge psychischer Sicherheit. Stuttgart (Klett-Cotta), 5. überarb. und erw. Aufl.
Grossmann, K., K. E. Grossmann a. H. Kindler (2005): Early care and the roots of attachment and partnership representation in the Bielefeld and Regensburg longitudinal studies. In K. E. Grossmann, K. Grossmann a. E. Waters (eds.): Attachment from infancy to adulthood: The major longitudinal studies. New York (Guilford), pp. 98–136.
Grossmann K., K. E. Grossmann, E. Fremmer-Bombi, H. Kindler, H. Scheuerer-Englisch u. P. Zimmermann (2002): Väter und ihre Kinder – Die »andere« Bindung und ihre längsschnittliche Bedeutung für die Bindungsentwicklung, das Selbstvertrauen und die soziale Entwicklung des Kindes. In: K. Steinhardt, W. Datler u. J. Gstach (Hrsg.): Die Bedeutung des Vaters in der frühen Kindheit. Gießen (Psychosozial), S. 43–72.

Gruber, H. E. (1974): Darwin on man. A psychological study of scientific creativity. New York (Dutton).

Güngör, K. (2005): Das Janusgesicht der Gewalt. *terra cognita (Schweizerische Zeitschrift zu Integration und Migration. Eidgenössische Ausländerkommission – Bern)* 6: 38–40.

Hahlweg, K., N. Heinrichs, H. Bertram, A. Kuschel u. N. Widdecke (2008): Körperliche Bestrafung: Prävalenz und Einfluss auf die psychische Entwicklung bei Vorschulkindern. *Kindheit und Entwicklung* 17: 46– 56.

Haley, J. (1997): Leaving home. The therapy of disturbed young people. New York (Brunner/Mazel) [dt. (2011): Leaving Home. Therapie mit jungen Menschen im Umbruch. Heidelberg (Carl-Auer.]

Hamilton, W. D. (1964): The genetical theory of social behavior. *Journal of Theoretical Biology* 7: 1–52.

Hampden-Turner, C. (1982): Der Aufstieg aus der Höhle Platons: Die moralische Entwicklung von Piaget bis Kohlberg. Weinheim (Beltz).

Hart, S. N. (1999): Der Kern des Kindsmissbrauchs. Wenn Worte schlimmer verletzen als Schläge. *Psychoscope* 20 (5): 4–8.

Hauser, M. D. (2006): Moral minds. How nature designed our universal sense of right and wrong. New York (Harper Collins).

Hawkins, J. D. (2000): Predictors of youth violence. *Juvenile Justice Bulletin (U.S. Departement of Justice)* April: 1–12.

Haymoz, S., N. Markwalder, S. Lucia u. M. Killias (2008): Kriminalitätsentwicklung in der Schweiz: Alles nur halb so schlimm? Tendenzen anhand der verfügbaren Indikatoren seit 20 Jahren. *Crimiscope (UNIL Lausanne)* 37/38: 1–22.

Hegemann, T. (2004): Interkulturelle Kompetenz in Beratung und Therapie. In: J. Radice von Wogau, H. Eimmermacher u. a. Lanfranchi (Hrsg.): Therapie und Beratung von Migranten. Systemisch-interkulturell denken und handeln. (Praxishandbuch.) Weinheim (Beltz PVU), S. 79–103.

Heim, C. (2005): Psychobiologische Folgen früher Stresserfahrungen. In: S. O. Egle, U. T. Hoffmann u. P. Horaschky (Hrsg.): Sexueller Missbrauch, Misshandlung, Vernachlässigung. Stuttgart/New York (Schattauer), 3. Aufl., S. 59 ff.

Helfferich, C. (2006): Muster von Gewaltbeziehungen – Ein Beitrag zur hermeneutischen Diagnostik von Gewaltbeziehungen. (Konferenz »Tötungsdelikte und schwere Gewalt durch Intimpartner – Prävention und Fallmanagement« in Frankfurt a. M., 26.9.06).

Helmeke, C., K. Seidel, G. Poeggel, T. W. Bredy, A. Abraham a. K. Braun (2009): Paternal deprivation during infancy results in dendrite and time-specific changes of dendritic development and spine formation in the orbitofrontal cortex of the biparental rodent Octodon Degus. *Neuroscience* 163: 790–798.

Hennon, C. B., B. Hildenbrand a. A. Schedle (2008): Stepfamilies and children. In: T. P. Gulotta a. G. M. Blau (eds.): Family influences on childhood behavior and development. Evidence-based prevention and treatment approaches. New York/London (Routledge), S. 161–185.

Herman, J. L., J. C. Perry a. B. A. van der Kolk (1989): Childhood trauma in borderline personality disorder. *American Journal of Psychiatry* 146: 490–495.

Herrmann, B. (2002): Körperliche Misshandlung von Kindern. *Monatsschrift für Kinderheilkunde* 150: 1324–1338.

Herrmann, B. (2005): Vernachlässigung und emotionale Misshandlung von Kindern und Jugendlichen. *Kinder- und Jugendarzt* 36: 1–7.

Hermann, J. (2006): Narben der Gewalt. Padernborn (Junfermann).

Hesse, E. (2008): The adult attachment interview: Protocoll, method of analysis, and empirical studies. In: J. Cassidy a. P. R. Shaver (eds.): Handbook of attachment theory, research, and clinical applications. New York (Guilford), 2. ed., pp. 552–598.

Hesse, H. (1892): Brief Hermann Hesses an seinen Vater vom 14. September 1892 aus der Heilanstalt Stetten. Verfügbar unter: http://www.hermann-hesse.de/node/1356 [4.7.2011].

Hildenbrand, B. (2005): Einführung in die Genogrammarbeit. Heidelberg (Carl-Auer), 3., überarb. Aufl. 2011.

Hildenbrand, B. (2006a): Gerechtigkeitsprobleme im landwirtschaftlichen Familienbetrieb: Historische Grundlagen, Lösungsmodelle und bleibende Widersprüche. In: M. Corsten, H. Rosa u. R. Schrader (Hrsg.): Die Gerechtigkeit der Gesellschaft. Wiesbaden (VS – Verlag für Sozialwissenschaften), S. 151–167.

Hildenbrand, B. (2006b): Resilienz in sozialwissenschaftlicher Perspektive. In: R. Welter-Enderlin u. B. Hildenbrand (Hrsg.): Resilienz – Gedeihen trotz widriger Umstände. Heidelberg (Carl-Auer), 3. Aufl. 2010, S. 20–27.

Hilleberg, L. u. B. de Fries (1998): Starke Kinder, zu stark für Drogen. Handbuch zur praktischen Suchtvorbeugung. München (Kösel)

Hinde, R. A. (1999): Why gods persist. A scientific approach to religion. London/New York (Routledge).

Hinde, R. A. (2007): Bending the rules. The flexibility of absolutes in modern life. New York (Oxford University Press).

Holtzworth-Munroe, A., J. C. Meehan, U. Rehman a. A. D. Marshall (2002): Intimate partner violence: An introduction for couple therapists. In: A. S. Gurman a. N. S. Jacobson (eds.): Clinical handbook of couple therapy. New York (Guilford), 3. ed., pp. 441–465.

Hopf, C. (2001): Muster der Repräsentation von Bindungserfahrungen und rechtsextreme Orientierungen. In: G. Gloger-Tippelt (Hrsg.): Bindung im Erwachsenenalter. Bern (Huber), S. 344–363.

Hopf, C. u. G. Nunner-Winkler (Hrsg.): Frühe Bindungen und moralische Entwicklung. Weinheim (Juventa), S. 151–176.

Hossain, Z., T. Field, J. Gonzalez, J. Malphurs, C. Del Valle a. J. Pickens (1994): Infants of »depressed« mothers interact better with their non depressed fathers. *Infant Mental Health Journal* 15: 348–357.

Hrdy, S. B. (2000): Mutter Natur. Die weibliche Seite der Evolution. Berlin (Berlin Verlag).

Hrdy, S. B. (2009): Mothers and others. The evolutionary origins of mutual understanding. Cambridge, MA (Harvard University Press).

Hrubesch-Millauer, S. u. R. Vetterli (2009): Häusliche Gewalt: Die Bedeutung des Artikels 28b ZGB. *FamPra* 3: 535–560.

Imber-Black, E. (Hrsg.) (1995): Geheimnisse und Tabus in Familie und Familientherapie. Freiburg im Br. (Lambertus).

Imber-Black, E. (1999): Die Macht des Schweigens. Geheimnisse in der Familie. Stuttgart (Klett-Cotta).

Johnson, S. M. (2008): Couple and family therapy: An attachment perspective. In J. Cassidy a. P. R. Shaver (eds.): Handbook of attachment theory, research, and clinical applications. New York (Guilford), pp. 811–829.

Joraschky, P. u. K. Petrowski (2005): Sexueller Missbrauch und Vernachlässigung in Familien. In: S. O. Egle, U. T. Hoffmann u. P. Joraschky (Hrsg.): Sexueller Missbrauch, Misshandlung, Vernachlässigung. Stuttgart/New York (Schattauer), 3. Aufl., S. 131 ff.

Jünger, R. (2008): Bildung für alle? Die schulischen Logiken von ressourcenprivilegierten und -nichtprivilegierten Kindern als Ursache der bestehenden Bildungsungleichheit. Wiesbaden (Verlag für Sozialwissenschaften).

Jünger, R. (2009): Training des Sozialen. Erfahrungen mit dem PFADE-Programm in Schulen. In: J. Oelkers u. B. Grubenmann (Hrsg.): Das Soziale in der Pädagogik. (Zürcher Festgabe für Reinhard Fatke.) Bad Heilbrunn (Klinkhardt), S. 251–268.

Jünger, R. u. M. Eisner (2009): Prävention von Problemverhalten durch die Förderung von sozialen Kompetenzen mit dem PFADE-Programm. *Schweizerische Zeitschrift für Heilpädagogik* 3: 18–24.

Kafka, K. (1919/1975): Brief an den Vater. Frankfurt a. M. (Fischer).

Kant, I. (1781): Kritik der reinen Vernunft. Riga (Johan Friedrich Hartknoch).

Kendall-Tackett, K. A., L. Meyer Williams u. D. Finkelhor (2002): Die Folgen von sexuellem Missbrauch bei Kindern: Review und Synthese neuerer empirischer Studien. In: G. Amann u. R. Wipplinger (Hrsg): Sexueller Missbrauch. Tübingen (DGVT), 3. Aufl., S. 151–186.

Killias, M., M. F. Aebi, S. Lucia, L. Herrmann a. C. Dilitz (2007): Self-reported juvenile delinquency in Switzerland in 2006: Overview and explanations. University of Zürich (unpublished report to the FNS).

Kinderschutz Schweiz (o. J.): »Zeigen Sie Stärke.« Keine Gewalt an Kindern. Bern (Kinderschutz Schweiz).

Kissgen, R. u. N. Heinen (Hrsg.) (2010): Frühe Risiken und frühe Hilfen. Grundlagen, Diagnostik, Prävention. Stuttgart (Klett-Cotta).

Kochanska, G., D. R. Forman, N. Aksan a. S. B. Dunbar (2005): Pathways to conscience: Early mother-child mutually responsive orientation and children's moral emotion, conduct, and cognition. *Journal of Child Psychology and Psychiatry and Allied Disciplines* 46 (1): 19–34.

Kotelchuck, M. (1976): The infant's relationship to the father: Experimental evidence. In M. E. Lamb (ed.): The role of the father in child development. New York (Wiley), pp. 255–262.

Krähenbühl, V., H. Jellouschek, M. Kohaus-Jellouschek u. R. Weber (2001): Stieffamilien. Struktur – Entwicklung – Therapie. Freiburg im Br. (Lambertus), 5., veränd. Aufl.

Kranich, C. (2008): Gedanken zur Einführung und Implementierung eines Gewaltschutzgesetzes (am Beispiel des Kantons Zürich). *Frauenfragen* 6: 56–59.

Kranich, C. (2010): Rechtliche Interventionsmöglichkeiten. In: Fachstelle für Gleichstellung Stadt Zürich: Häusliche Gewalt erkennen und richtig reagieren. Handbuch für Medizin, Pflege und Peratung. Bern (Huber), 2., überarb. und erw. Aufl., S. 131–158.

Kranich, C., E. Vontobel (2008): Das neue Zürcher Gewaltschutzgesetz. Praxis des Familienrechts. *FamPra* 1: 90–107.

Kreckel, M. (1997): Macht der Väter – Krankheit der Söhne. Frankfurt a. M. (Fischer).

Krishnakumar, A., C. Buehler a. B. K. Barber (2003): Youth perception of interparental conflict, ineffective parenting, and youth problem behavior in European-American and African-American families. *Journal of Social and Personal Relationship* 20: 239–260.

Kriz, J. (1997): Chaos, Angst und Ordnung. Wie wir unsere Lebenswelt gestalten. Göttingen (Vandenhoeck & Ruprecht).

Kunze, N. (1998): Interkulturelle psychologische Beratung. *Wege zum Menschen* 4: 195–205.

Kusché, C. A. a. M. T. Greenberg (1994): The PATHS Curriculum. Promoting Alternative Thinking Strategies. Developmental research and programs. A subsidiary of Changing. O. O. (Bete).

Lamb, M. E. (1977): Father-infant and mother-infant interaction in the first year of life. *Child Development* 48: 167–181.

Lanfranchi, A. (2004): Migration und Integration – Gestaltung von Übergängen. In: J. Radice von Wogau, H. Eimermacher u. a. Lanfranchi (Hrsg.): Therapie und Beratung von Migranten. Systemisch-interkulturell denken und handeln. (Praxishandbuch.) Weinheim (Beltz), S. 13–30.

Lanfranchi, A. (2006): Kulturschock? Interkulturelle Kompetenz in psychosozialen Berufen. *Psychoscope* 8 (27): 12–14.

Lanfranchi, A. (2008): Gewaltprävention dank Elternkooperation in multikulturellen Schulen. In: M. Drilling, M. Eser Davolio u. O. Steiner (Hrsg.): Gewalt an Schulen. Forschungsergebnisse und Handlungskonzepte. Zürich (Pestalozzianum), S. 214–230.

Largo, R. H. (1999). Kinderjahre. Die Individualität des Kindes als erzieherische Herausforderung. München (Piper).

Largo, R. H. u. M. Czernin (2004): Glückliche Scheidungskinder: Trennungen und wie Kinder damit fertig werden. München/Zürich (Piper).

Largo, R. H. u. O. G. Jenni (2005): Das Zürcher FIT-Konzept. Familiendynamik 30 (2): 111–127

Lees, D. (2007): Going further with fathers. Can fathers make unique contributions to the lives of their children? Auckland, NZ (Maxim Institute). Verfügbar unter: http://www.maxim.org.nz/files/pdf/going_further_with_fathers.pdf [23.4.2011].

Lenz, K. (1998): Romantische Liebe – Ende eines Beziehungsideals? In: K. Hahn u. G. Burkart (Hrsg.): Liebe am Ende des 20. Jahrhunderts. Opladen (Leske + Budrich), S. 65–85.

Levold, T. (1994): Die Betonierung der Opferrolle. Zum Diskurs der Gewalt in Lebenslauf und Gesellschaft. *System Familie* 7: 19–32.

Levold, T., E. Wedekind u. H. Georgi (1993): Gewalt in Familien. Systemdynamik und therapeutische Perspektiven. *Familiendynamik* 3: 287–311.

Levy-Shiff, R. a. R. Israelashvili (1988): Antecedents of fathering: Some further exploration. *Developmental Psychology* 24: 434–440.

Liebenwein, S. (2008): Erziehung und soziale Milieus. Wiesbaden (VS – Verlag für Sozialwissenschaften).

Lindsey E., J. Mize a. G. S. Pettit (1997): Mutuality in parent-child play: Consequences for children's peer competence. *Journal of Social and Personal Relationships* 14: 523–538.

Lipsey, M. W. a. J. H. Derzon (1998): Predictors of violent or serious delinquency in adolescence and early adulthood. In: R. Loeber a. D. P. Farrington (eds.): Serious and violent juvenile offenders: Risk factors and successful interventions. Thousand Oaks, CA (Sage), pp. 86–105.

Little, S., R. C. Harris a. J. Garber (2003): The longitudinal effect of father-adolescent contact and conflict on adolescent externalizing and internalizing symptoms. (Poster presented at SRCD Biennial Meeting, Tampa, FL).

Lorenz, K. (1967): Die instinktiven Grundlagen menschlicher Kultur. *Die Naturwissenschaften* 54: 377–388.

Luhmann, N. (1996): Jenseits von Barbarei. In: M. Miller u. H.-G. Soeffner (Hrsg.): Modernität und Barbarei. Soziologische Zeitdiagnose am Ende des 20. Jahrhunderts. Frankfurt am Main (Suhrkamp).

Lüscher, K. u. L. Liegle (2003): Generationenbeziehungen in Familie und Gesellschaft. Konstanz (Universitätsverlag).

Maccoby, E. (2000): Psychologie der Geschlechter. Sexuelle Identität in den verschiedenen Lebensphasen. Stuttgart (Klett-Cotta).

Madanes, C. (1997): Sex, Liebe und Gewalt. Therapeutische Strategien zur Veränderung. Heidelberg (Carl-Auer). [Amerik. Orig. (1990): Sex, love, and violence. New York (Norton).]

Mangold, I. (2008): Geld ja, Gefühl nein. Der Vater und sein uneheliches Kind. *Die Süddeutsche Zeitung* 4.4.2008: 15.

Manlove, E. E. a. L. Vernon-Feagans (2002): Caring for infant daughters and sons in dual-earner households: Maternal reports of father involvement in weekday time and tasks. *Infant and Child Development* 11: 305–320.

Margolin, G., K. A. Vickerman, M. C. Ramos, S. D. Serrano, E. Gordis, E. Iturralde, P. H. Oliver a. L. A. Spies, L (2009): Youth exposed to violence: Stability, co-occurrence, and context. *Clinical Child and Family Psychology Review* 12: 39–54.

Markowitz, F. E. (2001): Attitudes and family violence: Linking intergenerational and cultural theories. *Journal of Family Violence* 16: 205–218.

Marquardt, E. (2005): Between two worlds. The inner lives of children of divorce. New York (Three Rivers).

Matthiessen, P. F. (2006): Der diagnostisch-therapeutische Prozess im interprofessionellen Dialog. In: P. F. Matthiessen u. D. Wohler (Hrsg.): Die schöpferische Dimension der Kunst in der Therapie. Frankfurt a. M. (VAS).

Mayer, S., U. Fuhrer u. H.-H. Uslucan (2005): Akkulturation und intergenerationale Transmission von Gewalt in Familien türkischer Herkunft. *Psychologie in Erziehung und Unterricht* 52: 168–185.

Mayer, S., U. Fuhrer u. H. H. Uslucan (2005): Intra- und intergenerationale Weitergabe von physischer Gewalt in Familien türkischer und deutscher Herkunft. In: I. Seiffge-Krenke (Hrsg.): Aggressionsentwicklung zwischen Normalität und Pathologie. Göttingen (Vandenhoeck & Ruprecht), S. 238–263.

Meirieu, P. (2007): Pédagogie: De l'anthropologie à la sociologie ... et retour! In: S. Bürkler u. B. Kronenberg (Hrsg.): Übergänge. Personen, Systeme, Politik. Luzern (SZH), S. 49–70.

Miller, J. B. (1985): Is conjoint therapy a viable treatment modality for individuals with narcisstic or borderline disorders? *Psychotherapy in Private Practice* 3: 105–108.

Morris, J. M. a. R. Levine Coley (2003): The impact of fathers' human, financial, and social capital characteristics on children's developmental trajectories (Poster presented at SRCD Biennial Meeting, Tampa, FL). Mösch-Payot, P. (2007): Der Kampf gegen häusliche Gewalt: Zwischen Hilfe, Sanktion und Strafe. Luzern (Interact, Hochschule Luzern, Soziale Arbeit).

Musfeld, T. (2004): Geschlechtsspezifische Sozialisation. In: W. Körner u. a. Lenz (Hrsg.): Sexueller Missbrauch. Bd. 1. Göttingen (Hogrefe), 49–58.

Nauck, B. u. M. Alamdar-Niemann (1998): Migrationsbedingter Wandel in türkischen Familien und seine Auswirkungen auf Eltern-Kind-Beziehungen und Erziehungsverhalten. In: Arbeitskreis Neue Erziehung (Hrsg.): Erziehung – Sprache – Migration. Berlin (Arbeitskreis Neue Erziehung), S. 1–35.

Neufeld Bailey, H., G. Moran a. D. Pederson (2007): Childhood maltreatment, complex trauma symptoms, and unresolved attachment in an at-risk sample of adolescent mothers. *Attachment and Human Development* 9: 139–161.

Neuhauser, A. u. A. Lanfranchi (2010): Frühe Förderung ab Geburt: ZEPPELIN. *Schweizerische Zeitschrift für Heilpädagogik* 16 (4): 16–20.

Nunner-Winkler, G. (2007): Frühe emotionale Bindungen und Selbstbindung an Moral. In C. Hopf u. G. Nunner-Winkler (Hrsg.): Frühe Bindungen und moralische Entwicklung. Weinheim (Juventa), S.177–202.

Oates, K., J. Tebbutt, H. Swanston, D. L. Lynch a. B. I. O'Toole (1998): Prior childhood sexual abuse in mothers of sexually abused children. *Child Abuse Begl* 22: 1113–1118.

Oelkers, J. (2008): Wie war Erziehung früher? (Vortrag beim Wissenschaftlichen Symposium der Universität Zürich, »Ist ›gute Erziehung‹ lernbar?«, 7. Juni 2008.) Verfügbar unter: http://www.feelok.ch/v1/db/newsletter/html/februar09/Vortrag_Oelkers_07062008.pdf

O'Hagan, K. (1993): Emotional and psychological abuse Of children. Buckingham (Open University).

Omer, H. u. A. von Schlippe (2002): Autorität ohne Gewalt. Coaching für Eltern von Kindern mit Verhaltensproblemen. Elterliche Präsenz als systemisches Konzept. Göttingen (Vandenhoeck & Ruprecht), 7. Aufl. 2010.

Omer, H. u. A. von Schlippe (2004): Autorität durch Beziehung. Die Praxis des gewaltlosen Widerstands in der Erziehung. Göttingen (Vandenhoeck & Ruprecht), 5. Aufl. 2010.

Omer, H. u. A. von Schlippe (2009): Stärke statt Macht. »Neue Autorität« als Rahmen für Bindung. *Familiendynamik* 34 (3): 246–254.

Omer, H., N. Alon u. a. von Schlippe (2007): Feindbilder. Psychologie der Dämonisierung. Göttingen (Vandenhoeck & Ruprecht).

Oser, F. u. W. Althoff (2001): Moralische Selbstbestimmung. Modelle der Entwicklung und Erziehung im Wertebereich. Stuttgart (Klett-Cotta), 4. Aufl.

Papousek, H. a. M. Papousek (2002): Intuitive parenting. In: M. H. Bornstein (ed.): Handbook of parenting. Vol. 2: Biology and ecology of parenting. Mahwah (Erlbaum), 2. ed., pp. 183–203.

Parke, R. D. a. P. Stearns (1993): Fathers and childrearing. In: G. H. Elder, J. Modell a. R. D. Parke (eds.): Children in time and place: Developmental and historical insights. Cambridge (Cambridge University Press), pp. 147–170.

Parke, R. D., K. Grossmann a. B. R. Tinsley (1981): Father-mother-infant interaction in the newborn period: A German-American comparison. In: T. M. Field, A. M. Sostek, P. Vietze a. H. P. Leiderman (eds.): Culture and early interactions. Hillsdale (Erlbaum), pp. 95–113.

Parke R. D., D. J. McDowell, M. Kim, C. Killian, J. Dennis, M. Flyr a. M. Wild (2002): Fathers' contributions to children's peer relationships. In: C. S. Tamis-LeMonda a. N. Cabrera (eds.): Handbook of father involvement. Multidisciplinary perspectives. Mahwah (Erlbaum), pp. 141–167.

Patterson, O. (1998): Rituals of blood. Consequences of slavery in two American centuries. New York (Basic Civitas).

Person, E. (1990): Lust auf Liebe. Reinbek bei Hamburg (Rowohlt).

Peukert, H. (2009): Wissenschaftstheorie – Handlungstheorie – Fundamentale Theologie. Analysen zu Ansatz und Status theologischer Theoriebildung. Frankfurt a. M. (Suhrkamp).

Pfaff, S. u. I. Seiffge-Krenke (2008): Die Bedeutung des Vaters für die körperliche und geistige Entwicklung von Kindern, Jugendlichen und jungen Erwachsenen. *Blickpunkt der Mann. Wissenschaftliches Journal für Männergesundheit* 6: 7–10.

Pfeiffer, C., I. Delzer, D. Enzmann u. P. Wetzels (1998): Ausgrenzung, Gewalt und Kriminalität im Leben junger Menschen – Kinder und Jugendliche als Opfer und Täter. Hannover (Deutsche Vereinigung für Jugendgerichte und Jugendgerichtshilfen – DVJJ).

Pfeiffer, C. u. P. Wetzels (2000): Junge Türken als Täter und Opfer von Gewalt: Erweiterte Fassung eines Zeitungsartikels *Frankfurter Allgemeine Zeitung* 30.4.2000: 14.

Pollak, S. D., S. Vardi, A. M. Putzer Bechner a. J. J. Curtin (2005): Physically abused children's regulation of attention in response to hostility. *Child Development* 76: 968–977.

Power T. G. (2000): Play and exploration in children and animals. Mahwah (Erlbaum).

Radice von Wogau, J., H. Eimmermacher u. A. Lanfranchi(Hrsg.) (2004): Therapie und Beratung von Migranten. Systemisch-interkulturell denken und handeln (Praxishandbuch.) Weinheim (Beltz PVU).

Rae, S.-J. (2009): Tatort Familie – Strafrechtliche Delikte im Kreis der Familie und in der Partnerschaft. *FamPra* 3: 579 – 604.

Reddemann, L. (2001): Imagination als heilsame Kraft. Zur Behandlung von Traumafolgen mit ressourcenorientierten Verfahren. München (Pfeiffer bei Klett-Cotta), Neuaufl. 2002.

Reddemann, L. (2008): Würde – Annäherung an einen vergessenen Wert in der Psychotherapie. Stuttgart (Klett-Cotta).

Retzer, A. (1993): Die Gewalt der Eindeutigkeit – die Mehrdeutigkeit der Gewalt. Zum Verhältnis von Liebe, Vernunft und Gewalt. *Familiendynamik* 18: 223–254.

Richter, H. E. (1963): Eltern, Kinder, Neurose. Reinbek bei Hamburg (Rowohlt).

Riehl-Emde, A. (2003): Zum Umgang mit Destruktivität in der Paartherapie. Psychotherapeut 48: 426–429.

Riehl-Emde, A, (2004): Destruktivität in Paarbeziehungen. Paartherapeutische Behandlungsmöglichkeiten. *Psychotherapeut* 49: 110–118.

Rind, B. a. P. Tromovitch (1997): A meta-analytic review of findings from national samples on psychological correlates of child sexual abuse. *Journal of Sex Research* 34: 237–255.

Rotthaus, W. (1998): Wozu erziehen? Entwurf einer systemischen Erziehung. Heidelberg (Carl-Auer), 7. Aufl. 2010.

Rutter, M. a. D. Quinton (1977): Psychiatric disorder: Ecological factors and concepts of causation. In: M. Gurk (ed.): Ecological factors in human development. Amsterdam (North-Holland), pp. 173–187.

Rutter, V. (1994): Lessons from stepfamilies. *Psychology Today* 27 (3): 30–39.

Ryan, R. M. a. E. L. Deci (2000): Self-determination theory and the facilitation of intrinsic motivation, social development, and wellbeing. *American Psychologist* 55: 68–78.

Schatzman, M. (1973): Die Angst vor dem Vater. Langzeitwirkungen einer Erziehungsmethode. Der Fall Schreber. Reinbek bei Hamburg (Rowohlt).

Scheib, A. (Hrsg.) (1994): Dein wahrhaft sorgfältiger Vater. Briefe an Kinder. Köln (Middelhauve).

Schemmel, H., D. Selig u. R. Janschewk-Schlesinger (2008): Kunst als Ressource in der Therapie. Tübingen (DGTV).

Schnarch, D. (2006): Die Psychologie der sexuellen Leidenschaft. Stuttgart (Klett-Cotta).

Schneewind, K. A. (2010): Familienpsychologie. Stuttgart (Kohlhammer).

Schneewind, K. A. u. B. Böhmert (2009): Freiheit in Grenzen – Set: Der interaktive Elterncoach. Bern (Huber).

Schöbi, D. u. M. Perrez (2004): Bestrafungsverhalten von Erziehungsberechtigten in der Schweiz. Eine vergleichende Analyse des Bestrafungsverhaltens von Erziehungsberechtigten 1990 und 2004. Universität Fribourg (unveröffentl. Forschungsbericht).

Schoener, G. et al. (1989): Psychotherapists' sexual involvement with clients: Intervention and prevention. Minneapolis (Walk-In-Counseling)

Scholz, M., E. Asen, K. Gantchev, B. Schell u. U. Süß (2002): Familientagesklinik in der Kinderpsychiatrie: Das Dresdner Modell – Konzept und erste Erfahrungen. *Psychiatrische Praxis* 29: 125–129.

Schon, L. (2000): Die Sehnsucht nach dem Vater. Zur Dynamik der Vater-Sohn-Beziehung. Stuttgart (Klett-Cotta).

Schore, A. N. (2007): Affektregulation und die Organisation des Selbst. Stuttgart (Klett-Cotta).

Schütz, A. (1971): Husserls Bedeutung für die Sozialwissenschaften. In: A. Schütz: Gesammelte Aufsätze 1. Den Haag (Nijhoff), S. 162–173.

Schweitzer, J. u. A. von Schlippe (2006): Lehrbuch der systemischen Therapie und Beratung II. Das störungsspezifische Wissen. Göttingen (Vandenhoeck & Ruprecht).

Seiffge-Krenke, I. (2001a): Neuere Ergebnisse der Vaterforschung: Sind Väter notwendig, überflüssig oder sogar schädlich für die Entwicklung ihrer Kinder? *Psychotherapeut* 46: 391–397.

Seiffge-Krenke, I. (2001b): Väter und Söhne, Väter und Töchter. *Forum Psychoanalyse* 17: 51–63.

Seiffge-Krenke, I. (2002): »Come on, say something, Dad!«: Communication and coping in fathers of diabetic adolescents. *Journal of Pediatric Psychology* 27: 439–450.

Seiffge-Krenke, I. (2006a): Nach Pisa. Stress in der Schule und mit den Eltern. Bewältigungskompetenz deutscher Jugendlicher im internationalen Vergleich. Göttingen (Vandenhoeck & Ruprecht).

Seiffge-Krenke, I. (2006b): Leaving home or still in the nest? Parent-child relationships and psychological health as predictors of different leaving home patterns. *Developmental Psychology* 42: 864–876.

Seiffge-Krenke, I. (2009): Veränderungen in der Vaterschaft. In: O. Kapella, C. Rille-Pfeiffer, M. Rupp u. N. F. Schneider (Hrsg.): Die Vielfalt der Familie. (Tagungsband zum 3. Europäischen Fachkongress »Familienforschung«) Opladen/Farmington Hills, MI (Barbara Budrich), S. 203–219.

Seiffge-Krenke, I. (2010): Psychoanalytische und tiefenpsychologisch fundierte Therapie mit Jugendlichen. Stuttgart (Klett-Cotta).

Seiffge-Krenke, I. u. M. Tauber (1997): Die Idealisierung des Vaters: Eine notwendige Konsequenz in Scheidungsfamilien? *Praxis der Kinderpsychologie und Kinderpsychiatrie* 5: 338–353.

Shell (Hrsg.) (2006): Jugend 2006. (Shell-Studie.) Bonn (Bundeszentrale für politische Bildung).

Shorter, E. (1977): Die Geburt der modernen Familie. Reinbek bei Hamburg (Rowohlt).

Shulman, S. a. I. Seiffge-Krenke (1997): Fathers and adolescents. Developmental and clinical perspectives. London/New York (Routledge).

Sigrist, C. (1980): Pashtunwali – Das Stammesrecht der Pashtunen. In: Berliner Institut für vergleichende Sozialforschung (Hrsg.): Revolution in Iran und Afghanistan. Mardom nameh – Jahrbuch zur Geschichte und Gesellschaft des Mittleren Orients. Frankfurt a. M. (Syndikat), S. 264–279.

Simon, F. B., U. Clement u. H. Stierlin (2004): Sprache der Familientherapie. Kritischer Überblick und Integration systemtherapeutischer Begriffe, Konzepte und Methoden. Stuttgart (Klett-Cotta), 6. Aufl.

Simoni, H. (2007): Was Kleinkinder gefährdet – was Kleinkinder stärkt. (Vortrag auf der Fachtagung »Damit der Start ins Leben gelingt« der Kantonalen Kinderschutzkommission Bern, 7. November 2007.)

Simpson, J. A. a. J. Belsky (2008): Attachment theory within a modern evolutionary framework. In: J. Cassidy a. P. R. Shaver (eds.): Handbook of attachment: Theory, research, and clinical applications. New York (Guilford), 2. ed., pp. 131–157.

Slade, A. (2008): The implications of attachment therory and research for adult psychotherapy: Research and clinical perspectives. In: J. Cassidy a. P. R. Shaver (eds.): Handbook of attachment: Theory, research, and clinical applications. New York (Guilford), 2. ed., pp. 762–781.

Slep, A. M. a. S. G. O'Leary (2005): Parent and partner violence in families with young children: Rates, patterns, and connection. *Journal of Consulting and Clinical Psychology* 73: 435–444.

Spaccarelli, S. a. C. Fuchs (1997): Variability in symptom expression among sexually abused girls: Developing multivariate modes. *Journal of Clinical Child Psychology* 26 (1): 24–35.

Spescha, M. (2007): Migrationsabwehr im Fokus der Menschenrechte. Zürich/St. Gallen (Dike).

Sroufe, L. A., B. Egeland, E. A. Carlson a. W. A. Collins (2005a): Placing early attachment experiences in developmental context: The Minnesota longitudinal study. In K. E. Grossmann, K. Grossmann a. E. Waters (eds.): Attachment from infancy to adulthood. The major longitudinal studies. New York (Guilford), pp. 48–70.

Sroufe, L. A., B. Egeland, E. A. Carlson a. W. A. Collins (2005b): The development of the person. The Minnesota study of risk and adaptation from birth to adulthood. New York (Guilford).

Statistisches Bundesamt (2008): Justiz auf einen Blick. Verfügbar unter: http://www.destatis.de/jetspeed/portal/cms/Sites/destatis/Internet/DE/Content/Publikationen/Fachveroeffentlichungen/Rechtspflege/Querschnitt/BroschuereJustizBlick 0100001087001,property=file.pdf

Steiner, E. (2005): Medien und Gewalt. *terra cognita (Schweizerische Zeitschrift zu Integration und Migration. Eidgenössische Ausländerkommission – Bern)* 6: 44–48.

Stierlin, H. (1980): Eltern und Kinder – Das Drama von Trennung und Versöhnung im Jugendalter. Frankfurt a. M. (Suhrkamp).

Stith, S. M., E. E. McCollum, K. H. Rosen, L. D. Locke a. P. D. Goldberg (2005): Domestic violence-focused couples treatment. In J. L. Lebow (ed.): Handbook of clinical family therapy. New York (John Wiley and Sons), pp. 206–430.

Stolz, H. E., B. K. Barber a. J. A. Olsen (2005): Toward disentangling fathering and mothering: An assessment of relative importance. *Journal of Marriage and Family* 67: 1076–1092.

Straus, M. A. a. R. J. Gelles (eds.) (1990): Physical violence in American families. New Brunswick (Transaction).

Streeck-Fischer, A. (2006): Trauma und Entwicklung. Frühe Traumatisierungen und ihre Folgen in der Adoleszenz. Stuttgart (Schattauer).

Sue, D. W., C. M. Capodilupo, G. C. Torino, J. M. Bucceri, A. M. B. Holder, K. L. Nadal a. M. Esquilin (2007): Racial microaggressions in everyday life. Implications for clinical practice. *American Psychologist* 62 (4): 271–286.

Sue, D. W. (2010a): Microaggressions in everyday life: Race, gender, and sexual orientation. Hoboken, NJ (Wiley).

Sue, D. W. (ed.) (2010b): Microaggressions and marginality: Manifestation, dynamics, and impact. Hoboken, NJ (Wiley).

Suess, G. (2009). Kommunikation und Beziehung in Familie und Gleichaltrigenwelt. Die Grundpfeiler der Entwicklung der Person in den ersten sechs Lebensjahren. *Familiendynamik* 34 (2): 146–154.

Surrey, J., C. Swett, A. Michaels a. S. Levin (1990): Reported history of physical and sexual abuse and severity of symptomatology in women psychiatric outpatients. *American Journal of Orthopsychiatry* 60: 412–417.

Teicher, M. (2011): Frühe Misshandlungen und Missbrauchserfahrungen: Gene, Gehirn, Zeit und Pathologie. In: K. H. Brisch (Hrsg.): Bindung und frühe Störungen der Entwicklung. Stuttgart (Klett-Cotta), S. 105–135.

Théry, I. u. M. J. Dhavernas (1998): Elternschaft an den Grenzen zur Freundschaft: Stellung und Rolle des Stiefelternteils in Fortsetzungsfamilien. In: M.-T. Meulders-Klein u. I. Théry (Hrsg.): Fortsetzungsfamilien. Neue familiale Lebensformen in plurisdisziplinärer Betrachtung. Konstanz (Universitätsverlag), S. 163–204.

Thomä, D. (2002): Eltern. Kleine Philosophie einer riskanten Lebensform. München (Beck).

Thompson, R. A. (2006): The development of the person: Social understanding, relationships, self, conscience. In: W. Damon a. R. M. Lerner (eds.): Handbook of child psychology. Vol. 3: Social, emotional, and personality development. New York (Wiley), 6. ed., pp. 24–98.

Thompson, R. A., D. J. Laible a. L. L. Ontal (2003): Early understanding of emotion, morality, and self: Developing a working model. In: R.V. Vail (ed.): Advances in child development and behavior. (Vol. 31.) San Diego (Academic Press), pp.137–171.

Tobler Linder, V. (2002): Zweierlei Kernkulturen im Einwanderungsland. *terra cognita (Schweizerische Zeitschrift zur Integration und Migration. Eidgenössische Ausländerkommission – Bern)* 1: 84–88.

Tomasello, M. (2009): Die Ursprünge der menschlichen Kommunikation. Frankfurt a. M. (Suhrkamp).

Trautmann-Villalba, P., M. Laucht u. M. H. Schmidt (2003): Interaktion zwischen Kleinkindern und ihren Vätern. Unterschiedliche prognostische Bedeutung für psychische Probleme von Jungen und Mädchen. *Monatszeitschrift der Kinderheilkunde* 151: 613–620.

Trepper, T. S. u. M. J. Barrett (1992): Inzest und Therapie. Dortmund (Modernes Lernen).

Trivers, R. L. (1971): The evolution of reciprocal altruism. *Quarterly Review of Biology* 46: 35–37.

Trivers, R. L. (1972): Parental investment and sexual selection. In: B. Campbell (ed.): Sexual selection and the descent of man. Chicago (Aldine), pp. 1871–1971.

Tschan, W. (2001): Missbrauchtes Vertrauen – Grenzverletzungen in professionellen Beziehungen. Freiburg im Br. (Karger).

Tsirigotis, C., A. von Schlippe u. J. Schweitzer-Rothers (Hrsg.) (2006): Coaching für Eltern. Mütter, Väter und ihr »Job«. Heidelberg (Carl-Auer).

Tunç, M. (2006): Vaterschaft im Wandel. Männer mit Migrationshintergrund: »Genossen vom andern Stern?« (Dokumentation des Fachforums »Junge Familien im Brennpunkt – Förderung und Unterstützung von jungen Familien in E&C-Gebieten« am 18. und 19. April 2005 in Berlin.), S. 53–64.

Tyrell, H. (1987): Romantische Liebe – Überlegungen zu ihrer »quantitativen Bestimmtheit«. In: D. Baeker (Hrsg.): Theorie als Passion. Frankfurt a. M. (Suhrkamp), S. 570–599.

Urbaniok, F. (2000): Teamorientierte Stationäre Behandlung in der Psychiatrie. Stuttgart (Thieme).

Uslar, D. von (2006): Entwicklungspsychologie. Im Spiegel der Kinder- und Jugendzeichnung. Würzburg (Königshausen und Neumann).

Vaillant, G. E. (1995): The natural history of alcoholism, revisited. Cambridge (Harvard University Press).

Visher, E. B., J. S. Visher a. K. Pasley (2003): Remarriage families and stepparenting. In: F. Walsh (ed.): Normal family process: Growing diversity, and complexity. New York (Guilford), 3. ed., pp. 153–175.

Vogel, D. (1988): Gibt es eine natürliche Moral? Oder: Wie natürlich ist unsere Ethik? In: H. Meier (Hrsg.): Die Herausforderung der Evolutionsbiologie. München (Piper), S. 193–219.

Wais, M. u. I. Gallé (1996): Der ganz alltägliche Missbrauch. Stuttgart (Tertium).

Waldhoff, H.-P. (1995): Fremde und Zivilisierung. Frankfurt a. M. (Suhrkamp).

Walker, L. E. (1979): The battered woman. New York (Harper and Row).

Walsh, F. (2006): Ein Modell familialer Resilienz und seine klinische Bedeutung. In: R. Welter-Enderlin u. B. Hildenbrand (Hrsg.): Resilienz – Gedeihen trotz widriger Umstände. Heidelberg (Carl-Auer), 3. Aufl. 2010, S. 43–79.

Walter, H. (2008): Vater, wer bist du? Auf der Suche nach dem »hinreichend guten« Vater. Stuttgart (Klett-Cotta).

Weber-Kellermann, I. (1977): Die deutsche Familie. Frankfurt a. M. (Suhrkamp).

Welter-Enderlin, R. (1988): Konflikt und Gewalt in Paarbeziehungen. In: P. M. Pflüger (Hrsg.): Das Paar – Mythos und Wirklichkeit. Olten (Walter), S. 61–79.

Welter-Enderlin, R. u. B. Hildenbrand (2004): Systemische Therapie als Begegnung. Stuttgart (Klett), 4., erw. Aufl.

Welter-Enderlin, R. u. B. Hildenbrand (Hrsg.) (2006): Resilienz – Gedeihen trotz widriger Umstände. Heidelberg (Carl-Auer), 3. Aufl. 2010.

Werneck, H. (1998): Übergang zur Vaterschaft. Auf der Suche nach den »Neuen Vätern«. Wien (Springer).

Wetzel, N. (1999): Kontextuelle Dimensionen im innerstädtischen Gesundheitsdienst: Betrachtungen zur Arbeit des St. Martin's Center for Health Services in Trenton, New Jersey. *Familiendynamik* 24 (3): 255–281.

Wetzel, N. A. (2000): Jugend im innerstädtischen Ghetto – Gemeindenahe und schulbezogene Familientherapie. *Kontext. Zeitschrift für Familientherapie* 31 (1): 28–41.
Wetzel, N. A. (2002a): Auf der Suche nach philosophischen Grundlagen. In: M. Wirsching u. P. Scheib (Hrsg.): Paar- und Familientherapie. Berlin (Springer), S. 23–30.
Wetzel, N. A. (2002b): Totalitätssysteme und die Suche nach sozialer Gerechtigkeit. Zum Paradox der Zivilcourage am Beginn des 21. Jahrhunderts. Erfahrungen aus der Praxis. In: E. Feil (Hrsg.): Zivilcourage und Demokratische Kultur. Münster (LIT), S. 107–122.
Wetzel, N. A. u. H. Winawer (2000): Spuren der Ermutigung. Begegnungen mit Jugendlichen im Ghetto. In: S. Abeldt, W. Bauer u. G. Heinrichs (Hrsg.) »... was es bedeutet, verletzbarer Mensch zu sein.« Erziehungswissenschaft im Gespräch mit Theologie, Philosophie und Gesellschaftstheorie. Mainz (Grünewald), S. 311–318.
Wetzel, N. A. a. H. Winawer (2002): School-based community family therapy for adolescents at risk. In: F. W. Kaslow, R. F. Massey a. S. D. Massey (eds.): Comprehensive handbook of psychotherapy. Vol. 3. New York (John Wiley and Sons), pp. 205–230.
Wetzels, P. (1997): Gewalterfahrungen in der Kindheit: Sexueller Missbrauch, körperliche Misshandlung und deren langfristige Konsequenzen. Baden-Baden (Nomos).
Wicker, H. R. (1996): Vom Sinn und Unsinn ethnologischer Gerichtsgutachten. *Asyl* 4: 118–128.
Widom, C. S. (1989): Does violence beget violence? A critical examination of the literature. *Psychological Bulletin* 1: 3–28.
Willi, J. (1975): Die Zweierbeziehung. Reinbek bei Hamburg (Rowohlt).
Wilson, W. J. (1997): When work disappears. The world of the urban poor. New York (Random).
Wilson, W. J. (2009): More than just race. Being black and poor in the inner city. New York (W. W. Norton).
Winnicott, D. W. (1960): Primäre Mütterlichkeit. *Psyche* 7: 393–399.
Wirsching, M. u. P. Scheib (Hrsg.) (2002): Paar- und Familientherapie. Berlin (Springer).
Wozniak, R. H. (1992): Worlds of childhood. New York (HarperCollins).
Wustmann, C. (2004): Resilienz. Widerstandsfähigkeit von Kindern in Tageseinrichtungen fördern. Weinheim (Beltz).
Yalom, I. (2007): Theorie und Praxis der Gruppenpsychotherapie. Stuttgart (Klett-Cotta), 6. Aufl.
Youngblade, L. M. a. J. Belsky (1992): Parent-child antecedents of 5-year-olds' close friendships: A longitudinal analysis. *Developmental Psychology* 28: 700–713.
Zimmermann, P. u. F. Becker-Stoll (2001): Bindungsrepräsentation im Jugendalter. In: G. Gloger-Tippelt (Hrsg.): Bindung im Erwachsenenalter. Ein Handbuch für Forschung und Praxis. Bern (Huber), S. 250–274.
Zoder, I. u. G. Maurer (2006): Tötungsdelikte. Fokus häusliche Gewalt – Polizeilich registrierte Fälle 2000–2004. Neuchâtel (Bundsamt für Statistik). Verfügbar unter: http://www.bfs.admin.ch/bfs/portal/de/index/themen/19/03/02/dos/02.html [15.6.2011].

Über die Autoren

Rochelle Allebes, Sozialarbeiterin (FH), Supervisorin und Organisationsberaterin (BSO), Systemtherapeutin/-beraterin (SGS); Mitarbeiterin im Elternnotruf Zürich; in eigener Praxis Beraterin und Supervisorin von Teams und Gruppen.

Eia Asen, Prof. Dr. med; Facharzt für Kinder- und Jugendpsychiatrie, Systemischer Psychotherapeut und Klinischer Direktor des Marlborough Family Service in London. Er hat eine Gastprofessur am University College London.

Uli Clement, Prof. Dr. phil., Dipl.-Psych.; apl. Professor für Medizinische Psychologie an der Universität Heidelberg , Psychologischer Psychotherapeut; Mitbegründer und Leiter des Instituts für Sexualtherapie Heidelberg; Dozent und Lehrtherapeut der Internationalen Gesellschaft für systemische Therapie (IGST) e.V..

Anna Flury Sorgo, Psychologiestudium, Ausbildung in systemischer Psychotherapie und in Supervision/Coaching; in eigener Praxis *BeziehungsWeise* in Chur und Uster tätig als Psychotherapeutin, Paar- und Familientherapeutin, Supervisorin und Coach.

Franziska Greber, M. A. in Management und Innovation; Psychotherapeutin, Coach, Supervisorin und Organisationsberaterin in eigener Praxis; Co-Leiterin der IST Interventionsstelle gegen Häusliche Gewalt der Direktion der Justiz und des Innern des Kantons Zürich. Tätig in Aus- und Fortbildung. Beraterin von NGOs.

Klaus E. Grossmann, Dr., em. Professor für Psychologie; 1977–2001 Professur an der Universität Regensburg. Ab 1973 langfristig angelegte Untersuchungen zur Entwicklung unterschiedlicher Bindungsqualitäten, deren wesentliche Ergebnisse 2004 veröffentlicht wurden.

Karin Grossmann, Dr. phil, Dipl.-Psych.; freiberufliche Wissenschaftlerin; interkulturelle Bindungsforschung unter Einbeziehung des Vaters; Anwendungsbereiche der Bindungstheorie; Langzeit-Untersuchungen zusammen mit Klaus E. Grossmann.

Bruno Hildenbrand, Prof. Dr., Professor für Sozialisationstheorie und Mikrosoziologie am Institut für Soziologie der Friedrich-Schiller-Universität Jena sowie Dozent und Supervisor am Ausbildungsinstitut für systemische Therapie und Beratung in Meilen/Zürich.

Ingrid Hülsmann, Dipl.-Psych., Fachpsychologin für Psychotherapie (FSP), Sexualtherapeutin (DGfS) mit eigener Praxis in Zürich. Arbeitsschwerpunkt: Psycho- und Sexualtherapie für Menschen mit traumatischen Erfahrungen, Supervision, forensische Psychotherapie, Weiterbildungen, Online-Beratung auf www.lilli.ch

Rahel Jünger, Dr. phil., Primarlehrerin, studierte Pädagogik, Soziologie und Philosophie; seit 2004 Arbeit am Institut für Erziehungswissenschaft der Universität Zürich im Präventionsbereich mit dem PATHS/PFADE-Programm.

Cornelia Kranich Schneiter, Rechtsanwältin in selbständiger Praxis. Mediatorin. Erwachsenenbildnerin. Co-Leiterin der IST Interventionsstelle gegen Häusliche Gewalt der Direktion der Justiz und der Innern des Kantons Zürich. Forensische und beratende Tätigkeit mit Gewalt betroffenen Personen. Beratung von NGOs.

Dagmar Pauli, Fachärztin für Kinder- und Jugendpsychiatrie und -psychotherapie; Chefärztin beim Kinder- und Jugendpsychiatrischen Dienst der Universitätsklinik Zürich.

Astrid Riehl-Emde, Prof. Dr. phil., Dipl.-Psych., Psychologische Psychotherapeutin; Stellvertretende Leiterin des Instituts für Psychosomatische Kooperationsforschung und Familientherapie, Universitätsklinik Heidelberg. Dozentin und Supervisorin in der Fort- und Weiterbildung für Paar- und Familientherapie.

Inge Seiffge-Krenke, Professorin für Entwicklungspsychologie an der Universität Mainz, Psychoanalytikerin (DPV); tätig in der Ausbildung und Supervision von Therapeuten.

Norbert A. Wetzel, Th. D., Licensed Psychologist; Paar- und Familientherapeut, Mitbegründer und Ausbildungsleiter des Center for Family, Community, and Social Justice in Princeton, NJ sowie des Princeton Family Institute.

Über die Herausgeber

Ulrike Borst, Fachpsychologin für Psychotherapie und Klinische Psychologie (FSP), Lehrtherapeutin und Lehrende Supervisorin (SG). 1989–2007 in den Psychiatrischen Diensten Thurgau (Schweiz) als Psychotherapeutin, in Oberarztfunktion und als Organisationsentwicklerin beschäftigt. Seit 2006 Leiterin des Ausbildungsinstituts für systemische Therapie und Beratung in Meilen/Zürich. Eigene Praxis für Einzel-, Paar- und Familientherapie in Zürich. Mitherausgeberin der Zeitschrift *Familiendynamik*.

Arbeitsschwerpunkte: systemische Einzel-, Paar- und Familientherapie, Supervision, Team- und Organisationsentwicklung in der Psychiatrie und in anderen Organisationen des Sozial- und Gesundheitswesens.

Andrea Lanfranchi, Fachpsychologe für Psychotherapie und Kinder- und Jugendpsychologie (FSP). Dozent und Forscher an der Interkantonalen Hochschule für Heilpädagogik, Psychotherapeut in eigener Praxis sowie Lehrtherapeut (SG) und Supervisor beim Ausbildungsinstitut für systemische Therapie und Beratung Meilen/Zürich. Mitglied der Eidgenössischen Kommission für Familienfragen und des Editorial Boards der Zeitschrift *Familiendynamik*.

Arbeitsschwerpunkte: Leitung von Studien beim Schweizerischen Nationalfonds zur Förderung der wissenschaftlichen Forschung zu den Themen Migration, Schulerfolg und frühkindliche Bildung. Schwerpunkte in Lehre, Forschung und Beratung sind die Themen Familie, Schule, Erziehung und Migration.